高等院校小学教育专业系列精品教材

小学科学实验设计与指导

主　编　李文娟　王亚敏　周硕林
副主编　潘立军　韩业松　陈　鸥　高　岩

南京大学出版社

内容简介

本教材共八章内容,详情如下:第一章小学科学课程中的科学实验、第二章小学科学实验设计的一般原理、第三章小学科学实验资源的建设与开发、第四章小学科学实验教学的实施与评价、第五章物质科学相关实验的设计与指导、第六章生命科学相关实验的设计与指导、第七章地球与宇宙科学相关实验的设计与指导、第八章技术与工程相关实验的设计与指导。

教材内容将实验理论与实践项目高度融合。前四章围绕小学科学的内涵、特点、类型、设计理念、创新方法、资源建设、实施评价等展开详细介绍,带领读者深入了解科学实验对小学科学课程的助推作用,掌握小学科学实验设计的基本原理,学会科学实验资源开发建设的方法,提升实验教学的实施与评价技能。后四章内容围绕物质科学、生命科学、地球与宇宙科学、技术与工程四个领域展开实验项目的训练与操作,在实践过程中提升操作技能与实验素养。

图书在版编目(CIP)数据

小学科学实验设计与指导 / 李文娟,王亚敏,周硕林主编. — 南京:南京大学出版社,2023.7(2024.8 重印)
ISBN 978-7-305-27142-7

Ⅰ.①小… Ⅱ.①李… ②王… ③周… Ⅲ.①小学—科学实验—教学设计—教材 Ⅳ.①G623.62

中国国家版本馆 CIP 数据核字(2023)第 122901 号

出版发行	南京大学出版社
社　　址	南京市汉口路 22 号　　邮　编　210093
书　　名	小学科学实验设计与指导 XIAOXUE KEXUE SHIYAN SHEJI YU ZHIDAO
主　　编	李文娟　王亚敏　周硕林
责任编辑	曹　森　　　　　编辑热线　025-83686756
照　　排	南京南琳图文制作有限公司
印　　刷	江苏苏中印刷有限公司
开　　本	787 mm×1092 mm　1/16　印张 19.5　字数 465 千
版　　次	2023 年 7 月第 1 版　2024 年 8 月第 2 次印刷
ISBN	978-7-305-27142-7
定　　价	49.80 元

网　址:http://www.njupco.com
官方微博:http://weibo.com/njupco
官方微信号:njupress
销售咨询热线:(025) 83594756

* 版权所有,侵权必究
* 凡购买南大版图书,如有印装质量问题,请与所购
　图书销售部门联系调换

前 言

2022年,是党和国家历史上极为重要的一年,于科学教育而言也是充满生机的一年。这一年党的二十大胜利召开,习近平总书记在二十大报告中提出以中国式现代化全面推进中华民族伟大复兴,对"教育、科技、人才"做一体化部署,指出必须坚持科技是第一生产力、人才是第一资源、创新是第一动力,深入实施科教兴国战略、人才强国战略、创新驱动发展战略。科学教育在科技、教育、人才培养中发挥着天然的桥梁作用,它是培养科技创新人才和提升全民科学素质的重要基础性工作,是国家科技竞争力的根基和建设教育强国的战略突破口,关乎国家未来发展的大计。因此,广大科学教育工作者要顺势而为,积极投身科学教育事业的建设与发展工作。

小学阶段的科学教育主要以校内科学课程为中心展开,它对学生科学素养的形成,以及创新能力的培养具有十分重要的作用,它能在潜移默化中激发儿童的好奇心、想象力和探求欲,培养其科学家潜质、愿意和献身科学研究事业信念。因此,科学教育必须从儿童抓起,充分发挥小学科学课程在儿童科学兴趣培养、科学志向树立等方面的重要使命。其中,实验教学是小学科学课程的重要组成部分,是培养创新人才的重要途径。《义务教育科学课程标准(2022年版)》明确指出科学课程具有实践性,要求学生掌握观察、实验、测量等基本科学方法,形成科学探究意识,充分支持学生的主动探索和创造性解决问题能力的培养。因此,作为未来从事科学教育工作的师范生们有必要深入掌握小学科学实验设计与指导的相关理论,提升自我的实验教学信念和能力,主动锻炼形成实验资源开发与创新的素养,确保未来可以高质、高效地开展实验教学。

为促进小学科学教师的专业发展,建设高素质小学科学教师队伍,根据教育部办公厅《关于加强小学科学教师培养的通知》《关于进一步做好"优师计划"师范生培养工作的通知》，参照《全民科学素质行动规划纲要（2021—2035）》及《义务教育科学课程标准（2022年版）》，结合一线小学科学教师的教学心得以及指导师范生参加学科竞赛的经验，我们编写了这本教材。该教材也是湖南省教育科学"十四五"规划课题"指向中国式现代化的科学教育专业师范生'双素养'培育研究"的阶段研究成果。

本教材围绕提升科学教师的科学实验素养与实验教学能力展开，在内容安排上，结合小学科学不同领域的教学内容设置了53个实验训练项目，各个实验既注重对实验原理的理论分析，又重视对学生的实验技能的指导。此外，教材内容还包含小学科学实验的内涵、小学科学实验的特点、小学科学实验的教学理念、小学科学实验设计的理论与方法、小学科学实验资源的建设、小学科学实验的实施与评价等内容。每章前设置了章前导读，提出完成本章学习后应该达到的知识与技能、情感态度与价值观目标，章节后或随着不同实验项目的开展还设置思考题，加深对所学知识的理解。与该教材配套的电子学习资源已发布在学银在线平台，课程名称为《小学科学实验研究》，网址为：https://www.xueyinonline.com/detail/235080486。该门课程已被湖南省教育厅认定为省级精品在线开放课程，诚邀各位同行和读者进入课程学习。

本书既可以作为高等院校科学教育专业、小学教育专业的教材，也可作为教师培训的教材，以及小学科学教师的参考教材。全书由长沙师范学院李文娟、长沙师范学院王亚敏、长沙师范学院周硕林担任主编，由郑州师范学院潘立军、湘中幼儿师范高等专科学校韩业松、长沙师范学院陈鸥、长沙师范学院高岩担任副主编。最后由李文娟负责统稿审定。

由于编写仓促，可能未将编写意图完美地呈现出来。教材中如存在一些疏漏的地方，恳请各位同行和读者批评指正。

编者

于长沙松雅湖畔

2023年4月26日

目　　录

第一章　小学科学课程中的科学实验……………………………………………… 1
　　第一节　小学科学实验概述…………………………………………………… 1
　　第二节　小学科学实验教学的目标与原则…………………………………… 9
　　第三节　小学科学实验常见的类型…………………………………………… 13

第二章　小学科学实验设计的一般原理…………………………………………… 23
　　第一节　小学科学实验设计的相关概述……………………………………… 23
　　第二节　小学科学实验设计的理论基础……………………………………… 26
　　第三节　小学科学实验设计的基本范式……………………………………… 31

第三章　小学科学实验资源的建设与开发………………………………………… 56
　　第一节　小学科学实验资源的内涵及类型…………………………………… 56
　　第二节　开发小学科学实验资源的意义及原则……………………………… 60
　　第三节　开发小学科学实验资源的策略及案例……………………………… 62
　　第四节　自制小学科学实验教具……………………………………………… 68

第四章　小学科学实验教学的实施与评价………………………………………… 82
　　第一节　小学科学实验实施概述……………………………………………… 82
　　第二节　小学科学实验教学方法与教学模式………………………………… 85
　　第三节　小学科学实验评价概述……………………………………………… 94
　　第四节　小学科学实验教学评价的内容及方法……………………………… 99

第五章　物质科学相关实验的设计与指导………………………………………… 109
　　第一节　与物质性质有关的实验……………………………………………… 109
　　第二节　与运动、力有关的实验……………………………………………… 117
　　第三节　与能量有关的实验…………………………………………………… 132
　　第四节　与物质变化和化学反应有关的实验………………………………… 140

第六章 生命科学相关实验的设计与指导·················159

第一节 生物标本的制作实验·················159

第二节 动植物种养实验·················182

第三节 生物观察与操作实验·················194

第七章 地球与宇宙科学相关实验的设计与指导·················213

第一节 行星地球类实验·················213

第二节 地质地貌类实验·················235

第三节 气象气候类实验·················255

第四节 土壤类实验·················263

第八章 技术与工程相关实验的设计与指导·················275

第一节 技术与工程与社会有关的实验·················275

第二节 技术与工程与物化有关的实验·················280

参考文献·················305

第一章
小学科学课程中的科学实验

本章导读

青少年是祖国的未来,是社会主义建设的接班人。依托小学科学课堂,不断激励小学生对科学的求知欲和想象力,引导其树立投身建设世界科技强国的远大志向,不断发展与培养他们的科学素质,是科学教育工作者们应当关注的重点问题。《义务教育科学课程标准(2022年版)》(以下简称"2022版课标")在"课程性质"部分指出:"义务教育科学课程是一门体现科学本质的综合性基础课程,具有实践性。"[①]并指出科学课程的总目标是培养学生的核心素养,让学生在科学观念、科学思维、探究实践与责任态度等方面协同发展。本章将基于2022版课标的最新要求和科学发展的历史,从小学科学课程与教学角度出发,对科学实验进行多角度、宏观的梳理,明晰小学科学实验的内涵、特点、教学意义、目标、类型和原则等。

第一节 小学科学实验概述

一、小学科学实验的内涵

小学科学实验是学生实施科学探究的主要媒介。想要厘清小学科学实验的内涵,需要知道科学实验是什么。

(一) 科学实验的内涵

科学实验是人类研究自然的重要方法,也是帮助人类摆脱愚昧、推动社会不断发展的重要力量。马克思论述培根的方法论时曾讲过:"科学是实验的科学,科学就在于用理性方法去整理感性材料。归纳、分析、比较观察和实验是理性方法的主要条件。"在由冯契主编的《哲学大辞典》中,对科学实验的定义是:"科学实验是指运用一定的仪器,在人工控制条件下,观察研究自然现象及其规律性的特殊的社会实践形式。是获取经验事实和检验

---

① 中华人民共和国教育部. 义务教育科学课程标准(2022年版)[S]. 北京:北京师范大学出版社,2022:1.

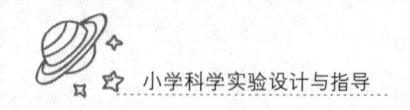

科学假说、理论真理性的根本途径。"①《中国大百科全书·哲学》中对于科学实验的定义则为："人们为实现预定目的，在人工控制条件下研究客体的一种科学方法。它是人类获得知识、检验知识的一种实践形式。"②《科学方法辞典》中指出科学实验是人们通过科学仪器和设备在有目的地干预、控制或模拟客观对象的条件下获取科学事实的一种研究方法。③ 简而概括，科学实验是科学研究的重要手段与方法，是科学赖以形成和发展的基础，又是检验科学知识真理性的标准。

（二）小学科学实验的内涵

小学科学实验作为培养学生探究能力的有效手段，将带领小学生经历从观察分析、提出问题、作出假设、制订计划、搜集证据、处理信息、检验假设、得出结论、表达交流与反思评价等多个环节。这些过程与科学家们通过科学实验研究科学问题的过程极为相似。

因此，小学科学实验可以说是连接小学生与客观物质世界的中介，是带领小学生获取经验知识和检验科学知识的重要手段，也是培养小学生科学研究方法与科学精神的重要途径。具体来说，小学科学实验是实验主体（小学生）按照一定研究目的，以一定的科学知识为指导，凭借一定的实验仪器、装置、设备和各种工具，采用特殊的实验操作方式和方法，在人工控制的环境下，作用于实验客体使之发生某些变化的过程。④

二、小学科学实验的特点

小学科学实验作为面向小学生的科学活动，从本质上来说，它依然是科学实验。因此，在认识小学科学的相关特点之前，需要明晰科学实验自身的特点：

（一）科学实验的特点

1. 科学实验具有纯化观察对象的条件的作用

众所周知，自然界中的万物处于相互关联的状态，如果想将某一对象独立出来进行免干扰的观察、研究，通常情况下是不可行的。而科学实验是在人工控制条件下，观察研究自然现象及其规律性的特殊的社会实践形式。因此，可以借助于各类实验手段和研究方法，将影响实验对象相关规律的次要的、偶然的、不确定的因素控制下来，进而促进被研究对象的相关性能得以清晰明了地展示出来。例如，人们在探索沉与浮的相关规律时，物体自身的大小、体积、密度，浸入液体的密度等都是影响沉浮状态的相关因素。为了探索清晰影响物体沉浮的必然规律，我们需要引入控制变量法这一科学研究方法，在实验过程中纯化观察对象的相关条件，促进人类对物体的沉浮形成正确的规律认识。

---

① 冯契. 哲学大辞典（修订本）[M]. 上海：上海辞书出版社，2001：736.
② 中国大百科全书总编辑委员会. 中国大百科全书·哲学[M]. 北京：中国大百科全书出版社，2002：410-411.
③ 王海山，王续琨. 科学方法辞典[M]. 杭州：浙江教育出版社，1992：32.
④ 蔡海军. 小学科学实验与制作[M]. 长沙：中南大学出版社，2018：5.

2. 科学实验具有强化观察对象的条件的作用

在科学实验中,人们可以利用各种实验仪器,强化观察条件、探索超越人类感官范围的未知领域。以列文虎克为例(见图1-1),他制造出人类历史上第一台简易显微镜,并以此发现了微生物,为细菌学和原生动物学研究的发展起了奠基作用。科学实验还可创造出超越自然的特殊条件,如超级高温或超级低温等。科学家可以在这些特殊的实验条件下,发现许多奇异的实验现象。例如,在实验室内当温度接近绝对零度时,科学家们发现了某些材料的电阻会降低至零的现象,呈现超导状态。这些超导材料由于具备零电阻、完全抗磁性等特征,在航天、军事等多个领域具有潜在的、巨大的应用前景[②]。

图1-1 安东尼·范·列文虎克
(1632—1723)[①]

3. 科学实验具有可重复的特点

在自然条件下发生的现象,往往是不可完全重复的,因此无法对其反复地观察。然而,人类对自然界的探索和认识大都需要经历多次挫折,需要在多次失败后才能成功。而科学实验可以架起科学认识和科学对象之间的桥梁,运用科学实验方法,在有限的空间内建构观察对象,即便发生多次失败的现象,也不会对社会群体与经济发展造成较大损失。例如,爱迪生在发明电灯的时候,在尝试了超过六千多次的实验后,功夫不负有心人,他发现了钨丝可以作为电灯材料,从此带领人类结束了蜡烛和煤油时代,进入了"光明时代"。德国医生兼细菌学家艾立希经过605次失败,才发现了化学药物606(学名砷凡纳明),从而开创了化学治疗的新时代。[③]

4. 科学实验是人类认识事物本质及规律的有效手段

批判与质疑精神是科学精神的重要组成部分,也是推动科学进步的重要契机。在对某些自然现象与现行科学原理有质疑时,如何推翻旧观念并令世人相信新学说的正确性,就需要科学家反复验证自己观点的正确性。而科学实验可辅助科学家通过严谨规范的操作与践行,透过事物的表象归纳得到表象背后蕴含的真理。例如,维萨留斯通过解剖实验,在自己划时代巨著《人体构造》一书中确定了男女肋骨数目相等的科学事实,推翻了《圣经》所说的女人是用男人一条肋骨创造的教条,动摇了天主教会的统治地位。牛顿通过用自制的天文望远镜观察遥远外太空天体运动的规律,经过反复的实验和缜密数学的推导,在《自然哲学的数学原理》一书中明确了:地球表面使苹果落地的力和月亮围绕地球旋转的力是同一种性质力的事实。

(二) 小学科学实验的特点

小学科学实验作为科学实验的一股细小分支,它必然具备科学实验本身的共性特点。

---

① 荷兰贸易商与科学家,有光学显微镜之父的称号。他最为著名的成就是改进了显微镜以及建立了微生物学。(图片来源:https://baike.baidu.com/)
② 周兴江. 高温超导的发展历程及其重要意义[J]. 科学通报,2017(8):745-748.
③ 石国强. 科学实验与认识论:科学实验是实践的一种重要形式[J]. 昆明师范学院学报,1982(8):3-4,24.

然而，受制于小学生自身年龄、心理、能力与认知水平，小学科学实验本身又极具特色，具体表现如下：

1. 探究主题多为"已知"科学事实

2022版课标将小学科学课程的教学内容围绕物质与能量、结构与功能、系统与模型、稳定与变化四个跨学科概念展开，设置了13个学科核心概念，横跨物质科学、生命科学、地球与宇宙科学、技术与工程等多个领域，详情可参阅图1-2。① 2022版课标对科学教师教学思路的确定进行了大概念引领，以物质的结构与性质为例，新课标明确规定科学教师须带领小学生逐步认识物质具有一定的特性与功能、空气与水是重要的物质、金属及合金是重要的材料、常见的化合物、物质由元素组成、物质由微观粒子构成、常见物质的分类等。学生经历这部分内容后将逐渐形成"世界是物质的，太阳系、地球、原子、基本粒子、电磁场等都是物质""不同组成与结构的物质具有不同的性质，物质的性质决定了其功能与用途"等基本观点。

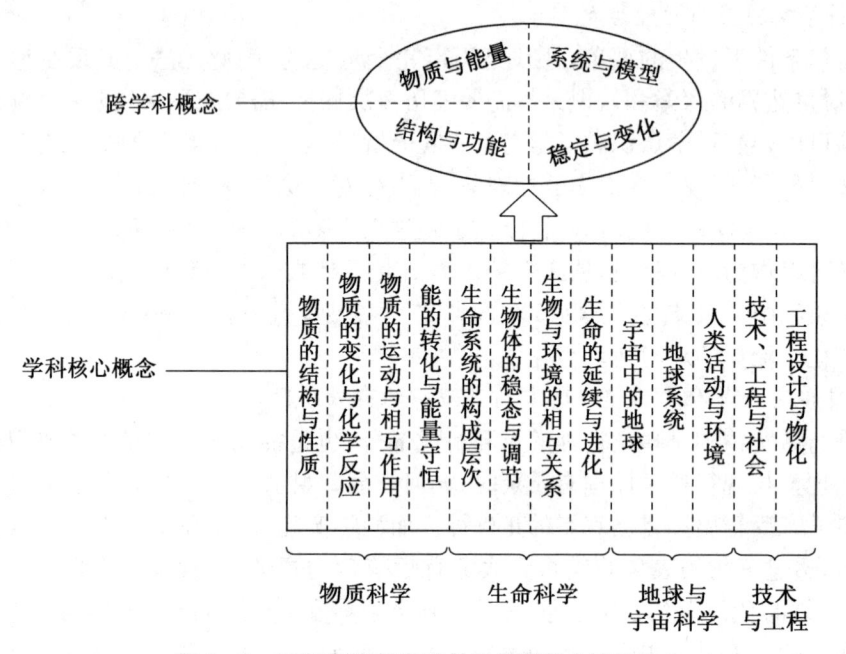

图1-2 2022版课标规定的科学课程内容结构

虽然学生习得的这些知识与观点相对于全人类科学发展历程而言，并不是全新的，多为科学家已经研究并形成定论的相关科学事实，但对于小学生而言，这些依然是新的、未知的、需要探索并掌握的科学知识。所以，科学教师需要注重把握小学科学实验教学的难易程度，确定与小学生认知水平适应的教学内容，选择利于小学生接受的教学方式，帮助学生逐渐构建"新"的科学概念，让学生针对某一事物与规律的认识可以呈现螺旋式上升。

---

① 中华人民共和国教育部. 义务教育科学课程标准（2022年版）[S]. 北京：北京师范大学出版社，2022：16.

2. 探究形式多为定性研究

小学阶段的科学实验探究多以观察为主，学生在实验中经历严谨、细致的观察后，将收集整理到一些科学证据，然后再经历比较、分类、分析后得出实验结论。然而，受制于小学生有限的操作能力与理解水平，科学教师并不会在课堂上引入太多高精尖的实验装备。较为简易的实验仪器将造成小学生获得的实验数据数量少且精确度不高，了解的实验原理较为简单，得到的实验结论只能大致反映事物的变化规律，多为定性研究。然而，这种定性研究也可以辅助学生形成科学概念，教师不能忽视对学生处理与分析实验数据能力的培养，需要引导学生掌握从感性材料中抽丝剥茧的能力，树立简单的"用数据说话"的意识，养成实事求是的科学态度。

3. 探究内容富含生活元素

2022版课标规定科学教学要基于学生的认知水平和知识经验，科学安排学习进阶。[①] 因此，小学科学实验探究的主题多和小学生生活息息相关，探究过程一般都从小学生熟悉的日常生活出发，引导学生经历动手、动脑等实践活动，了解科学探究的具体方法和技能，理解基本的科学知识，并能够应用所学的科学方法和科学知识指导自我生活。由此，科学教师在选择实验内容时，就要充分考虑生活化这一因素。在准备实验材料时，也可充分开发生活中可以替代的材料、物品。[②] 在辅助学生学习科学知识的同时，培养学生善于发现生活中的科学现象、并用科学原理指导自我生活的能力，逐渐形成"科学生活化、生活科学化"的学习意识。然而，科学教师也应明确以下基本观点，小学科学内容虽然富含生活元素，并不意味着小学科学实验就缺乏科学性；小学科学实验材料虽然易取易得，并不代表学生就无法得到基本的科学概念。

4. 探究方式多样且趣味化

小学科学课程的基本理念之一就是"激发学习动机，加强探究实践"[③]，这就要求小学科学实验的组织与教学要兼顾知识、社会、儿童三者的需求，将科学的本质、科学思想、科学知识、科学方法等学习内容镶嵌在儿童喜欢的学习主题中，创设丰富多彩的教学风格，激发学生学习科学的兴趣，增加科学课程的意义性和趣味性。科学实验可以在游戏、竞赛、自主探究、小组分工合作等多种形式下推行实施。教师可依据科学实验内容，选择多媒体课件、视频、音乐、图片、自制创新教具等多种途径丰富教学环节，打破科学学科在学生脑海中古板枯燥的形象，提升学生主动探究的欲望，促使学生把学习科学变成一件十分有趣的事情。

三、科学实验对小学科学教学的意义与作用

在厘清小学科学实验的内涵与特点后，我们知道科学实验是联结小学生和客观物质

---

① 中华人民共和国教育部. 义务教育科学课程标准（2022年版）[S]. 北京：北京师范大学出版社，2022：3.

② 薛仕静. 科学"生活化"主题课程资源的开发与利用[J]. 教学与管理，2018(04)：70-72.

③ 中华人民共和国教育部. 义务教育科学课程标准（2022年版）[S]. 北京：北京师范大学出版社，2022：3.

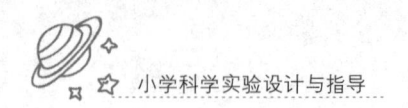

世界之间的中介,可以在人工控制条件下再现科学场景,并依据一定的实验材料、仪器、装置、设备和工具,帮助小学生对科学对象进行直观的探索研究,进而形成和丰富他们的科学认知。学生对科学实验实施与践行的过程,也是自我能力、自我意识、自我认知等综合能力提高的过程。接下来,我们将梳理一下科学实验对小学科学教学的积极促进作用与教育意义。

(一)科学实验可以帮助小学生理解科学知识

科学知识包含科学事实、科学概念、科学定理、科学学说等。在现行的小学科学课教学中,多采用讲授式的教学方法,教师对科学知识、科学概念的教学往往更强调对具体的事实性知识的掌握和对科学概念的机械记忆,学生对科学概念片面的、僵化的认识,不能令其真正地认识和理解相关原理,就无法形成对科学概念的正确观念。虽然,讲授式授课方法在突破科学概念、科学定理等难点时会起到较好的梳理、引导作用,但如何引导学生养成坚持不懈、尊重事实、热爱科学等科学情感态度与价值观,就需要让学生亲自对科学对象进行逐渐探索。学生在亲身经历科学研究的过程中,可以利用已有的经验,主动探索新知识,使自己的科学知识不断发展完善。同时还可以体会科学研究对严谨、规范、尊重事实等品质的要求,进而促进自我养成正确的科学态度与价值观。与此同时,科学实验为学生提供了理论联系实际的有效途径,学生可以借助实验教学提供的感性认识材料,经过"去粗取精、去伪存真、由此及彼、由表及里"的科学思维方式处理后,具体、全面、深入地认识物质及其变化的本质和规律性。学生在实践活动中,可以学习与应用相关科学知识,在运用知识中巩固并深刻理解与掌握知识,这样理论与实践相互结合的教学模式有利于学生主动探索并获取新知,是牢固掌握科学知识的有效途径。

蒙台梭利说过:"我听了,忘记了;我看了,记住了;我做了,理解了。"[1]此话毫无褒贬,是对实验与掌握知识关系的通俗概括。因此,让学生进入实验环境,在教师的引导下,运用理论与实践、具体与抽象相统一的教学原则,通过学生的亲自实践,主动去探索新知识。获取新知识是使学生牢固掌握知识的有效途径,同时也是教师突破教学重点难点,完成教学任务,提高教学质量的重要保证。

(二)科学实验可以激发小学生学习科学课程的兴趣

学习兴趣是学生学习的动力,能使学生发自内心地对某一学科产生爱好与追求。孩提时的兴趣与爱好,对人的一生都有着深远的影响。早期科学启蒙教育,更应着重培养儿童的兴趣,有兴趣才会愿意学,才会爱科学。只有从小就热爱科学,才会心甘情愿在今后的漫长而艰苦的道路上"翻山越岭、披荆斩棘"学科学、用科学。实验是引导孩子热爱科学的有效途径之一。小学生对实验最感兴趣,这种兴趣,往往成为他们学习的直接动力,成为爱好和志趣,以至于发展为惊人的勤奋和百折不挠的毅力。兴趣爱好和求知欲是儿童获得知识、技能和发展能力的前提,也是获得知识、技能和发展能力的结果。

小学科学知识一般都蕴含在生活场景中,虽浅显简单,但也不能直接向学生灌输相关知识与原理。灵活多变、材料丰富、直观生动的科学实验在具体教学时,可以充分调动学

---

[1] [意]玛利亚·蒙台梭利.童年的秘密[M].单中惠,译.北京:中国长安出版社,2010:134.

生的积极性,激发学生学习科学课程的兴趣。小学阶段的孩童思维方式正处于形象思维向抽象思维过渡阶段,但仍以前者为主。科学实验可以将单调、抽象的科学文字生动、直观、形象、有趣地呈现出来。学生在实验操作过程中,像科学家一样"真刀真枪"地进行探索研究,可以随着自己对实验进行设计、操作、观察、交流、汇报的过程,验证自己对某些科学现象"前概念"的理解正确与否。在"做"的过程中收获科学知识,可极大满足他们的好奇心与求知欲,充分激发学生对科学学习的兴趣,给予学生自主参与、形象观察的可能性。在学生经历科学实验探索的过程中,通过认真观察、动手操作、动脑思考、归纳总结、主动创造等一系列环节,从知识、技能、情感态度多方面培养学生的科学素养。实验过程中,小学生可以不断地体会到科学研究的困难,等待规划详细的实验方案并逐步实施实验后,会体验到解决问题、克服困难获得成功后的喜悦,这些都会激发小学生学习科学课程的兴趣。

(三) 科学实验可以帮助小学生掌握科学研究方法

科学中的许多概念、规律都是借助于实验研究得到的,因此做好课本上的实验是科学课堂教学的出发点。真实、生动、形象、直观的科学实验可以赋予学生丰富的感性认识,但仍需要学生经历积极思考、修正加工,才能对自然事物的内在属性和规律产生正确的认识,进而形成概念、结论,掌握一定的科学方法。

科学方法是指对认识客观事物的过程和程序的了解或把握,知道如何运用科学技术知识去尝试解决问题,会提出假设或猜想,会搜集有关的信息或证据,会进行判断、推理和决策,会同他人交往,并能与他人合作、共同解决难题。科学工作方法,包括观察、实验、提出问题和假设以及验证假设等;科学评价方法,包括解释科学技术结果,评价科学证据等;科学交流方法包括用科学的语言描述事物、制表、画图、获取信息、阅读信息、处理信息和与他人交流信息等;科学思维方法包括观察、分析、综合、对比、分类、抽象、类比、判断、推理、想象和创造等。

学生围绕实验主题设计实验方案时,需要通过观察、分析信息获取实验思路。在实施实验时,需要综合、比较实验器材的优劣,改善实验操作过程。交流汇报实验操作过程中的发现时,需要从收集的证据中概括、推理出实验结论,并通过有效表达与他人交流自己的探究结果和观点。科学实验还可以锻炼学生的类比、迁移能力,培养学生学以致用,将实验操作过程中获得的思维方式、科学原理在生活中找到类似的现象,并运用科学方法指导自己解决比较简单的日常生活问题。只有各种思维方式被培养与调动起来,学生才能真正地懂科学、爱科学。

(四) 科学实验可以培养学生的实验设计与自主创新能力

学习自然科学,必须有一定的实验能力,包括实验设计、实验操作、实验观察记录、整理记录资料等方面的能力。这些能力是不能仅靠教师的讲解传授的,必须在相应的实践活动中才能得到发展,只有通过实验才能培养学生的实验能力。通过设计实验、分析结果等,锻炼和培养想象能力和分析能力;在分析原因、结果、形成概念的过程中,要进行概括、抽象的逻辑思维能力、归纳能力、分析能力;在实际操作中,还能培养组织能力、实践操作能力、解决问题的能力等。因此,只有通过实验,才能更好地培养和发展学生学科学、用科学的能力。

科学实验在实施与操作过程中,应充分相信学生的自主学习能力,教师适当发挥引导作用即可。给予学生充足的探索时间与空间,激励学生发挥主观能动性,围绕实验主题作出猜测,通过多角度尝试探究过程,可以锻炼学生坚忍不拔、追求创新的品质。同时,针对同一实验主题,可以鼓励学生开动脑筋、尝试运用多种材料、多种思路、多样方法完成科学探究,让学生体会创新的乐趣。在实验操作过程中,还可以给予学生充分的肯定,引导学生大胆质疑,从不同视角审视同一科学问题,在提出新方法、设计新思路、制作新教具、改进实验精确度等的过程中进一步培养学生的创新能力。

(五)科学实验可以培养学生的科学精神

小学科学课程的教育目的就是培养学生的科学素养,科学精神作为科学素养的重要组成部分,它是指学生应该具备的探索求知的理性精神、实事求是的求实精神、开拓进取的创新精神、互助友爱的协作精神、自由竞争的宽容精神和敬业牺牲的献身精神等。科学精神是隐性的、抽象的,但其培养过程需要凭借具体活动来体现,单纯依靠呼吁式的讲授教育,无法让学生深刻体会科学精神的内涵。而科学实验可为学生提供真实的体验环境,在经历实验探索的过程中,引导学生用科学的语言表述实验现象,用规范合理的方法操作实验步骤,用科学的方法记录实验数据,小组成员之间通力协作,归纳分析自己小组的观察发现,依据已有的实验结论提出改善与创新方法。以上完备的实验流程必将培养学生实事求是的工作态度和严谨细致的工作作风。让学生在畅游科学世界时,逐渐树立良好的科学世界观。

(六)科学实验可以培养学生的科学思维

科学思维是人脑对自然事物的形态特征、本质属性及其内在规律的概括反应。由于自然科学的研究对象具有客观性,不以人的意志为转移,在课堂上想要引导学生认识某个自然事物,需要带领他们认真观察科学现象、亲身经历探究实践过程、积累丰富的科学事实材料,并经过反复加工、合理改造、去粗取精,才能从感性认识上升到理性认识。由于低年级小学生年龄偏小,多处于形象思维阶段,中高年级的学生也处于形象思维向逻辑抽象思维转变的阶段。这些背景都给教师开展科学教学活动提供了实施指挥棒,即教学应多依托实验活动给学生科学思维的训练提供观察、分析、概括、比较、归纳、演绎的素材。2022版课标也特别指出,观察、实验与思维相结合,是科学学习的基本特征。因此,教师应高度重视科学实验活动开展方案的设计,在实验课堂上充分发挥学生的自主性,让学生亲历"仔细观察—认真聆听—实践操作—得出结论"这一系列活动;在实操中给予学生充足的思考空间,鼓励学生乐于表达自己的想法,让学生不仅能够思考所学理论,还能思考实验操作的优缺点;教师还可广泛开发、创新制作实验教学用具,充分发挥科学实验对小学生模型建构、推理论证、创新思维的培育作用。

第二节　小学科学实验教学的目标与原则

一、小学科学实验的教学目标

实验目标是实验教学的努力方向,决定着实验内容的选择、实验的设计、实验教学的组织形式等方面。对科学实验目的进行分析有助于理解课程内容,并可作为课程实施的依据和评价的准则。

2022 版课标指出科学课程旨在培养学生的核心素养,为学生的终身发展奠定基础。并从"掌握基本的科学知识,形成初步的科学观念""掌握基本的思维方法,具有初步的科学思维能力""掌握基本的科学方法,具有初步的探究实践能力""树立基本的科学态度,具有正确的价值观和社会责任感"等四个方面阐述了具体的目标要求。作为科学课程与教学的重要部分,科学实验的教学目标也应包含上述四个维度,即:科学观念、科学思维、探究实践和责任态度。因此,我们可结合 2022 版课标呈现的在课程内容中使用的行为动词,编制具体的实验教学目标,详情可参考表 1-1。

表 1-1　课程内容中使用的行为动词

类型	水平	行为动词
认知性目标动词	一级水平	知道、举例说出、说出、描述、识别、列举、了解
	二级水平	比较、举例说明、说明、概述、解释、认识、理解
	三级水平	区别、辨析、判断、分析、阐明、分类、应用、预测、评价
技能性目标动词	一级水平	观察、观测、测量、记录
	二级水平	使用、调查、估测、查阅
	三级水平	计算、绘制、设计、制作、检测、优化、改进
体验性目标动词	一级水平	关注、感受、体验
	二级水平	感知、领悟、认同、关心
	三级水平	养成、质疑、形成、树立

(一)科学观念实验教学目标

科学观念是在理解科学概念、规律、原理的基础上形成的对客观事物的总体认识,是科学概念、规律、原理等在头脑中的提炼和升华。实验教学中与"物质与能量""系统与模型""结构与功能""稳定与变化"四个跨学科概念相关基本理论:实验的原理和方法、仪器设备的使用方法、实验现象的观测与描述、实验教学的评价理论等都属于科学观念实验教学目标的范畴。在认知性目标动词相关表述的指引下,我们可以将科学观念实验教学目标描述为:了解实验主题涉及的基本科学概念的内涵,知道基本仪器的使用方法、应用条件;对实验内容、实验方法、实验技能、实验现象等有初步的理解能力;能掌握实验所蕴含的科学原理,识别出所需观察的科学现象,正确记录所需观测的物理量;能运用学过的实

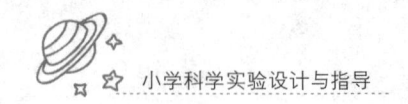

验知识和方法，解决新情境下的科学问题；能结合某些重要的实验内容，反思实验设计或操作的缺陷，提出改进的方法，并设计一些新的实验方案；等等。

（二）科学思维实验教学目标

2022版课标将科学思维定义为：从科学的视角对客观事物的本质属性、内在规律及相互关系的认识方式。科学思维主要包括模型建构、推理论证、创新思维等要素。在设定具体的实验教学目标时，可以结合具体的实践过程，让学生对实验现象进行抽象分析与概括总结，进而构建模型；掌握实验中控制变量的方法；引导学生搜集、整理实验过程中展示的各种证据，通过口述、画图、拍照、录视频等多种途径表达自己的想法；学会运用分析与综合、比较与分类、归纳与演绎等逻辑思维方法，建立实验所得证据与科学解释之间的对应关系；能对实验交流环节不同观点、结论和方案进行质疑、批判，敢于表达自己的实验发现；引导学生就实验过程中的优缺点进行反思，在辨析思考中形成多角度设计实验的理念；可结合生活经验及科学积累，提出有一定新颖性和合理性的观点，培养学生的实验创新意识。

（三）探究实践实验教学目标

探究实践主要指在了解和探索自然、获得科学知识、解决科学问题，以及技术与工程实践过程中，形成的科学探究能力、技术与工程实践能力和自主学习能力。小学科学探究过程是从提出问题开始，学生经历分析问题、作出假设、制订计划、践行计划、收集证据、处理信息后，经过交流讨论形成科学认识。这样的探究过程既包含对学生学习科学实验方法的引导，也包含对学生科学实验技能的训练。设定探究实践实验教学目标时，可以参考以下建议：引导学生结合实验主题，设计合理可行的实验操作方案；在教师指导下（讲解或示范操作）进行规范的实验操作，对科学实验对象进行认真细致的观察，获得丰富的科学思维材料；能用科学的方式记录观察结果，基于观察所得的证据进行融洽沟通；能够结合实验主题，对实验方案进行反思与改进，提出优化实验的建议，在实践中检验新方案的可行性。

（四）态度责任实验教学目标

2022版课标指出，态度责任是在认识科学本质及规律，理解科学、技术、社会、环境之间关系的基础上，逐渐形成的科学态度与社会责任。而对于实验教学而言，学生的实验兴趣、实验态度、实验习惯、实验意志、实验观等都属于态度教学目标。实验兴趣是指学生对实验活动的特殊认识倾向，乐于参与实验探索活动并从中得到乐趣。能在好奇心的驱动下，对实验对象的外在特征、实验发生的条件、过程、原因等方面表现出积极的探究兴趣。实验态度是指学生对科学研究的态度，能在探究过程中以事实为依据，严谨规范进行实验研究；能够不迷信权威，敢于发表自己的观点；愿意倾听、乐于合作，能够接受别人的批评与建议，也能积极参与团队合作。实验习惯是指在实验前预习实验、爱护仪器、规范操作、科学记录数据、节约耗材、注意安全、维护实验环境干净整洁的习惯。实验意志是指学生在操作实验中应当具备的坚持不懈、勇于接受挑战的意志力。实验观则是指学生对实验的整体看法，认识到实验对于人类发展的重要性，认可实验教学对于科学学习的重要性，乐于参与实验探索活动。

社会责任方面的实验教学目标,就是在操作实验过程中,对实验的科学价值、社会价值保持有温度的认可态度;在具备稳定的实验行为与价值观后,能大胆质疑,从不同角度提出研究思路,采用新的方法、利用新的材料,完成实验探究、设计与制作等,培养创新精神;了解科学技术带给人类生活的便利,了解技术对人类生活方式和思维方式的影响,以及在科学研究中与技术应用中必须考虑的伦理和道德价值取向;能够辨析人类利用技术对自然界产生的正面和负面的影响,并能够选取合适的行动保护环境;在认可技术对人类生活与自然环境的改变与影响后,逐渐形成保护自然环境的意识与责任感,树立正确的科学研究与技术应用伦理道德观。

案例分享

光传播路径研究实验

一、教材简析

本课是五年级上册《光》单元的第二课,本课的学习重点是探究光是如何传播的。前面已经学习了《有关光的思考》这一课,在学生对光源和光有了一定了解后,就可以对"光是怎样传播的"这一问题进行进一步探究。

本课的主要内容是:通过与声音的传播方式的比较,学生结合生活经验,推测光的传播特点,再通过实验观察光行进的路线,并初步建立"光是沿直线传播的"这一核心概念,在教师的引导下使学生认识到光的传播方式与声音的传播方式都有哪些特点。

本课分为三个教学环节:

第一部分聚焦:对比声音和光的传播方式。这个活动的目的是了解学生的初始想法,教科书是从学生生活常见的情境中提出问题的。当光照亮周围的物体时,我们是否想过它从哪里来,又是怎样到达被照亮的物体上的?寻找推测的依据,是本节课的重点。

第二部分探索:验证观察光的传播方式。探究活动分为两部分:第一部分是当三张有孔卡纸在同一条直线上时,使手电筒的光穿过这些小孔,观察纸屏上的光斑,并画出光行进的路径;第二部分是横向移动其中一张有孔卡纸,观察光斑的位置变化,并画出光行进的路径,并能做出"光是沿直线传播的"解释为止。教科书中详细介绍了实验器材、方法和步骤,学生要在图中的卡纸上直接用箭头标出光前进的路线。通过两次对比来说明光是沿直线传播的。

第三部分研讨:光的传播方式与声音的传播相比有什么特点。引导学生观察纸屏上的光斑在卡纸移动前后有什么变化,并根据已经掌握的知识来解释这一现象。同时在教师的引导下得出光的这种现象与声音的传播相比有什么特点。这也是对本课所学知识的巩固和运用。

二、学情简析

"光"是一种常见的物质,学生日常生活中接触的光源也非常多,但学生对于光

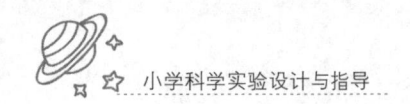

的传播"路径"是怎样的就缺少思考,对于光传播路径的认识也比较模糊,没有亲身去观察并思考,只是知道个大概,并没有用证据去证明过自己所获得的知识,对于寻求证据来证明自己观点的能力还是欠缺的。以学生已有的知识为基础,从生活现象出发,引导学生大胆想象,敢于猜测,以实验验证,最后通过活动探究,得出结论,培养观察能力。

三、实验目标

该实验目标围绕2022版课标提出的四维目标,结合美国学者马杰提出的ABCD法则制订,即在教学阐述教学目标时包含学习者(audience)、行为(behavior)、条件(condition)和程度(degree),可操作性较强(详情可参阅表1-2)。

表1-2 光是怎样传播的实验教学目标

维度	具体内容
科学观念	知道光(在同一均匀介质中)是沿直线传播的。
科学思维	• 知道推测要有依据。 • 在实验中能认真观察、勤于思考,能根据实验结果实事求是地进行分析、推理。
科学探究	• 能与声的传播对比,发现光的传播特点。 • 能有依据地推测光的传播路径。 • 能设计实验证实自己的猜测是否正确。 • 能从多个方面证实最初实验结果的正确性。
态度责任	• 培养学生爱思考的习惯以及善于思考的能力。 • 了解利用光沿直线传播给人类生产生活带来的便利。

二、小学科学实验的教学原则

制订好实验目标后,在具体实施实验教学时,为了呈现优质的教学效果,充分调动学生学习科学的积极性,保证实验课堂可以高效地呈现出来,科学教师应当严格遵守以下基本的实验教学原则:

(一)安全性原则

安全是一切教学的最基本要求,虽然小学科学实验相对比较简单,但小学生普遍年龄小,动手操作能力也较弱,教师需要时刻向学生强调安全操作的重要性。例如,某些实验教学过程中会涉及热水、酒精灯、剪刀、美工刀等材料、设备,需要提醒学生规范操作,避免安全事故发生。部分实验中还会有螺丝、铁屑、绣花针等细小物体,应提醒学生不能手拿细小实验材料追逐打闹,避免误食入口中或刺伤身体部位。

(二)面向全体学生原则

学生是课堂的主体,在实施实验教学时前需要充分了解学生的动手操作能力,掌握学生对实验涉及科学概念的掌握情况,认真准备实验仪器、材料,创设积极有趣的实验操作环境,充分调动全体学生的实验积极性。同时,也要尊重学生的个体差异,在学生针对实验课题有奇思妙想时,要给予及时的肯定与鼓励,引导学生将创意之花盛开在实验的土壤上。

(三)探究性原则

科学实验是学生探索研究的过程,因此,教师要充分信任学生的探索能力,要给予学生充分的质疑、发现、探索、搜集证据、交流汇报、思考总结的时间。教师在实验教学中应扮演好引导者的角色,给予学生必要的帮助与纠错,确保学生探究过程的有效性。教师在准备实验材料时,也应多次演练,挑选具备探究价值的实验材料。

(四)生活化原则

小学科学教育的宗旨是引导学生熟悉日常生活中常见的科学现象,知道与周围常见事物有关的浅显的科学知识,并能逐渐养成科学的行为习惯与生活习惯。因此,教师在实施实验教学时,应将设计方案尽可能生活化,在生活中寻找常见的、易于被学生接受的仪器设备。也可从生活场景入手,解决简单的实际问题,逐步引导学生养成用科学思想、科学知识指导生活、学习的能力。

第三节　小学科学实验常见的类型

科学实验是小学科学课程的重要内容,科学实验是开展科学教学的重要方法和途径。为了更好地提高实验教学的质量与效率,科学教师需要对《科学》教材内涉及的实验有宏观整体认识。鉴于此,将对现行《科学》教材蕴含的不同类型的科学实验进行梳理,以帮助小学科学教师明确不同类型实验教学的基本要求,规范合理地组织好实验教学,探索清晰不同类型实验教学的规律。小学科学实验的分类标准有很多,或许对一个实验主题,按照不同的分类方法可以归属于不同类型的实验。但这并不妨碍我们对不同类型实验进行功能作用、教学策略的探讨与研究。

一、根据实验环境分类

如果把小学科学课程中涉及的科学实验按照实验环境来进行分类,可以分为实验室实验与自然实验。

(一)实验室实验

实验室实验指的是在特定场所实验室内,利用各种实验器材,人为地控制或改变实验对象的状态或条件,有目的地、有计划地考察与研究实验对象的一种实践活动。[①] 由于实验室内部仪器比较充足且精确度较高,因此实验室实验一般可以对实验因素进行相对严格的控制,实验操作严谨性与规范度较高。在实验室内进行实验操作,可以帮助学生初步认识多种实验仪器,养成规范合理的操作习惯,还可以帮助学生初步体验科学实验所需的

---

① 甘雪梅.小学科学实验的分类与教学策略[J].科学课,2008(12):34-37.

多种研究方法。在熟悉实验室相关条例与操作注意事项的过程中,还可培养学生的责任感与合作交流能力,为终身学习打下良好的科学习惯素养。

在实验室内部进行实验时,一般会用到较为精密的观察或测量仪器。在小学阶段科学教学内容会涉及的测量工具有测量质量的天平、测量体积的量筒、测量温度的温度计和测量长度的米尺等。而需要了解并掌握使用方法的观察仪器有放大镜、显微镜等。实验室实验案例可参阅表1-3。

表1-3 《科学》教材中实验室实验举例

教材信息	实验举例	具体内容标准
大象版五下	人类的朋友	利用显微镜观测酵母菌的形态
教科版六上	不简单的杠杆	利用杠杆的特点撬和移动重物

(二)自然实验

自然实验通常指的是在自然环境中对实验对象进行考察、研究的一种实践活动。小学科学教学内容中涉及植物的种植实验、校园中植物的观察实验、天气变化的观察实验、动物的饲养实验、宇宙星空的观测等都需要在自然环境中慢慢观察与实施。自然实验可以培养小学生在生活中发现科学问题的能力,引导小学生形成科学来源于生活,学习科学知识可以解决生活中常见问题的基本意识。还可培养小学生热爱自然、保护环境、尊重生命的情感态度与价值观。自然实验的观察与实践过程,一般需要细致、全面的观察,因此在实验指导时教师应提前指导学生掌握观察所需的技能技巧。有些自然实验的观察周期较长,因此在实验教学指导过程中,我们要注意对学生耐久性、坚持品质的培养,让学生逐渐体会科学家们在进行科学研究时坚持不懈、吃苦耐劳的优良品质。

自然实验通常的指导时间是在课外,教师可以广泛发动家长这一支教育主力军的积极性,给予家长们一定的方法指导。[①] 引导家长在亲子陪伴过程中鼓励孩子从细小方面捕捉科学的灵感,教给家长陪伴孩子在大自然赋予的"实验室"内进行观察探索的内容和方法,鼓励家长带领孩子在自然状态下利用废旧的生活材料制作科技作品。家长的参加与引导可以充分延长学生学习科学的时间和延展学生探索科学的空间。自然实验案例可参阅表1-4。

表1-4 《科学》教材中自然实验举例

教材信息	实验举例	具体内容标准
大象版三下	风的测量	学会判断自然界风力与风向大小
大象版三上	寻访蚂蚁	观察蚂蚁的形态与生活环境
教科版二上	土壤——动植物的乐园	选择校园中的一块土壤,记录生活在那里的动物和植物
教科版三上	阳光下物体的影子	观察并记录一天中,阳光下物体影子的变化规律

---

① 甘雪梅.小学科学实验的分类与教学策略[J].科学课,2008(12):34-37.

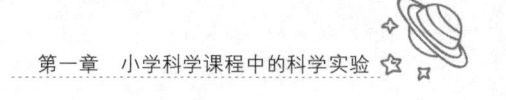

二、根据实验目的分类

依据实验实施后要完成的直接目的,科学实验可以分为探究性实验、验证性实验、模拟类实验、制作类实验等。

(一)探究性实验

探究性实验是指探索研究对象未知特征、属性以及与其他因素关系的实验。[①] 教师进行探究性实验指导时,一般需要经历提出问题、作出假设、制订计划、搜集证据、处理信息、得出结论、表达交流、反思评价等环节。探究性实验会引导学生将已知因素作用于研究对象,在观察研究对象的变化过程中向学生揭示科学现象背后的相关规律。探究的过程还可引导学生运用创造性思维和逻辑推理发现研究对象隐藏着的相关性质,将研究对象的相关特征清晰化呈现出来,帮助小学生对研究对象形成全方位的认识。对小学生而言,他们经过践行探究性实验得到的相关理论和知识,虽然在科学研究过程中已经被科学家们检验、证实过,但对于小学生而言是全新的。小学生在探究过程中,会掌握依据科学现象提出问题的能力,会理解控制变量这一科学研究方法的应用过程,会提升自己收集与分析信息获取证据的能力,还将锻炼自我分析、综合、比较、概括、类比等科学思维能力。

表1-5 《科学》教材探究性实验举例

教材信息	内容领域	实验举例	具体内容标准
教科版四上	物质科学	声音的强与弱(高与低)	探究影响声音强弱(高低)的原因
	生命科学	种子发芽实验	探索种子发芽需要的条件
教科版五上	物质科学	怎样获得更多的光和热	探索物体吸热能力与什么因素有关
	物质科学	光的反射现象	探究光的反射规律
	物质科学	摆的快慢	探究摆摆动的快慢与什么因素有关
教科版五下	物质科学	沉浮与什么因素有关	探究影响物体沉浮状态的原因
	物质科学	探索马铃薯沉浮的原因	探究影响马铃薯沉浮状态的原因
教科版六上	物质科学	探究电磁铁的磁力大小	探究电磁铁的磁力大小与哪些因素有关
教科版六下	物质科学	铁生锈了	探究影响铁生锈快慢的因素

(二)验证性实验

验证性实验是一类对科学知识或科学原理等实施检验验证的一类实验。一般情况下,学生对这类实验的研究对象和科学问题已经具备一定的经验和知识,需要在研究之初作出猜想和假设,然后再进行实验,来证实自己的猜想和假设正确与否。该类型实验实施前,学生对相关科学现象已经有了初步的认知,但这种认知处于模棱两可的状态。学生所操作的验证性实验很大一部分是对前人研究结果予以验证,只是学生并不知道这些结果。教学时,需要引导学生独立思考,勇于提出猜想,有利于培养学生的探索能力和探究精神。

---

① 赵骥民.小学科学实验设计与实施[M].北京:高等教育出版社,2013:15.

还要引导学生学会用辩证的思维设计科学、合理的实验方案,通过实验的方法来检验自己的猜想与假说。学生践行验证性实验的过程,可以充分培养他们敢于质疑、勇于挑战的精神,还可培养学生的逻辑思维能力。

表1-6 《科学》教材中验证性实验举例

教材信息	内容领域	实验举例	具体内容标准
教科版三上	物质科学	空气能占据空间吗	能用一定方法证明空气占据空间
		空气有质量吗	能用一定方法验证空气有质量
教科版三下	地球与宇宙科学	证明地球在自转	利用傅科摆来证实地球具有自转运动
教科版五上	物质科学	光是怎样传播的	验证光在同一均匀介质中是沿直线传播的
		光的传播会遇到阻碍吗	验证光遇到不同物体时受阻碍程度不同

(三) 模拟类实验

模拟类实验是一种用模型来代替研究对象,进而模拟研究对象实际情况而进行的一类实验。科学研究过程中,很多研究对象我们很难甚至不可能直接对其进行实验,例如,想要研究人体内部器官的功能、结构;想要研究地球内部缓慢的运动;想要探索四季变化的成因等。受客观条件的限制,我们无法直接对研究对象实施实验探索。这时可以根据相似性原理,运用模拟法来构建可以代替真实研究对象的模型,进而进行模拟研究。模型的引入可以将自然状态下很难操控的科学研究对象直观地呈现出来,可以大大降低学生学习科学的难度。模型的构建过程要遵循客观性、简易性、科学性、经济性等原则。模拟类实验的授课过程主要是训练学生的模型思维、模型建构、模型操控等能力,可以引领学生理解与掌握用模型进行模拟研究这一科学研究方法。

表1-7 《科学》教材中模拟类实验举例

教材信息	内容领域	实验举例	具体内容标准
教科版三上	地球与宇宙科学	风的成因	做风的模拟实验
教科版三下	地球与宇宙科学	月球—地球的卫星	模拟制造环形山
		月相变化的规律	模拟月相变化的过程,探索月相变化的成因及规律
教科版五上	地球与宇宙科学	地震的成因及作用	通过模拟实验探究地震形成的原因
		火山喷发的成因及作用	通过模拟实验探究火山喷发的原因
		风的作用	通过模拟实验探索风的侵蚀作用
		水的作用	通过模拟实验认识降雨和河流给地表带来的变化
	生命科学	身体的运动	模拟骨、关节和肌肉的结构
		心脏和血液	模拟血液循环系统

续表

教材信息	内容领域	实验举例	具体内容标准
教科版六下	地球与宇宙科学	月相变化	模拟月相变化的过程，探索月相变化的成因及规律

（四）制作类实验

制作类实验是指运用科学原理和技术手段来制作科技作品的一类实验。这类实验的主要目的是锻炼学生的动手操作能力。但随着学生制作科技作品的过程，还将有助于学生理解科学知识、运用科学原理，培养学生学以致用的科学意识。教师在指导制作类实验时，可选取一些简单、易操作的课题，充分调动学生制作的积极性。教师还可将制作类实验发展为学生课外进行科学探索的主要媒介，引导学生发掘身边可以利用的一切素材，结合科学主题制作科技作品。

表 1-8 《科学》教材中制作类实验举例

教材信息	内容领域	实验举例	具体内容标准
教科版二上	物质科学	做一顶帽子	用不同材料做出不同功能的帽子
教科版二下	物质科学	做一个指南针	制作水浮式指南针
教科版三上	地球与宇宙科学	制作雨量器	用自制的雨量器在下雨时测降雨量
教科版五上	物质科学	制作一个潜望镜	利用光的反射的知识，分析潜望镜的工作原理，通过合作交流制作一个简易的潜望镜等
教科版五上	物质科学	我们的水钟	制作一个简易水钟
教科版五上	物质科学	制作钟摆	制作一个 1 分钟正好摆动 60 次的摆
教科版五下	物质科学	造一艘小船	用橡皮泥造一艘装载量比较大的船
教科版五下	物质科学	设计制作一个保温杯	设计制作一个具有保温效果的杯子

三、根据实验过程涉及的主要科学技能分类

科学过程技能是小学科学课程的重要内容，小学阶段涉及的过程技能主要有观察、测量、分类等。因此，也可以将小学科学课程中编排的科学实验按照实验蕴含的科学技能分为观察实验、测量实验和分类实验等。

（一）观察实验

观察实验是指人类通过感官或借助某些科学仪器，有目的、有计划地对客观存在的事物或现象进行考察并描述，从而获取科学事实的一种研究过程。剖析上述概念，发现任何科学实验都可属于观察类实验，因为所有实验都需要通过眼看、手部操作等观察手段进行，观察是一切科学研究的基础。为此，特别将这里所说的观察定义为科学观察，其具备以下三个特点：一是科学观察是有目的、有计划的，二是科学观察是感性的认识活动，可为自然科学研究提供经验事实材料，三是科学观察的广度和宽度会随着科学仪器的不断发展而不断改进。

观察实验在小学科学课程的各个内容领域都有安排，所占的比例最大，其目的是培养学生良好的观察品质与获取科学证据的能力。按照观察是否借助于仪器，可以分为直接观察和间接观察；按照观察的时间长短，可以分为长期观察和短期观察；按照观察结果是否提供数量的特征，可以分为定性观察和定量观察；按照观察的条件是否为人为控制，可以分为自然观察和实验观察。每类观察实验对应的观察案例，可以参考表1-9。

表1-9 小学科学观察的类型及其案例

分类标准	实验类型	实验案例
按照观察是否借助于仪器	直接观察	观察一棵植物
	间接观察	观察洋葱表皮细胞
按照观察的时间长短	长期观察	观察蚕的一生
	短期观察	观察动物的卵
按照观察结果是否提供数量的特征	定性观察	观察声音强弱的变化
	定量观察	观察降雨量的多少

续表

分类标准	实验类型	实验案例
按照观察的条件是否为人为控制	自然观察	观察阳光下的影子
	实验观察	观察液体的热胀冷缩现象

（二）测量实验

在科学上把使用一定的科学仪器测定事物的长短、大小、轻重、快慢等性质的过程称为测量实验。这类实验在小学科学实验中所占的比例也较大，主要与一些基本的科学测量仪器的使用有关，其目的是培养小学生掌握测量仪器的使用规则、测量习惯和细致严谨的科学态度。小学科学课程内各个领域中编选的测量类实验如下：

表 1-10 《科学》教材中测量类实验举例

教材信息	内容领域	实验举例	具体内容标准
教科版四上	生命科学	测量肺活量	使用简易肺活量测试袋来测量大家的肺活量
教科版五上	物质科学	时间在流逝	测量一炷香的时间
		用水计量时间	测量200毫升水中漏出100毫升、150毫升需要的时间

（三）分类实验

分类实验是指按照一定的标准，对事物分门别类地整理和组织的过程。分类既是重要的科学过程技能，也具有科学的预见性，有利于我们寻找和认识新的事物。对自然事物进行分类，是条理化、系统化认识自然事物的重要途径。通过对科学现象进行分类，能将科学事实和一般原理结合在一起形成科学概念，进一步发展分析与概括、推理的能力。依据分类技能把日常事务进行规划、分类，有助于生活或工作中提高效率，提高分析、解决生活问题的能力。

科学研究中的分类方法有很多，本教材结合小学科学课程中涉及的内容，介绍三种常见的分类方法，即顺序排列法、多级二分法和集合法。所谓顺序排列法，就是把一些事物按照某一个属性，譬如降雨量的多少、物体质量的大小等，将事物依次排列的分类方法。这种方法比较简单，容易理解和操作，比较适合小学低年级的学生掌握和使用。多级二分法是按照一定的标准把待分的事物分成二类，然后再把任一类按照一定的标准分成两类，以此类推,直到不能再分为止的一种分类方法。集合法是将待分类事物按照是否具有相同特征而进行分类的方法,集合法所依据的分类标准有较大的自由度。

在小学阶段,分类实验所占比例不算太大,但也有一定篇幅。小学生会学习与垃圾的分类、动物的分类、植物的分类、材料的分类、食物的分类、营养的分类等相关的知识。在分类实验中,小学生需要充分运用分析、综合、抽象、概括等方法才能区分同一物体的本质特征与非本质特征,将同类物体从不同物体中区分出来加以分类。

四、根据实验涉及的学科分类

依据2022版课标对小学课程内容的相关界定,可以把科学实验分为物质科学、生命科学、地球与宇宙科学等单学科实验,和融合科学、技术、社会与环境多领域知识的综合性实验。

(一)单学科实验

单学科实验就是指实验内容仅涉及某一学科范畴的相关实验。小学科学新课标中对物质科学、生命科学、地球与宇宙科学等学科相关教学内容进行了明确的规定,教师可依据最新课程标准的指导意见与教材内容合理地安排实验,教学难度较小。

(二)综合性实验

综合性实验是指包含科学、技术、社会与环境等多学科内容的实验。需要教师结合当前流行的STEM(科学、技术、工程与数学)理念或者STEAM(科学、技术、工程、艺术与数学)理念进行多学科融合的实验创新教学。[①] 在实践中逐渐培养学生的超学科理念,鼓励学生在科学、技术、工程、艺术和数学等多个领域综合发展与提高,培养小学生的综合素养,从而提升其全球竞争力。

在大象出版社发行的《科学》教材中有很多的综合实验项目。例如,"大家动手做乐器""雨具的改进""飞行的秘密"等,都是引导学生观察实验对象的现状,提出自己的设计与改进方案,并动手实操制作出包含技术、科学、艺术等元素的科学作品。

五、根据实验的呈现形式分类

如果把小学科学课程中涉及的科学实验按照实验呈现的形式来进行分类,可以分为真实实验与信息化实验。

(一)真实实验

真实实验就是指利用真实存在的仪器、设备、材料等实际物品,依据科学原理实施操作的一类实验活动。这类实验正是我们日常教学中经常采用的教学媒介,其魅力在于学生在接触实物操作时身处其中的真实感受。小学生在对实验客体产生视觉、嗅觉、听觉和触觉感受的过程中,可以充分思考实验现象背后的科学知识与原理,厘清实验现象的规律与本质。真实实验在培养学生动手能力、观察能力、分析和解决问题的能力等方面都发挥着重要的、不可替代的作用。

[①] 王诗瑶,王永红.跨学科STEM教育的思辨、现状与应用[J].教学与管理,2018(33):97-100.

（二）信息化实验

信息化实验是指经过数字化或虚拟现实技术的处理，可以在计算机网络环境下运行的多媒体材料或特定的教学系统。信息化实验资源通常分为硬件资源、软件资源和数字媒体等。硬件资源是一个载体，如计算机、投影仪、希沃白板等硬件设施。硬件资源是实现信息化教学的基石，也是不可或缺的载体。软件资源如 PowerPoint、Flash 动画软件等，还有如烧杯 Beaker、NB 物理实验室等各类虚拟现实软件等。而数字媒体则可以是实验微视频、各教学资源网站、微信公众号、班班通系统、网络直播课系统等[1]。在互联网已经深入人们日常生活的今天，2017 版科学课程标准也对科学教师提出新的信息化要求："教师要充分利用网络资源，运用合适的方法（如在线学习、专题研讨、微课、资料查询等）促进学生的科学学习，为教学服务；可以把网络资源作为教师教学研究的重要资源，也可以利用网络技术开展学习评价。"[2]可见，科学教师应当掌握一定的信息化技术，熟练应用信息化实验资源。

信息化实验资源有其不可替代的作用，小学科学教学内容中会有一些实验难以在短时间或近距离实现。例如，观察动植物的动态生长变化、观察天文现象等需要很长时间；实地观察火山喷发又是极其危险的事情，有空间限制。动画演示、视频资源以及模拟软件等信息化资源可以打破时空限制，将危险系数较高的、学生不能身临其境的实验通过信息化手段生动、有趣地呈现出来，给学生带来视觉冲击，充分激发学生学习科学的好奇心与求知欲，从而提高学生学习科学的兴趣。虽然信息化实验在锻炼学生动手操作能力方面有欠缺，但其在很大程度上可以优化完善实验教学设计，促进实验教学效率提高，进而达成相应的教学目标。

六、根据实验数据是否量化分类

（一）定性实验

定性实验是为了判断研究对象的某种因素是否存在，某些因素间是否存在联系，并判定某种物质的成分、结构的一种实验方法。定性实验要判定的是有无、是否等问题，在实验中得出的是研究对象的一般性质以及与其他事物之间的联系等初步知识。定性实验多用于某些探究性实验的初级阶段，它把注意力集中在事物本质特征方面，只有明确了某些因素的特性，肯定或者否定某些因素是否存在，各个因素间是否有联系，才能进一步开展定量实验。

（二）定量实验

定量实验是研究对象的性质、组成和影响因素之间的数量关系的实验。用以测定某对象的数值，或求出某些因素间的经验公式、定律等，进而揭示各个因素之间的数量关系。

---

[1] 李文娟，李胜男，赖洲扬. 信息技术在小学科学实验教学中的有效应用研究[J]. 科技风，2023(03):136-138.

[2] 中华人民共和国教育部. 义务教育小学科学课程标准(2017 年版)[S]. 北京:北京师范大学出版社,2017:77.

测量是定量实验的重要手段和方法,虽然小学阶段的实验仪器一般都比较粗糙,实验多为定性实验,但不能不对学生进行"量"的强调,精细化的"量"是培养学生严谨实验态度的重要手段。具体操作时,教师可以优化实验材料,精确实验数据;采用列表排序法和统计图法等,从学生的认知出发,更好地锻炼学生的数据分析能力;充分利用班级内数据的差异,关注学生动态生成,全面分析每个数据,给学生提供一个思维成长的空间。

本章小结

小学科学实验是小学生按照一定研究目的,以一定的科学知识为指导,凭借一定的实验仪器、装置、设备和各种工具,采用特殊的实验操作方式和方法,在人工控制的环境下,作用于实验客体使之发生某些变化的过程。除了拥有科学实验的常规特点之外,小学科学实验还兼具探究主题多为"已知"科学事实、探究形式多为定性研究、探究内容富含生活元素、探究方式多样且趣味化等特点。科学教师应充分挖掘生活中蕴含的科学元素,通过实验引导小学生形成适用于小学生终身发展和社会发展所需要的实验品格与关键技能。

在设定实验教学目标时,应从科学观念、科学思维、探究实践、态度责任四个维度出发,全面提升学生的实验素养。同时,熟悉小学科学实验的类型可辅助科学教师高效设计实验教学流程,可从实验环境、实验目的、实验过程涉及的主要科学技能、实验涉及的学科、实验的呈现形式、实验数据是否量化等多个角度对小学科学实验进行条理化分类。教师在进行小学科学实验教学时,也应坚持安全性、不忘面向全体学生、让课堂充满探究性、贯彻生活化原则,确保实验课堂的安全顺畅、易学易懂、趣味高效,注重培养学生终身学习意识,提升其创新精神,发展其科学实验探究能力。

思考与实践

1. 请认真剖析当地正在使用的某册《科学》教材内容,对其中包含的科学实验按照实验过程涉及的主要科学技能进行分类。

2. 小学科学实验的特点有哪些?如何理解"探究形式多为定性研究"这一特点的内涵?

3. 如何理解科学实验与小学科学实验的关系?

4. 用自己的语言阐述:如何在科学实验教学中贯彻生活化原则。

第二章
小学科学实验设计的一般原理

本章导读

在本章，我们将对小学科学实验的设计与实施理论展开讨论。在此之前，我们需要厘清小学科学实验和科学实验之间的关联。科学实验是科学实践的重要表现形式之一，是一种有目的、有组织地通过控制因素或模拟自然现象来认识自然事物规律的一种活动。而本章的小学科学实验是指作为教学活动的科学实验，它是结合小学生应掌握的实验事实和实验过程的师生互动、生生互动的教学过程，是让学生认识科学概念、掌握科学原理、并运用已学得的科学知识去解决问题，从而在科学技能、科学态度、科学方法、科学情感等多方面得到发展的培养过程。因此，本章将在探讨实验设计的理论基础上，分析实验设计的原则、方法等，并依据具体案例将实验实施的基本范式进行阐述。

第一节 小学科学实验设计的相关概述

一、小学科学实验设计的内涵

对于小学科学教师而言，不仅需要会做小学科学相关的系列实验，还需要会指导小学生做实验。教师在进行科学实验教学前，需要明确学生是学习的主体，需要了解学生已有的科学知识、学生动手操作能力的现状以及实验教学环境等。教师设计的实验活动应充分尊重学生的主体地位，可以让学生在实验过程中自己动手操作，仔细观察，认真思考，将课程所授内容转化为自己能够掌握的知识与技能等。因此，科学教师需要充分了解实验设计的内涵，并掌握实验设计相关的知识理论、技能技巧等。

小学科学实验设计包含对实验本身的设计与实验教学过程的设计。所谓实验设计，就是对实验的计划和安排。即在明确实验主题后，有目的、有计划地实施实验准备，将实验目的、实验器材、实验原理、实验设计图、操作步骤及实验方法等内容进行规划，主要表现为控制实验条件和安排实验程序的工作计划。而实验教学过程的设计，是指以促进学生的学习为根本目的，将所运用的心理学与教学理论等知识转换成实验教学目标、实验教学内容、实验教学方法和实验教学评价等具体细节进行详尽规划，创设高效的教学系统的

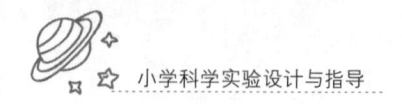

过程和程序。实验设计的最终目标是利用最小的投入获取最大的效益。

二、小学科学实验设计的意义

（一）实验设计可提高实验教学的效率

良好的实验设计是实验能够成功的前提。教师在进行实验设计后，可依据实验方案进行充分的实验准备，为实验的顺利实施提供丰富的材料。在引导学生进行实际操作时，可针对学生的困惑与错误操作等进行高效、准确的指导，推进实验的顺利进展，提高课堂教学效率。

（二）实验设计可扩宽教学思路

虽然科学教材中已经包含了形式多样的实验，这些实验项目可以为科学教师提供教学思路与依据。但课本篇幅有限，为了丰富实验课堂教学内容，引导学生熟悉生活中的科技现象与科技发展的前沿动态，科学教师可结合生活中常见的物质、材料，将实验教学设计范围延伸至生活应用，并且还可以结合时事热点，将课本的实验教学内容与最新的科技发展动态进行融合。这样的实验设计，既能扩宽教学思路，还能培养学生学以致用的科学态度。

（三）实验设计可提升教师教学技能

实验设计分为尊重教材与自主创新两种，常规的课堂上教师可依据教材内容逐步展开实验教学活动。但为了呈现更好的教学效果，教师可以因地制宜或结合科技发展前沿技术，将小学科学实验内容进行创新研究。教师专研教材、发掘实验材料、反复尝试的过程即为自我教学技能提升的过程，这些过程将助推教师综合素养的提升。

（四）实验设计有助于增强教学趣味性

小学阶段的学生年龄一般处于6～12岁范围内，这个年龄段的他们对世界充满了好奇，只要对一门学科感兴趣就一定能够学得好。良好的实验设计可以充分考虑学生的认知水平与实际需求，从学生生活实际出发，选择学生熟悉、方便操作的材料或仪器，辅助学生趣味化地学习科学内容，帮助学生在脑海中形成学习科学课程是一件十分有趣的事情的基本印象。这种自发的学习兴趣，将支撑其逐步体会科学的独特魅力，成为一个爱科学、爱学习科学的学习者。

三、小学科学实验设计的原则

（一）科学性原则

科学实验是引导小学生学习科学知识、习得科学方法、养成科学态度的重要媒介。因此，科学实验本身的科学性是向学生传递科学信息的基础。小学阶段，虽然接触到的实验都比较简单，对实验的要求也相对较低，但也必须有充分的科学依据，不能为了实验现象的趣味化、明显化而忽视实验本身的科学性。[①] 例如，在验证空气具有质量时，部分教师

[①] 赵骥民.小学科学实验设计与实施[M].北京:高等教育出版社,2013:37.

会先用天平称量一个干瘪气球的质量,计作 m_1;然后用打气筒将气球吹饱满,再用天平称量此时的质量,计作 m_2;教师随后告诉同学们用 m_2-m_1 就可以得到压入气球内部空气的质量。虽然这个实验可以验证空气是有质量的,但两个质量相减得到的数值却并非气球内部空气的质量。因为空气将气球吹饱之后,气球在空气中受到的浮力也会快速增加,将会较大地影响天平对气球内部空气质量的称量准确度。

另外,教师在准备科学实验仪器时,也应遵循科学性原则。例如,在探讨液体具有热胀冷缩现象时,有教师会在矿泉水瓶瓶盖上打一小孔,在小孔处密封一段吸管,并将矿泉水瓶内装满有颜色的水;通过将装满水的矿泉水瓶放在热水中,观察吸管液面上升的过程,验证液体受热会膨胀;但当将装满水的矿泉水瓶放在冷水中时,发现吸管内水的液面没有出现回缩下降的现象,反而出现了膨胀更高的现象。究其原因是仪器选择不当,塑料矿泉水瓶受热遇冷后会发生形变,缩小的瓶身引发吸管内部水面上升,干扰了大家对实验结果的观测与评价。

(二) 可行性原则

科学实验的设计要充分考虑实验涉及的内容、操作技能等是否符合儿童的年龄、能力、已有经验以及兴趣的现实性与可能性,从而保证学生能够在轻松自如的科学活动中学习成长;实验设计还要考虑教师的实施能力和课程投入成本等因素,都要切合实际、顺利可行。例如,以教科版四年级上册《制作我的小乐器》为例,学生可以将 7 根吸管剪成长短不一的形状,密封其中一端,将一端对齐放置、并排固定在一起,制作成如图 2-1 所示的"排箫"乐器。这一操作过程仅仅将同种材质的塑料吸管进行长短裁剪处理,当吹吸管后会听到高低不同的声音,但这个高低变换的音调和"1,2,3,4,5,6,7"的音调是否能够对应上,又需要复杂的乐理知识来评判。因此,科学教师在设计之初不需要对学生制作乐器的音调是否精准作过多要求。

图 2-1 塑料吸管排箫

(三) 显效性原则

科学实验要求现象直观、明显,要让学生清晰明了地观察、记录实验现象。因此,对于一些现象不明显的实验,教师要想办法改进,提高可见度。例如,在用弹簧测力计测量摩擦力大小时,教材中是指导学生通过用手拉动弹簧测力计,根据二力平衡原理,在运动中读取摩擦力的大小。这个操作过程对小学生操作的规范度与读数精确度都要求较高。因此,可以利用运动具有相对性这一科学原理,首先将弹簧测力计固定在某一位置,然后将物块通过细线固定在弹簧测力计的挂钩上,并统一放在木板上;通过拉动木板,令木板与物块之间发生相对运动,但这个时候弹簧测力计是固定不动的,方便学生读数。

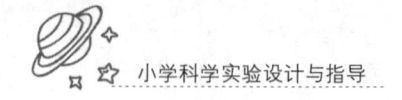

（四）简易性原则

小学生操作能力有限，因此在设计实验方案时，要尽可能采用较为简单的仪器，设计的方案也要尽可能与日常生活实际相联系，实验的原理也要尽可能在小学科学学习范围之内。科学教师可以充分发掘小学生生活中容易获得的、价格低廉的、可以回收利用的材料，经过科学教师的改装或开发转化成实验材料。简单易得、又兼具生活化的实验材料可以拉近学生生活与科学学习之间的距离，让学生体会到学习科学的益处与用途，又可以培养学生勤俭节约、科学环保的情怀与意识。

（五）安全性原则

小学生活泼好动、安全意识薄弱，在进行实验探究时，容易吵吵闹闹地进行相关操作，忘记教师叮嘱的实验注意事项等。因此，在实验设计之初，就需要力求实验装置简单、规范、安全；尽力做到实验操作步骤简单、明了、节约时间、避免危险性实验操作，对有毒物质要进行无害处理的设计；使用药品时，要尽可能不用危险品，注意对有害材料的回收与处理，做好节约资源，避免对环境造成不必要的破坏与污染。同时，要时刻向学生强调谨防触电，确保学生的人身安全。

同时，教师在科学实验教学中，必须做好安全教育工作，建立实验室安全守则，对实验室的常见事故要有预防与急救处理措施。例如，配制及使用酸、碱溶液时，要严格按照操作规范进行，操作时要佩戴防酸、碱手套和护目镜加以防护。

第二节　小学科学实验设计的理论基础

从静态上看，实验设计涉及教师、学生、教学内容、实验环境、实验材料、教学媒体和教学方法等多方因素。其中，学生是实验学习的主体。任何实验设计都需要以学生的学习习惯与心理发展水平为依据。因此，我们将着重参考行为主义学习理论、认知学习理论与建构主义学习理论的相关观点，充分思考上述理论对实验设计和实验教学的指导作用。而从动态上来看，实验设计包含了实验的准备阶段，即确定实验主题和设计科学实验方案；实验的实施阶段，即实验操作、实验结果的记录；实验结果的处理阶段等。因此，我们将依据2022版课标的基本理论，将小学科学实验设计成能够促进学生全面、充分发展的相关实验。

一、行为主义学习理论对实验设计的启示与指导

（一）行为主义学习理论的基本观点

以桑代克为代表的行为主义学习理论认为学习的实质是形成情境与反应之间的联结，刺激与反应之间的联接是直接的，并不需要中介的作用。他认为那些能够导致成功的反应会被保留，而那些无效的反应则会被逐渐排除。一旦刺激和反应间的联系形成了，当原来的或类似的刺激再次出现时，习惯性的反应就会出现。因此，动物的学习就是从各种刺激-反应中挑选那些导致成功的刺激反应型。虽然行为主义学习理论将学习者的兴趣、

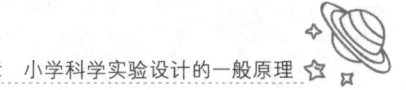

个性、知识经验、动机等内在因素排除在外,受到人们的批判,但仍不妨碍我们分析该理论对实验设计的启示与指导。

(二)桑代克学习理论对实验设计的启示

桑代克试误学习理论从准备律、练习律与效果律三个层次出发,对学习以及学习者两者进行深入的分析。[①]

其中,准备律是指学习者在学习时的预备定式;练习律指的是在奖励的情况下,学习者不断地重复一个学会的反应就会增加刺激与反应之间的联结;而效果律是指在对同一情境所做的若干反应中,那些对学习者伴有满足的反应或紧跟着满足的反应,在其他条件相等的情况下,就越加牢固地与这种情境相联结。

从准备律我们可以发现,对实验教学进行设计时,我们要明确一个事实,那就是学生的学习是要有条件的。实验教学过程中学生要处于"饥饿状态",要让学生具有学习的动机。教师可以在实验教学中,设置有趣、生动的问题情境激发学生的实验欲望,激发学生的实验操作动机。

而练习律告诉我们,可以让学生做重复操作的练习以达到强化刺激-反应联结关系的目的。此时,教师要实时给予学生反馈,进而引导学生触类旁通、举一反三,加深其对实验知识、概念、规律的理解和把握。例如,学习显微镜、天平或者量筒等基本实验仪器的操作方法时,常常需要反复练习,才能完全掌握使用及操作规范。

从效果律可以发现,教师应及时对学生的学习效果给予惩罚和奖励。教师在实验教学时要牢牢把握一个中心,学生所有的学习都不是突然发生的,而是通过一系列细小的步骤按照顺序逐渐到达的。因此,在实验设计时,要做到不满堂灌,要给学生充足的动手操作时间,让学生真正地熟悉并掌握实验操作原理,明晰实验操作中的相关技能技巧。

二、认知学习理论对实验设计的启示与指导

(一)认识学习理论的基本观点

以布鲁纳为代表的认知学习理论认为,学习的实质是学生主动地通过感知、领会、推理促进类目及编码系统的形成,是学习者主动地形成认知结构的过程。

认知学习理论认为学习就是认知结构的组织和重新组织。[②] 而作为学习主体的学生不是在被动地接受知识,而是积极的信息加工者。因此,布鲁纳认为学生的学习应该由其自身强大的认知需求来驱动,而学生的学习应该是自身利用教材或者教师提供的条件独立思考、积极探索,自行发现知识,掌握原理和规律的过程。

(二)认知学习理论对实验设计的启示

依据布鲁纳的发现法教学模式,实验设计时应以学生的"发现"活动为主,教师在实验准备时,要为学生提供丰富的实验材料,让学生可以依据实验主题,自行选择实验仪器与设备。实验教学也应创设趣味性强的问题情境,激发学生的实验探索欲望。实验授课过

[①] 郑志杰.桑代克学习理论与"尝试错误"数学教学策略的应用[J].教育导刊,2004(09):48-49.
[②] 李晓丽.布鲁纳学习理论及其对教学工作的启示[J].教育探索,2015(11):5-8.

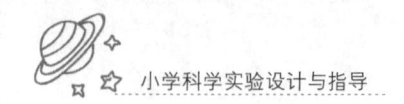

程中,也应引导学生逐渐地掌握独立发现及解决问题的方法。在传授科学知识的同时,要有意识地训练学生运用知识解决问题的能力,让学生在探索中发现规律、获得知识,形成发展认知结构。教师要给予学生充分的探究线索与空间,同时可以启发学生进行对比研究,协助学生分析材料和证据,提出可能的假设帮助学生分析与判断。教师还可以协助、引导学生审查假设得出结论。

虽然认知学习理论充分肯定了学生的主观能动性,但在实验教学时不代表可以将课堂完全交给学生,教师在完成充足的实验准备与预设后,在课堂上要随时关注学生的动态,结合学生的课堂表现及时给予课堂教学的反馈,引导学生达成实验学习目标。

三、建构主义理论对实验设计的启示与指导

(一)皮亚杰建构主义理论的基本观点

建构主义源自关于儿童认知发展的理论,其中最具代表价值的学者就是皮亚杰。他认为学生对事物的认识并不是直接的接受,而是根据自己已有的经验不断地去加工和改造,从而形成自己的认识。这个过程就是建构。学习是学习者主动建构自己知识的过程,即通过新经验与原有经验的双向的相互作用,充实、改造自己的知识经验。学习者在遇到新知识和新问题时,要充分激活原有知识经验,有意识、有目的地对知识进行分析、综合、应用和反思等活动,使旧经验产生双向的相互作用,建构起对新知识的理解。

建构主义强调知识是存在于具体的情境之中的,不可能脱离情境而抽象地存在,要为学习者不断创设情境,要加强学习者之间的相互协作,要鼓励学习者之间相互的交流,同时强调学习者在学习上的主动性。[1]

(二)皮亚杰建构主义理论对实验设计的启示

皮亚杰从知识观、学生观、教学观和学习观四个角度出发,对建构主义理论进行了详尽的分析,在进行实验设计与教学时,我们也可从上述四个方面进行准备。

皮亚杰建构主义的知识观告诉我们,学生的知识应在一定的情境即社会背景下,借助于学习时获取知识的过程中其他人的帮助,利用必要的学习资料,用意义构建的方式而获得。因此,我们的实验设计应该以学生熟悉的生活场景为切入点,在实验设计时充分发掘小学生生活中利用到的科学知识,通过实验操作加深学生对知识背后科学规律的认识与理解。此外,教师还应把握好实验设计的难易程度,要让小学生深入浅出地凭借科学实验来探索科学规律。因为,对于小学生而言,当下学习到的知识不是绝对正确的最终答案,在小学阶段进行的科学实验锻炼仅仅是为了更好地认识生活中的科学现象,激发学生学习科学的积极性,能够学会用科学知识来解释现实社会中相关的科学原理即可。

在针对学习观与学生观的论述中,皮亚杰指出学习是学生积极主动地建构自己知识的过程,学生是信息加工的主体,是意义的主动建构者。学生的建构过程是双向的,学生在意义建构中可超越所给的信息,重新构建已有的经验。同时,学生的建构是多元化的,受制于学习情境的特殊性与个体经验的独特性,每个学习者的建构是不同的。因此,在实

---

[1] 陈威. 建构主义学习理论综述[J]. 学术交流,2007(3):175-177.

验设计与教学过程中,科学教师要充分信任学生的自主探究能力,给予学生适当的引导而非绝对的控制,要充分尊重学生的心理发展水平,允许动手能力强、对科学学习兴趣高的同学开拓创新,要及时给予学生正面反馈,引导学生自我建构科学知识与原理。

皮亚杰认为,教学不是传授知识,而是对知识的处理和转换。学生不是空着脑袋进教室的,因此教学过程不能无视学生已有的知识经验,简单强硬地从外部对学习者实施知识的"填灌"。教学应当把学习者原有的知识经验作为新知识的生长点,引导学习者从原有的知识经验中,生长新的知识经验。结合上述皮亚杰对教学的指导意见,我们有必要在进行实验设计前,充分了解并掌握学生的科学前概念、学生动手操作能力的现状,以及学生对科学知识的渴求度。这些前期准备工作都能指导科学教师设计出难易适中、符合学生兴趣度、充分提升学生实操能力的高效实验。

四、新课标对实验设计的启示与指导

2022版的新课标规定小学科学课程应以培养学生核心素养为宗旨,具体实施课程教学时,应体现面向全体学生、立足素养发展;聚焦核心概念、精选课程内容;科学安排进阶,形成有序结构;激发学生动机,加强探究实践;重视综合评价,促进学生发展等基本理念。并将核心素养从科学观念、科学思维、探究实践、态度责任四个维度进行剖解,给出实验教学设计的引领与启示。[①]

实验和观察、思维相结合是科学学科的一大特征,在实验教学中要充分挖掘三者的互助支撑作用:让科学思维融入观察和实验,依靠思维设计实验方案,依靠思维分析实验结果,依靠思维进行严密的推理,依靠思维得出结论;让实验成为获得科学思维材料的有效途径,实验是了解科学现象、测得有关数据、获得感性知识的源泉,是建立、发展和检验科学理论的实践基础;让观察成为实验顺利进行、思维快速建构的保障,通过有目的、有计划地观察,感知物质存在及其运动的一般规律,知觉某一科学现象区别于其他现象的特殊性,知觉科学现象发生、发展和变化的条件等,将助力科学概念的形成、科学规律的发现、科学问题的探索、科学思维的构建。

因此,在具体进行实验教学设计时,要紧密围绕核心素养的四个维度展开,具体如下:

(一) 实验设计要围绕"科学观念"展开

科学实验是锻炼学生实验操作技能、培养学生提炼研究问题、制订研究计划、学习科学研究方法、熏陶科学精神的重要手段和途径。然而,任何实验的设计都要以传授科学观念为前提,科学观念包含对科学本质的认识,掌握与认知水平相适应的科学知识,在解释自然现象、解决实际问题中的应用等。科学实验不能仅仅为了热闹或者动手操作而进行。例如,在引导学生种植凤仙花或者饲养蚕时,长时间的种养需要学生具备一定的耐心和恒心。由于小学生普遍年龄偏小,缺乏一定的自控力与恒久力,教师布置的种养实验很容易陷入"每天看一眼"的困境,学生并不明白整个实验过程需要注意的科学事实有哪些。面对这样的问题,教师事先要培养学生形成良好的观察习惯,引导学生用科学的语言记录科

---

① 中华人民共和国教育部. 义务教育科学课程标准(2022年版)[S]. 北京:北京师范大学出版社, 2022:6-7.

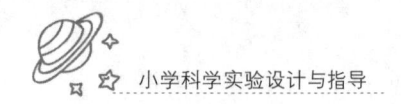

学事实,最终能够将自己的观察记录提炼成相关的科学概念或科学知识。当学生明白自己的观察最终可以上升成为一定的科学理论,自己的观察是为了解决一定生活问题而进行的,将大大激励他们的观察积极性。

(二)实验设计要蕴含"科学思维"

科学思维是助力学生获得实验结论,完成实验操作的有力保障,实验设计需注重对学生科学思维的培育。小学阶段学生将经历由具体形象思维向抽象逻辑思维过渡的过程,因此科学教师在具体设计实验教学时,要充分考虑学生的心理认知水平,有差异地对学生进行科学思维的锻炼。例如,1~2年级的小学生思维能力处于具体形象思维,针对这阶段学生的实验设计需关注其对具体现象和事物外部特征的观察、描述、比较、分类、判断等;3~4年级的小学生思维能力处于由具体形象思维向抽象逻辑思维过渡的关键时期,针对这阶段学生的实验设计在关注具体现象和外部特征的基础上,分析现象和事件发生的条件、过程、原因等,着重培养学生的归纳、推理能力;5~6年级的小学生具有一定的抽象思维能力,因此实验设计时要引导学生关注事物的结构、功能、变化与相互关系,重点培养学生的概括、系统化与控制变量能力等。

(三)实验设计要以"探究实践"为中心

解决科学问题的方法有很多,在课堂上教师可以直接告诉学生解决科学问题的各种方法与技能。但大家都明白"授之以鱼,不如授之以渔"的道理,想让小学生逐渐形成科学看待世界的优良品质,就需要鼓励学生亲身经历科学探究过程。科学探究不仅仅是获取科学知识的主要途径,还将引导学生通过多种方法寻找证据,引导学生运用创造性思维和逻辑推理解决问题,并通过评价与交流等方式达成研究共识。因此,实验设计要充分体现探究过程,要给学生自主探索的时间与空间。2022版课标中已经将科学探究明确为"提出问题、作出假设、制订计划、搜集证据、处理信息、得出结论、表达交流、反思评价"这个八个阶段。因此,科学教师在进行实验设计时,需要结合不同学段学生的年龄与心理特点,从"教师指导、教师引导、学生自主"三个层次出发,设计不同难度的探究活动。

(四)实验设计要注重培养学生的"态度责任"

科学态度是体现小学科学课程思政功效的直接依据,也是激发小学生对科学产生兴趣,为他们埋下"长大成为科学家"梦想种子的重要阵地。因此,实验设计不能没有对学生进行科学精神培养和科学情感熏陶的重要环节。一般而言,在科学实验设计之初,教师要明白科学态度的基本内涵。首先,要让自己的实验环节包含对科学技术辩证看待的过程,科学是把双刃剑,教师要引导学生对科学技术形成正确的价值判断。其次,实验设计不能忽略对学生学习兴趣与探究热情的激发环节,小学科学课程是培养小学生科学素养的启蒙性课程,因此,实验设计要贴合学生的生活而展开,逐渐培养学生用科学的眼光来看世界,培养学生严谨规范的学习态度。再次,教师在实验设计时,要有意识地安排一些学生可以自主探究的活动,难度适中的探究活动既能让小学生勇于探索新知,又能引导他们实事求是表达自我,还能在集体探索中互助合作,培养良好的交流沟通与倾听意识。最后,教师在实验设计时要充分预设实验结果的各种可能性,小学生思维发散,看待科学问题的眼光与大人不同。因此,在实验设计时要给学生留足他们进行自我观点表达、修正、完善的时间，要让他们养成实事求是表达自我的习惯，既不能依据个人情感篡改数据，也不能跟风表达自己的实验结果，要学会从不同角度思考问题，逐渐具备大胆质疑与乐于创新的品质。

2022版课标将科学课程的授课内容用物质与能量、结构与功能、系统与模型、稳定与变化四个跨学科概念做统领，这是科学(Science)与技术(Technology)、社会(Society)、环境(Environment)(以下简称STSE)等之间关联的教学内容的融合，也是科学教育与人文教育的一次结合。[①] 这部分教学内容需要教师系统地分析教材，整合多学科知识，在实验设计中融入学科融合的教育理念，将科学知识点转化成学生易于接受的实践活动，引导、鼓励小学生们进行探究型学习。由于小学生知识与能力水平有限，因此，教师在设计实践活动时要充分联系学生熟悉的社会生活经验，为学生提供具体的社会生活、环境实例。引导学生潜移默化学习并掌握科学知识，启发学生科学理性地看待科学问题，激励学生用发展的、多变的眼光来处理同一社会事件，开拓学生的创新思维。同时，通过践行STSE实践、实验活动，要让小学生逐渐了解人类活动对自然环境、生活条件及社会变迁的影响，鼓励学生在学习过程中学会关心社会环境，懂得通过个人行为来保护环境、珍惜野生动植物生命的重要性，提高学生的环保意识与社会责任感，实现全面提升学生科学素养的目标。最后，科学教师要明白STSE理念与当前流行的STEM(科学、技术、工程、数学)教育理念之间的差异。STEM教育更加侧重于培养学生的工程与技术素养，较为忽略探讨科学技术对社会发展和生活环境的重要影响。

第三节　小学科学实验设计的基本范式

大家都知道，良好的开端是成功的一半。实验教学之初，对实验本身与实验指导环节进行精心的设计，是科学教师需要花心思进行的准备工作。为了更好地设计小学科学实验，我们将从实验内容与组织环节设计、实验方法的选择与实验创新等多个角度出发，依据小学生特定的认知规律与小学科学课程标准的相关要求，探讨小学科学实验设计的基本范式。

小学科学实验设计包含对实验本身的设计与实验教学过程的设计两部分。针对实验内容本身的设计，就是明确每个实验的实验目的、实验原理、实验内容、实验操作步骤、实验注意事项等多方面的内容，在此，我们就不结合案例做具体阐述。我们将依据2022版课标内容标准在第五至八章依次呈现物质科学领域、生命科学领域、地球与宇宙科学领域、技术与工程等领域的实验设计案例。故本节内容将阐述重心放在对实验教学环节设计上面，将结合科学教材中常见的实验，从实验组织环节的设计、实验方法的设计，以及实验创新方案的设计三个角度出发，阐述实验设计的基本范式。

---

① 张勇，徐文彬．《义务教育科学课程标准(2022年版)》中课程理念、目标和内容的新变化[J]．基础教育课程，2023(03)：4-10．

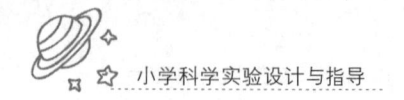

一、实验组织环节的设计范式

设计实验组织环节，就是对实验实施的基本环节进行模块化处理，可以从实验准备、实验实施与实验评价三个阶段进行详尽阐述。

（一）实验准备阶段

教师在实验操作前，首先需要了解学生已有的科学实验基本知识、已具有的科学实验操作能力，以及对实验的情感、态度和实验学习倾向等；再需要结合实验内容本身，剖析将教材实验呈现出来所需要的基本仪器和材料，主动与学校实验室管理人员交流沟通，确保实验材料的数量与质量。

然后，能依据既得的实验材料，在新课标相关要求的指导下设计实验方案：包含确定实验目标、实验原理、实验内容、实验步骤等，并精心设计实验教学程序。由于每类实验的教学重难点不同，教师需要有针对性地设计教学环节。例如，针对探究性实验，重点是引导学生经历提出假设、探究研讨的过程，教师就需要在提出问题环节花较多心思，引导学生通过科学现象梳理出科学问题，进而应用控制变量法进行单一变量的实验操作。又如，针对模拟类实验，教师设计的重心将放在引导学生剖析被研究的事物（原型）与构建的模型之间相似处上，在相似性、简化性、科学性等基本原则的指导下，通过观察模型的运演过程，来研究自然界原型的真实运行规律。再如，针对测量类实验，教师将着重引导学生能够正确、规范操作基本测量仪器，并通过科学合理的手段进行数据的整理与汇报。针对观察类实验，教师的设计重心将放在对学生观察习惯与品质的培养上面。

随后，结合实验预演过程，教师可检验实验能否达成教学目标，实验操作的成功率、注意事项等。在条件允许时，教师要亲自多做几遍实验，确保自己的操作熟练、规范，具有优秀的示范功效。同时，教师在反复预实验中，可以预见学生在实验中可能出现的错误，提高实验指导的效率。

教师在准备阶段还可以结合信息化手段，构建实验教学的辅助材料，给学生带来视觉、听觉上的冲击；还可以结合新型材料与设备，创新处理教材内部的实验，给学生带来科技感满满的实验体验。

教师除了要做实验准备外，也要引导学生养成良好的预习习惯。良好的实验预习是有效进行实验的基础。实验前，教师可以采用布置作业的形式，提前让学生熟悉实验操作的背景知识；教师也可通过微课的形式，向学生介绍实验原理，提前让学生熟悉下次课的实验主题；教师还可通过提问的形式检查学生的预习情况，并可提前告诉学生，检查预习的结果将计入实验考核成绩。总之，就是应用多种手段调动学生实验预习的积极性。

（二）实验实施阶段

实施阶段，教师要做到讲、演、导相结合。教师可组合应用讲授法、谈话法、读书法、演示法、参观法、实验法、练习法、实习法等基本实验教学方法，带领学生进行实验体验。

讲，即讲授，教师讲解的主要功效就是引导学生明白实验目的、要求，实验的原理，实验的装置的使用方法，实验操作步骤及注意事项等。教师要精讲、不能满堂灌，要留给学生充足的操作、实践时间。

演,即示范,教师可通过展示实物、图片、模型、多媒体技术或示范性的科学实验给学生提供丰富的直观感知材料,学生通过观察、思考再形成科学认识。教师可以凭借良好的演示操作,快速带领学生体验实验原理,领略操作步骤及注意事项,规避实验中可能碰见的问题。

导,即指导,教师要在实验指导过程中充分设疑,使学生有独立思考的时间,引导学生在各种科学疑问的驱动下开展实验探索。也要适时巡察学生操作的状况,指正学生操作的错误,帮扶学生完成实验既定目标,提高实验教学的效率。这里,教师的导要做到以学生为中心,关注学生的主体性。在学生亲身经历实验操作、观察、记录、形成结论的过程中,教师只是充当组织者、引导者与促进者的角色。学生围绕科学问题,进行猜想、观察、演绎、归纳等一系列科学方法的体验后,将得到多方的发展:科学知识得以形成,实验操作技能、实验方法得以巩固,探索精神、实证精神、科学态度得以培养。

(三)实验评价阶段

实验评价是教师获取改进教学思绪与建议的重要环节,教师要提前制作好相关评价量表,在教学活动开展前引导学生参与到评价环节,为教学准备提供第一手信息;教师也可以在授课过程中细心观察学生实验操作相关表现,根据学生操作的熟练度、达成度、体验感等实时调整教学环节;课后,教师也可以通过访谈、问卷调查、批阅作业等形式,调研学生对课堂实验的反馈意见,给实验教学形成科学、合理、客观、公正的评价。

二、实验方法的设计范式

《全民科学素质行动规划纲要(2021—2035年)》中指出:"科学素质是国民素质的重要组成部分,是社会文明进步的基础。公民具备科学素质是指崇尚科学精神,树立科学思想,掌握基本科学方法,了解必要科技知识,并具有应用其分析判断事物和解决实际问题的能力。提升科学素质,对于公民树立科学的世界观和方法论,对于增强国家自主创新能力和文化软实力、建设社会主义现代化强国,具有十分重要的意义。"不难看出,掌握科学研究方法、树立科学的方法论是提高公民科学素质的必要组成部分。掌握实验方法对理解实验原理、习得实验技能、养成实验精神有重要的辅助作用,是提高学生科学素养的重要手段。因此,小学实验教学也应蕴含科学实验方法的传授,让科学方法成为科学教师将实验主题落地生根的重要媒介。作为科学教师或者其他科学教育工作者,应该知道一些常用的实验方法,并能加以领会、应用,并在科学实验教学中有目的、有计划地渗透设计思想和方法。

常见的科学实验方法有观察法、比较法、平衡法、转换法、放大法、替代法、模拟法、解剖法、类比法等。接下来,将以观察法、比较法、放大法、模拟法、控制变量法、平衡法、解剖法等实验方法为例,向大家介绍实验方法选择与设计的难点及注意事项等。

(一)观察法

观察法是人们为了认识事物的本质和规律而有目的、有计划地对自然条件下显现的事物进行考察的一种方法,是人们收集、获取、记载和描述感性材料的常用方法之一,是最基本、最直接的一种实验方法。

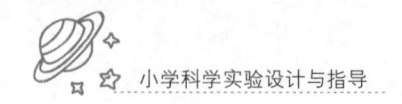

观察实验是小学生获得科学认识的基础。[①] 小学阶段,科学观察对小学生的能力水平要求经历以下三个层次:科学观察的初级阶段,即了解事物的外部特征;科学观察的发展阶段,即在两个或多个事物间进行对比观察;科学观察的高级阶段,即在发现问题并通过观察解决问题的探究观察。然而,小学生的观察又普遍存在观察的目的性低;观察的精确性笼统、出错率较高;观察的顺序性凌乱;观察的深刻性不全面;观察的持久性较差等情况。教师要有目的、有计划地设计观察方案,对学生进行高效的观察习惯与品质的培养,训练学生掌握科学观察方法,提高学生的观察技能。

1. 明确观察目的,突出观察重点

观察要带着目的进行,盲目地观察会错失有效的感官信息,不利于形成科学概念。以观察蚯蚓的形态与生活习性为例,当观察蚯蚓的形态时,观察重点要放到蚯蚓的长短、大小、粗细以及特殊部位等信息上来;当观察蚯蚓的生活习性时,要将重心放到蚯蚓生活的外部环境上。总之,要引导学生根据实验目的有选择地进行观察,培养学生学会把注意力放在那些有意义、有价值的信息上,筛选掉那些无用及无关的信息。

2. 引导学生认识观察的客观性

观察的客观性包含两个方面:第一,要以客观事实为基础来探索事物客观规律;第二,能够客观全面地记录观察结果,能用客观的语言描述观察对象。常见的记录方法有:画图、文字记录、小作文或观察日记、填写表格、拍照、拍摄视频等。对于不同的主题,学生可以选择合适的手段对实验结果进行客观公正的记录。例如观察鸡蛋孵化过程中,教师应重点引导学生观察小鸡孵化的位置,复杂的文字记录手段不便于交流展示观察结果;此时通过特殊手段对孵化过程进行跟踪拍摄的照片将客观公正地向学生展示出孵化的特征状态,让学生一目了然就看到小鸡孵化过程中"胚胎"的改变历程,便于学生形成正确的科学概念,如图 2-2 所示。

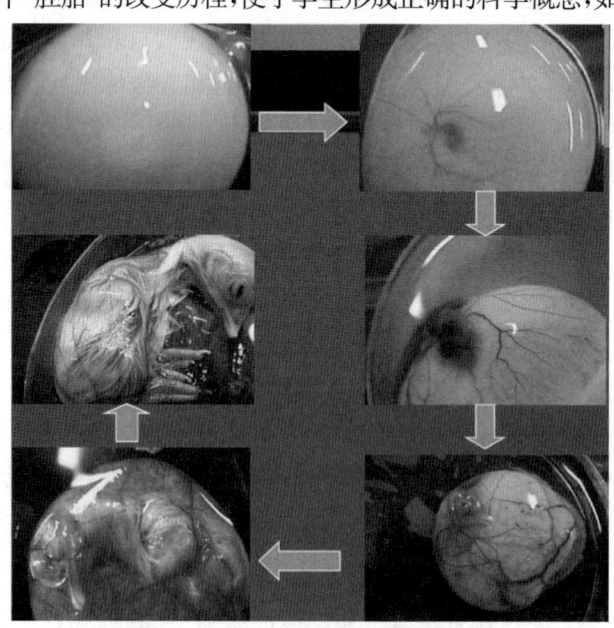

图 2-2 用照片记录鸡蛋孵化的过程

---

① 叶宝生. 小学科学教学观察实验设计的依据和方法[J]. 课程·教材·教法,2013(11):68-72.

3. 加强观察方法与工具使用的训练

对于不同的观察对象,我们引导学生进行观察时所采用的观察方法不尽相同。常见的观察方法有顺序观察、比较观察、重点观察、探究性观察、互联性观察等。针对某一实验主题,并不会用尽上述观察方法,我们挑选两个作为案例,将设计技巧呈现给大家。例如,在教科版一年级上册教材中有《观察一棵植物》的教学内容,教师就需要设计顺序观察,按照由近及远、由左至右、由前至后、由整体到局部等顺序来完整地观察一棵植物,如图2-3所示。

图2-3 顺序观察案例

在教科版三年级上册教材中有教学内容《空气占据空间吗》,教师可以利用一次性塑料透明杯子、纸团、水槽等来完成联想观察实验,将纸团粘贴在杯子底部,再将杯子倒扣在水中,通过鉴别纸团湿水与否,来反映空气是否占据空间,如图2-4所示。同时,科学课堂也是训练学生科学使用观察工具的高效阵地。小学阶段常见的观察工具有放大镜和显微镜。可以在课内结合实验主题,加强学生对实验器材操作与使用技能的培养。

图2-4 互联性观察案例

(二) 比较法

比较法是通过对两个或两个以上的事物进行比较,通过观察、分析,找出异同点的思维方法,也是将被测量与标准量进行比较而得到测量值的方法。科学研究中,通过对事物间相同特征或者相异特征进行比较,可以揭示出事物的本质和区别;在概念对比学习时,可开拓学生的思维、帮助学生接受新概念并加深对老概念的认识,培养学生的知识迁移能力与融会贯通的能力。在科学实验中,比较法也是常用的研究方法,可通过对照(比)实

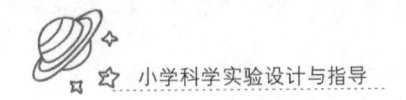

验,发现新物质、新现象或探索新的规律。例如,在学习《液体的热胀冷缩》时,将同样体积的溶液倒入同样规格的西林瓶中,通过橡胶塞在每个西林瓶口分别密封好一根细玻璃管,此时,两根细玻璃管一端都浸入在西林瓶溶液中;再将两个西林瓶装置分别放入冷热不同的水槽中,可以发现细玻璃管内的液面将发生不同高度的变化,这一实验过程可以帮助学生认识到热胀冷缩这一全新的科学现象。

小学阶段,将比较法应用于实验教学可以从以下三个角度入手:纵向比较、横向比较与测量比较等。所谓纵向比较,就是以时间为坐标,将同一或者同类事物在不同时刻(时期)的现象(形态)加以比较的方法。所谓横向比较,是指对同类的不同对象在同一标准下进行的比较,其特点是以空间为坐标。而测量比较就是将被测量与被选作计量标准的单位的同类物理量进行比较,找出被测量是计量单位多少倍的过程。科学教师要有目的、有计划地设计对比方案,培养学生的思辨能力与总结归纳能力,促进实验教学的高效实施。

1. 依托"时间轴",揭示事物变化规律

对实验对象进行纵向比较,就是将实验对象在不同时间段的发展变化过程进行汇总归纳的过程。因此,实验成功的关键点就是制订好实验观测时间表。然而,这个时间表并不是简单的时间安排,而应包括在具体的时刻对实验对象做怎样的观察与记录。只有比较目标与比较内容明确的实验安排,才能使各个实验纵向比较项目能够承上启下、关联紧密,易于学生操作与学习。

例如,在进行《阳光下物体的影子》教学时,可以选择在操场或其他空旷场所,放置一个自制的方位底盘,并在方位盘中心垂直竖立一根木棍;选择天气晴朗的一天作为实验日,可以从早上8:00开始,以一节课的时长为间隔,引导学生对木棍影子的变化过程进行观测与记录;要引导学生学会依托方位盘进行测量结果的记录,要记录清楚标杆的高度、影子的长度和方向;在汇报环节,学生将依据自己进行观察的"时间轴"发现影子变化的规律。

又如,在设计《蚕的一生》实验方案时,由于纵向比较时间较久,蚕的形态也一直在发生变化,教师在制订纵向比较"时间轴"之初,就要依据蚕的发育阶段有区别地设计观察名目。如图 2-5 所示,在蚕卵阶段,重点引导学生观察蚕卵的颜色、形态、尺寸、孵化条件信

图 2-5 蚕的一生

息;在幼蚕阶段,可以引导学生观察蚕的外观形态、尺寸大小、进食习惯、蜕皮周期等;在蚕蛹阶段,可以引导学生观察蚕蛹的颜色、形状、维持蚕蛹的时间等;在蚕蛾阶段,可以引导学生观察蛾的外观形态与下卵的时间间隔等。在对实验对象进行纵向比较时,将十分考验学生的耐力,这是培养学生持之以恒品质的重要环节,科学教师不能因为自己怕麻烦而忽视这一过程的培养。

2. 明确"对比项目",探索不同事物的共性与异性

在实施横向比较时,就是将具有相同性质的不同事物在同一时刻产生的现象加以比较。因此,横向比较成功的关键点就是找准"对比项目",引导学生分析"对比项目"差异背后的原因,或通过比较得出规律,了解事物的共性与异性。例如,在探究《水到哪里去了》时,教科版科学教材中给出图 2-6:在两个透明杯子中盛放体积相同的水,一个杯子中的水暴露在空气中,一个杯子的水被塑料薄膜密封在杯子内。在经历相同时间间隔后,可以选择"液面高度"作为横向比较项目,学生会发现暴露在空气中的液面高度降低,而密闭容器中的液面高度保持不变,通过分析密封与不密封的差异,进而分析得到造成这一现象的原因就是水的蒸发。

图 2-6 横向比较案例《水到哪里去了》

又如,在探究《沉浮与什么因素有关》时,虽然物体浸入水中的状态只有"下沉""上浮"或者"悬浮"三种状态,但学生并不能很容易就掌握物体在水中呈现三种状态的规律。学生的科学前概念会告诉他们:"体积越大越容易上浮",或者"质量越重越容易下沉"。但对比实心铁球(体积大)与空心铁球(体积小)在水中的状态后,会发现并非体积越大越容易上浮;对比空心铁球(质量大)与实心塑料球(质量小)在水中的状态后,会发现并非质量越大越容易下沉。上述令人困惑的现象是由于没有控制好实验变量,在确定"对比项目"时,一定要引导学生保证其他参量的一致性。当探究质量对沉浮的影响时,就要保证两个进行横向对比物体的体积是一致的;而在探究体积对沉浮的影响时,就要保证两个进行横向对比物体的质量是一致的。正确使用控制变量法可以有助于横向比较的快速实施。

3. 树立"数量"精准理念,提升实验严谨性

测量比较的本质就是通过仪器对实验对象进行观测,将待测物与标准量进行比较,引导学生用"数据"说话,通过整理数据揭示事物相应的变化规律。然而,在实际教学过程中,经常会发现小学生对测量比较的认识层面较低。例如观察植物的生长过程时,学生会表达自己种养的植物长大了,追问其"你是怎么判断植物长大"时,学生一般会回答"我就是靠肉眼观察,看出来的"。在学习《比较相同距离内运动的快慢》时,从同一高度长度相

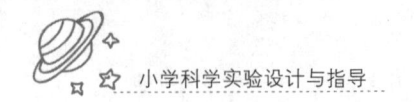

同的两个斜面上释放两个不同的物体,学生会发现 A 物体比 B 物体运动得快,追问其"你是怎么判断运动快慢"时,学生一般会回答"我就是靠看,谁先从斜面一端运动到另一端"。通过学生的作答情况,不难看出学生对取样测量、比较研究的认识层面较低,并未养成用"数据"来揭示实验规律的习惯。因此,在实验设计中要注重对学生测量意识的培养,逐渐意识到精准测量的重要性与必要性,引导学生学会用测量数据驱动自己获得实验结论。

(三) 放大法

在第一章介绍科学实验功能特点时,曾强调科学实验具有强化观察对象的条件的作用,这个功能就是放大法这一研究方法的具体体现。在科学实验中会遇到观测对象本身比较微小或者观测量改变状况不明显的现象,为了提高观察与测量的精度,可采用合适的方式、相应的装置将待测量进行放大后再进行相应的观测,上述研究过程可直接体现放大法的研究思路。常用的放大法有累计放大法、机械放大法、光学放大法、电学放大法和形变放大法等。科学教师要认真剖析实验对象,合理选择放大法对实验对象进行精细化测量。

1. 积少成多,减少直接(单次)测量的误差

科学实验对象有时自身比较微小,对其进行直接测量时,会因仪器本身分度值的限制无法进行精细测量。可以先积小成大,测出该量的 N(正整数)倍再除以 N,进而得出测量结果。在测量金属丝的直径、一滴水的体积、一张纸的厚度、一个单摆的摆动周期时,都可以使用累积放大法。例如,在测量金属丝直径时,先将金属丝在一根圆柱体上缠绕 N 圈,测出此时的绕线总长度 L,那么金属丝的直径就为 $D=L/N$,如图 2-7 所示。在测量单摆的摆动周期时,如果从最高处松手开始计时,等到摆锤再回到最高处时作为计时结束的指令,则这个测量的过程记录的周期会引入较多的操作反应时长,误差较大。可以利用累积法测量 N 次周期的总时长 t,再用 $T=t/N$ 作为周期的改进测量版本,多次平均的操作可以极大降低因人的反应时间而引入的误差,提高实验的精准度。

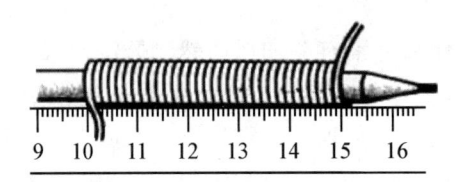

图 2-7　累积法测金属丝的直径

2. 变小为大,增强实验观赏性

科学实验中,有时研究对象在外部环境诱导后发生改变的状况不太明显,此时可以利用力学放大原理及机械部件之间的几何关系,使得待测量在测量过程中得到放大。例如,在研究液体的热胀冷缩现象时,即便液体在受热后会发生膨胀,但整体而言液体膨胀的体积十分微小。此刻可以利用圆柱体体积相同时,底面积越小,高度越高这一原理,将液体膨胀的体积放置于细管中,通过细管来减小液柱的底面积,将高度变化放大后呈现出来。又如图 2-8 所示,在探究声音是由振动产生时,以鼓面发声为例,鼓面微小的振动较难被观察到,此时可以通过在鼓面上铺撒大米粒或者塑料泡沫,通过观察外部物质较大幅度的跳动过程,来放大物体的振动形式。再如,中学物理中会告诉学生物体受力时将产生两个方面的改变:一是物体运动状态的改变;而是物体会发生形变。对于桌面等较硬的物体,

当受到外力挤压作用时,物体发生的形变会特别小,如若想引导学生看到桌面发生的微小形变,可以通过在桌面上放置的光学器件中光路发生改变的过程来说明这一问题。具体做法如下:打开激光笔,激光笔的光线先后经过两个平面镜反射后,在天花板上形成光点;当对桌面施加压力后桌面将发生下降的微小形变,此时两个平面镜角度将发生微小改变,但是光路经过两次反射后会发生较大幅度的改变,光点位置会发生较大幅度的移动,就此可以扩大桌面发生的微小形变。

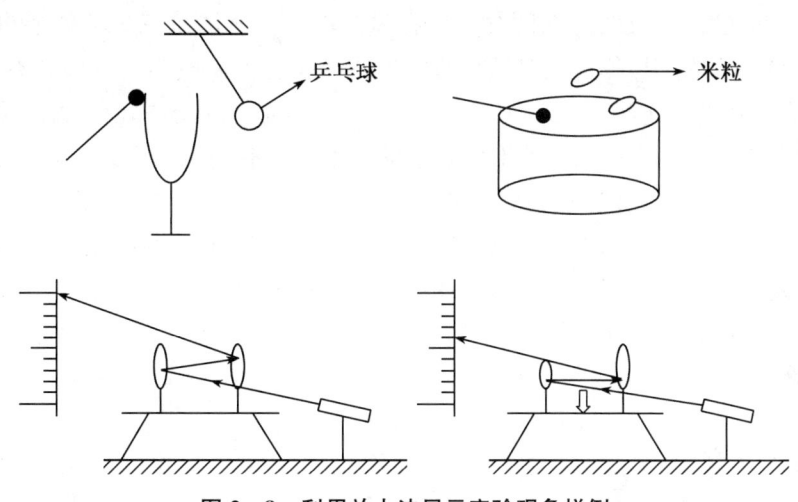

图 2-8　利用放大法显示实验现象样例

3. 化弱为强,提升实验观测效能

科学实验对象有时个体尺寸较小或表现出的外在观测量数值比较小,可以通过专业的光学或电学仪器对其进行强度的加强,提升实验观测的效能。例如,可以利用显微镜、放大镜等对微小物体进行观测,扩宽学生对微观世界的认知领域。同时,可以利用望远镜对星空进行观测,延展学生对天体运行规律的探索空间。有时,可以采用灵敏度较高的检流设备来放大实验数据,例如在学习电磁相互转化时,利用闭合回路导线切割磁感线可以产生感应电流,但是感应电流一般比较微弱,可以选择灵敏度较高的电流检测计来放大微小的感应电流,使学生可以切实感受到磁生电的过程。随着微电子技术和电子器件的发展,各种新型的高集成度的电压、电流、功率放大器不断涌现,科学教师应与时俱进、合理选择实验仪器,提升实验的观测效能。

(四)模拟法

模拟法是根据相似性原理,从思考原型的外在表现与运行规律开始,选择合适的材料构建物质模型或依托信息技术构建抽象电子模型等,在模型的指导下间接地研究客观原型性质和规律的实验方法。模拟法在小学科学中应用较广,可以解决以下几大类问题:第一,观测原型的变化非常缓慢、演化周期较长,例如岩石的风化、地球表面形态的变化、天体的运动等;第二,观测原型自身比较危险,不能带领学生身临其境,例如火山喷发、地震、气体爆炸等;第三,观测原型内含于人体(暗盒)内,例如不能直接观察人体内脏、骨骼、关节等;第四,观察原型非常庞大或非常微小(航天飞机、宇宙飞船、原子和分子运动、基因结构等)。进行模拟方法设计时,需要明确以下注意事项:

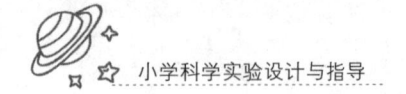

1. 明确原型的基本结构及运行规律

模拟法是用模型模拟、代替原型,进而揭示原型的基本运行规律的研究过程。因此,这类实验成功的关键点就是构建好模型,一定要保证模型和原型相似,而剖析清楚原型的基本结构及运行规律是构建模型的基础。例如,在用模拟法构建月相变化模型时,要清晰此原型中涉及的天体有太阳、月球、地球三个,且要明白太阳是恒星、自身会发光发热、空间位置相对恒定;地球是行星、自身不会发光发热、自西向东围绕太阳在做公转;月球是卫星、自身不会发光发热、自西向东围绕地球在做公转。分析清楚三个天体各自的形态结构、运转规律后,才能选择位置相对稳定的发光球体作为太阳模型。再选择不透明、不发光的(一半涂黑充当背光面、一半留白充当向光面)篮球作为月球模型。由于月相变化是地球上的观测者看到的月球亮光面形状发生的周期性变化过程,可以让学生围成圈充当地球。实验成功的另一关键因素就是学生观察的次序,一定要保证观察顺序从面向"太阳"开始,且按照逆时针方向进行观测,如图2-9所示。教师之所以一定要引导学生按照逆时针方向观察而不是按照顺时针方向观察,都是在相似性原理的指导下,保证模型尽可能直接反映原型的运行规律。

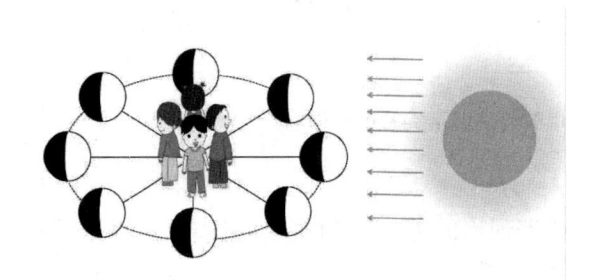

图2-9 用模拟法观察月相变化规律

2. 在科学性原则指导下,简化模型结构

分析清楚原型的基本结构或运行规律后,有时原型本身较为复杂,或者原型的演化过程会涉及较多的影响因素,这时就需要结合小学生的认知水平酌情对原型进行简化处理。还以刚刚列举的模拟月相为例,地球除了围绕太阳公转外,自身还在发生自转;月球除了围绕地球公转外,自身也在做着自转运动,如果我们想尽善尽美地模拟出日、地、月三个天体的运行情况,就需要令模拟地球的观测者们也按照一定速度运动起来。据资料所知,在地球赤道上的自转线速度约为466米/秒,即便按照等比例关系推算出模拟地球的同学们需要运动的线速度,在小学阶段让学生一边保持一定的线速度模拟自转、一边进行观测,对学生而言也是个不容易完成的任务。因此,可以在科学性原理的指导下,忽略地球自转的影响,简化模型结构,方便学生观测。再如,在模拟耳朵听到声音的过程时,耳朵的结构从外向内有外耳、中耳和内耳三部分,内耳部分的耳蜗、听觉神经等,较难用实物模拟出来。因此,可以在简化原则的指导下,引导学生基本了解声音在耳朵内部传播的过程。即经耳郭收集后,途径外耳道向内传输,引起鼓膜振动。可以利用图2-10中所示模型,分别探索耳郭、外耳道、鼓膜的功能特点,进而培养学生科学用耳的习惯。

图 2-10　用塑料瓶和气球等模拟耳朵结构

案例分享

探究影响耳朵听声音因素的实验

为了探究距离远近与声音强弱对人耳听到声音的影响,可以制作一个耳道的简易模型:用塑料圆锥模拟耳郭,用塑料矿泉水瓶身模拟耳道,用气球模拟鼓膜。用蓝牙音箱充当声音的源头,蓝牙音箱音量可控,且方便移动、达到控制声源远近的目的。当打开蓝牙音箱后,塑料圆锥耳郭可以将声音收纳,并经过塑料耳道传至鼓膜,使其发生振动。一般情况下,可以选择在鼓膜上放一些轻质塑料泡沫,通过观察塑料泡沫的振动情况,来放大观看鼓膜的振动情况。

在放大法的指导下,还可以按照图 2-11 的指示,选择在鼓膜处紧贴一个平面镜,在平面镜外侧放置一个激光笔,激光笔发射的光可以投射在平面镜上,经过平面镜反射至幕布。当鼓膜发生振动时,会带动平面镜一起振动,平面镜的位置会发生微小的改变,但激光笔光线经过反射后,光路会发生较大幅度的改变,方便学生观察与思考。

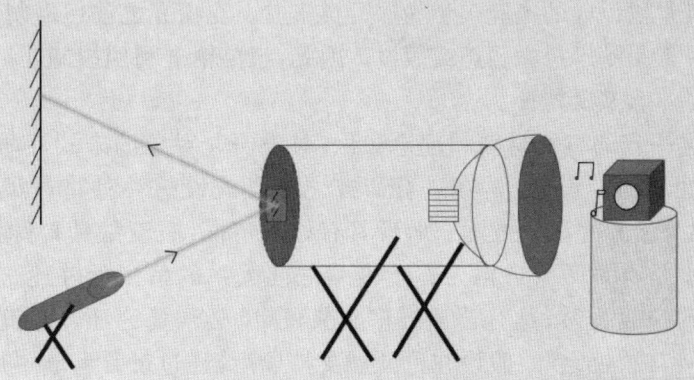

图 2-11　用放大法来增强模拟鼓膜振动强度的示意

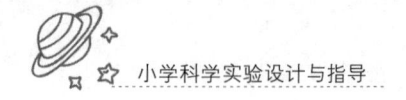

(五) 控制变量法

控制变量的研究方法在规律探索中经常使用,是科学实验中非常重要的方法之一。所谓变量,是可以变化的量,变量相对于定量而言,简单说就是在科学实验中数据会随着外界环境变化而变化的一种量。自然界中万物相互联系在一起,想要探究清楚某一现象产生的原因或其变化的影响因素,必须人为控制无关变量、自变量和因变量,这样既能判定变量之间是否有因果联系,也能探究变量之间真实的数量关系,这种研究问题的方法就是控制变量法。利用控制变量法设计实验时,需要注意以下事项:

1. 科学理解不同"变量"的内涵

在利用控制变量法设计实验时,需要明晰自变量、因变量和控制变量三者之间的关系,在表2-1中给出了各变量的含义,通过了解实验操作中谁是主动变化的量、谁是被动改变的量,辅助大家在具体《科学》实验教学中精准实施控制变量法。

表2-1 控制变量中"变量"的相关表述

自变量	在实验中,由实验者主动操纵和调控,从而引起因变量发生变化的因素或条件。又称调节变量或刺激变量。
因变量	实验中由于变量的变化产生的现象变化和结果,又称反应变量。是为了得到实验结果而需要观察或测量的指标,它没有改变的主动权。
控制变量	在实验中除了变量之外的一切可能对因变量的变化产生影响的变量。又称无关变量、无关因子、非实验因素等。

例如,我们要研究物体在水中的位置对沉浮状态的影响,此时就要注意将除了位置之外的其他因素(如体积、密度、重量等)控制起来,保持不变。在这里,位置就是自变量,其他因素就是无关变量,沉浮状态就是因变量。我们要研究物体粗细对声音音调变化的影响,此时就要注意将除了粗细之外的其他因素(如材质、长短、温度等)控制起来,保持不变。在这里,粗细就是自变量,其他因素就是无关变量,音调变化就是因变量。

2. 利用"假设"构建变量控制桥梁

利用控制变量法设计的实验多半为探究类实验。在探究之前还需制订研究计划,而科学研究计划一般是基于科学猜想或假设。因此,想要精准利用控制变量法前还需了解并掌握假设的基本含义及特征。

假设是根据一定的事实材料和理论知识,对于研究对象的未知性质及其原因或规律的某种推测性的初步设想,是在进行研究之前预先设想一种将认识由已知推向未知,进而变未知为已知的科学方法。假设具有如下特征:假设是具有科学依据的,不能凭空捏造。假设是有关两个或两个以上变量之间关系的猜测性陈述。假设解释的是两个变量之间的一般关系,具有普遍推广意义,所以必须要论证。假设一般不能被证明,只能被"支持"或"否定"。假设在论证被支持以后,经过反复考验最后上升到假说、学说、定理或理论。

案例分享

探究声音高低的影响因素

1. 实验目的

通过实验探究声音高低的影响因素。

2. 实验原理

物体都是由微观粒子构成的,粒子之间不是完全挤压在一起的,当外力作用于物体上时,物体会发生长变、切变、容变等弹性形变,内部的微观粒子在外力的驱使下,将偏离自身的平衡位置、产生振动,进而发出声音。声音的音调由物体的振动频率决定,频率越大,音调越高。

3. 实验材料

粗细不同的橡皮筋、粗细相同高度不同的瓶子、木棍、纸盒子、木板、钉子、钢尺等。

4. 实验步骤

(1) 作出假设

假设一:当其他因素相同时,物体质量越大,发出的声音音调越高。

假设二:当其他因素相同时,物体越细,发出的声音音调越高。

(2) 制订计划

第一,按质量大小顺序排列瓶子,用相同的力度敲击瓶身,认真听它们发出声音的高低变化,如图 2-12 所示。

图 2-12 探究质量大小对声音高低的影响

第二,按粗细大小顺序排列橡皮筋于盒子上,拨动橡皮筋后认真观察它们的振动快慢,认真听它们发出声音的高低变化,如图 2-13 所示。还可安装卡片,调节橡皮筋的长短,同时探索橡皮筋的长短对音高的影响情况。

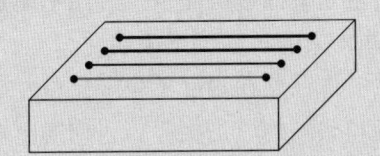

图 2-13 探究橡皮筋粗细(长短)对声音高低的影响

(3) 观察收集整理信息

伴随学生的实验操作过程，可引导学生将观察到的实验现象汇总于表2-2和表2-3中。

表2-2 探究质量大小与声音高低关系表

物体质量大小情况	观察到的振动快慢情况	听到声音的高低变化
最大		
次大		
较轻		
最轻		
我们的结论		

表2-3 探究物体粗细与声音高低关系表

物体粗细情况	观察到的振动快慢情况	听到声音的高低变化
最粗		
次粗		
较细		
最细		
我们的结论		

(4) 交流汇报

在形态等其他因素相同情况下，物体越短、越细、越紧、越轻时，振动越快，频率越大，音调越高。

（六）平衡法

平衡法是利用物理学或者化学中平衡状态的概念及原理来分析、解决问题的方法，将处于比较的量之间的差异逐步减小到零的状态，判断测量系统是否达到平衡态来实现测量，也是在观察与测量中普遍应用的重要方法。在平衡法中，并不研究被测量本身，而是与一个已知量进行比较，当两个量差值为零时，用已知量描述待测量。利用平衡法可将许多复杂的科学现象用简单的形式来描述，可使一些复杂的科学关系简明化。

例如，利用等臂天平在称量物体质量时，当天平指针处在刻度零位或零位左右等幅度摆动时，天平达到力矩平衡，此时待测物体的质量和砝码的质量相等。惠斯通电桥测电阻也是应用平衡法来测量电阻的，它是根据电流、电压等电学量之间的平衡原理来设计电路的。在探究摩擦力大小的影响因素实验中，测量摩擦力的大小也会用到二力平衡的原理，即当物体做匀速直线运动时，向前拉动物体的拉力大小等于向后阻碍物体运动的摩擦力。利用平衡原理设计的实验器材还有弹簧秤、压强计、温度计、密度计等。

案例分享

利用平衡法测量小玻璃瓶的密度

如图 2-14 所示,图中包含的材料有量筒、水和小玻璃瓶等。事先在量筒中装上 $V_1=80$ mL 的水;然后用镊子将小玻璃瓶轻轻地放在水中,使小玻璃瓶尽可能地浸入水中,而又不是完全没入水中,读出此时量筒水的体积为 $V_2=93$ mL;然后再用镊子将玻璃瓶完全按压入水中,读出此时的示数为 $V_3=85$ mL。我们可以分析 V_2 和 V_3 这两个体积变化形成的原因,利用平衡法结合三个示数就可以测量出小玻璃瓶的密度。具体步骤如下:

第一,利用平衡法计算小玻璃瓶的质量。当小玻璃瓶浸入水中,又没完全没入水中时,此时玻璃瓶漂浮于水面上,玻璃瓶的重力等于玻璃瓶所受的浮力,即

$$G=F_{浮}=\rho_{水}\, gV_{排}=\rho_{水}\, g(V_2-V_1)$$

小瓶的质量 $\qquad m=\rho_{水}(V_2-V_1)$

第二,计算小瓶的体积。当小瓶完全没入水中时,小瓶排开水的体积就是小瓶自身的体积。因此,小瓶的体积为 $V=(V_3-V_1)$。

第三,计算小玻璃瓶的密度。根据密度公式 $\rho=\dfrac{m}{V}$,可以得到小玻璃瓶的瓶身密度为 $\rho=\rho_{水}(V_2-V_1)/(V_3-V_1)$。

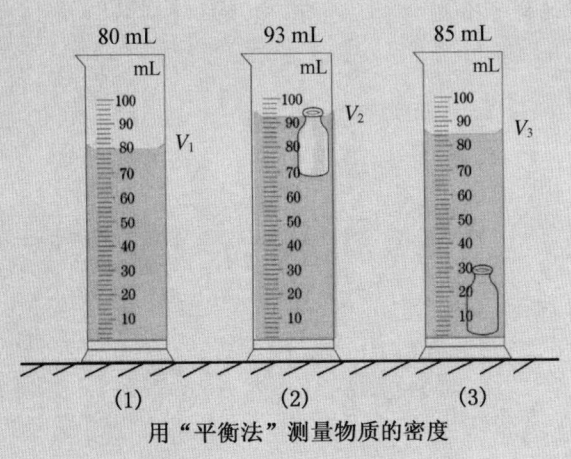

用"平衡法"测量物质的密度

图 2-14 实验原理图

(七) 解剖法

解剖法是把复杂的事物或问题分解为若干部分、方面、层次和要素,分解进行研究的方法。通过解剖,可揭露事物的内部矛盾,不但可按照实验研究任务的要求把所研究的总体分解为几个大的方面来对比分析,而且每个大方面的内部又可以根据需要再解剖下去,这样逐层拆解的过程不仅能将笼统的总指标分解成为比较具体的组指标,而且能把反映结果的大数目,经过一分再分,最终分解出说明原因的细数来。在小学阶段,学生会初步

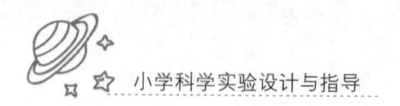

认识到解剖这一方法可以辅助自己认识清楚事物内部的基本结构,是人类认识自然规律的一种有效手段。

案例分享

解剖一朵油菜花

1. 实验目的

通过实验知道花的各部分名称,认识到解剖是人们解决观察中遇到问题的一种方法。

2. 材料

油菜花(每组一朵)、镊子、放大镜(每组一套)、记录文件夹(每人一张)。

3. 过程和方法

(1) 用镊子小心地把最下面的萼片取下,放在一张白纸上。

(2) 再用镊子小心地把花瓣取下。

(3) 用镊子小心地分离雌蕊周围的雄蕊。

(4) 用镊子把雌蕊取下。

(5) 用放大镜仔细观察,填写记录。

4. 实验现象

解剖后油菜花的样子如图2-15所示,包含四个萼片、四枚花瓣、六个雄蕊、一个雌蕊。

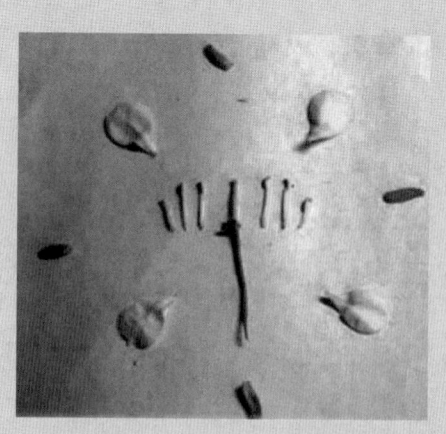

图 2-15 油菜花结构解剖图

5. 注意事项

使用镊子时,要注意尽量不要损坏花的各个部分。有花粉过敏的学生不宜参加实验。

除了上述介绍的七类实验方法,科学实验中还有许多实验方法,比如转换法、类比法、替代法等。不同类型的实验方法可以带给人们不同的研究视角,全方位带领人们认识并掌握自然规律。而且，随着科技的飞速发展，科学方法与科技手段也越来越先进，科学教师在具体进行实验设计时，要充分挖掘不同实验方法的优点，创新性地组合运用各类实验方法。立足学生核心素养的培养，利用实验过程促进学生科学思维的形成。科学教师还可结合科学史介绍科学家们所运用的科学研究方法和精美绝伦的实验构想，通过解决实际实验教学问题训练学生灵活、准确地应用科学方法，提高学生的模型建构、推理论证、创新思维等能力。

三、实验创新方案的设计范式

科学课堂的有效开展不仅需要教师具备扎实的专业科学知识，还需要其紧跟科技发展的步伐，具备创新精神以及创新实践能力。教师在实验教学方面进行创新设计，是为了更好地实现实验目的或摆脱现有实验设计的某些限制因素。一般而言，教师的创新设计可以从指导方法与实验仪器本身创新两方面进行。结合实验教学实践性较强这一特色，教师更容易在实验仪器与材料上进行创新，通过组合应用新型的或者新颖的实验教具，在激发学生学习动机的同时，给学生带来体验感、操作感更强的实验操作过程，培养学生的动手操作能力与高阶思维能力。接下来，我们将依据小学科学教材的部分实验内容，首先剖析教材中提供实验的基本操作流程，在进一步分析教材中实验操作的缺陷后，提出一些实验改进与创新经验。

（一）结合前沿技术，增加实验严谨性

考虑到学生的心理认知水平较低与实际动手操作能力有限，小学科学教材中提供的实验一般都为定性实验和简单的定量测量实验。带领学生逐渐学会用尺子测量长度、用温度计测量温度、用弹簧测力计测量力的大小、用天平称量物体的质量、用量筒测量物体体积等。学生经历上述实践测量后，可以形成初步的测量意识，具备一定的测量技能。然而，粗浅的实验操作会带来一些实验误差、干扰实验结论的获得。例如，学生在学习《比较相同距离内运动的快慢》时，一般会采取小组合作学习方式，如图 2-16 所示。学生会在一定长度的轨道内研究不同小球的运动快慢，将通过实验发令员发放号令，实验操作员释放物体、实验计时员记录时间完成整个探索过程。小组合作的过程虽能培养学生的合作意识，但从发令员发放号令开始，到操作员释放小球、记录员记录时间之间每个环节都会引入反应时长，无形中增加了实验的测量误差。精度不高的实验过程不利于培养严谨缜密的科学态度。因此，可以借助于较为高端的科技产品，如光电传感器作为实验操作员

图 2-16 《比较相同距离内运动的快慢》实验操作示意图

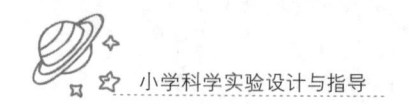

与记录员,在运动轨道的两端分别装上红外传感器,当小球在起点端经过传感器时开始计时,等到小球运动到末端再经过传感器时计时结束。精密的传感设备与计时装置,可以排除学生反应时长引入的误差,既能提高实验的精确度,也能带领学生提前见识先进的科学技术产品,培养学生的科技自豪感,激发学生对科学学习的兴趣与热情。

案例分享

《传热比赛》实验创新方案

【教材原型实验材料及设计的不足】

哪个传热快?塑料勺、木勺也能传热吗?与钢勺相比,哪种传热快?

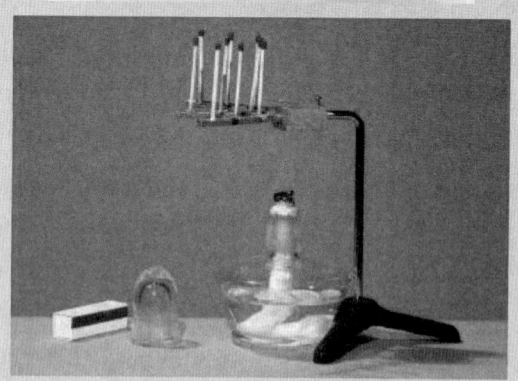

图 2-17 教材实验装置图

如图 2-17 所示,本节课是一节实验探究课,总共分为两个实验。实验一:哪个传热快;实验二:比较铜、铝、铁三种金属的导热能力大小。

1. 实验一中,核心材料为不同材质的勺子、热水、透明盛水器皿等。教材仅仅是让学生通过用手感知三种材料勺子的温度差异,就判断出谁的导热性能好。由于学生的主观性较强,且对热的感知灵敏程度不一样,导致实验略显粗糙。

2. 实验二中采用了传统导热演示装置,包含酒精灯、铁架台、蓄热池、不同材质的金属棒、蜡烛油、火柴棒等。在此装置中,用于固定火柴棒的蜡烛油的量不好控制,火柴棒在还未加热时较容易发生倾倒,掉落的火柴棒一歪容易把旁边的火柴棒碰倒等诸多现象会导致实验结果有偏差。

【实验教具改进思路】

1. 针对实验一，引入凡士林与黑豆，常温下凡士林为固态物质且具有黏性，遇热则会融化。由于这三种材料的导热性能不一样，我们只要观察比较看哪种材料上的黑豆先掉落下来，就可以判断谁的导热性能更好。

2. 针对实验二，引入温变材料，在铁、铜、铝三种不同的金属表层涂上温变材料，通过观看温变材料颜色变化的过程来判断金属材料导热性能的差异。

【创新教具制作与使用过程】

1. 在塑料勺、木勺、金属勺的同一高度涂上凡士林，将黑豆粘在凡士林上，将这三把勺子与同一热源热水接触，凡士林遇到高温之后，会慢慢融化，粘在上面的黑豆会掉落下来。具体过程见图2-18。

木勺、金属勺、塑料勺　　　　凡士林、黑豆　　　　热水

图2-18　不同材质勺子传热比赛的创新装置图片

2. 针对实验二，可以先选择大小、厚薄一致的铁、铝、铜金属片，分别在三个金属片上涂上温变材料，尽量保证涂层厚薄一致。

由于市面上有性能稳定的热传导装置（如图2-19所示），我们将依据热传导观察装置向大家介绍该装置的使用技巧。该装置可以分为名牌区、温变区与测试区三大部分。名牌区内呈现了不同金属的名称，温变区是涂有温变油墨的区域，而测试区是裸露在外的金属区域。具体操作时，可将测试区放置在热水中；通过观察温变区内油墨的变色情况，作为反映金属材质导热快慢的依据。变色区的变色格数越多，变色速度越快，说明传热的速度越快。

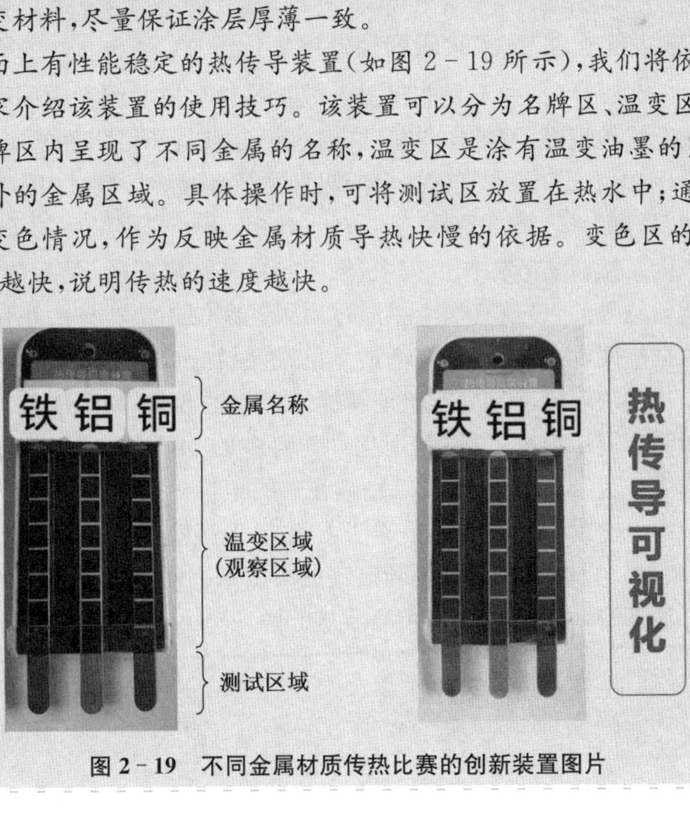

图2-19　不同金属材质传热比赛的创新装置图片

【创新教具评价与反思】
1. 创新教具优点
(1) 实验中使用热水传热,没有明火,操作简便,更加安全。
(2) 使用新实验装备,有效地提高了实验的效率,此装置也可循环使用。
(3) 让学生意识到实验器材的选择和改进会对实验结果的精准性有积极影响。
2. 创新教具改进方向
由于实验过程中需要涂抹凡士林与固定黑豆,要力求涂抹厚薄程度尽量保持一致;黑豆固定在勺子上的位置尽量保持一致,对学生有较高的要求。可以引入化妆品挤压装置,尽量保证凡士林涂层的厚薄度均匀。

案例分享

含羞草含羞过程微电流变化

案例引用自第 33 届青少年创新大赛科学小论文《含羞草五大羞率的实验与发现》。论文中采用朗威微电流传感器对含羞草含羞过程中生物电的强弱变化进行检测,可以很直观地揭示含羞草含羞时内部变化,也可以很好地解答孩子心中的疑惑:为什么有的叶子没有触碰它也会含羞? 原来是有一股看不见的电流在起通信作用。

(二) 打破学科壁垒,扩宽实验研究视野

在进行实验方案设计时,并不是非得引入最新的科学技术或者应用科技感很强的实验材料。可以拓宽实验视野、打破学科壁垒,通过组合极具学科特色的实验材料,提高实验的观赏价值。例如,在进行《空气占据空间吗》的实验设计时,教材内提供的实验是将纸团粘贴在透明塑料杯底,然后将塑料杯倒扣在水槽中,通过观察纸团的干湿情况,来反映空气是否占据空间。然而实际操作过程中,纸团容易从杯底脱落,学生湿手触摸纸团时,会干扰自己对实验结果的判定;有学生想通过用眼观察倒扣塑料杯中水位上升的高度来判断空气是否占据空间,由于水和空气都是无色、透明物质,学生观察时会很难辨识出具体的水位高度。这些缺陷或不足为实验创新提供了改进方向,为了能使纸杯倒扣后水面上升的高度清晰明了展示出来,可以利用化学学科中的"pH 试纸"遇到酸碱溶液显示颜色的特性。具体做法为:首先将 pH 试纸粘贴在透明塑料杯杯壁上;然后将塑料杯倒扣在酸性或碱性溶液中。此刻即便溶液还是透明无色的,但溶液一旦和 pH 试纸接触,就会在pH 试纸上留下痕迹。我们可以通过判断痕迹的高度来判断空气占据空间的情况。具体实验操作流程可见下图 2-20,供大家参考实施。

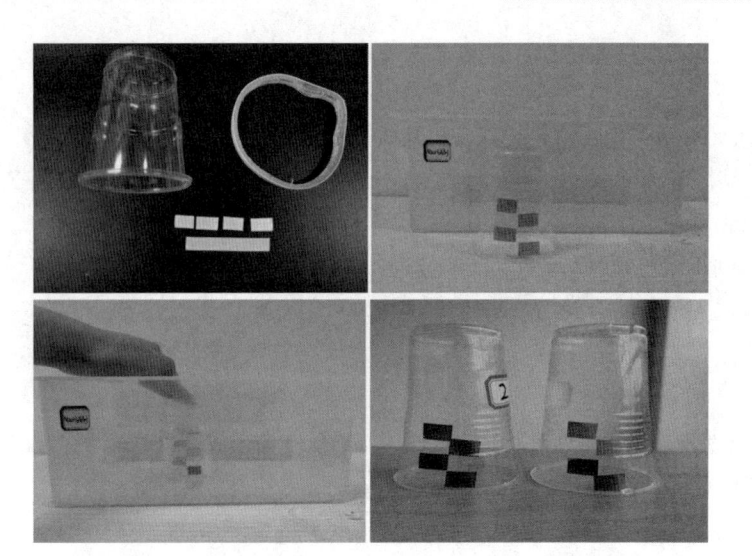

图 2-20　用 pH 试纸来验证空气是否占据空间实验图片

案例分享

《怎样得到更多的光和热》教具创新方案[1]

【教材原型实验材料及设计的不足】

（一）物体的颜色与吸热

物体的颜色与吸热的本领有关系吗？把下面这些不同颜色的纸对折做成袋状，分别插上温度计平放到阳光下。

（二）阳光直射，斜射与吸热

在阳光下水平放置、直立以及和太阳光垂直的物体哪个升温快？

把三个同样的黑色纸袋分别按和地面水平、垂直、和太阳光垂直的方式摆放，看看哪个升温快。

图 2-21　教材实验原型图

---

[1] 韩孟春,李文娟,佟玲玲."怎样得到更多的光和热"教学设计[J]. 中国科技教育,2022(07):18-23.

如图2-21所示,本节课是一节实验探究课,总共分为两个实验。实验一:物体颜色与吸热的关系;实验二:物体摆放角度与吸热的关系。

1. 核心材料为不同颜色的纸袋,纸袋吸热能力较差,温度变化不明显,会导致实验时间过长。

2. 以太阳为光源,实验易受天气影响,不确定性较大。

3. 采用温度计测量温度,读数繁琐,容易引入实验读数误差。

4. 纸袋直接放置于地面,易受地表温度影响,温度计测量的温度不一定为纸袋的温度。

5. 在探究阳光照射角度的实验中,纸袋的角度不明确,且如图2-21所示放置导致温度测量不准确。

【实验教具改进思路】

1. 采用面积相等的铁片代替纸袋作为吸热材料,铁片易吸热且温度变化迅速,使吸热现象更明显。

2. 以高瓦数白炽灯代替自然光源,避免天气影响带来的不确定性,且加以白色薄纸灯罩,避免观察时强光直射眼睛。

3. 用凡士林粘连豆子代替教材原本的温度计。以凡士林的融化来感知温度的变化,凡士林37°时由固态融化形成液态,豆子滑落。通过判断豆子滑落时间的长短,可快速直观地定性描述物体颜色与吸热的关系,且增加了实验操作的趣味性。

4. 采用丙烯颜料均匀涂抹在铁片上实现颜色的不同,颜料防水且安全卫生。

5. 用小磁铁将铁片悬挂固定在顶面为正方形的长方体支架上,保证铁片到光源的距离相等,降低固定装置对实验结果的影响,且方便组装。

6. 将光照射角度具体确定为0°、30°、60°和90°,更精确地理解光照射角度与吸热的关系。

7. 将光照射角度和物体颜色对吸热的影响两个实验结合在一个装置,体现便捷实用的原则。

【创新教具制作过程】

1. 将铁片修剪为同等面积的小铁片,并在铁片一面涂抹均匀的丙烯颜料,定为朝光面,另一面的顶部画一个小圈为涂抹凡士林区,定为背光面,详情可见图2-22。

2. 制作一个固定装置,将材料拼装成上下面为正方形、四面镂空的长方体支架;并根据白炽灯的高度确定好角度支架的固定点,保证光照强度一样,且铁片被光照射的区域高度一致;将角度细化为0°、30°、60°和90°,并在支架上固定好;在支架的上方每一条边以及角度的每一条边的正中间用热熔胶固定好一个小磁铁,以在实验时固定铁片。

3. 将白炽灯的灯座连接好开关线,固定好白炽灯,装置通电检查白炽灯是否能被正常点亮,以此装置作为"人造光源"代替太阳光,白炽灯选择150W保证高传热性能,使得快速得到实验结果缩短实验时间。

4. 根据灯座的大小用白色薄纸做一个长方体灯罩，罩在光源上方，形成一个灯箱。

5. 组装固定，取一块正方形木板，将"人造光源"固定在正中间，罩好灯罩，测算好距离再将支架固定在木板上，使得光源在支架的正中央，减少光源距离对吸热的影响。

6. 准备好凡士林和质量、大小、形状一致的豆子作为温度变化指示。

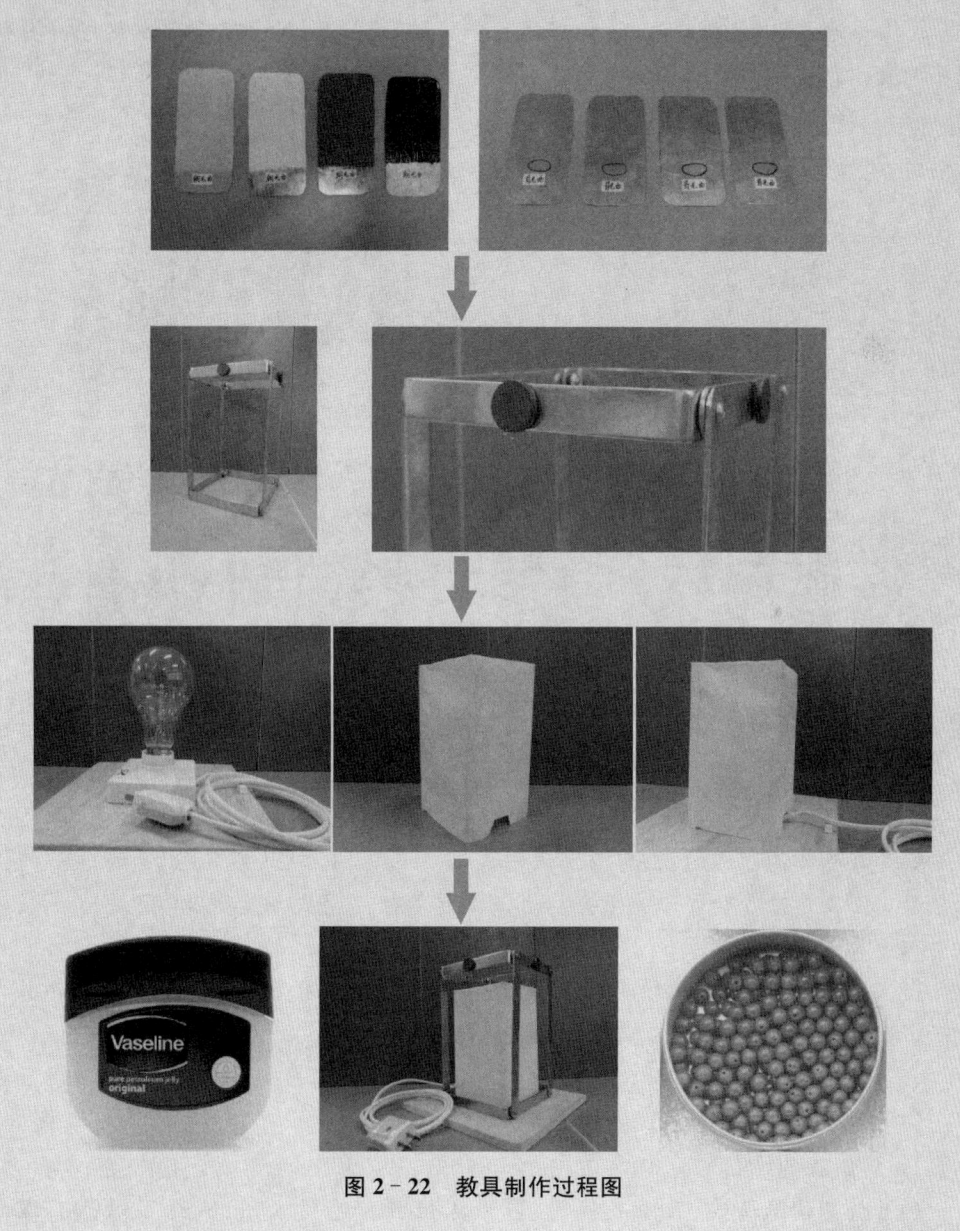

图 2-22 教具制作过程图

【创新教具使用说明】

1. "探究物体颜色与吸热的关系"操作步骤

(1) 选取不同颜色的小铁片在背光面小圈区域内等量涂抹凡士林,将豆子粘连好;

(2) 调整小铁片的朝向,以颜料面为朝光面,且背光面的小圈朝上的方式将小铁片吸附在小磁铁处;(装置如图2-23所示)

(3) 接通电源,使白炽灯通电,观察凡士林的融化以及豆子开始滑落的顺序并将豆子开始滑落的次序记录在实验报告单上;

(4) 实验结束,关闭电源,实验器材归位。

图 2-23　实验装置实物图

2. "探究光照角度与吸热的关系"操作步骤

(1) 选取相同颜色的铁片,以上述方式固定在不同角度(0°、30°、60°和90°)的小磁铁处;90°表示铁片受太阳光直射;60°、30°表示铁片受太阳光斜射;角度为0°表示铁片与太阳光平行。

(2) 接通电源,使白炽灯通电,观察凡士林的融化以及豆子开始滑落的顺序并将豆子开始滑落的次序记录在实验报告单上。

(3) 实验结束,关闭电源,实验器材归位。

【创新教具评价与反思】

1. 创新教具优点

(1) 教具构造简单,且装置稳固,取用方便且可重复利用,践行了绿色环保的理念。

(2) 操作便捷,学生使用仅需要处理好小铁片将其固定进行观察即可,且小铁片吸热较快，凡士林融化较快，实验现象明显且节省时间，提高了课堂教学效率并增加了实验的趣味性。

（3）两个实验结合在一个教具上，实现实验一体化，方便研究。

2. 教具改进方向

结合现代技术先进性，融入温度传感器。温度传感器读数方便轻松且温感更加灵敏，可结合数字化分析用计算机直接得出数据分析，使温度变化更清晰可视，进行定量的研究，得出实验结论。

本章小结

小学科学实验的设计一般情况下可分为小学科学实验的设计与小学科学实验教学的设计两个方面。对于小学科学教师而言，不仅需要会做小学科学相关的系列实验，还需要会指导小学生做实验。因此，实验设计需要兼顾心理学理论、新课标的引导与启发，在科学性、可行性、显效性、简易性、安全性等原则的指导下，合理安排实验教学环节。

教师在实验设计之初，要将实验实施的基本环节进行模块化处理，对每个模块进行科学合理的实验设计，保证实验的有效实施。同时，教师应充分熟悉各类实验方法，针对实验主题有差异地选择适合实验教学的方式方法，确保实验教学符合学生的认知规律，训练学生掌握基本的科学思维方法，促进学生能深刻、牢固地掌握科学知识，提高学习效率。此外，教师还应保持对实验改进与创新的积极性，可从结合前沿科学技术、多学科融合理念、广泛采用信息技术等不同视角出发，不断发掘已有实验的缺点，对实验教学进行创新改进，使得实验教学可以更加精准、高效。

思考与实践

1. 小学科学实验设计的意义有哪些？
2. 小学科学实验设计的原则有哪些？
3. 小学科学实验设计的环节有哪些？
4. 常用的实验方法有哪些？
5. 小学科学实验创新的方向有哪些？

第三章
小学科学实验资源的建设与开发

扫码查看
本章资源

本章导读

积极开发和高效利用科学实验资源是小学科学实验教学顺利开展的重要保障。内容丰富、安全可靠、形式多样的实验材料可以拓展实验教学内容，提升学生学习科学的兴趣，培养学生的实践能力与创新能力，全面提升学生的科学素养。因此，小学科学教师要有强烈的自主开发与建设实验资源的意识，努力构建符合学生认知规律的实验教学资源。科学课程作为带领学生认识世界、感受自然、认知规律、养成科学精神的重要媒介，课程内容体系本就十分丰富，教师可以利用的实验资源也应多种多样。教师在进行实验资源的建设与开发时，如何完成对已有实验资源的归类整理与认识工作，如何挖掘潜在的实验设备、材料与场地，如何高效建设与利用各类实验资源，都将是本章讨论的重点。

第一节　小学科学实验资源的内涵及类型

一、小学科学实验资源的内涵

小学科学实验资源是指那些能够为小学生和科学教师所利用，并有利于小学生提高自身科学素养、科学教师实现实验教学目标，在实验教学设计、实施和评价过程中可以利用的各种资源的总和。这些资源可以是物质的，也可以是非物质的；既可以是学校、教室内部的，也可以是校外广泛分布的；既可以是有形的，也可以是无形的；既可以是教材配套提供的实验套盒，也可以是教师自主创新开发的实验资源；既可以是已经被利用的，也可以是潜在的、还未被利用的实验资源。总之，只要这些资源可以为科学实验教学服务，都可以是科学实验资源。

二、小学科学实验资源的类型

科学实验资源的类型丰富，按照不同的标准，可以进行不同的分类。

（一）根据来源划分

根据来源，可将实验资源分为校内课程资源和校外课程资源。

1. 校内的实验资源

校内的实验资源包含校内的各种设施和场所,例如教室、实验室、种植园、图书馆、科普宣传栏等;还包含校内的人文资源,例如科学教师、科技辅导员、师生关系、校风校纪和班风班容等;还包含各种与科学教育、实验教学密切相关的活动,例如科技节、课外实验兴趣小组、实验知识竞赛、实验教具制作比赛等。

2. 校外的实验资源

校外的科学实验资源主要包括家庭、社区乃至整个社会中各种用于科学实验活动的设施和条件以及丰富的各类资源。具体而言,还可以继续划分为:

(1) 大自然中的科学实验资源

科学研究多以观察为起点,大自然中蕴含丰富的观察对象,可以给予学生充分的感观材料,引导其形成科学认知。在大自然中进行科学探究,还可以培养小学生热爱自然的情感,树立科学的自然观,因此小学科学教学必须关注校内外自然资源的开发和利用。学校和科学教师应当创造条件、搞好校园生态环境,建立小型的种植园、植物园、动物园、气象园、观天园等;还应当对当地可利用的特色自然资源进行调查,掌握这些资源的类型、特点以及参观时节的限制因素等,高效利用大自然中的一切资源与环境。

(2) 社区中的科学实验资源

社区实验资源的开发和利用可以使学生更多地接触社会,了解科学技术与社会、科学学习过程与生活的关系,激发其学习科学的积极性与兴趣度。社区实验资源包括社区提供的多样科普教育资源,如科技馆、地质博物馆、各类公益运动器械、科普宣传标语,以及所在地区高等院校或科研机构中可利用的科学教育资源等;也包括可以被科学实践探索间接利用的社会资源,如污水治理工厂、垃圾处理厂、农场、新技术农业试验基地、消防局、军事研究院、航空研究单位、动植物园、商店、超市、体育场、游乐场、交通工具等;还包括社区中的人员资源,例如科研工作者、厨师、营养师、花艺师、超市导购员等特殊职业的学生家长等。①

社区中的实验资源是随处可见的,科学教师可结合教学内容提前向家长或社区负责人进行协助请求,给予学生随时随地学习科学知识的可能性。例如,在秋季落叶时,可以告知家长和孩子一起收集落叶,在对叶子进行分类整理时,认识叶面的形态、结构、颜色、叶脉等基本常识,并掌握分类的基本技巧;教师还可引导学生及其家长利用叶子制作多彩多姿的"叶子画",培养学生欣赏大自然的各种美景;教师还可告知家长制作叶脉书签的基本流程,让家长和孩子足不出户就可以体验多样的科学实验,增加亲子欢乐时光。

(3) 网络多媒体中的科学实验资源

网络多媒体中的科学实验资源主要包括和科学教学相关的科普网站、和实验教学相关的科技软件、文本、声音、图像、动画、视频等。网络多媒体科学信息资源建设主要是硬件、软件及其管理系统的建设。随着经济的发展和教学经费投入的增加,当前小学校园内计算机、多媒体和网络系统等硬件设施的建设会逐步发展,科学教师应当关注信息化科学实验资源的开发与建设工作。学校也可引导科学教师完成校园网建设,可从以下三个方

---

① 林长春. 论化学实验教学资源及其开发策略[J]. 中国教育学刊,2004(3):42-45.

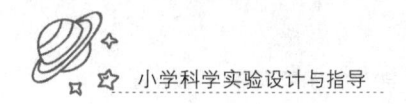

面出发：

一是完善教师的备课系统，该信息渠道可为教师提供各种科学实验资源的链接，辅助教师理解实验原理、提前准备实验材料、完善实验教学过程，实现教师间的交互与沟通。

二是建设学生的网上学习系统，该系统可包含教师提前准备好的各类实验学习资源，也可以是教师提前筛选好的各类实验视频链接，常见的科普网站有中国科普网、科学网、小学科学教学网等。通过发布作业任务、通知提醒等形式，告知学生在网络空间的学习的各项要求，实现学生间及师生间的交互与沟通。

三是完善与实验教学相关的信息资源库，科学教师可自主开发实验微课，通过生动有趣的动画展示辅助学生理解实验原理，掌握实验操作的基本过程。教师还可筛选引进各种名师工作坊提供的多媒体教学课件和网络课件，收集学生的优秀作业和科技论文等，丰富实验信息库。

（二）根据存在方式划分

根据存在方式，可将实验资源分为显性实验资源和隐性实验资源。

显性实验资源是可以看得见，摸得着的资源，可以直接运用于科学实验教学。如科学教材、实验室内的实验仪器设备、教材配套实验箱、自然界的动植物、自然环境以及社会资源中可以被利用的物质等。

隐性实验资源是以潜在的方式对科学实验教学施加影响的课程资源，如学校和社会的对待科学教育的看法、态度，家长对于实验的支持力度，班级教师对实验课的教学理念、科学课的实验操作氛围等。隐形的实验资源具有间接性和隐藏性，它们对科学教育的质量起到潜移默化的影响。

（三）根据功能特点划分

根据功能特点划分，可将实验资源分为素材性实验资源和条件性实验资源。

素材性实验资源直接用于课程，并且能够成为课程的素材或来源。例如，实验活动指南、科学课程标准、科学教材、实验相关科技软件、科学教师、学生、网络实验视频等。条件性实验资源作用于实验教学，却并不是形成实验本身的直接来源。例如，实验室、仪器、经费投入、实验药品与耗材等。

（四）根据呈现形式划分

根据呈现形式划分，可将实验资源分为文字实验资源、实物实验资源和信息化实验资源。

文字实验资源容易获得，广泛存在于《科学》教科书、参考书、期刊、科普公众号等资源中。

实物实验资源形象直观，包括学校筹建的实验室、统一购置的模型/标本、仪器、自制教具、教材配套实验箱等。

信息化资源具备易于传播共享、智能化、虚拟化、容量大的特点，其形式为各类信息化实验教学软件、网络平台提供的和实验相关的微课、科普视频、名师讲堂等。

案例分享

几种常见的信息化实验资源

1. 形色APP：形色是由杭州睿琪软件有限公司推出的一款识别花卉、分享附近花卉的APP应用。不同于单纯鉴别花卉的应用，形色为用户搭建了一个持续性更强的社交平台。用户可以一秒就能识别植物，APP内部也有识花大师帮忙鉴定植物，还能在APP内收集学习植物，这是当前市面上最精彩的植物类APP。

2. VR生物公园：VR生物公园是一款由中国数字科技馆精心打造的VR科普微场景应用软件，该软件专注于生物学方面的知识，用户可以查看各种细胞，查看基因剪切技术和DNA复制等生物知识，是小学生了解生物知识的好帮手。在VR生物公园软件中有多种生物场景，例如：神经元细胞、血液细胞、基因剪切、DNA复制、HIV病毒、动物细胞等场景，小学生可以和它们"近距离"接触，在动态的演绎中一起遨游在生物世界当中，探寻生物细胞间的奇妙联系。

3. 全息投影：全息投影技术（front-projected holographic display）属于3D技术的一种，原指利用干涉原理记录并再现物体真实的三维图像的技术。而后随着科幻电影与商业宣传的引导，全息投影的概念逐渐延伸到舞台表演、展览展示等商用活动中。但我们平时所了解到的全息往往并非严格意义上的全息投影，而是使用珮珀尔幻象、边缘消隐等方法实现3D效果的一种类全息投影技术。

4. Stellarium（虚拟天文馆）：Stellarium是一款虚拟星象仪的计算机软件。它可以根据观测者所处的时间和地点，计算天空中太阳、月球、行星和恒星的位置，并将其显示出来。它还可以绘制星座、虚拟天文现象（如流星雨、日食和月食等）。

Stellarium可以用作学习夜空知识的教具，还可以作为天文爱好者星空观测的辅助工具，或者仅仅是满足一下好奇心。由于其高质量的画质，一些天象馆将Stellarium用在了实际的天象放映中。有些天文爱好者还使用Stellarium绘制他们文章中用到的星图。

5. NB实验室：这是一款高仿真物理实验客户端应用，包含物理、化学、生物等不同科目的实验项目，NB实验室可有效增强孩子的动手能力，集合多种实验器具与方案，让学生随时随地可以真实感受实验的乐趣。NB实验室适用范围广、真实模拟实验反应现象、易获取数据，突破现实中因无法达到理想条件及实验场地、时间、器材等的限制。

6. 烧杯BEAKER：这是一款让学生在手机上模拟化学反应的软件，小学生可以将手机屏幕当作一个烧杯，然后添加不同的化学物质查看有什么反应。烧杯BEAKER软件中一共包含150多种药剂、300多种化学药品，让大家可以安全地、随时随地做各种化学实验。

7. 授课助手APP：这是一款专门为教学设计的移动端与PC端互联互动而设计的APP。通过该APP可对电脑端进行无线状态下的PPT演示、文件传输、实物拍照展示等。只需要手机和电脑上分别下载安装软件，确保它们连接在同一网络下，

教师就能自由、灵活地在教师各个位置上走动授课,及时记录、反馈学生的探究过程,使教学过程可视化。

第二节　开发小学科学实验资源的意义及原则

一、开发与利用小学科学实验资源的意义

(一)有助于科学实验顺利实施,实现小学科学课程目标

小学科学课程不同于其他科目,需要引导学生经历探究过程。学生在动手、动脑操作与探索过程中,将逐渐获得科学知识、形成科学认知。实验资源是学生实施探索的脚手架,也是教师开展实验教学的基石,因此教师要结合《科学》教材系列教学内容,广泛开发实验资源,保证科学教学的顺利开展,全方位实现小学科学课程的各类目标。

(二)有助于教学方式与学习方式的转变

科学的探索与发现是需要学生亲身经历的,如果没有丰富的实验资源,教师只能通过讲授法来表述实验原理,学生即便听懂了实验相关概念与操作要求,但终归是纸上谈兵。丰富多彩的科学实验资源,可为学生的探索与发现保驾护航,让学生可以像科学家一样"真刀真枪"地做科学,在探究中发现与研究科学问题,体会各种操作的难处与乐趣,为今后的科学学习积累丰富的经验材料。实验材料丰富之后,将有助于教师转变教学方式,也将激发学生自主学习的欲望与积极性。

(三)有助于拓展实验教学内容,弥补科学实验资源的不足

科学教材中的实验内容多半以图片形式呈现,但受制于教材篇幅,针对某一个主题的实验内容,不会呈现很多实验步骤与操作流程的提示。因此,科学教师要具备一定的实验理解能力,能在教材内容的指引下将实验所需材料准备齐全,并能成功操作所示实验。在具体准备实验材料的过程中,科学教师也可围绕实验主题开发多样的实验材料,拓展实验教学内容,加深学生对某一实验主题的认识。在有些经济贫困地区,科学教师更需要具备实验资源开发的技能,通过亲手设计制作各类实验教学资源,弥补当地科学实验资源困乏的困境,方便自我开展实验教学。

(四)有助于科学教师的专业发展

科学教师的专业发展需要在教学过程中反复磨炼,常规的实验教学可以帮助教师熟悉学情、熟悉教材内容、增强自我的职业信心。然而,围绕教材内容展开的常规教学通常仅给予科学教师有限的发展助力。科学教师要不断学习、增加自主研究教学、改革教学的能力,才能助推自我在教师教育领域快速发展。开发实验教学资源,需要科学教师在已有实验内容的基础上,剖析当前使用仪器或设备的优缺点,在保证实验材料贴近小学生能力认知水平的前提下,创新制造出改进版本的实验设备。科学教师反复对实验教学内容进

行剖析、改进的过程,需要其充分调研前沿科技的发展趋势,对中小学科学教育教学内容有宏观的认识,这些举措都将助推青年科学教师的教育教学能力快速发展。

二、开发与利用小学科学实验资源的原则

2022版课标指出,开发和利用科学课程资源要体现思想性、多元性和适应性,注重政治导向和知识产权保护。提倡充分利用身边的、易得的科学课程资源帮助学生学习,促进课程目标的达成。具体而言,开发与利用小学科学实验资源的相关原则可细化为:

(一)现实性原则

所谓现实性原则是指实验资源的开发要面向科学教育现实和学生生活现实,贴近教与学的实际。小学科学的教育宗旨是引领学生用科学知识指导自己健康生活,能用科学的视角去处理、决策生活中常见的问题。因此,实验资源的开发与建设不应远离学生的日常生活,要从学生熟悉的场景中选择学生熟悉的材料,再赋予这些材料一定的科学实验应用价值。依据这些学生熟悉的材料展开实验教学,将极大提高学生对实验教学的参与度与兴趣度。

(二)开发主体多元化原则

科学实验资源的分布范围较广,在开发中既要发挥教师作为课程开发重要主体的作用,又要发挥学生、学校、社会、家庭等方面的积极性,多途径共同开发,形成多方参与实验资源开发的长效机制,探索实验资源开发与利用的有效途径和方法。在教育信息化背景下,实验资源的类型也变得丰富多彩,既要发挥科学教师的课内资源开发主体作用,又可借助信息技术广泛挖掘存在于报纸、期刊、科技馆、博物馆、植物园、动物园等领域的育人价值。

(三)经济性原则

所谓经济性是指实验资源的开发要尽可能用较少的经济投入、获取较理想的效果,具体包括费用的经济性、时间的经济性和空间的经济性等。科学课程是义务教育阶段小学生养成科学素养的有效媒介,科学教师要充分考虑所处教学单位的教学经费投入问题,尽量在经济、高效、环保等理念的指导下开发适合于实验教学的各类资源。另外,科学教师也要充分调研学生家长对科学教育的支持度,在获得家长认可的前提下,调动家长参与到实验资源的开发与建设。例如,在讲《溶解》这一课例内容时,教师可让学生家里的厨房变成"家庭实验室",高效利用厨房里的碗筷、调味品等,让学生充分探索盐、小苏打、酵母粉、白糖等不同材料的溶解过程。

(四)开放性原则

所谓开放性原则是指实验资源开发过程中对类型、空间、途径和内容多样化的包容性。首先,实验资源的开发不应受限于类型,只要能服务于实验教学的材料,都可收纳于实验资源中。例如,在学习生活中常见的材料,如路边的石头、黏土、玻璃碎片、瓦片等都可以成为教学助手,都是可以利用的实验资源。再则,实验资源的开发不应受制于空间,不管是校内的还是校外的,城镇的还是农村的,天上的还是地下的,只要能为实验教学服务,都应加以开发与利用。最后,实验资源的开发与建设要注重途径与内容的多样性。小学阶段的科学实验多半是科学家们已经达成共识的科学事实,因此,在科学实验资源的建设与开发

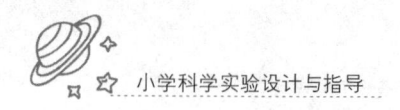

中,可以融入科学实验给人类文明带来的影响,可以介绍优秀科学家的故事,可以结合古代科技文明的优秀成果或科技发展的前沿动态,给予学生科技大国的担当与责任感。

(五)个性化原则

所谓个性化原则是指小学科学实验资源的开发不应强求一律,应发挥地域优势,强化学校特色,开发校本实验课程资源。教师在开发实验课程资源时,要充分考虑当地的气候与环境特色,例如,科学教师在引导学生学习"二十四节气"相关内容时,首先要清楚节气歌主要反映的是我国黄河流域的气候变化特征,如果教师所处地域可以觉察到四季分明的节气更换,就可借助于图片、影像等辅助学生感受节气与人们生活的息息相关性。如果教师所处地域植被丰富,那就可广泛开发生物类实验资源,加强对学生辨识植物的引导,养成对植物科学分类的能力与意识。如果教师所处学校附近有矿山,教师则可充分带领学生开发地质相关实验资源,引领学生掌握岩石分类、处理、高效利用的相关知识。

(六)适度性原则

所谓适度性原则是指在小学科学实验资源的开发和利用过程中要权衡深度和广度的问题,避免过度拔高小学科学实验教学的难度,给学生掌握科学知识与技能带来烦恼。小学科学课程的主要目标是呵护小学生学习科学的求知欲与好奇心,因此不能将复杂的、科技含量太高的器材引入科学课堂,避免学生将重心放在了解仪器的结构及使用方法上。同时,科学课程内容包含物质科学、生命科学、地球与宇宙科学以及环境科学等相关领域的内容,因此实验课程资源的开发要充分考虑每个学科领域的特色。

第三节 开发小学科学实验资源的策略及案例

一、加强科学实验室的建设、利用与管理

小学科学实验室资源是落实小学科学四大课程目标的重要物质基础,是实施小学科学课程的第一阵地,是学生在校开展科学探究的重要活动场所,是一种基本的科学课程资源,对培养学生的科学素养起着不可替代的作用。作为小学教师,必须学会开发、建设以及高效管理、应用小学科学实验室资源。

(一)给实验室配置充足的仪器及实验耗材

学会开发和利用小学科学实验室资源,让科学实验室对于学生来说,成为一个充满神秘的地方,让他们可以充分地探究这里面蕴含的丰富的科学知识。当学生离开实验室时,带走的并不只是有限的科学课本上的知识,更重要的是学会学习和会进行科学探究的本领,让学生学会自主探究式的学习,这样就要求把科学实验室创设成一个开放的实验室,一个"购物的超市",让学生可以就地取材地设计实验,自主开展科学探究。顺畅的实验体验以充沛的实验仪器为基础,科学教师可购置常见的仪器设备,如量筒、烧杯、弹簧测力计、温度计、显微镜等。同时,很多实验耗材都是一次性、不能重复使用的,学校应保证实验耗材和自制教具、学具的经费,科学教师应在每个学期开学之初填满实验耗材库存量,

让实验室成为学生学习科学的主要场所,保证学生完成全部的必做实验。

(二)合理安排实验室桌椅位置

理想的科学实验室应当是一个自由平等、师生共同探究科学的天地。只有在富有个性色彩和创新元素的实验室中,学生才能充分地展现自我,挥洒他们的个性潜能。因此,在建设科学实验室时,要充分注重实验桌椅的摆放位置,既要保证实验仪器易于发放展列,又要便于学生参与实验操作。可将桌椅以蜂窝状结构呈现,学生以小组为单位占据某一座位群,充分调动学生小组合作的积极性,培养学生的沟通协作能力,也可方便教师奔走于各个小组之间。

(三)为实验室增添人文气息

科学实验室还应帮助学生树立远大的志向,用榜样的力量激励学生进行科学探究。可以在实验室里悬挂科学家的画像,并设置"科学名人榜"专栏,详细介绍一些著名的科学家,讲述他们在成长过程中的一些故事、做出的杰出贡献等,让学生能在课余更好地接近他们、解读他们。由此从内心深处激发学生的学习欲望,让学生从小树立努力学习的榜样。还可增加电子显示屏,实时播放国内外最新科技前沿动态,让学生在课余时间熟悉科技发展带给人类生活的无限可能,为学生树立良好的科技发展观。

(四)加强实验室日常管理工作

各学校要加强科学实验室的管理工作,配备专人负责,定期检查设备完好情况。由科学教师兼任实验室管理工作时,应折算相应的工作量。对易耗性材料和缺损报废的设备及时给予补充。同时,制定相应的管理制度,如实验室常规管理条例,实验室教师、学生安全守则,仪器损坏赔偿制度,仪器报损制度,仪器交接制度,仪器借用制度等,确保实验室的安全、高效运营。

在实验室运行管理时,要特别注意实验室安全问题,提高实验教师与管理员的责任与安全意识,努力做好提前预防工作。可以给师生提前进行安全教育,例如:实验时尽量避免使用化学品,避免使用有潜在危险的物品,如玻璃烧杯、酒精灯、钢针、220 V 交流电、带尖头的剪刀、化学制品、溶剂、水银温度计等;要准备急救箱,师生必要时要穿防护服、戴护目镜等;杜绝学生在实验室吃东西、追逐戏耍等;实验结束后,不能带走物品,不准在家单独重复课内具有安全隐患的实验等。

二、重视小学科学教材实验的改进与创新

多学科融合、集思广益,创新制作新教具是科学教师对教材实验的完善与改进,可以极大丰富实验资源库,提升实验教学的效率。科学教材会在每个授课内容安排相应的实践活动,教师可按照教材图片或文字的指引安排实验内容。但教材提供的实验活动一般较为基础,如何培养学生的高阶思维能力、发展学生的科学核心素养,就需要科学教师提供丰富的物质材料供学生进行发现与探索。教师改进与创新实验可以从以下几个方面切入:第一,从新的视角对原有的实验进行思考,找出缺陷或不足,给予矫正;第二,根据一定的实验目的,通过探究来确定可创新的实验仪器、药品、装置和操作方案等;第三,还可以从实验手段与教学方法入手,提高实验教学的观赏性。

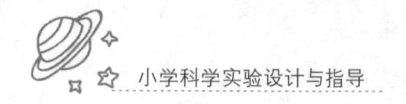

案例分享

开发《岩石的风化》实验资源

自然界中,岩石的风化过程需要经历成千上万年,如何在短暂的课堂内带领学生感受到温差、水流冲击、生物个体对岩石风化的影响,是个教学难题。下面开发的岩石教具可直观明显地向学生展示温差引起的岩石风化现象。

1. 材料准备

水泥、气球、水、水槽、刷子、注射器、剪刀、扎口线、酒精、冷冻室等。

2. 制作过程

(1) 用注射器给气球装水,待气球增至鸡蛋大小后停止注水,尽可能排尽里面的空气。然后用扎口线将装有水的气球扎口,将多余的气球部分剪掉。

(2) 给水泥加适量水,使其变成黏糊状即可。

(3) 用刷子将水泥裹在气球表面,使之尽量薄且光滑没有裂缝。用同样的方法多做几个备用。

(4) 等待气球岩石模型自然变干,如图3-1所示。在变干的过程中要时刻注意浇水,防止气球表面水泥开裂。(注意岩石模型应放在潮湿的环境中。)

图3-1 用水泥做的岩石模型

3. 使用建议

当我们需要验证温度和水对岩石的影响时,可以用水槽承装酒精(或者饱和盐水),先将其放置在冷冻室内冷却待用。由于酒精的凝固点是-117.3℃,所以在普通的冰箱冷藏箱内,水槽中的酒精还会保持液体状态,可供我们模拟低温情况。

可以按照图3-2的指示来进行实验操作,首先将水泥岩石模型放入承装有低温酒精的水槽中(可以放入

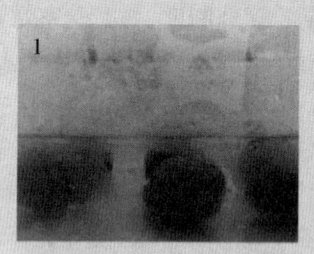

图3-2 使用岩石模型的基本过程

少量碎冰模拟冰川地区),等待3～4分钟,我们可以观察到岩石模型表面出现了裂缝。从图3-2可以看出,岩石模型发生开裂的原因是气球内部的水结冰后体积发生膨胀,进而引起岩石模型产生裂纹。经过前后对比,可以观察到岩石在温度变化过程中带来的裂纹情况,进而模拟岩石风化。

三、从生活出发,广泛开发实验资源

科学来源于生活,科学课程的授课目标是带领学生熟悉生活中的科学现象,引导其发展用科学知识指导自我健康生活、用科学方法处理生活问题的能力。因此,科学实验资源的开发不能脱离小学生的生活。教师要因势利导,充分调动学生和学生家长的积极性,广泛开发生活中的科学实验资源。

(一) 以节约为出发点,变废为宝

科学教师在进行实验资源的开发时,一定要树立环保意识,这里包含两层含义:第一,就是开发的实验资源不能污染损害环境;第二,就是要学会利用生活中的可回收垃圾,减少对环境的排放干扰。小学科学的教学内容本来就围绕小学生熟悉的生活场景展开,因此,从生活中寻找可以利用的废弃材料,将其开发成为可以被学生再次实验的科学实验材料,将提升学生对科学学习的兴趣和乐趣。以图3-3中所示泡沫盒子为例,这是拆除物品包装时剩

图 3-3 可以变成实验材料的塑料泡沫

下的可回收垃圾。科学教师可以结合多个实验主题,赋予其新生命。首先,在这类盒体中装入土壤,可以放置在通风向阳处,作为种植植物的容器;其次,在进行制作指南针实验时,可以裁剪其中一块,将磁化好的小磁针从泡沫块中间穿过去,然后将磁针和泡沫块放在水中,起到固定小磁针的作用;再则,还可以将泡沫撕成细小颗粒,这些轻小的泡沫颗粒,既可以作为验证物体是否带有静电的被吸附物质,还可以将其放入干燥的矿泉水瓶,作为佐证空气发声时会振动的外显物体。生活中可以被利用的可回收垃圾还有很多,教师可以开动脑筋,变废为宝,广泛开发实验资源。

(二) 巧思妙想,赋予旧资源新生命

开发建设科学实验资源时,并不强调必须挖掘、寻找生活中不曾出现的新物质作为实验器材,可以赋予生活中已有的物质以新的生命,给予其服务科学实验的重任。例如,在学习液体具有热胀冷缩效应时,教师可以利用医用的口服液瓶子,也称西林瓶,来代替实验室里的试管(如图3-4所示)。西林瓶一般会配套安装橡胶盖体,方便打孔与固定;西林瓶瓶身体积也较小,在其放入热水或冷水中后,内部液体温度变化明显,可以产生较明显的膨胀或回缩现象,方便学生感知液体的热胀冷缩现象。另外,中国人喜欢品茶,在喝茶时会用茶水滋养把玩

图 3-4 可用于演示热胀冷缩现象的西林瓶

茶宠,茶宠一般为黏土烧制而成的空心有嘴容器。在学习空气具有热胀冷缩效应时,可以

先用热水冲在茶宠身上,将茶宠腔体内的空气尽可能排干净;随即将其淹没于冷水中,在压力差的作用下冷水将进入茶宠腔体内;然后,将内部有水的茶宠放置在台面上,再向其外表面浇热水,茶宠体内的气体受热后会膨胀,就会将茶宠体内的水挤压出茶宠的排水口,达到饮茶与观赏效果。类似于西林瓶和茶宠的材料还有很多,科学教师只要敢于挖掘,就会开发出更多的可以服务于科学实验教学的材料。

（三）家校合作,共同开发家庭实验资源

科学课程中涉及的活动几乎都与小学生的生活息息相关,在科学实验室内,教师可以带领学生经历较为严谨的探索与研究。然而,课内时间总是有限,科学教师可结合授课主题,向家长寻求帮助,引导家长和学生们一起在生活中寻找可以继续探索的物质材料,延展课堂空间、加深学生对课内知识的理解与应用。如,在学习《溶解》相关知识时,儿童对研究材料的物理和化学性质是十分感兴趣的,教师可以告知家长帮助学生准备厨房的"常客":绵白糖、食用盐、小苏打、淀粉等材料,引导学生思考可以用什么方法区别上述四种物质。学生可以在家中寻找水、白醋、白酒等物质,引导学生逐步观察粉末材料和不同液体融合后的现象,来区别上述材料。家庭是个丰富的实验材料宝库,教师除了开发物质实验材料外,还可以充分调动家长的参与性与对科学学科的重视度。教师可在实验项目进行前,向家长传递需要家长配合的任务清单,让家长可以在最短的时间内高效地完成相关配合工作,推动实验项目的实施与开展。

案例分享

《环境与我们》单元教学告家长书

尊敬的各位家长:

您好,我是您孩子的科学教师,感谢您百忙之中阅读我的家校协作请求。

5月中旬开始,五年级科学将学习《环境与我们》单元。本单元,将从宏观入手,了解地球为人类提供的珍贵而独特的生存条件,了解地球面临的复杂的、严重的环境问题,激发学生进一步了解环境问题的欲望。根据学生的认知水平,从学生的日常生活入手,研究每天都在接触的水资源和垃圾处理问题、能源利用问题、资源再生问题,最后分析一个实际的环境问题。了解人类活动对环境的影响、环境保护的重要性,培养他们的环保意识,并能够从身边的点滴小事做起,开展环境保护行动。

本单元有很多内容需要学生在课外进行关于环境问题的调查分析,并记录。而这些调查数据的真实性和准确性将直接关系到课堂中孩子关于环境问题讨论的质量,进而影响到本单元核心科学概念的建构。因此,请各位家长给予配合与支持,督促或参与到孩子的调查活动中,确保调查数据的真实与准确性。

四、注重校园、社会资源的开发与利用

2021年7月24日,中共中央办公厅、国务院办公厅印发了《关于进一步减轻义务教育阶段学生作业负担和校外培训负担的意见》(以下简称"双减"),要求在小学生学习过程中减少过重的作业负担和校外培训负担。这对学校育人工作提出了新要求:提高育人水平的同时有效减少学生的作业量,使学生不仅能在学校学习到应该掌握的知识,而且有时间全面发展各项能力。开展课外科普活动是培养学生综合能力的有效手段,因此科学教师应注重校园与社会实验资源的开发与建设。

校园环境和学校的一些活动场所、设施等,都是实施科学课程的有效资源。学校和教师应当充分利用或建设校园环境中与科学教学有关的资源,如花草树木、鸟类昆虫,以及校园天文台、气象站、种植园、养殖场、科普宣传区、科学活动区、探索实验区等,让校园成为学生学习科学的大课堂。学校要尽可能配备内容丰富、形式多样的科技图书、期刊、报纸等,引导学生阅读,扩大视野。同时,科学教师要注重社会资源的开发与利用,整合社会科普合力,善于利用社区实验资源。要发挥各类科技馆、博物馆、天文馆等科普场馆和高等院校、科研院所、科技园、高新技术企业等机构的作用,把校外学习与校内学习结合起来,因地制宜设立科学教育基地,补充校内资源的不足,图3-5展示了学生参观校外科技农场与科技馆展览的过程。要利用学校周围的自然资源和社会资源,通过实地考察、研学实践、环保行动等途径,进行科学学习。学校应充分发挥科技工作者对科学教育的重要作用,聘请专家参与教师培训、课程开发和科学教育活动。

图3-5 社会科学资源开发样例

五、积极开发信息化实验资源

开发信息化实验资源是对教育信息化呼吁的积极响应。教育信息化是指在教育领域全面深入地运用现代信息技术来促进教育改革与发展的过程,教育信息化建设需要科学教师掌握多种信息技术,广泛开发具有传播功能的信息化实验资源:文字、视频、软件、网络平台等。教师可以结合教学内容与个人授课需求,积极开发微课视频,深入探讨新技术、新授课形式对科学课程的影响,充分调动学生课内实验操作的积极性。科学教师要积极参与网络资源建设,充分利用网络资源,运用在线学习、微课、资料查询等方式,开发实验教学互动平台,促进信息技术与实验学习的深度融合。充分延展科学实验教学的时间

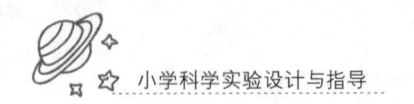

与空间,让趣味性强、内容丰富的实验信息化资源成为助力学生"双减"课外学习的宝库。教师还可利用科学教学网站或资源库,运用各种网络平台或工具,开展网络研修或科学教学信息交流活动,提高自己的专业水平。此外,教师还可利用信息技术辅助手段,如虚拟仿真实验室、数字化实验等,让学生比较直观便捷地学习相关知识。学校与教师还应关注数字化教材、音像资料、多媒体软件等资源的开发与使用。

第四节 自制小学科学实验教具

为了顺应科学课程的改革发展,小学科学的教学内容也在不断调整变化。传统的实验教具已经跟不上教材变化的需要,急需补充新的教学仪器与实验器具。但是新的教具的开发、研制、定型、生产,需要一个较长的过程,相对于教材内容的更新换代而言,教具的更新具有较强的滞后性,还不能及时满足新版本教材中实验教学的需求。此时,自制教具就成为教师填补这一空白的重要手段。由于小学科学具备生活化与综合性等特色,科学教师在开发教具前,需厘清教具的内涵、特征及分类等基本信息,再结合科学课程的实际教学需求,在自制实验教具相关原则与方法的指导下,有针对性地开发、制作科学实验教具。

一、教具的概述

(一)教具的定义

关于教具的定义一直都没有确切的表述,随着时代的发展与社会的进步,教具的外延和内涵也在不断发展变化着。根据第1版《中国大百科全书》可知,教具就是教学中为学生提供感知材料的实物、模型、图标等教学用具。[1] 随着现代科学技术的发展,尤其是计算机辅助教学的出现,更多的技术服务于课堂教学,如多媒体投影、网络、计算机、电视等。这些高科技产品的使用,给学生学习提供了更直观、形象的感性材料,从它们在教学中所起的作用来看,也应被列入教具的范畴。因此,第2版的《中国大百科全书》将教具的定义延展为:教具就是可以使学生直观、形象地理解教学内容所使用的各类器具及教师授课时使用的用具的总称。[2]

(二)教具的特征

教具具有以下四个特征:一是直观性。教具本质上是帮助学生建立感性认识,更好地理解科学知识。要建立清晰的认识,就要求教具可以使知识具体化、形象化,为学生感知、理解和记忆知识创造条件。二是实践性。教具大都是实物媒介,是可以触摸、使用、解剖的,这在培养学生技能方面有着特殊的意义。三是教育性。教具是为教学服务的工具,理

---

[1] 中国大百科全书编委会.中国大百科全书·教育(第1版)[M].北京:中国大百科全书出版社,1985:160.

[2] 中国大百科全书编委会.中国大百科全书·教育(第2版)[M].北京:中国大百科全书出版社,2009:437.

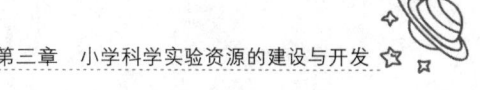

应体现教育者的教育思想,并能有利于教育教学目标的实现。四是时效性。一个物化的器具或材料只具有直观性和教育性,并不一定能成为教具。那些在课堂中真正应用于教学,并为学生科学素养的发展起作用的器具或材料才能称其为教具。例如,吃饭用的筷子按常规意义上而言,它不是教具,但它具有直观性,某种程度上也具有教育性。倘若教师用筷子来讲解杠杆相关知识,它就成为教具,并能为学生认识和理解杠杆原理提供感性认识。理解教具的时效性,要与那些专门制作的规范教具相区分。

(三) 教具的种类

教具的种类丰富,按照教具的发展过程可以分为传统教具和现代教具。传统教具可以包含黑板、粉笔和挂图等。现代教具一般包括多媒体课件、动画、视频、现代科技器件等,主要是现代技术在课堂教学中的应用。按照教具使用对象的不同,可以分为普通教具、特殊教具和幼儿教具等。按教具制作的规范程度可以将教具分为厂制教具和自制教具。其中,所谓厂制教具就是由教学仪器厂(公司)经过研制、制模、批量生产等一系列环节而产生的专门为教学使用的教具。厂制教具一般又称教学仪器。而自制教具,是科学教师或学生根据教学需要,亲手制作的构造简单、经济实用、科技含量高的直观实验教具。教育部为规范教具的生产和使用,对厂制教具专门制定了技术标准,表3-1给出的是教育部2006年颁布的小学科学教学仪器技术标准的相关规定。教师在建设本校实验室时,可结合教育部《小学数学科学教学仪器配备标准》,选择规范的实验器材。按照复合法分类,即按照用途和按形态进行分类,可以分为通用仪器,测量仪器,专用仪器,模型,标本,挂图、软件及资料,玻璃仪器,药品,其他实验材料和工具九种(可参阅表3-1)。

表3-1 小学科学教学仪器类型

大类号	名称	小类号	名称	大类号	名称	小类号	名称
0	通用仪器	00	视听	2	专用仪器	29	
		01	计算机	3	模型	39	
		02	一般	4	标本	49	
		03	支架	5	挂图、软件及资料	59	
		04	电源				
1	测量仪器	10	长度	6	玻璃仪器	60	
		11	质量	7	药品		
		12	时间				
		13	温度				
		14	力	8	其他实验材料和工具		
		15	电				
		16	其他				

具体而言,标本是将自然界中具有典型性的实物,通过一定的加工制作,保存下来的完整的、具有原实物尽可能多的信息的物体形态材料。在小学阶段,由于小学生会认识自

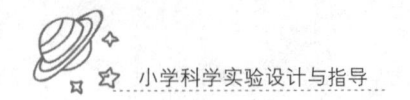

然界中不同的动植物、物质、材料等,教学时使用的标本主要有浸制标本、剥制标本、干制标本、透明标本、玻片标本、岩石标本、矿物标本、塑封标本、金属标本,等等。由于不受时空的限制,标本对开展小学科学教学有着重要的价值。如图3-6所示,在教学中想让学生见识自然界岩石种类的丰富性,可借助岩石标本让学生一下子认识并掌握不同种类岩石的色泽、触感等方面存在的差异。想要了解蝴蝶的形态外貌,就可以利用蝴蝶标本来提供生动直观的观察,激发学生的观察兴趣。

图3-6 蝴蝶和岩石标本

模型,是模拟实物的基本结构特点,利用一定的材料加工而制成的教学工具。如利用石膏或塑料加工成人体结构模型,或地球仪模型等。在小学阶段用到的模型主要有人体生理卫生模型:儿童骨骼模型、儿童牙列模型、少年人体半身模型、眼结构模型,植物模型,地理模型,天体模型,化学结构模型等。模型可以将抽象的物体运行规律用实物直观呈现出来,如图3-7所示的太阳、地球与月球组成的地月日模型,可辅助学生观察研究那些遥不可及的星体的运动规律。

图3-7 地月日三球仪

实验仪器,通常都是教学仪器厂生产的专门仪器,包括专门的通用仪器、测量仪器和专用仪器。其中通用仪器,如电源、计算机、照相机等;测量仪器,如天平、温度计、寒暑表、游标卡尺、螺旋测微器、米尺、雨量器、肺活量计等;专用仪器,即针对某个科学规律或过程研制的仪器,对小学科学而言,包含斜面、拉簧、沉浮块、杠杆尺及支架、滑轮组及支架、音叉等。在实际教学中,有时需要对已有仪器进行改装或重新开发。例如,通过酒精喷灯加热玻璃管而拉制玻璃弯管,通过加工将塑料瓶制成浮沉子,等等。

另外,如果按实验仪器使用的对象进行分类,实验仪器可分为教师演示仪器和学生实验仪器两类。按学科可分为物理实验仪器、化学实验仪器、生物实验仪器、天文学仪器和气象仪器等。总之,教具的类型丰富多彩,科学教师要根据教学的不同需求灵活地选用不同的、适合的教具。当现有的教具无法满足实验教学需求时,科学教师就需要开动脑筋,根据教学内容的需求,自行设计和制作实验教具。

二、自制小学科学实验教具

自制教具是教师创新教学方式方法的重要途径,是教师对教学思想、教学实施创新理解与呈现的重要手段,更是教师设计能力、物化能力、动手能力等实践创新能力的综合表现,可在一定程度上反映教师的实践创新水平。[1]

(一) 自制教具的原则

1. 科学性原则

教具是服务于具体的教学内容的,因此在制作教具前要结合教材需求,使教具能体现教材中蕴含的科学原理。要反复设计和修改,在保证教学效果的前提下,注意使用过程的科学性。由于教具的制作思路多为将自然万物进行实物呈现,在具体制作时会涉及把握主要矛盾、忽略次要因素等科学思维方式。伴随教具的使用过程,教师可注重对学生进行科学思辨能力的培养。自制教具可以帮助学生更容易地认识科学现象,理解科学概念和知识,掌握科学方法和科学操作技能。

2. 启发性原则

实验教具的演示应能启发学生去联想教具展示内容所反映出来的事物的本质特性,启发学生对某种现象进行探究性思考,达到分析、概括、归纳抽象规律的目的。因此,自制教具要依据启发性原则,具体而言:一是要给学生以启迪,激发学生的学习兴趣和积极思维;二是要符合基础教育改革的基本理念,有利于推动教育改革和发展,启示科学教师更好地实现教学目标。

3. 实用性原则

教师制作的实验教具要具备实用性,这就要求教具能结合具体的实验活动进行示范展示,拆装要方便、易于学生操作使用,还应具备能被反复使用的功能,这样的教具才实用且具备推广价值。

4. 简易性原则

教师制备教具的出发点是解决教学时实验仪器缺失的难题。因此,教具的制作过程应在简单易得观念的指导下,利用身边可以利用的物质材料,因地制宜、变废为宝,使得制作教具从寻找材料开始、到制作工艺、到具体的使用都易于实施,提高教师制作实验教具的积极性。

5. 艺术性原则

教具首要强调的是其本身蕴含的教育价值,但是想要让教师自制的教具更能激发学生使用与探索的积极性,在制作之初,要精心设计,合理取材,使得教具最终的呈现形式美观大方,从视觉上就得唤起学生操作实施的兴趣。伴随着信息技术广泛应用于小学科学教学中,制作教具时还应充分整合新技术、新方法、新材料,使自制的科学实验教具更融洽地辅助实验教学推进实施。

---

[1] 郭晓萍,刘强,等.继续提升教师实践创新能力——2021年全国中小学优秀自制教具研究启示[J].人民教育,2022(21):54-57.

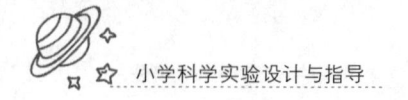

6. 直观性原则

直观性指的是教师在使用自制教具时，要让学生们都能清晰明了地看到演示现象。这就要求自制的实验教具要在秉承实验原理的基础上，有针对性地突出重点观察部位，可以使用颜色、粗细、大小等差异来衬托现象的变化，以便学生可以多感官并用地进行观察，加深他们对知识的理解，提高学习的效率。

（二）自制教具的方法

教师制作教具的过程是自我创造性思维得以落地成型的过程，其基本制作流程应该是设计—制作—完善。具体而言就是依据实验教学的现实需求，先构思能够解决实验教学困境的方案，方案应该包括制作时所需的材料、教具的大概样式、教具的尺寸大小等基本信息。教具的基本结构确定后，还要从怎样操作方便、怎样有利于学生观察、怎样能够得到更好的教学效果、怎样更美观坚固等方面设计教具的细节信息。在方案的指导下，教师采取切、割、焊接、打孔等不同技术手段将教具组装成型。在初次制作出来后，教师还应测试教具的稳定性、使用时的注意事项等，在不断反思中完善教具，直至教具定模定型。为了更有效地设计教具，下面简要介绍几种自制教具的方法。

1. 缺点列举法

缺点列举法就是发现现有事物的缺陷并一一列举，然后提出改进或革新的一种技法。这种方法易于操作，常伴随科学教师的授课会涌现灵感。不仅有助于改进实验的"硬件"——仪器装备，而且还有助于改进实验的"软件"——实验方法和教学模式。具体实施时，可以按照定课题—列缺点—找原因—提方案—制作并改进等步骤进行。

定课题时，教师可结合现行小学科学教学内容和实践经验，确定教具制作的主题。列缺点时，教师可结合教学中使用某个教具的相关经验，从材料、结构、性能多个方面寻找缺点。例如，在《电磁铁》这节课中，教材中建议让学生自行在铁钉上缠绕导线，来探讨线圈匝数与电磁铁磁性强弱的关系。在具体操作时，学生缠绕的力道有松有紧，也会记不准缠绕的圈数。为规避上述缺点，教师可以事先将线圈缠绕好（如图3-8），

图3-8 教师自制电磁铁线圈教具

做好匝数固定的线圈，供学生操作使用，充分体现控制变量法对实验操作的指导价值。

案例分享

缺点列举法指导《摆的快慢》实验教具改进方案

一、定课题

教科版小学科学五年级上册《摆的快慢》教学内容中安排了两个实验活动:一是探究"摆的快慢与摆锤质量的关系",二是探究"摆的快慢与摆绳长短的关系"。教材内容具体信息可参考图3-9,这两个实验均为对比实验,旨在让学生能够运用"控制变量法"搜集证据,得出"摆的快慢与摆绳长度有关,且摆绳越短,摆得越快"这一结论,并在实验过程中体验精确测量对科学研究的重要性。

2 探究摆的快慢与摆锤质量的关系。 活动手册

- 把细绳固定在挂钩上,下端挂一摆锤,让摆小幅度地自由摆动。观察摆30秒摆动的次数。

不同质量的摆锤30秒摆动次数记录表

日期:

	原来质量	两倍质量	三倍质量
第一次			
第二次			
第三次			

3 探究摆的快慢与摆绳长短的关系。 活动手册

调整摆绳的长短,测量长短不同的摆30秒摆动的次数。

不同绳长的摆30秒摆动次数记录表

日期:

	长	中	短
第一次			
第二次			
第三次			

图3-9 教材内《摆的快慢》实验装置图

二、列缺点

原有的实验仪器存在时间计量不准、变量难控制等缺陷,为教具的改进与创新提供了较为宽广的思路。

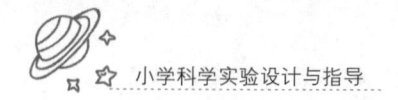

三、找原因

1. 摆绳长度不易控制：由于摆绳长度是指单摆摆动圆弧的圆心到摆球重心的距离。教材中通过铁架台、细绳、螺帽或钩码组成一个简易摆。在增加螺帽或钩码数量时，看似未改变摆绳长度，实则摆锤重心位置发生改变，从而导致摆绳长度发生变化。

2. 实验时间长：教材中设计的实验过程记录单上，明确指出学生在每次实验过程中，需要观察并记录单摆在30秒内的摆动次数。此过程耗时长，且学生在计数过程中容易计错数，导致实验误差较大。

3. 缺少趣味性：整个实验过程需要学生注意力高度集中，记录每次单摆在30秒内的摆动次数，时间长，且实验过程较无趣，不易激发学生的积极性和主动性。

4. 实验数据对比不够直观：通过用表格的形式记录实验数据，从表格中得出相应的结论，此方式无法使实验数据直观地展现在学生面前，学生难以直接得出结论。

因此，此次创新型教具从原教材实验缺点出发，力争克服上述问题，让学生在实验过程中观察到更直观准确的实验数据，帮助学生更好地得出实验结论。

四、提方案——教具创新方向及要点

（一）实验材料的选择（见图3-10）

1. 强磁铁：防止重心偏移

选强磁铁作为摆锤，利用其具备的强磁性，在摆线两侧同时增加强磁铁的个数，令其重心保持不变，从而精准控制摆绳长度，有效减小实验误差，提高实验数据精准度。

2. 刻度绳：方便量化摆长

选带刻度的棉绳作为摆绳，棉线刻度值均匀且清晰明了，实验过程中依次调节摆绳长度于刻度处，无须反复测量摆绳长度，简化实验步骤。

强磁铁　　　　刻度绳　　　　多功能计时器　　　　红外线计数传感器

图3-10 "摆"实验改进材料

3. 多功能计时器：简化计时步骤

与实验室传统的秒表相比，多功能计时器的优势有如下几点：第一，数据直观清晰。多功能计时器的屏幕相对较大，数字显示较为清晰。第二，计时方式多样，既可正计时也可倒计时。该计时器可以提前设定倒计时的时间，并且设定一次之后，后续实验无须重复操作即取即用。第三，操作简单便捷。该计时器只需按动开关按钮，即可开始计时。

4. 红外计数传感器:记录精确数据

采用科技产品红外计数传感器代替传统手动计数,数据直观精准,减少实验误差,极大地提高了实验数据的准确性。

(二) 实验教具的改进思路

1. 教具设计思路:控制变量法

在探究"摆的快慢与摆绳长度的关系"实验中,固定摆锤质量不变,改变摆绳长度。用燕尾夹的夹口将刻度绳固定在摆绳刻度标记处,等距离改变摆绳长度,从而量化摆绳长度,简化实验操作。

在探究"摆的快慢与摆锤质量的关系"实验中,控制摆绳长度不变,改变摆锤质量。由于摆绳长度是指悬点到单摆球心的距离,因此,本教具将强磁铁作为摆锤,利用其强磁性,左右增加强磁铁的个数,其重心不变,在改变摆锤质量的同时保证摆绳长度不变。

2. 设计图纸

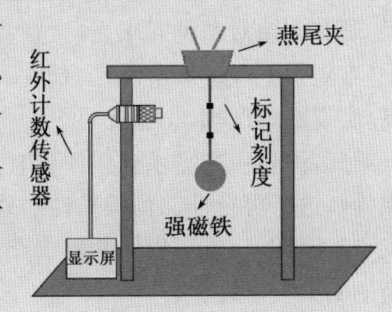

图 3-11 教具设计图

五、制作并改进

1. 制作教具

按照图 3-11 设计图的引导,选取木板、小木棍、卡纸、红外计数传感器、自制刻度绳、燕尾夹、强磁铁等材料作为制作材料。其中,木板、木棍用来制作底座和支架,构成教具的主体部分;燕尾夹用来固定自制刻度绳,红外计数传感器置于底座。此教具所用材料易于获取,使用方法简单易操作,能够有效弥补原实验缺陷,使实验现象更加直观形象,以便得出准确的实验结果,教具的成品可参考图 3-12。

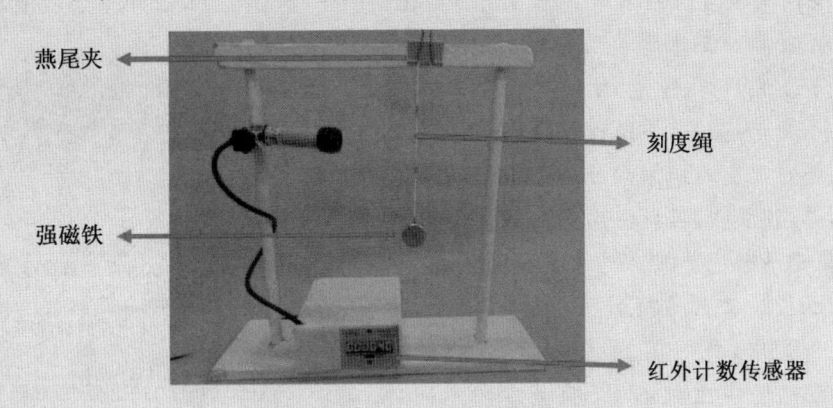

图 3-12 教具实物图

2. 改进教具

在制作完成后,可结合具体的使用经验不断完善教具的结构与性能,使得教具朝着结构完善、性能稳定、操作便捷等方向不断进步。

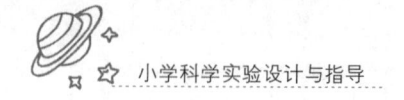

2. 需求点列举法

需求点列举法（又称需求技法），是为了提高科学实验教学质量的需求而进行创造发明的一种技法。需求点列举法，就是在具体教学过程中，把自己的感受和对教学的期望加以比较，发现两者的差异，产生一种需求，从而设计出一种改进方案的方法。需求点列举法是一种简便的创造技法，可灵活地运用，大致分为以下几步：

第一，定课题。需求点是在教学活动中发现的，必须把学生、教材、实验三者合而为一，视作研究的载体，并分析其潜在的需求，从而发现有价值的课题。需求技法的课题不应局限于某种仪器设备，而应贯穿于整个科学实验教学活动之中。

第二，罗列需求点。教师可通过查阅资料，以解决实际教学困境为出发点，通过不同途径，研究创造对象的需求点。这些需求主要包含两个方面：一是科学实验本身和需求有差距，希望得到改进和解决；二是纵观科学实验教学的发展趋势提出需求，这个需求层次较高，实现的难度相对大些。

第三，评估所列需求点。评估时要根据创造者的现实条件（经费支持、技术现状、受众对象等），进行可行性和可操作性的分析，最后把既可行又较有价值的需求点作为研究的出发点。第四，实施可操作的需求点。教师可多角度、多方位地创造出新的实验教学方法或新的实验教学装置。

案例分享

需求点列举法指导《电磁铁》实验教具制作方案

教科版六年级上册《科学》教学内容中有教会学生判别由铁钉制作而成的电磁铁南北极的方法。具体进行实验教学时，学生会猜测电池的正负极、电池节数、线圈缠绕方向、线圈圈数、铁钉粗细等都会影响电磁铁南北极，这就造成本次实验需要兼顾的影响因素较多。在教学时长有限、实验因素多重困境下，教师可选择自制教具推进实验教学。要想让学生在探究过程中养成认真严谨的科学态度，教师可带领学生罗列清楚需求点：第一，易操作，不论是改变电池正负极、还是改变缠绕方向、线圈圈数都应简单易做；第二，效果明显，当任意变量发生变化时，实验现象都清晰明了，可供学生直接观察。

在上述需求点的指引下，教师可将电池放在电池盒中，并将其固定在亚克力板上。另外还可将绕线匝数不同、缠绕方向不同的线圈都提前准备好，通过并联电路串入电路，让学生可以在同一时间一起检测电磁铁的磁极方向。该教具详情可参考图3-13，在可移动的小磁针的辅助下，学生将直观明了地看到电磁铁的磁极方向与哪些因素有关，满足提高科学实验教学质量的需求。

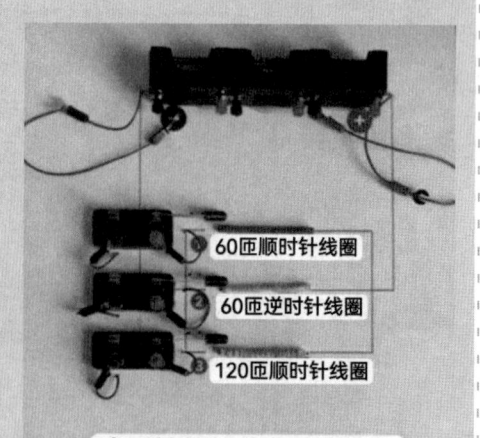

图3-13 《电磁铁》教具实物图

3. 替代法和模拟法

在科学实验教学时,经常会碰到使用的教具或仪器效果不佳的情况,自然而然就会萌生找仪器或自制仪器来替代的想法;同时,受制于诸多自然因素的限制,很多自然现象无法在课堂内呈现,这时人们又会想到能否用模拟实验来替代,这就会涉及用模拟技法制作教具。

使用替代法就是通过对原型的观察研究,发现其材料结构、工艺造型、功能原理等,在原型的启发下进行创新、制造。替代法不是消极的顶替和被动的替换,而是主动、积极的创造。如,在《像火箭那样驱动小车》的课题中,就是在查阅火箭发射的有关资料后,了解火箭起飞靠的是向后喷出高速气流的反冲力,再分析其结构,获得启发后再研制小车的驱动装置。选择利用气球和吸管来制作气流方向清晰明了的动力装置。详情可参考图 3-14。

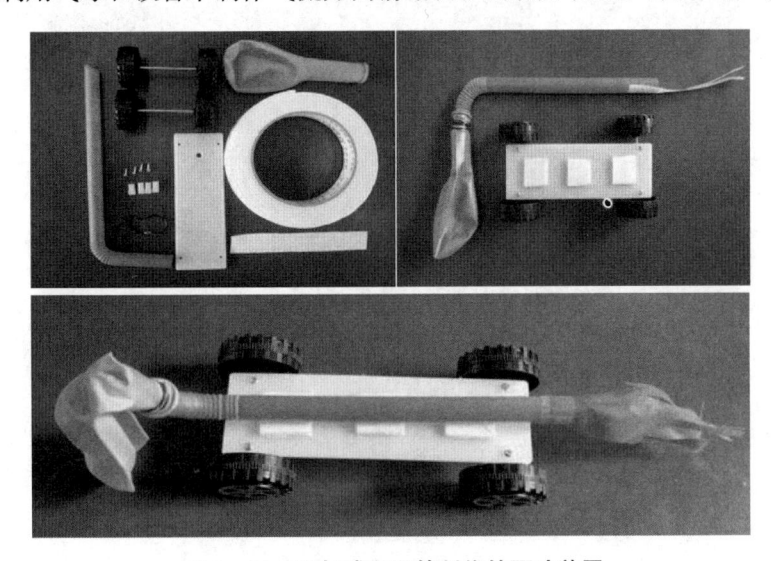

图 3-14 用气球和吸管制作的驱动装置

案例分享

火箭制作探究

【制作材料】

500 mL 雪碧瓶 2 个,橡胶火箭头 1 个,电工胶布 1 卷,尾翼 4 个,双面胶 1 卷,喷嘴 1 个,塑料袋 1 个,细绳 1 卷,剪刀 1 把,美工刀 1 把。

【制作过程】

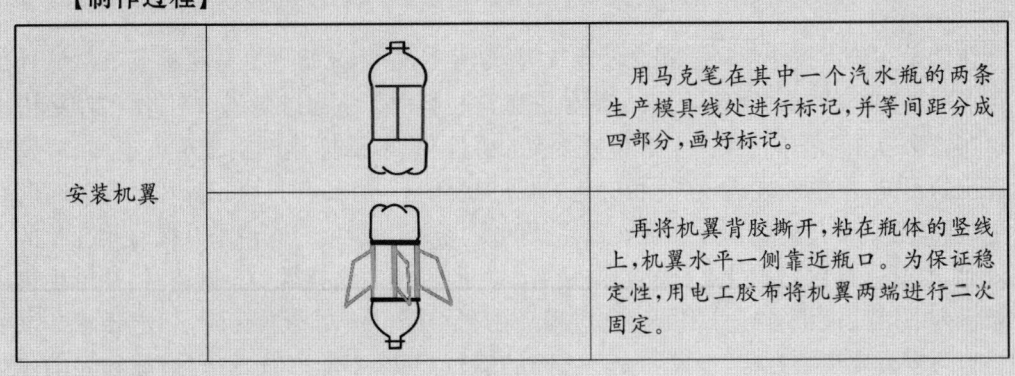

安装机翼		用马克笔在其中一个汽水瓶的两条生产模具线处进行标记,并等间距分成四部分,画好标记。
		再将机翼背胶撕开,粘在瓶体的竖线上,机翼水平一侧靠近瓶口。为保证稳定性,用电工胶布将机翼两端进行二次固定。

续表

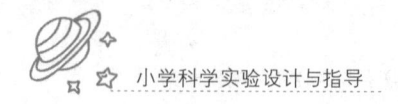

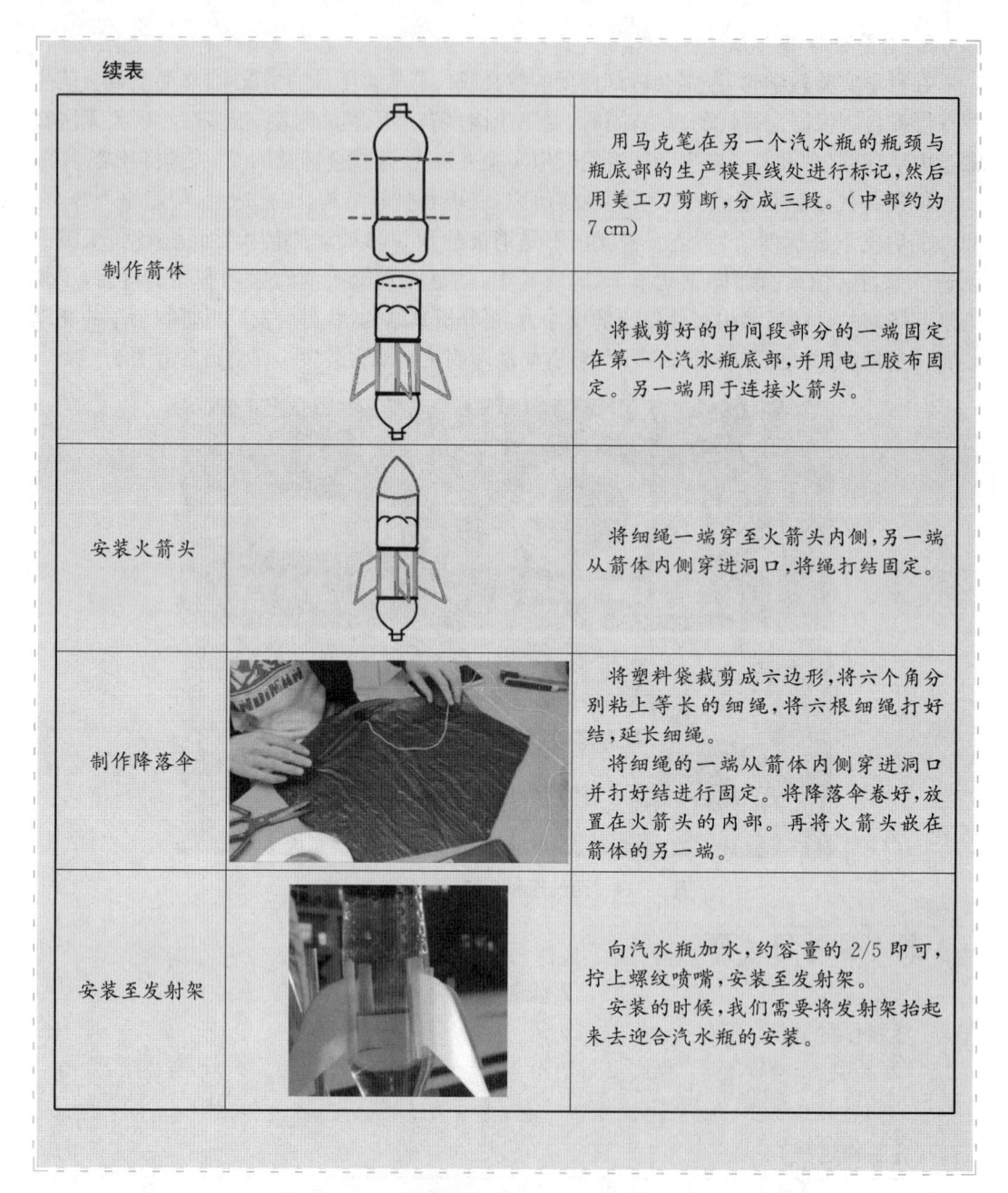

制作箭体		用马克笔在另一个汽水瓶的瓶颈与瓶底部的生产模具线处进行标记，然后用美工刀剪断，分成三段。（中部约为7 cm）
安装火箭头		将裁剪好的中间段部分的一端固定在第一个汽水瓶底部，并用电工胶布固定。另一端用于连接火箭头。将细绳一端穿至火箭头内侧，另一端从箭体内侧穿进洞口，将绳打结固定。
制作降落伞		将塑料袋裁剪成六边形，将六个角分别粘上等长的细绳，将六根细绳打好结，延长细绳。将细绳的一端从箭体内侧穿进洞口并打好结进行固定。将降落伞卷好，放置在火箭头的内部。再将火箭头嵌在箭体的另一端。
安装至发射架		向汽水瓶加水，约容量的2/5即可，拧上螺纹喷嘴，安装至发射架。安装的时候，我们需要将发射架抬起来去迎合汽水瓶的安装。

在借助实验讲授小学科学概念及规律时，学生往往会对那些不易观察或不能从外部直接观察其内部状态的现象，因缺乏形象的感性材料而产生思维障碍。对此，教师可借助模拟实验来提供学生熟悉的、生动的和形象的感性材料，从而达到揭示事物本质、启发学生思维的目的。例如，在讲授《月相变化》这一课程的教学内容时，由于月相变化的时间在晚上，且需要一个月的周期才能观察到完整的变化过程，学生无法清晰掌握月相变化的自然规律，尤其是难以辨识什么样的朝向是上半月的月相。这就需要自制教具，让学生可以在教室内部就能模拟看到月相的变化过程。在利用模拟法制作教具时，一定要思考该模型是否可以真实反映月球、地球和太阳之间的运行规律，不能违背月球、地球和太阳作为

自然天体的真实属性。然而,制作的教具还需秉承简易性原则,不能将所有影响因素都考虑在内,一定要保证教具的操作与理解是直观明了的。如图3-15所示,可以用平行箭头表示太阳光,而用位置固定的黑白相间的圆面表示月球,而中间的镂空圆形用来模拟地球,可以让学生头穿过圆形,用自己的眼睛观察月相的变化规律,也可以用摄像头拍摄形成动态的影像资料,供学生观察学习。总之,模拟法为小学科学教师提供了一条研究模拟实验的思路,其要点大致可以表述为:第一,根据教学要求和学生的认知特点确定研究对象;第二,剖析研究对象,把握主要因素、略去次要因素,提炼需要学生掌握的本质特征;第三,选择学生熟悉的、又能反映研究对象共同特征的实物进行模拟,一定要确保模型和研究对象运行规律的统一性,不能违背自然常识、自然规律。

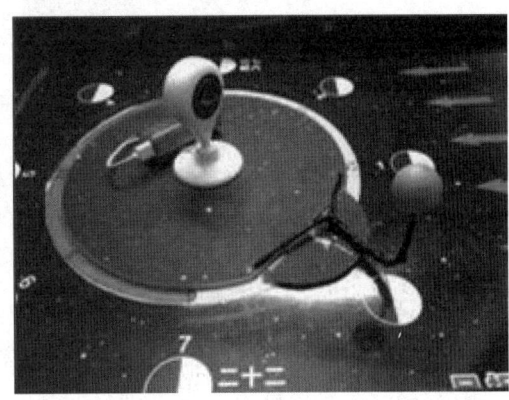

图 3-15 月相变化模拟实验装置

4. 组合法

组合法是最常见的一种发明方法,科学实验教学中相关仪器、教具的改进常常会用到这种方法。组合法有多种类型,常见的有主体附加法、异类组合法和删减组合法等。

主体附加法是在原有技术思想中补充新的内容,在原有物质产品上增加新的附件。最典型的利用组合法设计的实验仪器是万用表,万用表兼具可检测直流电压、交流电压、电流、电阻、电容等多个功能,而且针对不同的功能挡还设置了不同量程的选择挡位,一举解决生活多处电学测量的需求。

两种或两种以上不同功能的器材或不同领域的技术组合都属于异类组合。异类组合的思想主要是研究事物的差异而创造出新的差异。异类组合是组合法最常见、最简单的组合方式,但要注意的是,它不是简单几件器材的堆积,更不是随心所欲地拼凑,而是在熟悉各个器材的功能和特点的基础上,对它们进行剖析,然后再按照教学需要重新组合,形成结构完整、功能协调的有机整体。图3-16左侧显示的是利用数显测温仪测量不同金属传热快慢的装置,这就是典型的异类组合法带来的灵感创新。通常情况下,教师讲解这节课时会用到不同的金属棒,在金属棒的一端用凡士林固定豆子,然后将金属棒同时放入热水中,通过观看金属棒尾端豆子下落的速度来判别那种金属传热性能好。这里,就会存在凡士林涂抹的量有多少、先后之别,容易干扰实验结果。因此,可将高科技产品——数显测温仪引入该实验,根据数显测温仪上显示的数据直观地判断出不同材料传热的快慢。

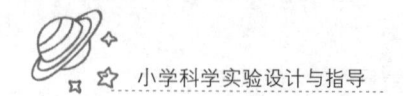

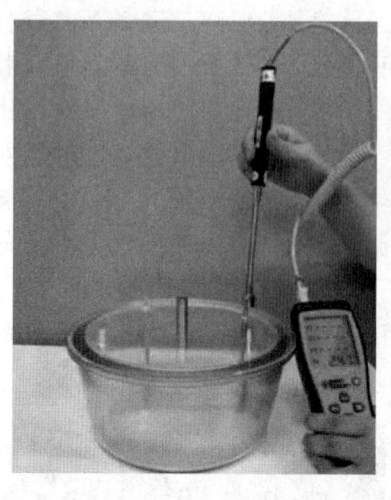

图3-16 《传热比赛》实验装置

删减组合法是一种先分解、再组合的方法。在组合体中删减某些不合理的成分,以形成在性能上更先进、新颖的事物。这种方法可以帮助广大小学科学教师从另一角度思考如何改进实验仪器和自制教具。

上面介绍了四种教具设计、制作过程中经常使用的方法。除此之外,教具的设计、制作法还有强化法、挖掘潜力法、联合和移植创造法等许多方法,这些方法在很多实验指导书中都有介绍,这里就不再一一进行详述。

本章小结

小学科学实验资源是指能够为小学生和科学教师所利用,并有利于小学生提高自身科学素养、科学教师实现实验教学目标,在实验教学设计、实施和评价过程中可以利用的各种资源的总和。其类型丰富,分布面较广,科学教师在进行实验资源开发与建设时,要秉承现实性、开发主体多元化、经济性、开放性、个性化、适度性等原则,确保实验资源有助于科学实验顺利实施,实现小学科学课程的育人目标。

科学实验室是实施小学科学课程的第一阵地,科学教师要加强实验室的建设、利用与管理,让实验室成为资源丰富、结构合理、管理规范的全面提升学生科学素养的场所。科学教师也应重视对课内实验教具的改进与创新,通过剖解原有实验的不足,创新实验仪器、装置和操作方案等手段来开发建设实验资源。科学教师还可积极挖掘生活中蕴含的各类实验资源,注重校园、社会实验资源的开发与利用,利用信息技术积极开发信息化实验资源。让小学科学实验教学资源更加丰富多彩。

科学实验教具的制作可以帮助科学教师解决仪器设备紧张的现状,教师应在科学性、启发性、实用性、简易性、艺术性与直观性等原则的指导下,利用缺点列举法、需求点列举法、替代法和模拟法、组合法等技法有创意地设计与制作可以服务于实验的教学器具,为学生的形象思维提供丰富的实物资源。

思考与实践

1. 简述开发与利用小学科学实验资源的意义。
2. 简述小学科学实验资源开发的原则。
3. 简述小学科学实验资源开发的策略。
4. 请通过查阅资料和参阅信息，设计一个适合于小学生的家庭实验，罗列清楚可在家里找到的各类实验资源，并表述清楚这些资源是如何满足实验目标、实验过程的各项需求的。
5. 请结合小学科学《我们是怎样听到声音的》实验内容，自行设计实验教具，并阐述自制教具应如何体现教具制作时应该遵循的相关原则。

第四章
小学科学实验教学的实施与评价

扫码查看
本章资源

本章导读

科学实验的实施与评价是将科学实验设计理念和思想付诸实践，实现实验教学目标，促进学生核心素养形成的重要环节。实验实施就是凭借一定教学组织形式，采用相关的实验教学方法，将实验教学在一堂课内完整地呈现出来。那实验教学过程的基本构成元素有哪些？常见的实验教学组织模式有哪些？教师可采用的实验教学方法有哪些呢？本章都将为大家详细介绍。

同时，一堂实验课成功与否的标准是什么？答案可能是学生参与度高、学生圆满完成实验任务、学生完全理解实验原理、学生掌握相关的实验操作技能等。以上语言虽然都是实验教学成功的标准，但在进行实验评价时，如何界定学生是否真正掌握实验原理？这就需要凭借科学合理的实验评价量表或者切实可行的学生实验行为观察记录单等，在多种评价手段的支持下客观评价学生的"学"与教师的"教"。因此，作为科学实验教师，需要认真学习科学实验教学评价的相关知识与原理，以期采用高效合理的评价手段，全面调动学生实验操作的积极性与参与度，以"评"促进学生核心素养的形成与发展。

第一节 小学科学实验实施概述

一、小学科学实验教学过程的内涵

小学科学实验实施的过程本质上属于教学过程，它具有一般教学的共同属性。由于实验本身的特殊性（作为一种科学实践活动），小学科学实验实施的过程也有着它的特殊性，需要充分考虑到它作为科学实践活动的基本属性。对科学实验教学的理解可以从以下几个角度入手：第一，它是结合实验事实和实验过程，让学生认识科学概念和理论的过程；第二，它是学生通过实验并运用已学得的知识去解决问题，从而在科学思维、科学态度及科学方法等方面均得到发展的过程；第三，它是让学生亲身体验通过实验进行探索自然规律的过程；最后，它是师生互动、生生互助一起交流成长的过程。

二、小学科学实验教学过程的构成

实验教学过程的构成可从静态和动态两个角度去分析。

（一）小学科学实验教学过程的静态构成

1. 静态构成元素

从静态上看，教学过程依据构成实体的差异可以分为若干要素。其中，按照二要素说，可以包含教师与学生；按照三要素说，可以分为教师、学生、教学内容；按照四要素说，可以分为教师、学生、教学内容、教学环境；按照五要素说，可以分为教师、学生、教学内容、教学方法、教学环境；按照六要素说，可以分为教学目标、教师、学生、课程、教法、教学环境等。不管按照哪种要素说，实验实施过程就是由上述基本要素组成的相互作用的教学系统，实验实施的效果取决于诸因素相互作用产生的合力。实验实施过程包含着实践过程、认识过程，教师和学生既都是实践与认识的主体，又可能相互为主客体，教学内容则始终是时间与认识的客体。

2. 从静态构成分析实验实施理念

（1）树立以学生为中心的基本理念

新课标倡导突出学生的主体地位，要求教师利用学校、家庭、社区的各种资源，创设良好的学习情景，设计适当的探究问题，引发学生认知冲突，激发积极思维。倡导以探究和实践为主的多样化学习方式，让学生主动参与、动手动脑、积极体验。教师要主动转变角色，在实验教学中，从探究问题的产生、实验方案的确定与实施，到实验数据的处理、分析汇报、得出结论都应该尽可能地让小学生实施完成。但教师又不能放任不管，还需要适当地用问题调动小学生探究的积极性和主动性，给予学生实验"大方向"的调控与指导，引导小学生在"做实验""玩实验"中学科学、用科学，真正体现以学生为中心的教学理念。

（2）发挥实验教学中教师的主导作用

新课标强调要科学安排学习进阶，让学习的内容由浅入深、由表及里、由易到难，设计适合不同学段的探究和实践活动，形成有序递进的课程结构。因此，教师的主导作用不仅体现在实验活动的组织过程中，也应体现在实验的选择、设计等实验活动前的准备上。想要充分发挥实验教学中教师的主导作用，教师得有良好的实验素养与教育教学经验，才能起到良好的言传身教功效。科学教师想要通过演示实验进行示范引导，自身必须对仪器的结构、使用技巧如数家珍。教师要养成课前预做实验的习惯，提前结合实验仪器进行演练，才能知道实验指导过程中的各种注意事项。科学教师还应具备一定的实验教学创新意识和创新能力，敢于质疑当前实验的缺点，从实验本身与实验教学两方面进行创新。此外，科学教师还应积极掌握学生学习心理指导技巧，在探究中及时启发与激励学生，正面引导学生经历探究过程的各种挫折与不易，学会品尝实验成功的喜悦。

（3）实验教学内容的选择和组织要兼顾基础性与趣味性

新课标强调要设计学生喜闻乐见的科学活动，创设愉快的教学氛围，保护学生的好奇心，激发学生学习科学的内在动力。因此，小学科学实验内容的选取要在基础性之外，富含趣味性。所谓基础性，就是实验中蕴涵的知识、概念、技能都带有一定的普遍性，要聚焦学科的核心概念，以了解物质科学、生命科学、地球与宇宙科学、技术与工程等领域的一些

常见基础知识为目的。并在实验中初步形成基本的科学观念、科学思维能力、探究能力和实践能力、科学态度与社会责任等。趣味性则是指实验内容要尽可能丰富有趣,可以激发起学生的实验操作欲望,教师可多利用日常生活用品进行探究,从而激发学生发现生活中蕴含科学知识的能力,并有意识地用所学的科学知识来指导自己健康生活。

(二)小学科学实验教学过程的动态构成

1. 动态构成过程

从动态上看,教学过程沿时间序列展开可划分为多个阶段,通常可演化为一系列教学程序。赫尔巴特学派将教学过程分为五个步骤:预备、提示、联想、总结、应用;杜威则依据思维的五个阶段,将教学过程分为:问题的感觉、问题的界定、问题解决的假设、对问题及其解决方法的逻辑推理、通过行动检验假设;布鲁纳认为教学过程应是:提出问题、创设问题情境、提出假设、评价;布卢姆认为教学程序包括教学前的准备阶段、教学阶段和评价阶段。依据上述关于教学过程的划分描述,从时间结构角度看,小学科学实验实施过程可以分为三个阶段,即实验准备、实验过程组织与指导、实验教学总结与提升。

2. 从动态构成分析实验实施过程

(1) 实验准备

为了更好地指导小学生开展实验,科学教师要精心准备实验材料、提前预做相关实验及撰写实验指导方案,这些都是实验准备的基本要素。准备实验材料时,教师应提前根据班级人数划分好小组,保证每个小组的材料是齐全、且能正常使用的。例如,在点亮小灯泡这个实验中,教师不能想当然认为从市面采购的小灯泡必是能正常通电发亮的。需要提前检测每个小灯泡的稳定性,确保学生实验操作的成功率。教师还要根据实验教案设计提前进行预实验,通过预实验掌握整个实验流程以及过程中可能出现的多种问题,为实验指导做好准备。教师撰写实验指导方案时,要按照活动设计和实验的情况,结合实验的组织形式和小学生的实际进行撰写。实验指导方案的具体要素可包括实验目标和任务,实验物品、工具和材料,实验的过程、方法和步骤等。其中,实验的过程要详尽、结构清晰,包含具体的指导语和教学建议,方便教师按照指导方案,高效实施实验教学。实验方案还要包含各种安全实验指导意见,保证小学生的实验探索舒畅、顺利进行。

(2) 实验过程组织与指导

按照小学生的认知规律和活动的组织程序,可以把小学生实验活动的组织与指导分为四个阶段:交代实验的目标和任务、呈现结构性的材料、引导实验观察和记录、组织实验交流和讨论。

在交代实验的目标和任务时,要让学生清晰地认识实验活动的目标和任务,从而使小学生的实验过程有明确的目的性和任务性,朝着正确的方向不断前进。

在呈现结构性材料时,教师首先要保证这些材料是利于实验目标实现的;保证材料具有结构性,蕴涵着科学上某个重要的科学概念;还要保证材料符合小学生的心理认知,能激发小学生的探究兴趣;还需保证实验材料中存在多种相互作用,支持小学生开展多方探究。在呈现某些结构复杂的仪器设备时,科学教师还需要适时地进行演示和指导,以便于学生规范、科学地使用实验仪器。

引导学生进行实验观察和记录时,要让学生意识到观察是一种重要的收集证据、获取信息的技能。科学教师要及时引导学生把有关数据如实收集,引导学生全面、仔细、认真、持久地进行观察,不遗漏重要的数据证据、不错过重要的实验现象变化瞬间。与此同时,为了能将观察结果呈现给更多人观看,科学教师要培养小学生科学记录观察结果的习惯。记录可有效地帮助学生观察、回顾、分析和总结实验活动,促进小学生对科学概念的理解。在小学阶段,记录实验结果的常用方式有画图、符号、表格等。无论在课堂上使用哪种方式记录观察结果,教师都要让学生认识到科学记录的目的和意义。

(3) 实验教学总结与提升

实验的总结与提升阶段是培养学生科学思维和科学态度的重要阶段。虽然这个环节常以教师的总结性讲授为主,但教师也可以引导学生自主进行思考、讨论与交流,结合实验观察所得的证据和逻辑得出结论。总结与提升过程还包含对实验方案的交流、质疑、检验和修正,在教师的辅助、补充或修正下,引导小学生提出创造性的见解和方案,培养学生的创新思维能力。实验教学的总结与提升环节需要学生条理清晰、重点突出地表述各自的见解,这将充分锻炼他们的科学表达能力;聆听他人汇报总结的过程,也将引导学生养成善于倾听、包容不同观点的科学态度。

第二节 小学科学实验教学方法与教学模式

在熟悉科学实验教学过程的静态与动态构成后,需要借助相应的教学方法和教学模式,将实验教学付诸实践。

一、科学实验教学方法与教学模式概述

实验教学方法首先应该具备常规教学的基本属性。常规的教学方法是为了达到教学目的,实现教学内容,运用教学手段而进行的,由教学原则指导的,一整套方式组成的,师生相互作用的活动。那么,科学实验教学方法指在科学实验教学过程中,为达到实验教学目标,由一定的实验教学原则指导,运用教学手段而进行的师生相互作用的活动方式。

教学模式是在一定的教学思想或教学理论指导下,对教学方法、教学策略、教学程序、媒介、环境等有效整合的系统,是教学活动的一种计划或范型。教学模式以一定的价值观作为基础,它是有效连接教育价值和教育实践的桥梁。不同的教学理论,有不同的教学模式。科学实验教学模式则指在科学实验教学过程中,根据教学思想或教学理论,围绕一定的实验教学目标,采取一系列教学方法、策略,师生遵循比较稳固的教学程序而进行的活动结构框架。"结构框架"一词是为了突出教学模式的包容性,不仅关注各组成要素,还需强调它们之间的关系。

二、常用的科学实验教学方法

随着《科学》课程的改革与实施,科学实验教学已经形成了一系列教学方法,如讲授法、谈话法、读书法、演示法、参观法、实验法、练习法、实验法等。上述教学方法并不一定

会在实验教学中全部用到,以下仅列举四种常用的科学实验教学方法:

(一)讲授法

讲授法是教师通过口头语言向学生传授教学内容的一种方法。科学实验教学中,讲授法是一种最基本的教学方法。其特点主要是通过教师的语言,适当地辅以其他教学手段向学生传递科学知识,使学生掌握相关科学知识、启发学生的科学思维、发展学生的科学能力。

根据讲授内容的不同,讲授法可以分为描述和论证:当讲授内容是实验现象、仪器结构、仪器操作方法、科学家故事、科学史料时,可采用描述的方法;当讲授内容是实验原理、科学概念、实验方法时,常采用论证的方法。根据逻辑思维方式的不同,可分为归纳和演绎:当科学实验为验证性实验时,讲授法常采用演绎的方法;当科学实验为探究性实验时,常采用归纳的方法。

教师在讲授完实验相关的基础知识后,组织学生观看具体的实验操作过程能使学生较快地掌握实验操作步骤、原理和方法。其最大优点是能充分发挥教师的指导作用,使学生在短时间里获得大量的知识信息。然而,这种教学方法的缺点是学生比较被动,不能照顾个别差异,学生学习得到的知识不易保持。因此,教师在讲授时要注意语言的科学性和感染力,根据具体教学内容、学生特点、教学资源灵活运用讲授法;讲授要力求具有启发性、要注意突出重点、抓住关键;并注重与其他教学方法相结合使用,避免让讲授法陷入填鸭式、灌输式的误区。

(二)谈话法

谈话法是教师和学生以口头语言问答的方式进行的一种教学方法。其基本特点是教师根据学生已有知识和经验,提出一系列具有严格逻辑顺序的科学问题,引导学生在小组内或班级集体范围内进行讨论交流、思考,或者与教师直接进行问答,从而使学生获得新的科学认知。

科学实验教学中,谈话法适用于许多情境。根据谈话的目的不同,可以分为复习式谈话和启发式谈话。当教师引导学生巩固已有的实验操作,回忆实验原理、过程和结论时,常用复习式谈话;当学生在小组内讨论实验方案,在班级内分享并总结实验过程与结果时,教师适当的启发能帮助学生提高科学认识,此时常采用启发式谈话法。

谈话法的优点是便于激发学生的思维活动,培养学生独立思考能力和语言表达能力,唤起和保持学生的注意力和学生的兴趣。教师通过谈话可直接了解学生对科学知识技能的掌握情况,获得教学的反馈信息,从而改进实验教学。然而,这种教学方法的缺点是在实验教学进程中教师注意力容易被学习好、思维敏捷的学生所占据,而差生容易被忽视。因此,注意力差的学生掌握的科学知识、技能就会不完整,与讲授法相比,这种教学方法在相同的教学时间内所传授的知识容量要小得多。

为了提高谈话法的教学效率,教师要注意以下事项:第一,谈话前要做好计划,使谈话内容集中在关键问题上、不跑题;第二,问题要具有启发性,并留给学生一定的思考空间;第三,问题难度应符合学生特征及个体差异,对于不同程度的学生提不同问题,学生间进行讨论时,保证每个学生都参与其中。

（三）演示法

演示法是指在实验教学中，配合讲授和问答，教师通过展示实物、图片、模型、多媒体技术或示范性的科学实验给学生提供丰富的直观感知材料，学生通过观察、思考而形成科学认识，或指导学生实际操作的方法。①

科学实验演示法可以让小学生获得生动而直观的感性认识，培养小学生的形象思维，吸引学生的注意力、激发学习兴趣、提高学习效率。科学实验教学中，根据材料特点的不同可将演示法分为静态演示和动态演示。静态演示是指使用实物、挂图、模型或幻灯片等电教媒体。动态演示是指现场实验演示、操作示范、实验视频等。教师通过现场实验演示，可带领学生揭示某些科学现象蕴含的科学规律，给课堂教学增添趣味。

教师在演示时应注意：课前准备演示所需的材料，需做演示实验时，最好事先做一遍，保证演示的成功率；演示时目的要明确、讲求实效；出示实验媒体的时间要恰当；注意演示使用的实物的位置和能见度；教师操作要规范，具有示范性；演示要和讲授相结合，注意引导学生明确观察对象与目的，启发学生思考。良好的示范可以帮助学生合理地开展实验操作，提高实践教学的学习效果。例如，点燃酒精灯之后，不能将火柴随意丢掉，需要把火柴规范放在杯子中。当利用天平称量物体质量时，取砝码要用镊子而不能用手拿。进行电路连接时，需要把线路连接好，再接通电源。

（四）实验法

实验法是学生在教师指导下，运用一定的实验仪器、材料，进行实验观察、探索科学规律的方法。实验在小学科学教学中占据的地位不言而喻，所以教师在教学过程中必须要充分重视实验的重要性，努力提升其在整个教学过程中所占的比重，给予学生更多的实验机会，让他们亲自完成实验工作，从而体会到实验的趣味和学习的快乐。

教师在采用实验法时应注意：提前做好实验准备，主要包括准备好实验的仪器设备、学生实验记录单等，让学生明确实验的目的，必要时教师还可示范演示实验；加强实验过程的指导，确保实验的程序科学、操作规范、结论正确，特别要提醒学生们注意实验安全；做好实验后的总结，教师要以实验的过程和正确的结论为重点进行小结，指导学生写好实验报告或做好实验实物作品，还可引导学生用科技作文、观察日记、科普剧等形式进行实验汇报，丰富实验评价的形式和内涵。

三、常用的实验教学模式

2022年伴随新课标的颁布，培育学生的核心素养成为科学课程的改革方向。为达到有效培养小学生核心素养的目标，科学实验要依据低、中、高年级小学生的认知水平的不同和课程内容抽象程度不同，构建不同类型的科学实验教学模式。结合已有的教学实践及理论研究，发现常见的小学科学实验教学模式有支架模式、探究模式、直接指导模式，以及演示—观察模式、引导—演绎等组合形式的教学模式。随着信息时代的来临，虚拟实验、微视频实验等陆陆续续会介入小学科学教学过程，还会衍生出更多类型的实验教学模

---

① 王道俊，王汉澜. 教育学[M]. 北京：人民教育出版社，1989：244.

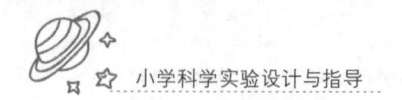

式,在此我们就不进行展望。

(一)支架模式

支架式实验教学模式是教师为学生建构了学习的支架,学生在教师提供的学习支架下,明确科学知识探究的路径,自主进行科学知识的探究与挖掘。[1]

通常情况课程开始之初,学生的学习过程及知识获取的途径常常处于盲目状态,即学生对知识的获取缺乏正确认知,在新知识学习阶段,不能运用正确的方法探究知识,常常是处于知识探究的盲目状态,影响学习效率的提高。支架式实验教学的核心是帮助学生搭建位于其最近发展区的支架,以支持他们的学习,这对知识经验较少、独立研究能力较弱的中低年级学生而言,在科学实验学习时是经常需要的。

其基本程序是:首先,教师围绕当前学习主题,按"最近发展区"的要求建立概念框架;其次,将学生引入一定的问题情境(概念框架中的某个节点);然后,再让学生独立探索,此过程中教师要适时提示,为学生提供学习支架,帮助学生沿概念框架逐步攀升,在开始阶段,教师的引导、帮助可以多一些,以后逐渐减少,更多地让学生自己探索;最后的教学环节是学生进行小组协商、讨论,完成对知识的有意义的学习。

案 例 分 享

支架式教学模式案例——植物与生存条件

2017版课程标准对3~4年级"动植物之间、动植物与环境之间存在相互依存的关系"的内容要求是举例说出水、阳光、空气、温度的变化对生物生存的影响。对于9岁左右的孩子而言,找出变量是什么(阳光、水分、空气),理解为什么要控制变量(只改变一个条件,如有阳光和无阳光)具有一定的难度。教师可帮助学生搭建"控制变量的方法"的支架。播放趣味小视频:长势差不多的两盆豆苗放在同一间屋子里,一盆放在有阳光照射的窗台上,另一盆放在阴暗处,浇同样多的水,两周后,生长情况发生什么变化。在这一轮建立"植物生长是否需要阳光"的概念时,通过趣味小视频搭建一个小支架,引导学生寻找、分析变量,使学生理解怎样控制变量。此时,学生的认知能力处于新问题的最近发展区,有强烈的探索动机。在建立"植物的生存是否需要空气"的概念时,教师可以逐步拆除支架,不再提供完整的控制变量的实验方法,学生在尝试解决问题的过程中,完成"控制变量法"的迁移;在建立"植物生存是否需要水分"时,学生自己独立设计实验、解决问题,自我形成概念。

(二)探究模式

探究式教学模式的理论基础是皮亚杰认知发展理论、布鲁纳发现学习理论以及建构主义和人本主义理论。新课标倡导以探究和实践为主的多样化学习方式,让学生主

---

[1] 李霞,张荻,胡卫平.核心素养价值取向的小学科学教学模式研究[J].课程·教材·教法,2018,38(5):99-104.

动参与、动手动脑、积极体验,经历科学探究以及技术与工程实践;重视师生互动和生生互动,引导学生对所学知识进行总结、反思、应用和迁移,促进学生自主学习和合作学习。

探究教学的基本程序为:① 创设问题情境,激发认知冲突;② 猜想假设、制订计划;③ 亲历探究、发现规律;④ 汇报交流,建构概念。由于学生个体不同,可以有不同的建构,可以由老师帮助学生,也可由学生帮助学生重构他们的概念。[1] 探究教学模式最核心的特点是要求有效整合环境、媒介、方法、策略,支持学生在问题情境中的独立探索和有意义建构。随着高年级学生科学知识的积累,独立研究问题能力和意识的增强,教学时需要较多地使用探究教学模式,给学生较长时间和较大空间完成探究。

案 例 分 享

探究式教学模式案例——热在金属中的传递

2017版课程标准对5~6年级"热可以改变物质的状态,以不同方式传递,热是人们常用的一种能量表现形式"的内容要求是说出生活中常见的热传递现象,知道热通常是从温度高的物体传向温度低的物体。想要知道热的传递方向,如果不能亲历探究过程,将无法切实体会热量传递的方向性。因此,教师可以利用探究式教学模式引导学生进行实验探索。

【创设情境,激发认知冲突】

通过生活场景导入实验:喝热水时将金属勺放在热水中之后,勺柄会变烫。引导学生分析勺柄变烫的原因,引出课堂主题:热在金属中是怎样传递的?

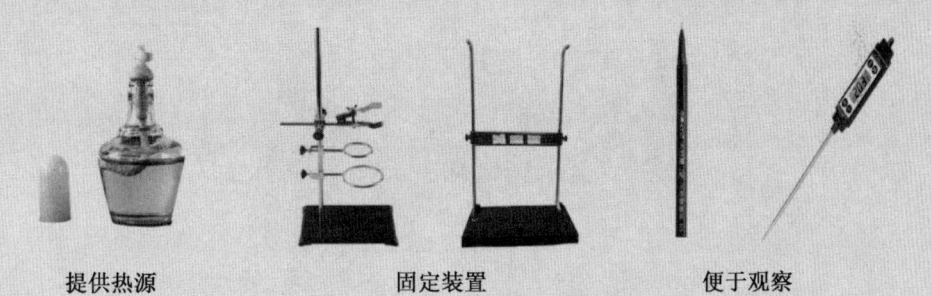

提供热源   固定装置   便于观察

图4-1 热在金属中的传递实验材料

【猜想假设,制订计划】

学生们依据生活经验,会提出猜想:热是从热水传递到勺子柄端的。为了检验自己的猜想,教师呈现实验材料:酒精灯、金属铁棒、热可擦笔、铁架台、探针式测温仪、标签贴、自制固定架(如图4-1所示),引导学生结合实验仪器进行"可视化"热传递方向探究过程。

---

[1] 李涵."5E"教学模式在小学科学探究式学习中的应用研究[D].山东:临沂大学,2022.

此处,热可擦笔笔记有加热消失的特征,是小学生经常使用的普通文具,引入实验将开阔其研究视野,加深其体会科学与生活之间密不可分的关系。探针式温度计可将测得的温度直观显示出来,用量化的实验数据显示热传递的方向,属于实验创新。

教师可结合实验材料提示安全操作规范,引导学生制订实验计划:

第一,在标签贴上用热可擦笔做上记号。

第二,将带有记号的标签贴等间距地粘在金属棒上,确保金属棒的尾端裸露,方便酒精灯对其加热。

第三,安装好实验装置,点燃酒精灯,用酒精灯外焰加热,观察实验现象,填写实验记录单。

【亲历探究,发现规律】

教师引导学生按照图4-2所示组装实验装置。给学生充足的时间让其进行探究活动。教师可提前引导学生预想一下实验现象,便于其建构观察得到的现象与实验规律之间的关联。

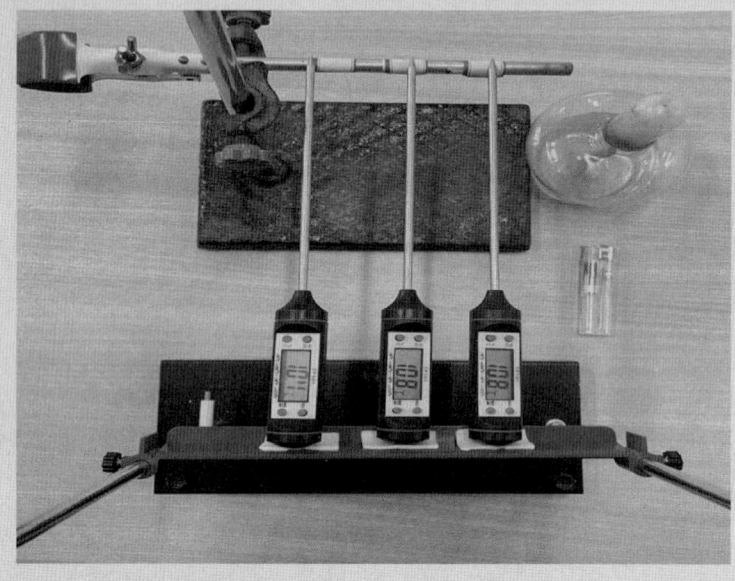

加热前　　　　　加热后

图4-2　热在金属中的传递实验过程图

【汇报交流,建构概念】

学生依据自己观察所得的实验记录单,如图4-3所示,进行交流汇报。分析总结出标签贴上的标记从右到左逐渐消失,从右到左指针式温度计的示数也有差异,右端温度高、左侧温度低。得出结论:在金属棒中,热是从温度高向温度低的方向传递。

<table><tr><td colspan="4" align="center">实验记录单1</td></tr><tr><td>时间\温度</td><td>探针式温度计A</td><td>探针式温度计B</td><td>探针式温度计C</td></tr><tr><td>开始前</td><td></td><td></td><td></td></tr><tr><td>开始后</td><td></td><td></td><td></td></tr><tr><td>我的结论</td><td></td><td></td><td></td></tr></table>

图4-3 热在金属中的传递实验记录单

(三)直接指导模式

行为主义教学理论把学习看成是可观察的行为变化,教学目的是通过强化反应或行为塑造,逐步使学生掌握知识和技能。在行为主义理论指导下,产生了直接指导教学模式。直接指导教学模式是指在教学过程中教师要细致安排教学活动的每一步。首先,教师提出合适的任务;其次,把学习材料按一定顺序分解成几个小部分,从而降低学生学习的难度。教师随时做好各种教学提示,以利于学生作出恰当的反应并适时对反应进行强化。通过反应强化或行为塑造,学习者逐步获得正确的反应或行为,进而不断取得进步。

使用直接指导实验教学模式时,需要严格规定教学的具体内容,有明确具体的教学任务,根据概念形成的逻辑顺序或技能习得的步骤,将教学任务分解成一系列小的适合学生学习的内容。例如,在2017版科学课程标准中,对地球与宇宙科学领域有主要概念"地球每天自西向东围绕地轴自转,形成昼夜交替等有规律的自然现象",本部分针对5~6年级的学习内容有:① 知道地球自西向东围绕地轴自转,形成了昼夜交替与天体东升西落的现象;② 知道地球自转轴(地轴)及自转的周期、方向等。利用直接指导教学模式进行教学时,先根据概念的逻辑顺序进行学习顺序的安排,从昼夜交替现象形成的原因开始,提出地球、太阳之间各种运动的可能性;再由地球自转拓展至地球绕太阳的运动,引出自转、公转、恒星、行星等基本信息;在解释昼夜交替现象过程中,掌握地轴是倾斜的、极昼、极夜、晨昏线圈、自转周期、自转方向等基本概念。根据此概念的逻辑顺序,把其分解为一个个学生适合学习的内容,见图4-4。这种把教学内容进行有效分解和优选的过程,可以帮助学生掌握重要的概念,教师通过讲解使学生不仅理解概念,并用各种方法强化学生的理解,使学生记忆并掌握概念。当处理比较抽象、不易直接感知的教学内容时,可以多采用直接指导的教学模式,使学生在短时间内了解较多的学科知识和研究方法,培养学生的逻辑思辨能力、推理能力和质疑批判精神。

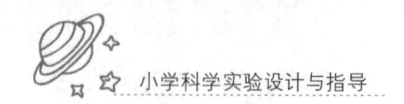

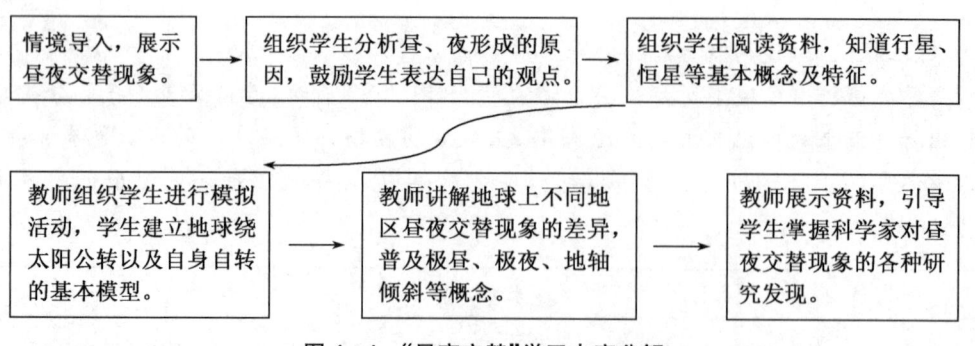

```
┌─────────────┐   ┌──────────────┐   ┌──────────────┐
│情境导入，展示│ → │组织学生分析昼│ → │组织学生阅读资│
│昼夜交替现象。│   │夜形成的原因，│   │料，知道行星、│
│             │   │鼓励学生表达自│   │恒星等基本概念│
│             │   │己的观点。    │   │及特征。      │
└─────────────┘   └──────────────┘   └──────────────┘
       ↑                                      │
┌─────────────┐   ┌──────────────┐   ┌──────────────┐
│教师组织学生进│   │教师讲解地球上│   │教师展示资料，│
│行模拟活动，学│ ← │不同地区昼夜交│ ← │引导学生掌握科│
│生建立地球绕太│   │替现象的差异，│   │学家对昼夜交替│
│阳公转以及自身│   │普及极昼、极夜│   │现象的各种研究│
│自转的基本模型│   │、地轴倾斜等概│   │发现。        │
│。            │   │念。          │   │              │
└─────────────┘   └──────────────┘   └──────────────┘
```

图 4-4 "昼夜交替"学习内容分解

（四）演示—观察模式

演示—观察教学模式是将演示实验、教师讲授、学生观察组合起来应用的实验教学模式。其教学流程一般按照以下流程组织教学内容，即：① 明确实验主题，② 观察演示实验，③ 形成科学结论，④ 拓展应用。在演示—观察模式下，教师进行示范性实验或由多媒体演示实验，辅以简洁的语言，得出实验结论，形成科学认识。在整个教学过程中，实验主要是给学生提供直观感受，辅助学生形成结论。这种教学模式的缺点也很突出，学生的实验技能、实验方法和科学精神得不到重视。因此，这种模式在促进学生核心素养发展上具有片面性。

案例分享

演示—观察式教学模式案例——风的成因

《风的成因》是教科版 3 年级上册《空气》单元第 7 课，是《我们来做热气球》的延续。风是生活中常见的自然现象，人们常根据自己的需要制造和利用风。教材首先利用聚焦的形式引出风分为人造风和自然风，制造风的方式多种多样，然后运用风的模拟实验装置模拟风的形成过程。旨在让学生在观察风的模拟实验中掌握空气流动形成风这一原理，并要求学生能够将观察到的实验现象用图展现出来，并用《我们来做热气球》中学到的冷空气向热空气运动的原理解释自然风的成因。

【明确实验主题】

教师出示几张与风有关的图片：风能吹动蒲公英、带着它的种子去远方；风能扬起风帆，吹动帆船远洋；风能吹展红旗；风能吹动烟囱冒出的白色烟雾……生活中很多地方都有风，那风是怎样形成的呢？

明确实验主题：利用风的模拟实验装置来探究自然风的形成原因。

【观察演示实验】

教师可利用图 4-5 所示装置准备演示实验，该实验箱由透明的亚克力板构成，左侧为进风口，上端为出风口，出风口上面放置一个小风车。进风口处可以点燃艾条，让艾条燃烧的烟雾可以进入透明箱体，在箱体内放入燃烧的蜡烛。引导学生认真观察实验组风车的转动情况,用笔画出烟雾的流动方向。

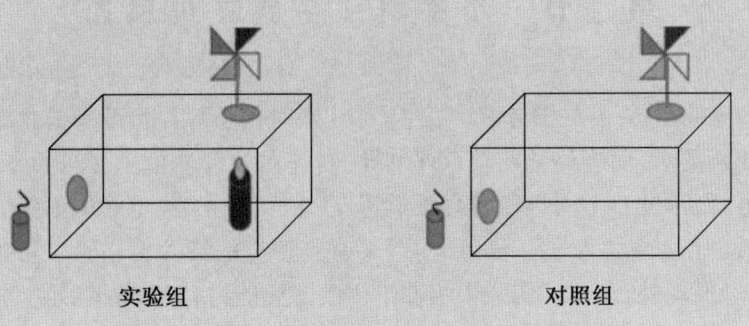

实验组　　　　　　　　　　对照组

图4-5　模拟风的成因实验简图

【形成科学结论】

通过分析实验组出现的现象:烟雾会从进风口进入透明箱体内,然后又从出风口出来,小风车也会发生转动。引导学生分析实验组与对照组的差异,实验组内有燃烧的蜡烛,装置内的空气受热上升,诱发装置外的冷空气补充进入到装置内,空气流动产生了风。

【拓展应用】

古人很早就利用风的形成原理制作了走马灯。课外可引导学生查阅相关资料,了解走马灯的文化内涵与科学内涵,拓展本节课所学知识。

(五) 引导—演绎模式

引导—演绎教学模式是指学生在头脑中已有科学知识的基础上,在教师的引导下通过实验进行演绎,使学生进一步理解科学知识,促进学生实验技能、实验方法提高的一种实验教学模式。引导—演绎教学模式的一般流程为:① 提取科学知识,② 实验演绎,③ 评价科学知识,④ 拓展应用。

这种模式适用于两种情况,一种是教师希望学生通过实验对已有知识进行验证,如学生学习《保护土壤》时,已经知道土壤中生长着许许多多植物,很多小动物也在土壤中生活筑巢,土壤里面还有石子、砂砾、粉砂、黏土等不同成分,土壤给人类提供丰富的物资,土壤十分重要。那么模拟土壤破坏的实验是对上述知识的验证,当土壤面临水土流失、荒废、污染等不良影响时,学生们会更加意识到保护土壤的重要性。引导—演绎教学模式适用的另一种情形是,学生将已习得的相关科学概念应用到实验中,获得某种实验技能、实验方法,提升某些科学思维培养。例如,学生在学习教科版5年级上册《光是怎样传播的》时,学生借助教材提供的三张带孔卡纸和激光笔,发现只有三张卡纸的小孔都在一条直线上时,才能在光屏上看到光斑,说明光是沿直线传播的。学生在获得光沿直线传播的基本概念后,可以继续鼓励他们深层次探究光在液体、固体中的传播路径。借助牛奶、透明果冻、玻璃砖等材料,引导学生观察光在这些液体、透明固体中传播路径的具体情况,进而得出结论:光在均匀的液体、透明固体和空气中都是沿直线传播的。

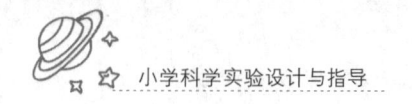

第三节　小学科学实验评价概述

2020年10月，中共中央国务院印发了《深化新时代教育评价改革总体方案》，对各级教育评价提出新要求，明确科学的教育评价导向，并对教育评价工作进行了任务部署，要求强化过程性评价，针对不同学段教育教学特点，结合实际，落实评价改革方案，改革学生评价。实验教学是正常教学的一种形式，但又有其独特的特性。它除了可以向学生普及科学知识、实验原理外，还可在实践中培养学生的探究能力、实验操作能力等，带领学生体会科学研究方法，促进学生合作交流，培养学生的团队意识与创新精神。因此，实验教学中要特别注重对评价环节的设计，以评价来检验学生综合素养的培养效果。

一、科学实验评价的内涵

想要厘清实验教学评价，需要先明确什么是教学评价。

阿来萨曾在《课堂评估：理论与实践》一书中指出，教学评价是指教师将所得的信息数据加以选择、组织，并加以理解，以助于对学生做出决定或价值判断的过程。这里的信息为教师在课堂上收集的种种量或质的素材，该界定将教学评价的对象指向学生的学习。[1]

我国学者王道俊等在《教育学》一书中指出，教学评价是对教学工作所做的测量、分析和评定。[2] 它以参与教学活动的教师、学生、教学目标、教学内容、教学方法、教学设备、教学场地和时间等因素的有机组合的过程和结果为评价对象，是对教学活动的整体功能所做出的评价。

徐继存等认为，教学评价就是依据一定标准，运用科学方法系统地收集有关教学信息，对教学活动的过程、结果及其有关因素进行综合价值评判的过程。[3]

综合而言，教学评价就是依据一定的教学目标和标准，对教学活动的准备、过程和结果及其有关要素进行综合价值评判的过程。

而科学实验教学评价是指依据一定实验教学目标和标准，对实验教学活动的准备、过程、结果及其有关要素进行综合价值评判的过程。它是实验过程中不可或缺的一个环节，科学实验教学评价，旨在对教学活动中教与学双方活动的效能进行综合评判，一般包含对教学过程中的教师评价、学习活动的学生评价及课堂教学效果的评价等。详情可参考表4-1。尽管这三者是相对独立的，但由于教学过程和学习过程是统一的过程，因此在评价中必须注意三者的相关性，而不能把它们机械地分开。[4] 2022版最新的科学课程标准已对与学生在学习过程中学习情况和质量水平相关的学习评价原则、内容、方式等做了详细的纲领性说明。本节，我们将重点关注教师在实验教学中的达成度及成效等。

---

[1] [美]阿来萨.课堂评估:理论与实践[M].徐士强,等译.上海:华东师范大学出版社,2007:4.
[2] 王道俊,郭文安.教育学[M].北京:人民教育出版社,2009:269.
[3] 徐继存,赵昌木.现代教学论基础[M].北京:北京大学出版社,2008:142.
[4] 许嘉璐,等.中国中学教学百科全书:数学卷[M].沈阳:沈阳出版社,1991:381.

表4-1 教师评价、学生评价及课堂评价

	教师评价	学生评价	课堂评价
评价对象	侧重教学过程,但包括学习者的反应,例如教师的自我反思	侧重学习经验的获得,但和教学过程相联系,如学生自我评价或他人评价	侧重课堂活动,由学习者的反应与变化产生,如对学生科学探究的评价
主要评价观点	(1) 教学内容的适当性 (2) 教学方法的可行性、有效性 (3) 教学指导的启发性 (4) 学习者思维反应的灵活性 (5) 教学目标达成度等	(1) 理解知识、形成技能的心理过程 (2) 学习过程中学生的兴趣和好奇心 (3) 学习情绪变化与自信程度等	(1) 达到科学探究、情感与价值观、科学知识等教学目标的程度 (2) 突出学生学习的主体地位
评价方法	量化评价方法与质性评价方法	自评与互评	学生成长档案袋评价法

二、实验教学评价的类型

《全日制义务教育科学3~6年级课程标准(实验稿)》(2001年版)指出:"评价既要关注学生学习的结果,更要关注他们的学习过程。"[①]《义务教育小学科学课程标准》(2017年版)也指出:"学习评价必须做到主体多元、方式多样。不仅有以教师为主体的测评,还要有学生的自我测评、相互测评,以及家长对学生的测评。不仅要有终结性的测评,更需要有过程性的测评;不仅要有量的测评,还要有质的测评;不仅要有纸笔形式的测验,还要有以活动、实验、项目报告等多种方式进行的测评。各种形式的测评相互补充,才能较为全面地评估学生的学习质量和学业水平。"《义务教育科学课程标准(2022年版)》提倡构建素养导向的综合评价体系,充分发挥评价与考试的导向功能、诊断功能和教学改进功能。

可见,教学评价需评价手段多样、教学评价类型丰富。按照不同的标准,可将教学评价划分为不同的种类。根据评价的功能和运行时间不同,可分为诊断性评价、形成性评价和总结性评价;根据教育评价价值标准的不同,可以分为绝对评价、相对评价和个体内差异评价;根据评价结果处理方式不同,可分为常模参照评价和标准参照评价;根据评价方法的不同,可分为定量评价和定性评价;根据评价主体的不同,可分为自我评价和他人评价;根据评价内容的不同,可分为对人的评价、对事的评价、对物的评价和对评价的评价。

结合实验教学的特点与需求,仅介绍几种常见的教学评价。

(一) 诊断性评价、形成性评价和总结性评价

1. 诊断性评价(Diagnostic Assesment)

诊断性评价是指教师在教学前或教学过程中,对学生无效的学习行为和薄弱的学习环节进行分析,对与学习相关的多种因素做出诊断,其目的是保证教师的教和学生的学成功。

---

① 中华人民共和国教育部.全日制义务教育科学3~6年级课程标准(实验稿)[S].北京:北京师范大学出版社,2001:40.

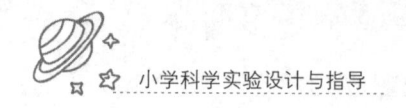

在《课堂评估:一种简明的方法》一书中,彼得·W.艾瑞逊提出课堂教学评估的目的在于诊断学生存在的问题,提到常用收集评估信息的三种方法:纸笔法、观察法以及口头提问法。

对于实验教学而言,首先,教师要对学生的基本实验操作技能以及实验前概念进行诊断;其次,根据诊断结果,教师发现学生的问题,有针对性地改善教学方法,使得实验教学计划顺利、有效实施;最后,提升学生实验操作的效率。通过诊断,提前获取学生、学生班级的实验能力水平,针对评断结果制订更加个性化的教学策略,加强培养学生良好的实验操作习惯,提高学生对实验重要性的认识,提升学生实验成功的效率。

2. 形成性评价

形成性评价又称过程性评价,是对学生日常实验学习与操作过程中的表现、所取得的成绩以及所反映出的科学情感和态度等方面的发展所做出的全面评价,是基于对学生学习全过程的持续的观察、记录、反思而做出的发展性评价。其目的和功能不是直接给学生评定成绩,而是为了确认学生的潜力,改进学生的学习方式,帮助学生有效控制自己的学习过程。同时为教师提供有效的反馈信息,帮助其调节和完善实验教学活动,最终保证实验教学目标得以实现。

实施形成性实验教学评价,教师可以从以下三个方面入手:第一,根据学习单元目标和实验内容,设计一定量的单元检测题,测验学生阶段性学习成果。测试后,教师要及时分析结果,同学生一起改进、巩固教学。第二,教师可关注学生的课堂表现,在课堂上创设有利于学生探究的氛围,激发学生的探索与实操欲望;还要鼓励学生沟通交流,关注对学生发言的评价,给予学生充分肯定的言语、动作、表情等方面的激励,保护学生有效开展科学探究。第三,教师可通过收集科学实验作品,建立档案袋、资料袋等方式来整理学生的过程性材料,实施形成性评价。

3. 总结性评价

总结性评价又称终结性评价,常在一个教学阶段结束后进行,是以预先设定的教学实验目标为基准,对评价对象达成目标的程度进行评价。在科学实验教学中,总结性评价注重考查学生掌握科学学科、实验设计与操作掌握的整体程度,概括水平较高,测验内容范围较为宽广,次数较少,常在学期中或学期末进行。具体操作时,教师要考虑考察方法的多样性,可以是笔试问答题,可以是完成一幅串联科学概念的思维导图,可以是学生分组进行学习总结汇报,也可以是教师对学生这个学期过程性评价的整合与总结。

案例分享

《磁铁》单元实验教学评价示例

《磁铁》单元选自教科版小学2年级《科学》下册,实验评价方式可选如下三种方式。

1. 笔试检测题样例

单选题:下列材料中能够吸引铁的是(　　)

A. 塑料　　　B. 磁体　　　C. 铝盒　　　D. 木片

2. 思维导图样例

可以结合磁铁的性质展开思维导图的汇报：(1) 磁铁的种类有哪些？(2) 磁铁能吸引的物体有哪些？(3) 磁铁是否能隔着物体来吸引铁？对于低年级学生，教师也可通过事先设置思维导图框架，再让学生填充括号内容，协助学生建构科学逻辑能力。

3. 拓展活动样例

还可以布置与磁铁有关的拓展活动，引导学生分组进行汇报，培养学生的语言表达能力和小组内合作能力，以及考查学生对知识的理解和应用。如：让学生根据教师提供的资料探究银行卡、硬盘和磁悬浮列车的工作原理，将信息整合后再由每组的汇报员进行汇报。

（二）定量评价与定性评价

定量评价是采用数学的方法，收集和处理数据资料，对评价对象做出定量结果的价值判断。定量评价强调数量计算，以教育测量为基础，它具有客观化、标准化、精确化、量化、简便化等鲜明的特征。它在一定程度上满足了以选拔、甄别为主要目的的实验测评需求。但定量评价往往只关注可测性的品质与行为，处处、事事都要求量化，强调共性、稳定性和统一性，过分依赖纸笔测验形式，有些内容勉强量化后，只会流于形式，并不能对学生的实验综合素养做出恰如其分的反映。因而，量化的评价手段忽略了那些难以量化的重要品质与行为，比方说学生的实验批判与质疑精神、实验创新意识等。同时，定量的评价方法忽视个性发展与多元标准，把丰富的个性心理发展和行为表现简单化为抽象的分数表征与数量计算。

定性评价是不采用数学的方法，而是运用文字语言来表达和解释的一类评价，带有一定的主观性。通常，定性评价可依据评价对象平时实验预习、操作及汇报的表现、现实和状态或对文献资料的综合分析，直接对评价对象做出定性结论的价值判断，例如：评出等级、写出评语等。定性评价强调观察、分析、归纳与描述。定性评价更加关注学生在"质"方面的发展，关注教育结果与教育目标之间的一致性；强调对学生的优缺点进行系统的调查，并对个体独特性做出"质"的分析与解释，是具有实质性内容的一种评价机制。

三、实验教学评价的功能

（一）诊断功能

通过小学科学实验教学评价，评价者将获取丰富的评价信息，然后再对这些信息进行统计、分析、处理，这样就能使整个实验教学活动得到比较全面、科学的结论。它可以诊断学生的学习积极性是否饱满；可以为教师的实验准备提供依据；可诊断教师的教学态度是否主动；实验教学目标及教学任务是否落实；教学内容及逻辑结构是否准确；教学方法及教学手段是否科学合理；教学效果是否明显。从而帮助科学教师明确实验改进方向，及时采取有效的改进措施，不断提升实验教学质量。

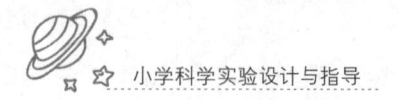

（二）调控功能

实验教学评价是小学科学课堂教学的有机组成部分，教师是否已经完成了既定的教学目标，是否具有达成目标的可能性，若目标已经达到，是否存在可以完善的地方，若未能达成相应教学目标，其中原因是什么？这都需要通过实施小学科学实验教学评价来获得相应的信息。教师通过丰富的教学评价信息，来发扬优势，克服纠正教学过程中偏离教学目标的部分，实时调整自己的教学行为，修正教学内容，改进教学方法，不断完善教学行为，提高实验教学的成功率与实验完成的效率。

（三）激励功能

科学教师的授课需要被肯定、赞赏，学生操作科学实验时也期待获得一定的认同，适时客观地对教师和学生进行评价，可以帮助教师明确自己在教学中需要努力的方向，激发科学教师的职业认同需要和实现个人价值的需要，增加科学教师在实验教学中的积极性与热情，激励科学教师能够全身心投入实验的创新与改进过程。同时，及时的实验评价也可以给学生带来鼓励与进步的方向，深度挖掘学生自主学习的内驱力，提升学生实验操作的积极性。[1]

（四）沟通功能

科学实验教学的评价过程是评价者与评价对象之间相互交流沟通的过程。依据最新版本《科学课程标准》的需求，小学生需要掌握用科学语言与他人交流和沟通的能力，恰当的实验教学评价可以帮助小学生养成规范表述的习惯。同时，适时的教学评价可以帮助教师及时掌握学情动态，辅助师生形成良好师生关系，促进科学实验教学的顺利进行。

四、实验教学评价的原则

（一）实事求是原则

实事求是的科学态度是小学科学教育过程中需要向学生培养的科学态度。因此，科学实验教学评价也应遵循这一原则，即以科学的理论为依据，不带任何偏见，客观公正地对实验教学进行评价。在教学评价中坚持实事求是的原则，也是教师自我提升的过程，当遇到学生对教师授课过程有批判与质疑时，教师也不能夹杂感情因素，要恰如其分地进行评价。

（二）兼顾整体原则

实验教学过程是一个完整的教学流程，评价者应建立整体思路，确保评价内容多元化。[2] 既要检测出学生实验学习能力的共性问题，也要兼顾学生个体的独特性；既要关注教师课内实验教学的效果，也要关注课外教师对实验教学的研究与创新。因此，评价内容不能仅仅局限在对实验有关知识和技能的考核，还要有对操作和实验报告、教师的授课效果、授课的实验教学指导、实验研究能力等内容的考核。

---

[1] 陈华彬，梁玲. 小学科学教育概论[M]. 北京：高等教育出版社，2003：208-209.
[2] 张红霞. 小学科学课程与教学[M]. 北京：高等教育出版社，2004：204.

(三)评价主体多元化原则

完整的科学实验评价是系统、全面的过程,科学教师在教学评价中会发挥重要的作用,但不是唯一的评价者。需要邀请学生、学生家长,以及其他教育管理部门一同参与对实验课程的评价与考核。要重视教师的评价,也要增加小学生的自评和互评,还要倾听小学生家长和社会对小学生的评价和对教师的评价。尽可能收集各方面的信息反馈,使评价真正成为教师、学生、家长和社会共同关注的、积极参与的活动。

(四)评价方法多样化原则

实验操作过程会锻炼培养学生的科学知识、科学技能、思维方式与交流表达能力等。因此,单纯的书面测试和考试已经不能适应科学实验的发展,科学教师要运用多种方法对不同的目标、不同的内容进行教学评价。可以将定性评价与定量评价相结合,智力因素与非智力因素相结合,探究学习活动、科学技术实验、社会调查报告、纸笔测试、观察、谈话、提问、实验操作测试、设计实验、实验报告、作品展示、成长档案袋等多种方法相结合。

(五)评价内容多元化原则

评价内容多元化,指的是评价既要检测出学生群体学习的共性和个体的独特性,还要反映出教师实验教学效果等方面的信息。所以评价内容不能仅仅局限在对实验有关知识和技能的考核,还要有对操作和实验报告、教师的授课效果以及授课的实验教学指导等内容的评价,还可评价学生的情感态度与价值观,注重学习过程与学习方法。在评价探究活动时,教师可注重引导学生在多方面进行评价,让学生明白在活动中自己和同学在哪些方面表现较好,哪些方面有待进步,养成他们能够客观看待人和事的能力和态度。

第四节 小学科学实验教学评价的内容及方法

对教师的实验教学过程的评价包括以下几个方面:实验准备充分与否;实验目标是否符合课程标准和学生的心理认知规律;实验内容是否科学合理、具有可操作性;实验过程是否注意培养学生的科学思维与科学技能;教师是否给学生开展实验必要的组织和指导;实验是否富含学科融合理念与思想引领功能等。因此,对教师的实验教学过程实施评价是一个系统工作,需明确评价主体,按照一定流程、凭借科学的评价方法逐步展开。

一、实验教学评价的内容

(一)实验准备

充足完备的实验准备可以为实验教学的顺利开展保驾护航。因此,教师在实验教学之初可对实验教学实施诊断性评价,结合学生的实际情况、依据课程标准的相关要求进行实验教学准备工作。实验准备包含确定实验仪器及实验材料的规格、数量等,教师也可自行开发设计实验教具,增加实验教学的创新性与趣味性。同时,需要提前明确实验流程,准备好实验记录单等教学辅助材料,确保实验教学顺利开展。教师还需要提前设计好实验教学评价的工具和表格、资料等,凭借预设的多种方案实施调控实验教学。

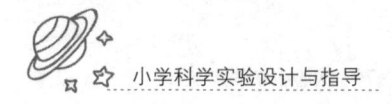

（二）实验目标

实验目标是实验教学的方向标，教学过程中的一切活动都要围绕实验目标展开与进行。因此，教学评价的中心将围绕实验目标的可行性、全面性与难易度等展开。教师在确定实验目标时要充分考虑教材内容，以教材或课标中的相关规定为依据，从学生实际出发，既要注重知识的掌握，又要注重科学能力与科学思维的培养，从而综合培养学生的知识、技能、思维方式、科学研究方法、科学精神与态度等。因此，实验目标一定要切实可行，既要做到教师心中有数，也要适时让学生获悉，这样学生才能在教学过程中积极主动参与到课堂中来，师生共建、共同促进教学目标的达成。

（三）实验内容

科学合理的实验内容是教学能否正常进行的基础保障。一般而言，科学教师可在课程标准的指导下依据教材来确定教学内容。各个版本《科学》教材的编写团队也会在《科学教师教学用书》中给出一些教学分析与教学建议。但作为科学教师，也应具备一定的教学研究能力，应结合地域特色与天气制约因素等，紧跟教育发展的趋势，科学合理地开发适合小学生心理水平的实验内容。例如，以教科版五年级下册《传热比赛》这一教学内容为例，课本内容是将塑料、木头、金属勺子同时放进热水池中，通过触摸勺子柄端的冷热来判断材料传热速度的快与慢。教师可创新性地引入温变油墨等，将实验内容进行可视化处理，既增加了实验教学的趣味性，又扩宽了学生对新型材料的认识。因此，是否对实验教学内容进行创新性处理，是进行实验教学评价的一个重要关注点。

（四）实验过程与指导

教师在制订好明确的实验目标与切实可行的教学内容后，如何对学生进行方法的引导与技能的培训，将是实验教学评价的另一要素。教师能否采取适当的组织形式，促使学生采取多种多样的方式进行以实验为载体的科学学习；教师能否有针对性地对不同类型的实验展开恰当的提示与引导，帮助学生形成科学的思维方式与实验习惯；教师是否关注学生在实验活动中基础性知识的建构；教师自身的实验演示、实验操作是否规范、熟练，是否注意指导学生进行安全规范的操作；教师是否关注课堂纪律，及时对学生的操作给予指导，促使整个实验教学过程做到活而不乱、管而不死、井然有序等；教师的实验教学过程是否融合了最新的教育理念，保证学生在提升科学知识与技能的同时，能够得到学科融合、思政方面的启发与引导等；实验教学环节是否高效利用信息化教学手段来克服时空限制，排除实验不安全因素等。

（五）实验成效

实验的设计者是教师，实验活动的参与者则是教师与学生。师生经历积极高效的教学双边互动交流后，学生能否始终保持对实验课题的高度兴趣；教师能否结合教学环节进行有针对性的教学反思，归纳实验教学的成功经验与改进方向；学生在经历实验活动后可否获得生动、具体、明确的科学概念；学生能否养成科学、合理的实验操作习惯，能否得到观察、分类、比较、概括、推理、假设、模拟、分析、想象等科学思维方式的锻炼等。以上都是进行实验教学成效的评价依据。

二、实验教学评价的方法

小学科学实验教学评价要以教学过程中的实施为依据,科学教师可通过多种方法搜集教学评价资料。常见的教学评价方法有观察法、作业与作品分析法、访谈法、典型事迹记录、测试与考试、学生实验档案袋、自我评价与相互评价的方法等。其中,最常见的使用方法就是观察法,我们将以观察法为重点剖析对象,逐步展开这一实验教学评价的实施过程。

(一)观察法

观察法是评价过程中,评价者对评价对象的某些外在表现进行有计划、有目的的观察,并把观察的结果记录下来,经过整理加工,对评价对象做出评定的过程。[①] 教师可通过观察学生学习科学时的行为表现,了解学生的学习情绪和学习问题,以调控教学的节奏和调整教学策略。实施观察法时,教师要把观察的结果记录下来,作为教学评价的事实材料,事后对观察到的问题加以反思与改进,促进科学教学的优化与提升。

使用观察法时,基本原则与流程如下:首先,要制订观察方案,明确观察目的、对象、内容、程序和方法;其次,要明确观察的注意事项,观察要注意客观性,记录要翔实,观察过程中尽量保证观察对象处于平常状态,不会因为突发事件被迫打断观察过程;再次,按照既定的观察方案进行有计划、有目的的观察,并做好观察记录;最后,将观察所获得的资料进行整理分析,做出恰当的判断。

对观察结果的记录方式多种多样,可以通过音频、视频、文字、表格等多种形式进行记录。运用观察法对教师的实验过程进行评价,其核心步骤是制定评价量表。而观察量表可以分为定量观察量表和定性观察量表两种,内容一般包括维度、观测点和价值判断三个部分。其中,维度根据实验教学评价内容来确定;观测点及评价要点,根据实验过程中可能发生的事件进行编写;价值判断部分可以是评价者定性的判断,也可以是以分数为载体的定量判断。表4-2和表4-3中分别呈现了实验教学定性与定量评价量表,可供大家进行参考。

表4-2 实验教学定性观察量表示例

学校		班级		评课人	
课题				时间	
评价维度	评价要点			评价标准	
				基本符合	基本不符合
实验目标	(1)符合课程标准和学生实际				
	(2)注重培养学生的综合素养				

[①] 刘德华.小学科学课程与教学[M].北京:中国人民大学出版社,2018:251.

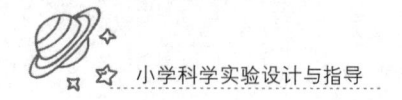

续表

实验准备	(3) 实验材料齐全		
	(4) 实验学习环境创设科学合理		
	(5) 实验活动方案设计严谨规范		
实验过程	(6) 课堂活跃、师生关系融洽、科学探究气氛浓		
	(7) 能合理使用现代化教学手段、实验效果明显		
	(8) 能对实验活动提供适当的提示和说明		
	(9) 重视实验方法和科学思维方法的指导		
	(10) 教师动手能力强,能准确熟练进行实验演示与操作		
实验成效	(11) 实验探究有广度和深度		
	(12) 能灵活并创造性地解决问题		
	(13) 师生有积极的情绪体验		
	(14) 90%学生达到了本课的目标要求		
其他			
实验教学评价意见			

表 4-3 实验教学定量观察量表示例

学校		班级		评课人	
课题				时间	
一级指标	二级指标	三级指标		分值	评价得分
教师表现 (55分)	实验目标 (9)	(1) 符合新课标要求、符合学生实际水平		3	
		(2) 目标明确、便于操作		3	
		(3) 实验目标注重培养学生的综合科学素养		3	
	实验流程 (6分)	(4) 实验准备充分		2	
		(5) 实验方案突出学科特点,符合科学课堂结构		2	
		(6) 环节安排紧凑,时间分配恰当		2	
	实验教学方法 (15分)	(7) 能根据学生、教材特点,科学合理、灵活地综合运用多种教学方法、教学手段		5	
		(8) 选用的教学方法得当,善于引趣激疑,随时掌握学生动态		5	
		(9) 重视对学生实验方法的指导,培养学生的实验能力与科学研究方法		5	

续表

一级指标	二级指标	三级指标	分值	评价得分
	实验组织形式（15分）	(10) 动静结合,组织形式符合学生的学习实际	5	
		(11) 灵活运用多种实验组织形式	5	
		(12) 对不同层次的学生都有指导、辅导	5	
	教师素质（10分）	(13) 教态自然,有感染力,能激发学生参与	2	
		(14) 教师科学素养高,能准确进行演示实验和使用信息化教学手段	3	
		(15) 教学语言精练,教学指导到位	3	
		(16) 教风民主,尊重学生,师生关系平等、融洽、和谐	2	
学生表现（45分）	参与状态（15分）	(17) 学生有较充分的准备	5	
		(18) 学生有充分参与的时间与空间	5	
		(19) 95%以上的同学都能主动参与实验学习活动	5	
	思维状态（10分）	(20) 能够有条理表达自己的意见,解决问题的过程清楚	4	
		(21) 学生积极思考问题、分析问题、讨论问题	3	
		(22) 学生能提出和别人不同的问题,或用不同的方法解决问题	3	
	达成状态（10分）	(23) 预定实验目标达成,回答问题正确率在95%以上	5	
		(24) 不同层次的学生在原有水平上都得到提高和发展	5	
	教学评价（10分）	(25) 学生可以在教师指导下,与小组同学完成科学探究活动	4	
		(26) 能够体现发展性评价,关注学生在学习过程中的情感体验	3	
		(27) 评价适时、准确、有效,能够秉承兼顾整体与因材施教等原则	3	

除了设计针对整堂课的评价量表外,科学教师可以结合具体的实验主题进行模块化评价量表的设计工作,并将搜集上来的量表作为教学评价的重要依据。例如,学生在观察月相变化时,可按照表4-4的引导对月相的变化过程进行连续的观察并记录,加深对月亮阴晴圆缺周期性变化的理解,为课堂探索月相变化规律的成因提供直观素材。学生在学习天气这一知识点前,可按照表4-5的引导观察并记录一周的天气变化。布置观察任

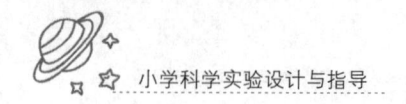

务时,教师可以向学生明确观察与填表须知。一是以两小时为间隔连续观察当天的天气情况;二是用文字或符号记录观察结果,可以模仿书本绘制天气符号,也可自行设计天气符号。教师通过了解学生记录的文字、符号等信息,作为诊断性教学评价的依据。此外,科学教师还可以发动家长这一教育主体,结合授课主题研制适合于家校合作的观察记录表格。以表4-6为例,家长可有目的地带领学生熟悉食物烹饪的相关技能技巧,在日常生活中通过亲子活动,掌握一定的科学事实材料,为《生的食物与熟的食物》这一章节知识的学习积累经验。

表4-4 我的月相观察日记

日期	月相变化情况
初一	
初二	
初三	
……	
三十	

表4-5 观察一周天气变化

我的天气观察表							
日期	__月__日 星期__	__月__日 星期__	__月__日 星期__	__月__日 星期__	__月__日 星期__	__月__日 星期__	__月__日 星期__
天气情况							
我们的发现							

表4-6 生猪肉与熟猪肉的观察记录表

观察比较方法	生猪肉	熟猪肉
用眼看		
用鼻子闻		

续表

观察比较方法	生猪肉	熟猪肉
用牙签插		
用刀切		
用手撕		
我们的发现	我们家用_____方法将生猪肉变成熟猪肉,我们发现生肉的特点有_____,我们发现熟肉的特点有_____。	

（二）作业与作品分析法

学生的科学作业、科学笔记、科学概念图表、科学实验报告、科学调查报告、科学图画、科技作品、科学诗文都属于学习作品,都可以反映出学生对科学概念的理解与认识。教师在布置科学作业时,可以采取丰富多样的形式,综合锻炼学生的科学素养;同时,对收上来的作业与作品要及时进行批阅与反馈,对优秀的作品要进行展示,让学生、教师、学校领导、家长等均可看到,以起到激励学生学习的目的,激发学生的学习积极性,强化学生学习科学的动机。

（三）测试与考试

测试与考试属于学生评级的一种量化评价方法,用以检验学生的基础知识与基本技能。测试与考试在科学实验评价中可以有两种用法,一是在实验学习开始之前对学生已有的知识经验、操作能力等进行摸底,二是在学习告一段落后对学生的学习结果进行总结。通过前测,可以为实验方案的设计与实验材料的准备提供方向;通过后测,可以反映整个教学是否达到预定的目标,从而对科学教学做出调整与改进。教师也可将测试作为教学环节的一部分,通过知识竞赛闯关的形式,既起到检测学生学习效果的作用,又完成课堂调控的功效。

测试与考试的设计应以课程标准中的相关目标为导向,通过测试应力求反映出学生个体的进步与变化,以利于对学生个体差异进行评价。科学实验课堂中的测试可以采取口试、笔试、现场操作等多种方法,不应只强调对科学知识的记忆型测试法,更应重视学生发现问题、提出问题、分析和解决问题、应用知识和反思问题、讨论与交流的能力。当前,测试在小学科学教学评价中仍占有极其重要的地位,但科学教师要清楚意识到测试与考

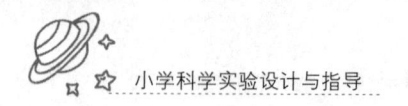

试比较适合知识、技能方面的评价,而对于学生能力、态度、情感、科学精神方面评价的有效性还有待检验。

案例分享

某某小学五年级科学实验操作试卷

1. 实验名称:测量力的大小
2. 实验分工:2人小组实验(角色互换)
   ① 领取器材与实验操作(组长)　姓名:＿＿＿＿＿＿
   ② 观测读数与实验记录　　　　姓名:＿＿＿＿＿＿
3. 实验器材:(在该实验所需器材的□里画"√")

   □测力计　　　□垫圈(10个)　　　　□1个200 g 或 4个50 g 钩码
   □挡板　　　　□带挂钩的木块　　　□带刻度的木尺
   □胶带　　　　□细棉线(带挂钩)　　□砂纸或毛巾
   □小车　　　　□电子停表(秒表)　　□三种可钩挂的物体

4. 实验准备:
   ① 根据实验需要进行三种不同物体的重力测试,每种物体要求测试2次,实验操作员与读数记录员互换角色(即两个人交换分工任务),并求出每种物体两次测量的平均值(可保留两位小数)。
   ② 阅读实验记录单,摆好实验器材等待老师发令后开始实验操作。
5. 实验时长:15分钟
6. 实验操作:

用弹簧测力计测量物体重力大小的记录

物体名称	估计重力的大小	实测重力的大小		估计与实测的差距
		次数	重力大小	重力平均值	
		1			
		2			
		1			
		2			
		1			
		2			

注:同一种物体要求测试2次,可以为一人测试三种物体后,由另一人再分别测试三种物体。并分两次登记结果和求出该物体的重力平均值,同时计算估计与实测(重力平均值)之间的差距(可保留两位小数)。

列式计算区

案例分享

大象版四年级上册《招聘部长》实验前测试题样例

闯关题:答题时间为6分钟。

一、填空

1. 月相是_____形成的,月相变化的周期是_____。
2. 月球围绕地球公转的方向是自____向____的。
3. 农历每月十五的月相是_____,每月初七的月相是_____。
4. 月球距离地球约_____千米,是离地球最近的一个天体。

二、判断(认为对的画"√",认为错的画"×")

1. 月球上没有空气,所以听不到说话的声音。（ ）
2. 月球上白天和夜间温度差别很大,白天温度最高可达120℃以上,夜间最低可降到零下180℃以下。（ ）
3. 月球表面比较平坦,覆盖着大块的岩石。（ ）
4. 奇奇在地球上可以提起20千克的物体,到了月球上他就可以提起120千克的物体了。（ ）

(四) 学生实验档案袋

所谓"档案袋"是指系统地收集能够表征儿童在学习过程中的能力与努力的成长证据的记录。[1] 在实验教学中,实验档案袋可以盛放学生学习科学实验过程中的相关作品与材料[2],那些能够反映学生学习科学状况的观察日记、实验报告、科技小制作、科学报告、科学小论文等都可以放入实验档案袋。一般而言,实验档案袋的收集、排序与保存工作由

---

[1] 钟启泉.解码教育[M].上海:华东师范大学出版社,2020:207-208.
[2] 钟启泉.发挥"档案袋评价"的价值与能量[J].中国教育学刊,2021(08):67-71.

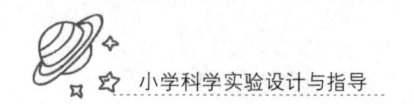

学生自己承担,而实验档案袋评价的评价者可以是科学老师、家长、学生自己或同学。实验档案袋可以全面反映学生在学习科学过程中的成长过程,通过学生实验档案袋评价,教师可以全面了解到学生的科学实验掌握情况,关注学生的科学素养养成现状,帮助学生设计进一步的学习与发展计划;同时,学生通过自己的实验档案袋,可以体会到学习科学的成就感,反思自己的优点与不足,为接下来实验知识的学习与探索积累动力。

本章小结

实验实施是实验设计的延伸和实现,是实现实验目标的最终环节。实验内容不同,实施过程和方法就不同。科学教师应熟悉常用的实验教学方法与教学模式,结合学生心理特点与实验具体类型,组合运用实验教学方法,依托科学合理的教学模式开展实验教学。实验实施要突出学生的主体地位,发挥教师的主导作用,切实培养学生的科学知识、科学技能、科学思维与科学方法。

实验教学评价是指依据一定实验教学目标和标准,对实验教学活动的准备、过程、结果及其有关要素进行综合价值评判的过程。科学教师应重视实验教学评价对实验课堂的诊断、调控、激励与沟通功效,在实事求是、兼顾整体、评价主体多元化、评价方法多样化、评价内容多元化等原则的指导下,结合具体实验教学内容,选择科学合理的实验评价方法。

思考与实践

1. 常用的实验教学方法有哪些?请利用其中某一教学方法设计小学科学实验案例,并在课堂上公开展示检验。
2. 请结合《科学》某节授课内容,利用支架模式设计教学流程。
3. 小学科学实验评价的方法有哪些?
4. 请以教科版五年级《摩擦力的大小和哪些因素有关》,设计实验评价量表。

探究摩擦力的大小影响因素实验	
问题	研究摩擦力与重量的关系
假设	重量越大,摩擦力越大
实验材料	1个测力计、4个50g钩码、小车、毛巾、细棉线等
实验步骤	第一,将毛巾平铺在桌面上; 第二,检测测力计是否调零,用细线一端连接测力计、一端连接小车; 第三,将小车放在毛巾上,分别放1个钩码、2个钩码、3个钩码和4个钩码,缓慢拉动小车,读取每次测力计的示数。
实验现象	小车上放置的钩码数目不同,摩擦力大小不同。
结论	小车上放置的钩码越多,重量越重,摩擦力越大。

第五章
物质科学相关实验的设计与指导

扫码查看
本章资源

本章导读

根据2022版科学课程标准指导,科学课程内容需要围绕13个核心概念,从物质科学、生命科学、地球与宇宙科学、技术与工程四个领域展开内容设计。在接下来的章节中,将围绕小学科学不同领域的实验内容给出具体的项目设计过程与实施方法。其中,第五章呈现物质科学领域实验项目,第六章呈现生命科学领域实验项目,第七章呈现地球与宇宙科学领域实验项目,第八章呈现技术与工程领域实验项目。对于科学教师而言,小学科学实验设计并不只在于会设计、实施实验本身,更重要的是掌握指导实验的技能技巧。科学教师需要具备远远高于小学科学教材内容要求的知识、技能与方法的专业素养,才能出色完成实验教学任务,促进学生核心素养的形成。因此,教材中呈现的实验项目都在深入剖析当前《科学》教材具体实验内容的基础上,从实验原理、操作技能与思维方法等方面进行拔高、培优。

本章的实验项目共16个,将围绕物质的结构与性质、物质的运动与相互作用、能的转化与能量守恒、物质的变化与化学反应等展开。依托对空气密度、未知液体密度的测量实验,强化基本的测量意识,增加对物质属性的认识。通过探究单摆的运动、了解浮力大小、摩擦力大小等影响因素,掌握探究类实验的设计与指导技巧。探索电与磁相互转换规律、验证光沿直线传播的实验过程,将扩宽对能量转换的理解与认识。与物质变化和化学反应有关的实验将开阔实验研究视野,深度体会科学与生活的关联性,以及科学对生活的指导价值。

第一节 与物质性质有关的实验

实验一 测量空气密度

空气是我们每天都呼吸着的"生命气体",它是地球大气层中的混合气体,包括氮气、氧气、二氧化碳、水蒸气、稀有气体等。其中氮气的体积分数约为78%,氧气的体积分数

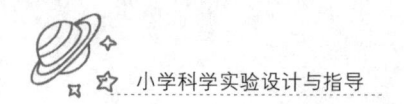

约为21%,稀有气体的体积分数约为0.934%,二氧化碳的体积分数约为0.04%。空气的成分不是固定的,随着高度、气压的变化,空气的组成比例也会发生变化。最初人们一直认为空气是一种单一的物质,直到后来法国科学家拉瓦锡通过实验首次得出了空气是由氧气和氮气组成的结论才推翻了这一普遍流行的错误观点。到19世纪末,科学家们又通过大量的实验发现空气里还有氖、氩、氙等稀有气体。小学《科学》会带领学生初步认识空气有质量且占据一定体积的物理性质,而接下来安排的实验不仅会带领学生探究认识空气的上述基本属性,还将体验空气密度小这一科学事实。

一、实验目的

1. 在实验的基础上,进一步理解空气密度小这一科学事实。
2. 通过对实验过程的设计,选择不同的方法测量空气的质量,发散培养科学思维。
3. 依托测量空气密度的实验过程,培养严谨认真的科学态度。

二、实验原理

空气分布在我们周围,透明且无色无味,它主要由氮气和氧气组成。由于多类气体分子的存在,空气具有质量,但空气密度很小,因此人无法轻易感知到空气的质量。在0℃及一个标准大气压下(101.325 kPa)空气的密度为1.29 kg/m³。

想要在实验室验证空气密度小这一科学事实,需要用到密度公式$\rho=\frac{m}{V}$,即称量出一定体积空气所具有的质量。由于空气密度小,需要使用累积法多次实施实验操作后才能测量气体质量的变化。又因为气体具有流动性,需要使用排水法来收集、测量空气所占据的体积。

三、实验器材

电子天平、气球、打气筒、细线、护目镜、耐压瓶、热熔枪、针管、气门芯橡胶条、篮球、篮球打气针、量筒、气门芯、水、水槽、剪刀、美工刀、凤尾夹、输液管等。

四、实验步骤

(一) 测量空气的质量

1. 选择好实验材料:电子天平、篮球、篮球打气针、打气筒、护目镜等。
2. 用电子天平称量篮球中空气的质量,具体步骤如下:
 (1) 用电子天平称出没打气之前篮球的质量m_1;
 (2) 用打气筒给篮球打饱气,用电子天平称出打饱气之后篮球的质量m_2;
 (3) m_2-m_1就是篮球中空气的质量。
3. 思考图5-1所示的称量空气质量方法的科学性。

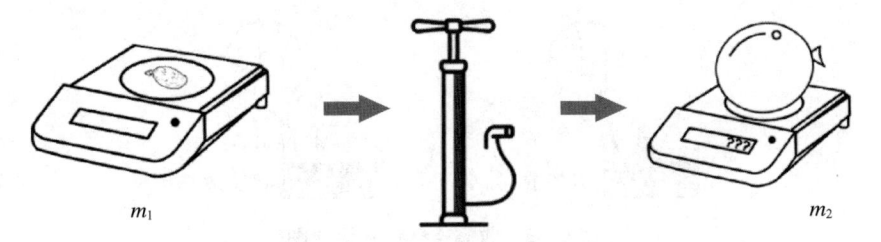

图 5-1　利用电子天平称量气球中空气的质量

首先称量不装气体时气球的质量 m_1，利用打气筒给气球打饱气，再称量气球和空气的总质量 m_2，m_2-m_1 是不是等于气球中空气的质量呢？

（二）用排水法测空气的体积

1. 选择好实验材料：玻璃量筒、篮球、篮球打气针、输液管、水、水槽、剪刀、凤尾夹、护目镜、热熔枪等。

2. 制作篮球导气装置：去掉输液管的针头，用热熔枪将输液管的一端和篮球打气针固定在一起，作为释放篮球内空气的导气装置，确保输液管和气针之间不漏气。（如图 5-2 所示）

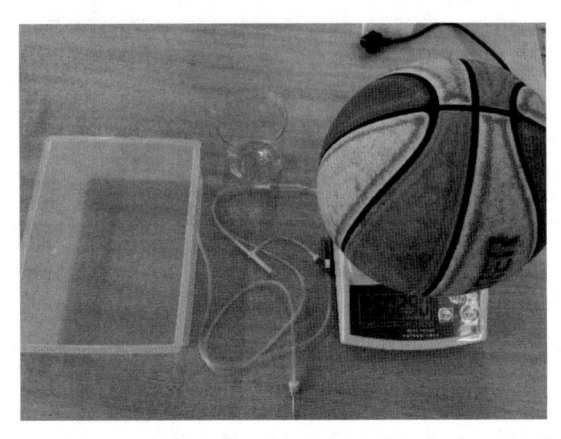

图 5-2　收集空气的实验材料

3. 用打气筒给篮球打满气，用电子天平称量出此时篮球的质量 m_2。

4. 将量筒装满水、倒置在有水的水槽中，将输液管没和篮球打气针连接的一端放在量筒里面。然后将导气管和打气针连接的一端插入篮球，打开输液管流速阀门，待篮球中的气体缓慢释放出来，将量筒内的水慢慢排挤出去。

要特别留意：当量筒中气体下降的高度几乎与水槽中的水面持平时，关闭输液管流速阀门，读出此时量筒中空气占据的体积，记作 V_1（如图 5-3 所示），将数据记录在表 5-1 中。

【注意事项】
　　每次进行放气操作后，要快速将打气针从篮球中拔出，避免篮球中的高压气体损坏导气装置。在进行集气时，要保证内外液面几乎一样高时再读取此时空气占据空间的数值大小。

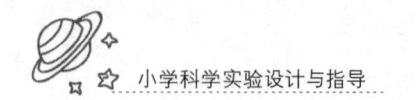

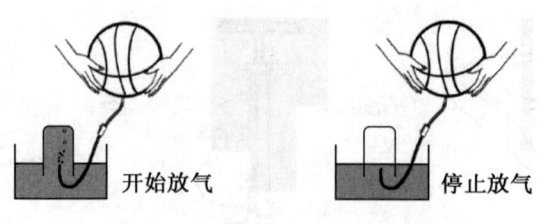

图 5-3　收集空气体积示意图

5. 反复将第四步的相关操作进行 20 次,在累积法的指导下统计出量筒中收集的气体的总体积 $V_总=V_1+V_2+\cdots+V_{20}$。

6. 放气 20 次后,用电子天平称量出此时的篮球的重量 m_1。

7. 利用密度公式 $\rho=(m_2-m_1)/V_总$,就可以求出空气的密度。

五、实验结果

表 5-1　测量空气密度数据记录表

排气体积(mL)	V_1	V_2	V_3	V_4	V_5	V_6	V_7	V_8	V_9	V_{10}
	V_{11}	V_{12}	V_{13}	V_{14}	V_{15}	V_{16}	V_{17}	V_{18}	V_{19}	V_{20}
放气之前篮球质量(g)	$m_2=$				放气20次之后篮球的质量(g)					$m_1=$	

六、讨论与思考

1. 在用排水法收集气体时,为什么要将量筒中气体下降的高度与水槽中的水面持平时的状态作为记录气体体积的必要条件?

2. 输液管和普通橡胶管在作为导气装置时各具有什么优缺点?为什么会优先选择输液管?

3. 搜集科学史资料,讲述科学家伽利略测量空气密度的故事。

实验二　测量未知液体的密度

炎热的夏季大家都喜欢喝各种各样的清凉饮料来解暑。大家想不想自己制作一杯如图 5-4 所示的颜色分层的饮料呢?为什么饮料的颜色会分层出现呢?这是因为颜色不同的液体所具有的密度不同。密度是物质固有的属性,它与实际应用联系比较紧密,因而会测量物质密度是科学教师必须掌握的基本技能之一。学会测量未知液体的密度,在调配颜色分层的饮品时进行正确指导,也是一项寓教于乐的生活科学实验活动。

图 5-4 颜色分层饮料

一、实验目的

1. 通过实验理解密度的内涵。
2. 认识测量液体密度的各种方法,能进行数据误差分析与处理。
3. 在用多种工具对自然事物密度进行测量的过程中,逐步对密度具备"量"的概念,培养细致严谨的科学态度。

二、实验原理

密度是一个用来描述物质在单位体积下质量的物理量。一般情况下,物体的密度不随质量和体积的变化而变化,只随物态温度、压强变化而变化。密度是物质的特性之一,每种物质都有一定的密度,不同物质的密度一般不同。因此我们可以利用密度来鉴别物质:具体而言,可以先测定待测物质的密度,把测得的密度和密度表中各种物质的密度进行比较,就可以鉴别物体是什么物质做成的。

测量未知液体密度的方法有很多,这里简要介绍五种方法:

1. 用常规方法测量未知液体密度

即测出待测液体的质量和体积,用密度公式 $\rho=\dfrac{m}{V}$ 来测量未知液体的密度。

2. 用浮力法测量未知液体密度

即用弹簧测力计测出物体在液体中所受的浮力,并用量筒或量杯测出物体排开液体的体积,利用浮力公式 $F_浮=\rho_液 g V_排$ 来计算未知液体的密度。

3. 用相同质量法测量未知液体的密度

用烧杯依次装水和未知液体,保证两次操作中烧杯与水的总质量 m_1 与烧杯和未知液体的总质量 m_2 相同,即 $m_1=m_2$。再分别测出烧杯中水的高度 h_1、未知液体的高度 h_2。

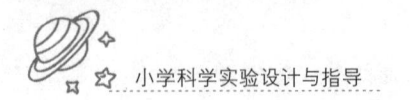

设烧杯底部面积为 S，根据公式 $m_1=m_2$，

有
$$\rho_水 V_水 = \rho_液 V_液,$$

则
$$\rho_水 S h_1 = \rho_液 S h_2,$$

利用公式
$$\rho_液 = \frac{h_1}{h_2} \cdot \rho_水,$$

即可求出未知液体的密度。

4. 用相同体积法测量未知液体的密度

用烧杯分别装入体积相同的水和未知液体，测量两次操作时烧杯和液体的总质量 m_1 和 m_2，假设烧杯的质量为 m_0，根据公式

$$V_水 = \frac{m_1-m_0}{\rho_水}, V_液 = \frac{m_2-m_0}{\rho_液},$$

其中，$V_水 = V_液$，可得

$$\frac{m_1-m_0}{\rho_水} = \frac{m_2-m_0}{\rho_液}。$$

利用公式 $\rho_液 = \frac{m_2-m_0}{m_1-m_0} \cdot \rho_水$，即可求出待测未知液体的密度。

5. 用相同压强法测量未知液体的密度

在 U 形管的一端注入水，在另一端注入不溶于水的待测液体，分别测量出分界面上两种液体的高度 h_1 和 h_2（如图 5-5 所示），根据连通器原理，可知两段液体 h_1 和 h_2 产生的压强相等，即 $P_1 = P_2$，因为 $P_1 = \rho_水 g h_1, P_2 = \rho_液 g h_2$。再利用公式 $\rho_液 = \frac{h_1}{h_2} \cdot \rho_水$，就可以测量出未知液体的密度。

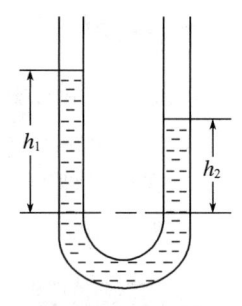

图 5-5　利用 U 形管测未知液体密度示意图

三、实验器材

天平、量筒、量杯、棉线、弹簧测力计、剪刀、未知液体、钩码（重物）、U 形管等。

四、实验步骤

（一）用常规方法测量未知液体的密度（将数据记录于表 5-2 中）

1. 用天平测量空烧杯质量 m_1；
2. 用量筒测量一定液体体积 V_1；
3. 将部分液体倒入空烧杯中，读出剩余液体体积 V_2；
4. 测量液体和空烧杯质量之和 m_2；
5. 代入公式，计算未知液体的密度 $\rho = \frac{m}{V} = \frac{m_2-m_1}{V_1-V_2}$。

（二）用浮力法测量未知液体的密度

1. 【方法一】（将数据记录于表 5-3 中）

（1）用弹簧测力计测量重物在空气中的所受重力 G_1；

(2) 用量筒装一定量的未知液体,记录此时的液体体积 V_1;

(3) 用弹簧测力计测量重物在没入未知液体中时所受的重力 G_2,并记录重物没入液体中后液体和重物的整体体积 V_2;

(4) 代入公式,计算未知液体的密度:

$$\rho = \frac{F_{浮}}{gV_{排}} = \frac{G_1 - G_2}{g(V_2 - V_1)}。$$

2.【方法二】(将数据记录于表 5-4 中)

(1) 用弹簧测力计测量重物在空气中所受的重力 G_1;

(2) 用弹簧测力计测量重物在未知液体中所受的重力 G_2;

(3) 用弹簧测力计测量重物在水中所受的重力 G_3;

(4) 代入公式,计算未知液体的密度:

$$\rho = \frac{G_2 - G_1}{G_3 - G_1} \cdot \rho_{水}。$$

(三) 用相同质量法测量未知液体的密度(将数据记录于表 5-5 中)

1. 在烧杯中装水,用天平测出水和烧杯的总质量 m_1,并用刻度尺测出水深 h_1。

2. 倒掉水,擦干烧杯,把待测液体装入杯中,并使被测液体和烧杯的总质量仍为 m_1,用刻度尺测出待测液体的深度 h_2。

3. 代入公式 $\rho_{液} = \frac{h_1}{h_2} \cdot \rho_{水}$,即可计算出待测液体的密度。

(四) 用相同体积法测量未知液体的密度(将数据记录于表 5-6 中)

1. 用天平测出空烧杯的质量 m_0。

2. 在烧杯中倒入水,做上记号,并用天平测出水和烧杯的总质量 m_1。

3. 倒掉烧杯中的水,将烧杯擦干。把待测液体倒入烧杯中,直到液面与前面所做的记号相平,用天平测出待测液体和烧杯的总质量 m_2。

4. 代入公式 $\rho_{液} = \frac{m_2 - m_0}{m_1 - m_0} \cdot \rho_{水}$ 计算未知液体的密度。

(五) 用相同压强法测量未知液体的密度(将数据记录于表 5-7 中)

1. 将水注入 U 形管中,然后在 U 形管右端注入不溶于水的待测液体,并用刻度尺测量出分界面上两种液体的高度 h_1 和 h_2。

2. 根据连通器原理,两段液体 h_1 和 h_2 产生的压强相等,即 $P_1 = P_2$,可得出未知液体密度的计算公式 $\rho_{液} = \frac{h_1}{h_2} \cdot \rho_{水}$。

3. 将所测数据代入密度公式,计算未知液体密度即可。

【注意事项】

① 手持弹簧测力计操作时,尽可能保持手不抖动。

② 要选取分度值较小的弹簧测力计或体积较大的物体,让浮力的读数过程更加精准。

③ 称量时,注意操作细节。

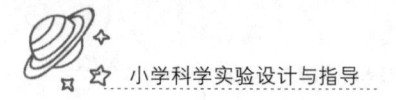

五、实验结果

1. 用常规方法测量未知液体密度表

表 5-2　常规方法测量未知液体密度表

m_1(g)	V_1(mL)	V_2(mL)	m_2(g)	未知液体密度 $\rho_液$(g/mL)

2. 用浮力法测量未知液体密度表

表 5-3　【方法一】对应表格

G_1(N)	V_1(mL)	G_2(N)	V_2(mL)	未知液体密度 $\rho_液$(g/mL)

表 5-4　【方法二】对应表格

G_1(N)	G_2(N)	G_3(N)	未知液体密度 $\rho_液$(g/mL)

3. 用相同质量法测量未知液体的密度表

表 5-5　用相同质量法测量未知液体的密度表

m_1(g)	h_1(cm)	h_2(cm)	未知液体密度 $\rho_液$(g/mL)

4. 用相同体积法测量未知液体的密度表

表 5-6　用相同体积法测量未知液体的密度表

m_0(g)	m_1(g)	m_2(g)	未知液体密度 $\rho_液$(g/mL)

5. 用相同压强法测量未知液体的密度表

表 5-7　用相同压强法测量未知液体的密度表

h_1(cm)	h_2(cm)	未知液体密度 $\rho_液$(g/mL)

六、讨论与思考

1. 在用常规方法测量未知液体密度时,为什么只倒出来部分液体?
2. 试比较上述五种测量未知液体密度的方法的优缺点。
3. 手持弹簧测力计操作时不便读数,请思考如何改进这一实验装置?

第二节　与运动、力有关的实验

实验三　探究单摆摆动快慢的影响因素

生活中有许多摆动的现象,如挂钟的钟摆,民间娱乐活动"荡秋千"等。这些现象中都有一个共同的基本科学模型——单摆,理想的单摆由一个质点和一根质量不计的细绳(或细杆)组成,绳(细杆)的一头连接质点,另一头固定在某处。单摆在摆动过程中,改变一定的条件,摆动的快慢也会随之改变。如何依托实验过程清晰呈现影响单摆摆动快慢的相关因素呢? 这是典型的探究类实验,因此我们将依托探究式教学模式展开对本实验的指导。

一、实验目的

1. 掌握单摆模型的基本构造,及做简谐振动的基本条件。
2. 依托"探究影响单摆摆动快慢的因素"的实验过程,加深对控制变量法的理解和掌握,培养针对探究性实验的设计能力。
3. 了解人类认识并利用单摆制作计时工具的原理,形成热爱科学、学以致用的科学态度。

二、实验原理

1. 单摆摆动的原理

质量为 m、半径为 R 的小球,在长度为 L 的绳子的牵引下悬挂于某一位置,如图 5-6

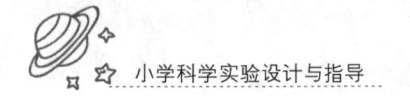

所示。将小球稍稍偏离平衡位置后释放,小球将在重力和拉力的作用下在平衡位置两侧做周期性的往复运动。

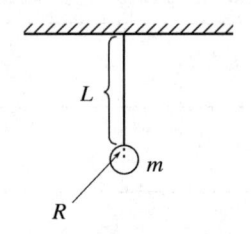

图 5-6 简易单摆模型

2. 单摆的制作原理

最简单的摆是质点振动系统的一种,绕一个悬点来回摆动的物体,都称为摆,但其周期一般和物体的形状、大小及密度的分布有关。但若把尺寸很小的物块悬于一端固定的长度为 L 且不能伸长的细绳上,把物块拉离平衡位置,使细绳和过悬点铅垂线所成角度小于 5°,放手后物块往复振动,可视为质点的振动,其周期 t 只和 L 和当地的重力加速度 g 有关,与物块的质量、形状和振幅大小都无关,运动状态可用简谐振动公式表示。如果振动的角度大于 5°,则振动的周期将随振幅的增大而变大,就不是单摆了。如摆球的尺寸相当大,绳的质量不能忽略,就成为复摆(物理摆),周期和摆球的尺寸有关。

三、实验器材

铁架台、剪刀、钩码、质量不同的小球、量角器、棉线、钢尺、计时工具、强磁铁、记号笔等。

四、实验步骤

(一) 提出问题

单摆摆动快慢与哪些因素有关?

(二) 做出假设

依据单摆模型,提出各种假设,摆动快慢可能与单摆的摆锤质量、摆绳长度、摆动幅度等因素有关。

(三) 设计实验过程

1. 明确实验方法:控制变量法。

2. 实验操作:

【控制摆绳长度、摆动幅度不变,改变摆锤质量】

(1) 将细线一端固定于铁架台上,稳定好铁架台结构。

(2) 在细线另一端挂上一个小球,记录小球来回摆动 30 次所用的时间。

(3) 如图 5-7 所示,多次改变摆锤质量,重复上述实验过程,观察并在表 5-8 中记录实验结果。

图 5‑7　探究摆锤质量对摆动周期的影响

【控制摆锤质量、摆动幅度不变，改变摆绳长度】
（1）将细线一端固定于铁架台上，稳定好铁架台结构。
（2）在细线另一端挂上小球，量好此时的摆长。
（3）将钩码拉离竖直向下的平衡位置处，记录小球来回摆动30次所用的时间。
（4）如图5‑8所示，多次改变摆长，重复上述实验过程，并在表5‑9中记录实验结果。

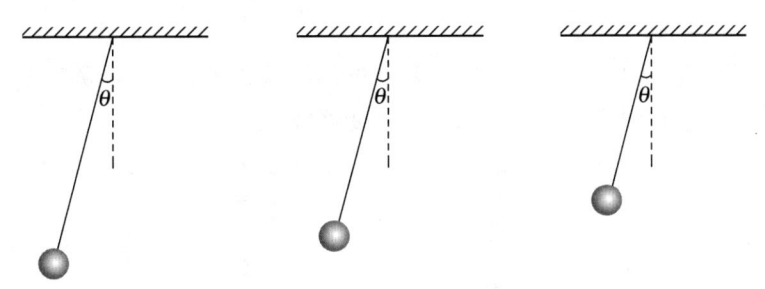

图 5‑8　探究摆线长短对摆动周期影响

【控制摆锤质量、摆绳长度不变，改变摆动幅度】
（1）将细线一端固定于铁架台上，稳定好铁架台结构。
（2）在细线另一端挂上一个小球，将小球拉至偏离竖直方向5°位置，记录摆锤摆动30次所用的时间。
（3）如图5‑9所示，依次将小球拉至偏离竖直方向8°和10°位置，记录摆锤摆动30次所用的时间，观察并在表5‑10中记录实验结果。

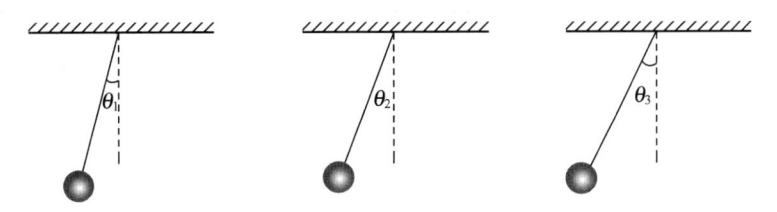

图 5‑9　探究摆动幅度对摆动周期影响

（四）实验实施

根据实验步骤，完成实验，并做好数据记录。

（五）得出结论

单摆摆动的快慢仅和摆线长短有关，摆长越长，摆动越慢。

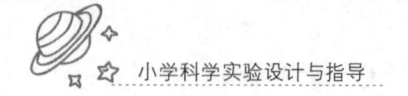

（六）反思评价

引导学生思考：如何优化实验装置，精准实施控制变量法，减小实验误差？

【实验改进案例】

实验材料：强磁铁、自制木架、带记号棉线、燕尾夹等，如图5-10所示。

图5-10 创新单摆实验所需材料

实验创新点：如图5-11所示。

第一，利用磁铁之间的吸引力，快速、精准增加磁铁数量、改变摆锤质量。

第二，利用标记刻度的棉线，快速、精准改变摆线长短。

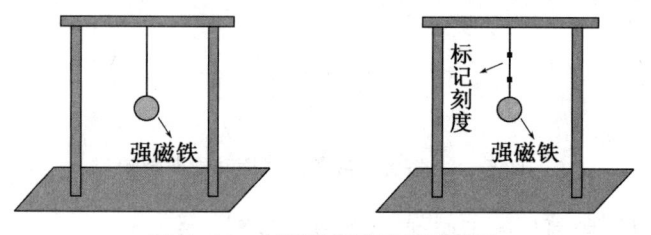

图5-11 创新单摆实验模型简图

五、实验结果

1. 单摆摆动快慢与摆锤质量关系的实验记录表

表5-8 单摆摆动快慢与摆锤质量关系的实验记录表

实验次序	摆锤质量/kg	摆动30次所用时间/s	摆动一个周期所用的时间/s
1			
2			
3			

实验结论：

2. 单摆摆动快慢与摆线长度关系的实验记录表

表 5－9　单摆摆动快慢与摆线长度关系的实验记录表

实验次序	摆线长度/cm	摆动 30 次所用时间/s	摆动一个周期所用的时间/s
1			
2			
3			

实验结论：

3. 单摆摆动快慢与摆动幅度关系的实验记录表

表 5－10　单摆摆动快慢与摆动幅度关系的实验记录表

实验次序	摆动幅度/°	摆动 30 次所用时间/s	摆动一个周期所用的时间/s
1			
2			
3			

实验结论：

六、讨论与思考

1. 制作摆的首选材料是什么？为什么要选体积小质量大的物体？
2. 如何固定摆线顶端，才能使摆长更容易测量？
3. 在实验过程中如何应用控制变量法？

实验四　探究浮力大小的影响因素

浸在液体或气体里的物体受到液体或气体对物体向上和向下的压力差，产生浮力现象。日常生活中我们可以通过茶叶浮在水面上，船漂浮在水面上，鸭子在水中游泳等，观察到浮力的存在，那浮力的大小与什么因素有关呢？小学《科学》教材就会带领学生进行探索。在探究浮力大小的影响因素时，需要明确排开液体的体积、密度、漂浮、悬浮、上浮、下沉等基本科学概念的内涵，也需要熟练掌握控制变量法等科学研究方法，通过严谨的探究过程，得到各个变量的影响效果。

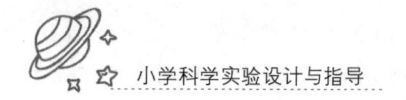

一、实验目的

1. 在实验的基础上,辨析上浮、下沉、悬浮、漂浮等基本概念,理解什么是浮力。
2. 通过对实验过程的设计,加深对控制变量法的理解和掌握。
3. 依托"探究浮力大小的影响因素",培养针对探究性实验的设计能力。
4. 通过体会本节内容中探究的各个环节,形成较强的科学探究能力和敢于创新的探索精神。

二、实验原理

物体浸入液体后,会受到液体的挤压,液体压强大小与深度有关:深度越大,液体的压强越大。因此在物体的上下表面就会形成压力差,这个压力差就会造成浸入液体的物体受到浮力的作用。当浮力小于物体自身的重力,就会呈现下沉的状态;当浮力大于物体自身的重力,就会呈现上浮状态;当浮力等于物体自身的重力,就会呈现悬浮的状态。

想要探究物体在液体中所受浮力大小的影响因素,可挑选密度比水大的物体作为研究对象,此时,可以用弹簧测力计称量出物体在空气中所受的重力大小 G_1。由于空气的密度远远小于常见液体的密度,因此,可忽略空气对物体产生的浮力作用。再将物体完全浸入液体中,用弹簧测力计测量出此时物体在液体中所受的重力大小 G_2,由于物体会受到液体向上的浮力,G_2 会小于 G_1。此时,物体在液体中所受的浮力大小 $F_{浮}=G_1-G_2$。

三、实验器材

弹簧测力计、烧杯、圆柱体(密度要大于水的密度)、水、不同密度的盐水。

四、实验步骤

(一) 提出问题

浮力的大小与哪些因素有关?

(二) 做出假设

可能与物体浸入的深度、物体浸入的体积、液体的密度等因素有关。

(三) 设计实验过程

1. 明确实验方法:控制变量法。
2. 实验操作:

【控制液体密度不变,浸入液体中物体的体积不变,改变物体浸入的深度,观察弹簧测力计的示数】

(1) 在烧杯中放入一定体积的水,将圆柱体悬挂在弹簧测力计下,并使圆柱体完全浸入水中。(如图 5-12 所示)

(2) 用弹簧测力计拉着圆柱体浸入水中后,改变圆柱体浸入水中的深度,读出并在表 5-11 中记录弹簧测力计的示数。

【控制液体密度不变,改变物体浸入液体的体积】

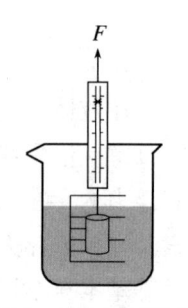

图 5-12 将圆柱体完全浸入水中

(1) 在烧杯中放入一定体积的水,将圆柱体悬挂在弹簧测力计下。

(2) 用弹簧测力计拉着圆柱体分别在不浸入水中,浸入水中一半体积,完全浸入水中三种状态下,读出并在表 5-12 中记录弹簧测力计的示数。(如图 5-13 所示)

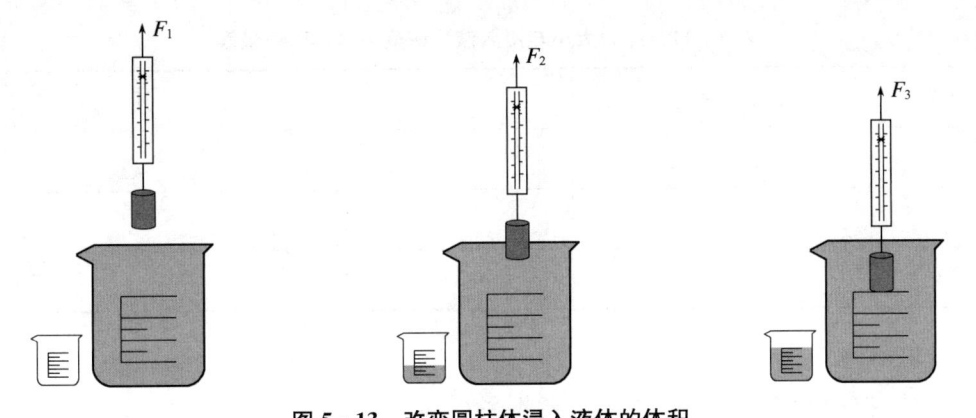

图 5-13 改变圆柱体浸入液体的体积

【控制物体浸入液体的体积一定,改变液体的密度】

(1) 在烧杯中放入一定体积的水,将圆柱体悬挂在弹簧测力计下,完全浸入水中,读出此时弹簧测力计的示数,并记录数据。

(2) 在烧杯中的水中加入一定的食盐,配制一定浓度的盐水,将圆柱体悬挂在弹簧测力计下,完全浸入盐水中,读出此时弹簧测力计的示数,并记录数据。

(3) 在第(2)步骤的基础上,继续加入一定质量的食盐,配置新的浓度的盐水,将圆柱体悬挂在弹簧测力计下,完全浸入盐水中,读出此时弹簧测力计的示数,并在表 5-13 中记录数据。(如图 5-14 所示)

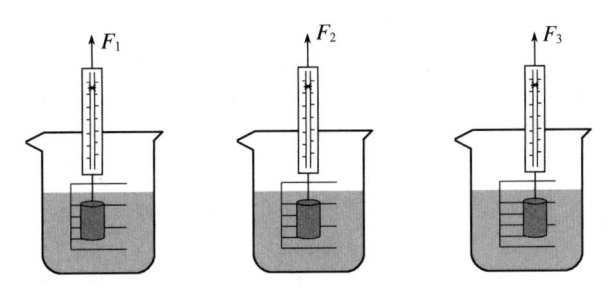

图 5-14 改变液体的密度

(四)实验实施

根据实验步骤,完成实验,并做好数据记录。

(五)得出结论

浮力大小与物体浸入液体的体积有关,与液体的密度有关,与浸入液体的深度无关。

(六)反思评价

优化实验装置,减小误差。

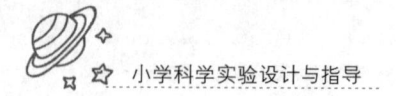

五、实验结果

1. 浮力大小与浸入液体深度关系的实验记录表

表 5-11　浮力大小与浸入液体深度关系实验记录表

序号	浸入深度	拉力/N	浮力/N
1			
2			
3			

实验结论：

2. 浮力大小与浸入体积关系的实验记录表

表 5-12　浮力大小与浸入体积关系实验记录表

序号	浸入体积	拉力/N	浮力/N
1			
2			
3			

实验结论：

3. 浮力大小与液体密度关系的实验记录表

表 5-13　浮力大小与液体密度关系实验记录表

序号	液体密度	拉力/N	浮力/N
1			
2			
3			

实验结论：

六、讨论与思考

1. 当物体密度比水小时，是不是就不会受到水对物体产生的浮力？如何测量密度比水小的物体所受的浮力呢？

2. 根据阿基米德的浮力公式，可知物体在液体中所受的浮力大小 $F_{浮} = \rho_{液} g V_{排}$，请简述如何利用上述实验过程验证阿基米德原理。

3. 为什么必须等物体浸入水中稳定后再读数？

实验五　探究滑动摩擦力的大小的影响因素

摩擦力是两个物体发生相对运动,或者有相对运动趋势时,存在于接触表面的一种相互作用力。日常生活中我们可以通过鞋底与地面的摩擦、滑轮与地面的摩擦、衣服与身体的摩擦等感受到摩擦力的存在,那摩擦力的大小与什么因素有关呢,小学《科学》教材就会带领学生进行探索。在探究摩擦力大小的影响因素时,需要明确相对运动与相对运动趋势等基本科学概念的内涵,也需要熟练掌握控制变量法等科学研究方法,通过严谨的探究过程,得到各个变量对摩擦力大小的影响效果。

一、实验目的

1. 在实验的基础上,进一步理解什么是滑动摩擦力。
2. 依托"探究摩擦力大小的影响因素",增强对探究性实验的设计能力,加深对控制变量法的理解和掌握。
3. 通过体会本探究实验的各个环节,形成较强的科学探究能力和敢于创新的探索精神。

二、实验原理

摩擦力是发生在两个物体相互接触的表面之间的一种力,但不是两个接触的物体之间一定会产生摩擦力。想要在接触面之间产生摩擦力,需要满足以下三个条件:第一,两个物体相互接触且挤压;第二,接触面要粗糙;第三,两物体间要发生相对运动或有相对运动的趋势。当一物体在另一物体表面上滑动时,在两物体接触面上产生的阻碍它们之间相对滑动的现象,谓之"滑动摩擦"。当物体间有滑动趋势而尚未滑动时的摩擦称为"静摩擦"。摩擦可分为动摩擦和静摩擦,动摩擦又可分为滑动摩擦和滚动摩擦。本实验重点将研究滑动摩擦力大小的影响因素。

想要探究滑动摩擦力大小的影响因素,首先需要测量出摩擦力的大小。当在粗糙表面用弹簧测力计拉动物体时,物体会受到弹簧测力计向前的拉力和桌面对其产生的向后的摩擦力。当弹簧拉动物体做匀速直线运动时,滑动摩擦力与弹簧的拉力满足二力平衡的条件,即两个力的大小相等、方向相反。这时,弹簧测力计的示数可代表物体所受的滑动摩擦力的大小。

【注意事项】
　　具体操作时,要缓缓地拉动物体。一般不选取刚刚拉动物体运动时或物体即将静止时为匀速状态,要选取物体运动的中间时间段近似为匀速运动状态。

三、实验器材

弹簧测力计、钩码、木块、毛巾、布、木板、绳子、定滑轮、细线、细沙、小桶、秒表等。

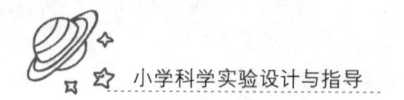

四、实验步骤

(一) 提出问题

滑动摩擦力的大小与哪些因素有关？

(二) 做出假设

滑动摩擦力的大小可能与接触面的粗糙程度、接触面积、压力大小、拉动的快慢等因素有关。

(三) 设计实验过程

1. 明确实验方法：控制变量法。
2. 实验操作：

【控制木块的压力、拉动快慢、接触面的粗糙程度一定，改变接触面的接触面积】

(1) 用记号笔在木块的三个不同面上分别标上序号 1、2、3（如图 5-15 所示）。

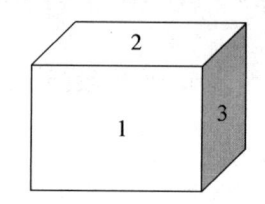

图 5-15 标记好的木块

(2) 用弹簧测力计拉着木块在水平木板上做匀速直线运动，分别用木块的 1、2、3 号面接触木板，读出弹簧测力计的示数（如图 5-16 所示），并记录到表 5-14 中。

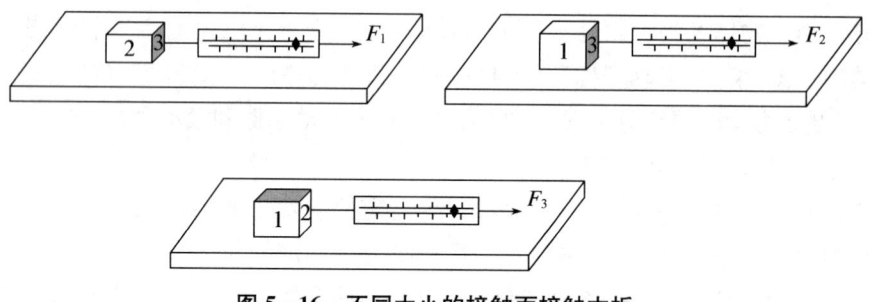

图 5-16 不同大小的接触面接触木板

【控制物体压力、接触面粗糙程度一定，改变拉动快慢】

用弹簧测力计拉着木块分别以 3 个不同的速度在水平木板上做匀速直线运动，在表格中分别记录 3 次不同速度运动时的弹簧测力计的拉力大小，并在表 5-15 中记录数据。

【控制物体压力一定，改变接触面的粗糙程度】

(1) 用弹簧测力计拉着木块在水平木板上做匀速直线运动（如图 5-17 所示），读出此时弹簧测力计的拉力大小，在表 5-16 中记录数据。

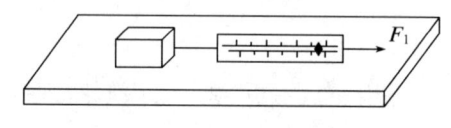

图 5-17 在木板上拉动物块

(2) 用弹簧测力计拉着木块在铺着布的水平木板上做匀速直线运动(如图5-18所示),读出此时弹簧测力计的拉力大小,在表5-16中记录数据。

图5-18　在布上拉动物块

(3) 用弹簧测力计拉着木块在铺着毛巾的水平木板上做匀速直线运动(如图5-19所示),读出此时弹簧测力计的拉力大小,在表5-16中记录数据。

图5-19　在毛巾上拉动物块

【控制接触面的粗糙程度一定,改变压力的大小】

(1) 用弹簧测力计测量出木块的重力,在表5-17中记录数据。

(2) 用弹簧测力计拉着木块在水平木板上做匀速直线运动(如图5-20所示),读出此时弹簧测力计的拉力大小,在表5-17中记录数据。

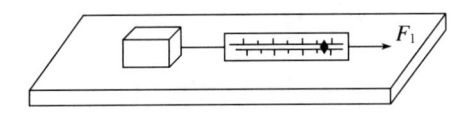

图5-20　拉动木块在水平木板上运动

(3) 在木块上放2个钩码,用弹簧测力计拉着木块在水平木板上做匀速直线运动(如图5-21所示),读出此时弹簧测力计的拉力大小,在表5-17中记录数据。

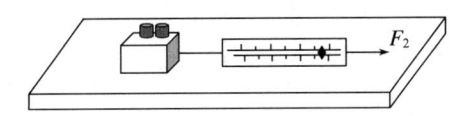

图5-21　木块上放置2个钩码

(4) 在木块上放4个钩码,用弹簧测力计拉着木块在水平木板上做匀速直线运动(如图5-22所示),读出此时弹簧测力计的拉力大小,在表5-17中记录数据。

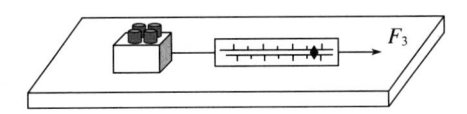

图5-22　木块上放置4个钩码

(四) 实验实施

根据实验步骤,完成实验,并做好数据记录。

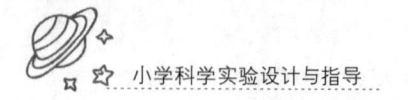

（五）得出结论

滑动摩擦力大小只与接触面的粗糙程度和正压力有关，与接触面积、运动快慢无关。

（六）反思评价

优化实验装置，减小误差。在实验过程中，由于直接用手拉动弹簧测力计，弹簧测力计示数不稳定，实验存在误差，所以需要同学们进一步探索，如何对实验装置进行优化，以达到减小误差的目的。推荐改进装置图如图5-23所示：

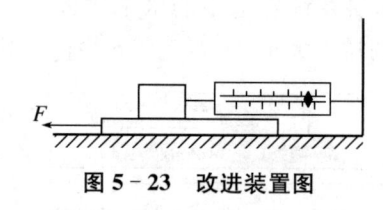

图5-23 改进装置图

五、实验结果

1. 摩擦力大小与接触面积关系的实验记录

表5-14 摩擦力大小与接触面积关系实验记录表

次数	接触面	拉力/N	摩擦力/N
1	1号面		
2	2号面		
3	3号面		

实验结论：

2. 摩擦力大小与物体运动快慢关系的实验记录

表5-15 摩擦力大小与物体运动快慢关系实验记录表

次数	运动快慢	拉力/N	摩擦力/N
1			
2			
3			

实验结论：

3. 摩擦力大小与接触面粗糙程度关系的实验记录

表 5-16　摩擦力大小与接触面粗糙程度关系实验记录表

次数	接触面材料	拉力/N	摩擦力/N
1			
2			
3			

实验结论：

4. 摩擦力大小与正压力大小关系的实验记录

表 5-17　摩擦力大小与正压力大小关系实验记录表

次数	正压力/N	拉力/N	摩擦力/N
1			
2			
3			

实验结论：

六、讨论与思考

1. 用弹簧测力计测量摩擦力时，应该怎样科学使用弹簧测力计？

2. 在"研究滑动摩擦力"的实验中，实验依据的原理是什么？滑动摩擦力的大小是怎样测出来的？

实验六　探究杠杆平衡的条件

生活中随处可见杠杆模型，如跷跷板、天平、筷子、手推车等，我们可以根据杠杆平衡的条件来区别省力杠杆、费力杠杆、等臂杠杆，选择合适的原理来制作生活中的一些器具。那么杠杆平衡的条件是什么呢？在探究杠杆的平衡条件的过程中，需要明确支点、动力臂、阻力臂、动力、阻力等基本科学概念的内涵，也需要熟练掌握探究性实验的研究方法。

一、实验目的

1. 在实验的基础上，进一步理解支点、动力、动力臂、阻力、阻力臂等基本科学概念的内涵。

2. 依托"探究杠杆平衡的条件"，培养针对探究性实验的设计能力，加深对探究性实

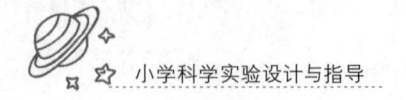

验的理解。

3. 能通过实验体会杠杆平衡的含义,得出杠杆平衡条件。

二、实验原理

通常情况下,杠杆是指在力的作用下绕着固定点转动的硬棒。杠杆可以是直的或是弯的任意形状。但杠杆都会包含以下五个基本要素:支点、动力、阻力、动力臂和阻力臂。支点是杠杆运动时绕其转动的点;动力是使杠杆转动的力;阻力是阻碍杠杆转动的力;动力臂是从支点到动力作用线的距离;阻力臂是从支点到阻力作用线的距离。

日常生活中,钓鱼竿、启瓶器、剪刀等器材都属于杠杆模型,想要充分利用这些工具改善生活,就需要明确杠杆的平衡条件。科学家已经证明,杠杆处于平衡状态时,满足平衡条件:

$$动力×动力臂=阻力×阻力臂$$

三、实验器材

杠杆(带刻度)、钩码盒(一套)、弹簧测力计、细线、刻度尺等。

四、实验步骤

(一)提出问题

杠杆平衡的条件是什么?

(二)做出假设

动力×动力臂和阻力×阻力臂可能存在数量关系。

(三)设计实验过程

1. 构建杠杆模型:引导学生就提供的实验材料有选择地建构杠杆模型,可以建成如图5-24所示的水平杠杆,此结构包含底部支架一个、带刻度的硬杆一根,硬杆两端有平衡螺母,中间为支点。可以选如图5-25所示的单端被固定的杠杆模型,图5-24所示杠杆具有读数便捷的优点。

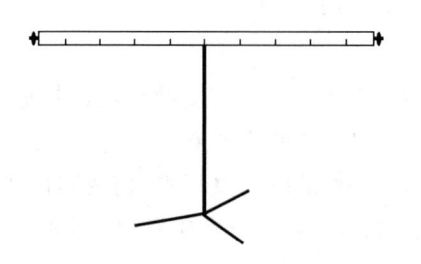

图5-24 水平杠杆模型

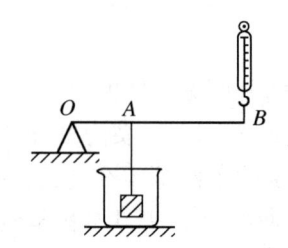

图5-25 单端固定杠杆模型

2. 调平杠杆:接下来,选择支点在中间的简易杠杆作为研究对象,首先进行杠杆调平。在左高左调,右高右调原则的指导下,调节杠杆两端的平衡螺母,使横梁达到水平稳定平衡。

3. 探究杠杆平衡条件：

(1) 在杠杆左右两端分别用细线依次悬挂数量不同的钩码(设左端钩码的重力产生的拉力为动力 F_1，右端钩码的重力产生的拉力为阻力 F_2)，固定 F_1 大小和动力臂大小 L_1，再选择适当阻力 F_2，移动阻力点，直至杠杆平衡，即横梁水平(如图 5-26 所示)。记录此时的 F_1、L_1、F_2、L_2 数据，并填入表格 5-18 中。

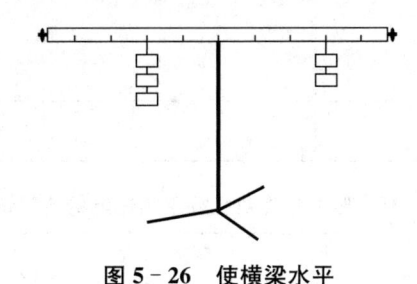

图 5-26 使横梁水平

【思考】为何每一次实验都选择横梁水平静止时的状态为杠杆的平衡状态？

(2) 重新设定新的动力 F_1、动力臂 L_1，重复(1)步骤 2~4 次。分别记录每次的动力、动力臂、阻力、阻力臂，填入表 5-18 中。

4. 多角度探索杠杆：

设定动力 F_1、动力臂 L_1，在杠杆右侧设定一阻力点，用弹簧测力计斜向左下方作用，直至杠杆平衡，即横梁水平，读出并记录弹簧测力计的示数 F_2，用刻度尺测量此时的阻力臂 L_2(如图 5-27 所示)。可将弹簧测力计与水平横梁之间的夹角从 90°改变至 30°，依次重复上述实验步骤，将实验数据汇总至表 5-19 中。

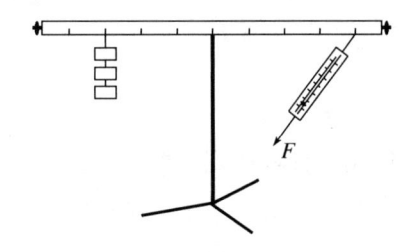

图 5-27 用弹簧测力计测量阻力

(四) 实验实施

根据实验步骤，完成实验，并做好数据记录。

(五) 得出结论

杠杆平衡的条件为：动力×动力臂＝阻力×阻力臂。

(六) 反思评价

优化实验装置，减小误差。

五、实验结果

学生实验结果记录表：

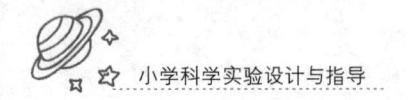

表 5-18 探究杠杆平衡条件的实验记录

实验次序	动力(N)	动力臂(cm)	动力×动力臂(N·cm)	阻力(N)	阻力臂(cm)	阻力×阻力臂(N·cm)
1						
2						
3						
4						

表 5-19 阻力角度对杠杆平衡影响的实验记录

实验次序	动力(N)	动力臂(cm)	动力×动力臂(N·cm)	阻力与水平横梁的夹角	阻力(N)	阻力臂(cm)	阻力×阻力臂(N·cm)
1				90°			
2				60°			
3				45°			
4				30°			

实验结论：

六、讨论与思考

1. 如何判断杠杆是否达到平衡状态？
2. 实验前应该怎样做才能调节杠杆达到平衡？
3. 为什么每次都让杠杆在水平位置处于平衡状态呢？

第三节 与能量有关的实验

实验七 验证电与磁之间存在相互感应现象

高速运行的磁悬浮列车大大加快了人类生活的脚步。磁悬浮列车与传统的轮轨列车相比，具有车身与轨道之间无接触、列车质量较轻且重量均匀分布在轨道上等优点。磁悬浮列车能具备上述特性，是充分应用了磁体之间相互作用的基本规律。当前，成熟稳定的磁悬浮技术有电磁悬浮和电动悬浮等。其中,电磁悬浮技术基于电磁铁和电磁轨道之间产生的吸引力来实现悬浮。电动悬浮的原理可通过楞次定律来解释,根据"磁生电"原理,车载磁体的运动会在空间产生时变磁场,而这又会在导体内部产生感应涡流,由"电生磁"再产生感应磁场与源磁场发生电磁作用,进而产生电磁力。可见,电与磁之间存在密切的关联,人们已经掌握了其中的变化规律,并成功应用于实际生产过程。那么,电如何产生磁,磁又是怎样产生电的呢?本实验将带领大家认识电与磁之间的相互作用规律。

一、实验目的

1. 对法拉第电磁感应定律进行研究,掌握产生感应电流的条件,会判断感应电流的方向。
2. 能设计实验证明电流周围会产生磁场,会分析电流产生磁场的相关特性。
3. 借助连接电路等基本操作,提高动手能力、提升实验技能。

二、实验原理

电与磁之间的相互作用可以从两个角度进行探索,首先是通电导体周围存在磁场,也就是电流可以产生磁效应;然后是闭合回路中的磁通量发生变化,在闭合回路中会产生感应电流,即电磁感应现象。特别指出磁通量是一个专业物理名词,是指穿过闭合回路的磁感线的条数。

1. 电流磁效应的相关原理

最早发现电流的磁效应的科学家是奥斯特,在未通电的导线旁边放一个小磁针,此时小磁针指向固定。当将导线通电后,会发现小磁针指向发生变化,根据磁体之间相互作用规律,则可验证通电导体周围会产生磁效应。根据安培定则,可以分别判断直线电流和环形电流产生的磁场方向。其中,对于直线电流来说,右手拇指是电流方向,其余四指是磁场方向;对于环形电流来说,四指是电流方向,拇指是磁场方向(N极),详情可参考图5-28。

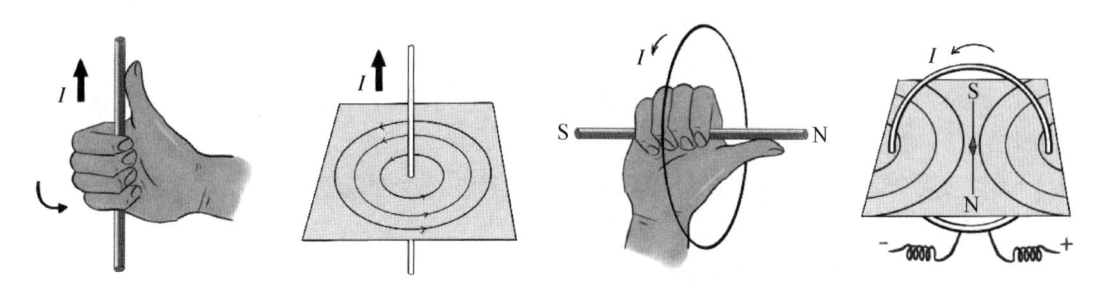

图 5-28　利用安培定则判断磁场方向

2. 电磁感应现象的相关原理

磁场能产生感应电流的实验最早由法拉第提出,他发现在闭合回路中,只要回路包含的磁通量发生变化,回路中就会产生感应电流。引起磁通量变化的原因有两种:一种是磁场不变,导体运动引起磁通量变化而产生感应电动势,进而在闭合回路中产生感应电流;

另一种是导体不动,由于磁场变化引起磁通量变化而产生感应电动势,进而在回路中产生感应电流。详情可参考图5-29。

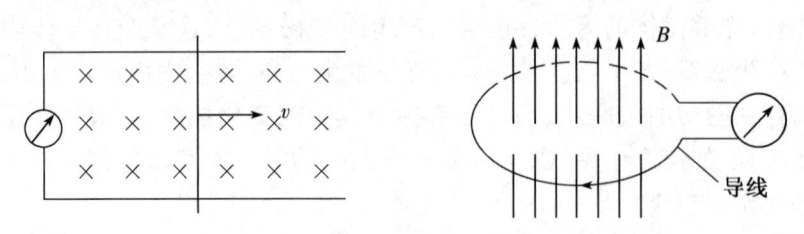

图5-29 产生感应电流的两种方法

判定导体运动产生感应电流的方向时,可以用右手定则。伸开右手,使大拇指与其余四指垂直,并且都跟手掌在同一平面内,把右手放入磁场中,使磁感线垂直穿过手心(手心对准N极,手背对准S极),让大拇指指向导线的运动方向,则四指所指的方向就是感应电流的方向。

判定磁场变化产生感应电流的方向时,可以用楞次定律。即感应电流总具有这样的方向,感应电流的磁场总要阻碍引起感应电流的磁通量的变化。当原磁场增加时,感应电流产生的磁场总是会阻碍其增加;当原磁场减小时,感应电流产生的磁场会延缓其减小。

三、实验器材

原副线圈、钕铁硼磁铁、小磁针、滑动变阻器、学生电源、U形磁铁、灵敏电流计、导线若干、粗铁丝、大头针、开关、金属棒。

四、实验步骤

(一) 探究通电导体周围产生磁场的性质

1. 将粗铁丝剪短成15厘米,将导线缠绕一定圈数于粗铁丝上,两侧留有一定长度,方便将粗铁丝与线圈接入电路。
2. 连接电源、开关、滑动变阻器、绕线铁丝,关闭开关时,保证上述部分组成的电路是通路。
3. 将小磁针放置在绕线粗铁丝旁边,闭合开关,观察小磁针方向的变化情况。
4. 改变导线缠绕数量或改变滑动变阻器接入电路中的电阻长度,闭合开关,观察绕粗铁丝钉吸引大头针个数。
5. 改变导线缠绕方向,重复步骤3,检验电流产生磁场的方向是否满足安培定则。
6. 将上述实验发现填至表5-20中。

(二) 探究感应电流产生的条件

【观察导体运动产生感应电流】

1. 将金属棒两端用导线固定好,并将其与灵敏电流计相连,详情可参考图5-30。
2. 放置好U形钕铁硼磁铁,使金属棒在U形钕铁硼磁铁两极间做切割磁感线的运动,观察灵敏电流计指针的变化情况。
3. 改变金属棒切割磁感线的方向,观察灵敏电流计指针的变化情况,并将相关发现填至表 5-21 中。

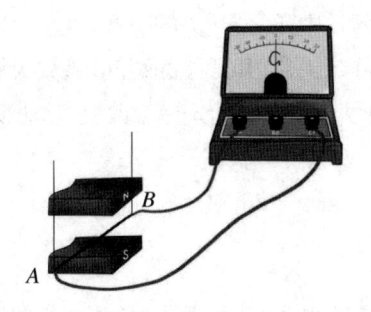

图 5-30　验证导体运动产生感应电流

【注意事项】
　　在本部分内容的教学过程中,首先需要明确,使用的磁铁为 U 形钕铁硼磁铁。若实验室无该种磁铁,那么在进行实验过程中,可不断进行探究:实验现象的明显性与磁铁的磁性强弱之间是否存在关系。例如,利用两块一样的 U 形磁铁进行实验,若实验现象不明显,思考逐渐增加磁铁数量能否增强实验现象;将铁丝更换为铜丝或者其他金属丝,是否能够增强实验现象。在实验不断改进的过程中,启发思考,培养探究能力。

【观察磁场变化产生感应电流(一)】
1. 如图 5-31 所示,将原副线圈用导线和灵敏电流计相连接。
2. 将条形磁铁快速插入线圈中心,观察此时灵敏电流计指针的变化情况。
3. 将条形磁铁快速从线圈中心拔出,观察此时灵敏电流计指针的变化情况。
4. 将相关观察结果汇总至表 5-22 中。

图 5-31　验证磁场变化产生感应电流

【观察磁场变化产生感应电流(二)】

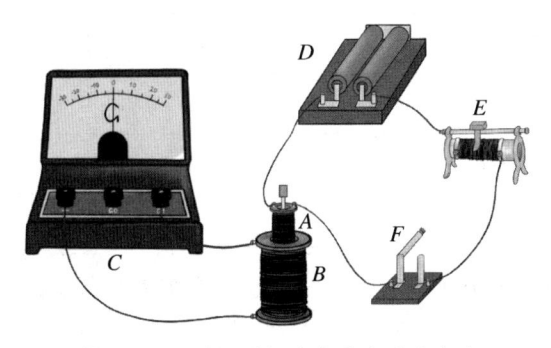

图 5-32　验证磁场变化产生感应电流

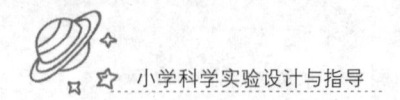

1. 如图5-32所示,将原副线圈、导线、开关、电源、滑动变阻器和灵敏电流计相连接。
2. 将小线圈A放入大线圈B中,闭合开关的瞬间,观察灵敏电流计指针的变化情况。
3. 将小线圈A放入大线圈B中,打开开关的瞬间,观察灵敏电流计指针的变化情况。
4. 将小线圈A放入大线圈B中,闭合开关,改变滑动变阻器接入电路的长度,观察灵敏电流计指针的变化情况。
5. 将相关观察结果汇总至表5-23中。

【注意事项】
　　在本部分内容的教学过程中,首先需要检查通电螺线管是否完好,可以通过小灯泡、电源串联组成的检验装置快速进行检测。

五、实验结果

1. 探究通电导体周围产生磁场的性质

表5-20　研究通电导体周围产生磁场性质的表格

实验次序	绕圈数量	绕线方向	粗铁丝一端磁场方向		滑动变阻器接入长度	吸引大头针个数
			预测情况	实际情况		
1						
2						
3						

备注:绕线方向可从逆时针、顺时针两种选项中做选择。滑动变阻器接入长度可从长、中长、短三个选项中做选择。

实验结论:

2. 观察导体运动产生感应电流情况

表5-21　研究导体运动产生感应电流情况的表格

实验次序	导体运动方向	灵敏电流计指针是否变化	
		预测情况	实际情况
1	水平向左		
2	停留不动		
3	水平向右		
4	竖直向下		
5	竖直向上		

备注:灵敏电流计指针变化方向可从变化、不变两种选项中做选择。

实验结论:

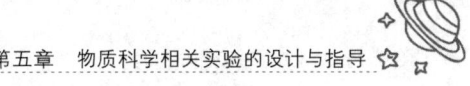

3. 观察磁场变化产生感应电流(一)

表 5-22 研究磁场变化产生感应电流(一)情况的表格

实验次序	磁场运动方向	灵敏电流计指针移动方向	
		预测情况	实际情况
1	N 极插入线圈		
2	N 极停留在线圈		
3	N 极拔出线圈		
4	S 极插入线圈		
5	S 极停留在线圈		
6	S 极拔出线圈		

备注:预测情况可从向左偏转、向右偏转、不动三个选项中做选择。

实验结论:

4. 观察磁场变化产生感应电流(二)

表 5-23 研究磁场变化产生感应电流(二)情况的表格

实验次序	开关状态	滑动变阻器接入长度	灵敏电流计指针变化情况	
			预测情况	实际情况
1	闭合瞬间	不变		
2	断开瞬间	不变		
3	总是闭合	不变		
4	总是闭合	快速变短		

备注:预测情况可从动、不动两个选项中做选择。

实验结论:

六、讨论与思考

1. 实验材料为什么会选择粗铁丝而不选择普通的铁钉?

2. 探究感应电流产生的条件时,如果缓慢地向线圈中插入条形磁铁,是否会看到感应电流呢?

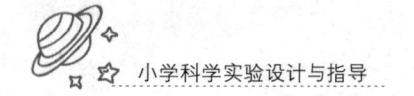

实验八　验证光沿直线传播

光是与人类密切相关的物理现象,生活中随处可见光产生的自然现象。例如,阳光下物体会形成影子、树影下会有圆形光斑、晚上城市会呈现美轮美奂的灯光秀等。我们可以看到光源或者看到光产生的自然现象,是由于光会从光源传播至我们眼中。那么,光传播的路径是怎样的呢?科学家们已经证实在同一均匀介质中,光是沿直线传播的。本实验将带领大家亲历探究,依据科学发现验证光沿直线传播这一科学事实。

一、实验目的

1. 依据实验探究,得到光在同一均匀介质中沿直线传播这一科学事实。
2. 通过对实验过程的设计,培养学生的科学发散思维,拓宽学生的实验研究意识。

二、实验原理

光是一种客观存在的物质,具有波动性和粒子性,并以电磁波的形式传播。通常情况下,光可分为不可见光和可见光两大类,详情可见图 5-33。在可见光中,不同波长的光波所呈现的颜色也会不同。在物理学中,把能够自己发光的物体称为光源。不同颜色的光从光源出发传播至人类的视网膜上,最终造就我们看到由五颜六色光源形成的美丽世界。

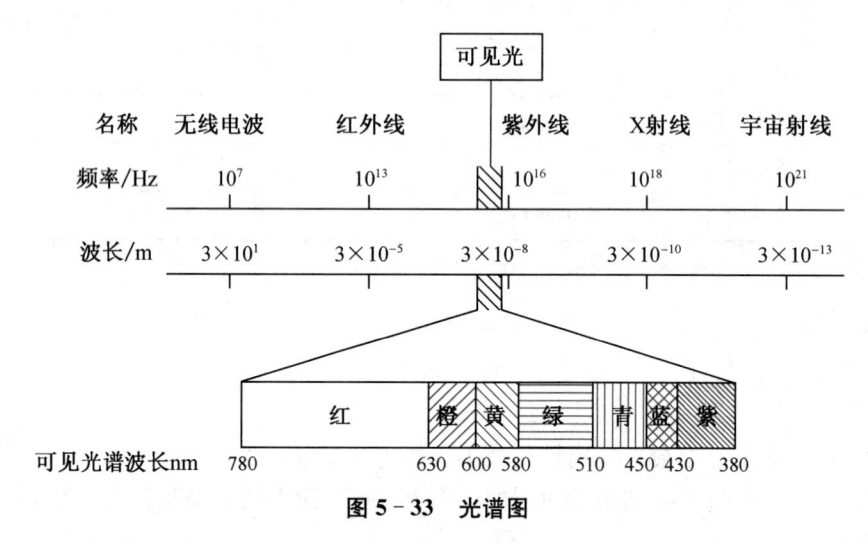

名称	无线电波	红外线	紫外线	X射线	宇宙射线
频率/Hz	10^7	10^{13}	10^{16}	10^{18}	10^{21}
波长/m	$3×10^1$	$3×10^{-5}$	$3×10^{-8}$	$3×10^{-10}$	$3×10^{-13}$

可见光谱波长nm：红 780 — 630 橙 600 黄 580 — 绿 510 — 青 450 蓝 430 紫 380

图 5-33　光谱图

光从光源出发,在同一均匀介质中是沿着直线传播至人类眼中的。虽然,可以通过小孔成像、皮影戏等感受到光沿直线传播的多种应用,但依然无法轻易看到光在传播过程中的具体路径。可以在光的传播路径中引入微小颗粒,使得光线照射到微小粒子时,发生散射现象。光的散射现象是光线通过有尘埃的空气或胶质溶液等媒质时,部分光线向多方面改变方向的现象。光的散射会使人们看到光波环绕微粒而向其四周放射的光,即看到光传播过程中的"光路"。

三、实验器材

硬卡纸(吹塑纸)、火柴、蜡烛、木板、小刀、水槽、水、激光笔、牛奶、纸、电灯、透明玻璃箱、艾条。

四、实验步骤

(一) 在空气中看见光路

1. 点燃艾条,将艾条放入透明玻璃箱中。
2. 等待艾条燃烧产生的烟雾充满整个玻璃箱。
3. 将激光笔打开,从玻璃箱的一端投射激光,观察烟雾中形成的光路。
4. 改变激光笔的投射点,观看烟雾中光路的基本情况。

(二) 在液体中看见光路

【直接观察】
1. 在水槽中加上水,再滴上几滴牛奶。
2. 用激光笔从水槽的一侧通过水照向另一侧,观察水槽里的现象。
3. 改变激光笔的投射点,观看牛奶溶液中光路的基本情况。

【延展实验:观察牛奶浓度与光路清晰度之间的关系】
1. 在水槽中加上水,加入少量牛奶,搅拌至其均匀分布。
2. 用激光笔从水槽的一侧照射至另一侧,观察水槽中光路的清晰度。
3. 再次加入一定量的牛奶,搅拌至其均匀分布,再次观察水槽中激光笔形成的光路。
4. 分析光路清晰度与牛奶浓度之间的关系。

(三) 在玻璃中看见光路

1. 选择富含杂质的玻璃砖。
2. 用激光笔从玻璃砖的一侧照射至另一侧,观察玻璃砖中光路的表现形式。

【拓展实验】
请结合上述实验操作心得,在生活中寻找更多的可以辅助显示光路的材料,并用实验探索验证光的传播特性。

五、实验结论

光是沿直线向四面八方传播的(在均匀介质中)。

六、讨论与思考

1. 请利用光沿直线传播原理画出小孔成像的光路图。
2. 是不是所有液体都能使光在传播过程中形成可见光路?
3. 请开阔思路,在生活中寻找三种材料用来辅助显示光沿直线传播时的光路。

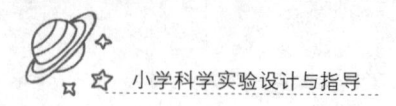

第四节　与物质变化和化学反应有关的实验

实验九　硅酸盐的性质探究

硅酸盐指的是硅、氧与其他化学元素(主要是铝、铁、钙、镁、钾、钠等)结合而成的化合物的总称。它在地壳中分布极广,是构成多数岩石(如花岗岩)和土壤的主要成分。由于其结构上的特点,种类繁多。硅酸盐矿物的基本结构是硅-氧四面体。在这种四面体内,硅原子占据中心,四个氧原子占据四角。这些四面体,依着不同的配合,形成了各类的硅酸盐。它们大多数熔点高,化学性质稳定,是硅酸盐工业的主要原料。硅酸盐制品和材料广泛应用于各种工业、科学研究及日常生活中。

一、实验目的

1. 掌握硅酸盐的主要化学性质。
2. 掌握溶解度的概念。

二、实验原理

金属的硅酸盐多数难溶或微溶于水,而且都呈现各种不同的颜色。当金属盐晶体投入到硅酸钠溶液中时,立即在晶体表面形成一层难溶硅酸盐的薄膜,此薄膜有半透膜的性质。它允许水渗入膜内,使可溶性金属盐溶解并将硅酸盐薄膜撑破;当金属盐溶液一遇到硅酸钠又立即作用形成一层新的难溶薄膜,如此反复进行。如果加入各种不同的金属盐,就形成了美丽的水下花园。典型的化学反应式有:

$$CoCl_2 + Na_2SiO_3 = 2NaCl + CoSiO_3$$

$$MgCl_2 + Na_2SiO_3 = 2NaCl + MgSiO_3$$

$$CuSO_4 + Na_2SiO_3 = Na_2SO_4 + CuSiO_3$$

$$Ni(NO_3)_2 + Na_2SiO_3 = 2NaNO_3 + NiSiO_3$$

$$2FeCl_3 + 3Na_2SiO_3 = 6NaCl + Fe_2(SiO_3)_3$$

$$FeSO_4 + Na_2SiO_3 = Na_2SO_4 + FeSiO_3$$

$$Ca(NO_3)_2 + Na_2SiO_3 = 2NaNO_3 + CaSiO_3$$

三、实验器材

仪器:电子天平、烧杯、玻璃棒。
试剂:氯化钴、氯化镁、硫酸铜、硝酸镍、三氯化铁、硫酸亚铁、硝酸钙、水玻璃。

四、实验步骤

(一) 各种金属盐固体在硅酸钠溶液中的反应现象研究

1. 取 5 支试管,各加入 10 mL 蒸馏水,向其中分别加入 0.5 g、1.0 g、1.5 g、2.0 g、2.5 g 的硅酸钠,充分溶解,计算浓度,编上号码。

2. 向以上各溶液中加入 $FeCl_3$ 固体颗粒少许,观察并在表 5-24 中记录现象。

3. 重复以上两步操作,分别加入其他金属盐,观察并将实验现象记录在表 5-24 中,特别注意观察和记录现象出现的时间。

表 5-24 金属盐在不同硅酸钠浓度中的生长情况

硅酸钠浓度 金属盐	0.5 g/10 mL	1.0 g/10 mL	1.5 g/10 mL	2.0 g/10 mL	2.5 g/10 mL
$FeCl_3$					
$CuSO_4$					
$CoCl_2$					
$MgCl_2$					
$Ca(NO_3)_2$					
$Ni(NO_3)_2$					

(二) 水下花园的建造

根据上述实验结果,选择适宜的硅酸钠浓度,按此浓度配制 50 mL 硅酸钠溶液,置于 100 mL 的烧杯中。首先取 $CuSO_4$ 小晶体 4~5 粒投入到 50 mL 硅酸钠溶液的底部,10 min 后分别将 $CoCl_2$、$MgCl_2$、$Ni(NO_3)_2$、$FeSO_4$ 和 $Ca(NO_3)_2$ 小晶体 4~5 粒投入到 50 mL 硅酸钠溶液的底部,再等 5 min 后将 $FeCl_3$ 小晶体 2~3 粒投入到 50 mL 硅酸钠溶液的底部(注:晶体颗粒一定要分开放,在景观生成过程中,不要动烧杯,以免破坏景观)。数分钟后观察现象。

五、讨论与思考

1. "水下花园"形成的原理是什么?

2. 硅酸盐的颜色分别是:$CuSiO_3$ 蓝色、$Fe_2(SiO_3)_3$ 红棕色、$FeSiO_3$ 浅绿色、$CoSiO_3$ 紫色、$NiSiO_3$ 墨绿色、$CaSiO_3$ 乳白色,请验证。

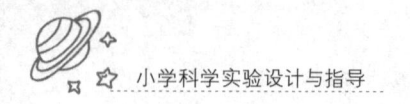

实验十　奇妙的化学"溶洞"

溶洞的形成是石灰岩地区地下水长期溶蚀的结果,石灰岩里不溶性的碳酸钙受水和二氧化碳的作用能转化为微溶性的碳酸氢钙。由于石灰岩层各部分含石灰质多少不同,被侵蚀的程度不同,就逐渐被溶解分割成互不相依、千姿百态、陡峭秀丽的山峰和奇异景观的溶洞。如闻名于世的桂林溶洞、北京石花洞,就是由于水和二氧化碳的缓慢侵蚀而创造出来的杰作。溶有碳酸氢钙的水,当从溶洞顶滴到洞底时,由于水分蒸发或压强减小,以及温度的变化都会使二氧化碳溶解度减小而析出碳酸钙的沉淀。这些沉淀经过千百万年的积聚,渐渐形成了钟乳石、石笋等。

一、实验目的

1. 了解溶洞形成的原理。
2. 掌握磷酸三钠的化学性质。

二、实验原理

采用"水下花园"的形成过程原理。磷酸三钠溶液能与多种晶体盐表面形成具有半透膜性质的难溶盐,将晶体放在瓶中生长液的顶端,在重力的作用下使晶体表面的难溶盐从上往下生长,沉积在晶体表面成为倒挂的钟乳石、"顶天立地"的"石柱""石笋"。几分钟后能观察到奇妙无比的实验现象。

三、实验器材

仪器设备:标本瓶或一次性透明水杯或烧杯、EPE珍珠棉泡沫、粗铜丝、塑料吸管、美工刀、直尺、胶水、牙签、镊子、容量瓶(1 000 mL)、玻璃棒、药匙等。

试剂:磷酸三钠(晶体)、三氯化铁(晶体)、氯化铜(晶体)、胆矾(晶体)、明矾(晶体)、硫酸镁(晶体)、蒸馏水等。

四、实验步骤

为探究晶体盐在磷酸三钠溶液中的效果,首先可以在一系列不同浓度的磷酸三钠溶液中观察晶体的生长情况。

(一)配制一系列不同浓度的磷酸三钠溶液倒入标本瓶内静置

将配制一系列不同浓度的磷酸三钠溶液倒入标本瓶内静置,备用。以5％磷酸三钠溶液配制为例:称取50 g磷酸三钠晶体于烧杯中,加水溶解,用玻璃棒搅拌,转移至容量瓶中,加水稀释至刻度线。

(二)实验装置及晶体固定支架的制作说明

1. 方法一:将粗铜丝绕成螺旋漏斗形(见图5-34),固定在EPE珍珠棉泡沫上,晶体盐放入铜丝漏斗内,放在相应的生长瓶或生长杯上。铜丝间的距离可以调节,可以固定大晶体和小晶体。

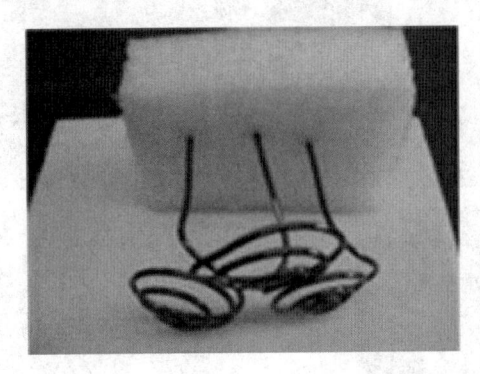

图 5-34 螺旋漏斗形固定支架

2. 方法二：在一次性塑料滴管上打若干个小孔，剪去细管部分。将晶体盐放入带泡沫的塑料吸管内，这种装置一般用于固定小晶体，如氯化铜晶体、硫酸镁晶体等。然后用少量的水溶解。

3. 方法三：将薄泡沫板加工成与盛装生长液容器上口匹配的小方块，在小方块泡沫的一面涂上少量胶水，取一药匙小晶体盐（或几种盐）与胶水混合，以小方块泡沫翻转时晶体盐不下落为最佳。

(三) 观察说明

将固定有晶体的支架，轻轻放在步骤(一)标本瓶的液面上方，观察实验现象。（晶体固定方式有多种，仪器为：标本瓶、烧杯、一次性透明塑料水杯等。）

1. 三氯化铁晶体在磷酸三钠溶液中的生长过程（见图 5-35）。

图 5-35 三氯化铁在磷酸三钠溶液中生长过程示意图

2. 三氯化铁晶体、明矾晶体、氯化铜和硫酸镁混合晶体，在磷酸三钠溶液中的生长过程（见图 5-36）。

图 5-36　多种晶体盐在磷酸三钠溶液中的生长情况示意图

五、数据记录与处理

表 5-25　不同晶体盐在磷酸三钠溶液中的生长情况记录表

磷酸三钠溶液浓度(%)	三氯化铁晶体	明矾晶体	氯化铜晶体	硫酸镁晶体	氯化钙晶体
1.0					
3.0					
5.0					
7.0					

六、实验结果

选用多种晶体盐在不同磷酸三钠溶液中进行生长快慢探究,可以确定磷酸三钠溶液的最佳浓度。本实验方案还可以自主设计多种实验装置体验钟乳石、石柱和石笋的形成过程。

实验十一　肥皂的制备

肥皂是人们日常生活中常见的日用品。现代肥皂生产过程中通过添加染料和香料,使用各种模具,制作不同颜色、气味和形状的肥皂。在人教版化学选修课程中介绍了制造肥皂的基本反应原理——皂化反应。本实验在课前学生通过提出问题,对问题进行猜想与假设,初步制订计划,然后在课上进行计划确定与完善并进行探究实验,根据探究实验

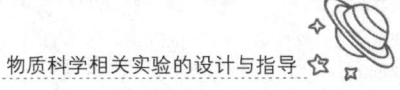

收集证据,解释并得到最终结论。

本实验旨在通过体验科学探究过程,提高学生科学探究能力、自主解决问题能力,调动学生参与实验的积极性,培养学生严谨的科学态度。

一、实验目的

1. 掌握肥皂的制取原理。
2. 熟练掌握肥皂制取的工艺。
3. 学会根据实验原理,开展科学实验设计。
4. 学会从不同角度来解决问题的方法,从肥皂的去污原理和合成实验体会到实际生产的复杂性,培养学生关注生活、关注化学、关注技术的生活态度,意识到化学与技术对于生活生产发展的重要意义。

二、实验原理

脂肪或油脂和强碱在一定温度下水解产生脂肪酸钠盐和甘油的混合物,称为皂化反应。若把饱和氯化钠溶液加入反应混合物中,可通过盐析作用,把产生的脂肪酸钠分离出来,即可得到肥皂。皂化反应的反应式如下:

$$\begin{matrix} CH_2OCOR \\ | \\ CHOCOR \\ | \\ CH_2OCOR \end{matrix} + 3NaOH \longrightarrow 3RCOONa + CH_2OHCHOHCH_2OH$$

脂肪或油脂中 R 基可能不同,但生成的 R—COONa 都可以做肥皂。
常见的 R—有:
$C_{17}H_{33}$—:十七碳烯基。R—COOH 为油酸。
$C_{15}H_{31}$—:正十五烷基。R—COOH 为软脂酸。
$C_{17}H_{35}$—:正十七烷基。R—COOH 为硬脂酸。

三、实验器材

1. 仪器:150 毫升烧杯 2 个、玻璃棒、酒精灯、石棉网、三脚架、量筒、电子天平、药匙。
2. 试剂药品:植物油(猪油或其他动植物脂或油),30%NaOH 溶液,95%酒精。饱和食盐水的配制:称取 9 g NaCl 溶于 25 mL 水中。

四、实验步骤

实验开始前,汇报各组实验方案,引导学生进行实验方案内容比较,根据实际内容,分组进行实验方案优化讨论。

通过提问方式,引导学生完善实验方案,并确定实验方案,开展实验。(流程图见图5-37)

1. 在 100 mL 烧杯里,盛 5 mL 植物油和 5 mL 95%的酒精,然后加 10 mL 30%的 NaOH 溶液。用玻璃棒搅拌,使其溶解。

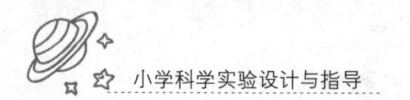

2. 把烧杯放在石棉网上,用酒精灯小火加热,并不断用玻璃棒搅拌,直到混合物变稠(当烧杯内的液体减少时,加入适量的50%酒精水溶液),约20 min。继续加热直到把一滴混合物加到水中时,在液体表面不再形成油滴为止。

3. 取25 mL饱和食盐溶液慢慢加到皂化完全的黏稠液中,边加边搅拌。放置冷却10分钟后,有固体物质盐析上浮,待固体物质全部析出后用药匙取出,用滤纸或纱布沥干,挤压成块,即为肥皂。

4. 用天平称量肥皂的质量,并计算产率。

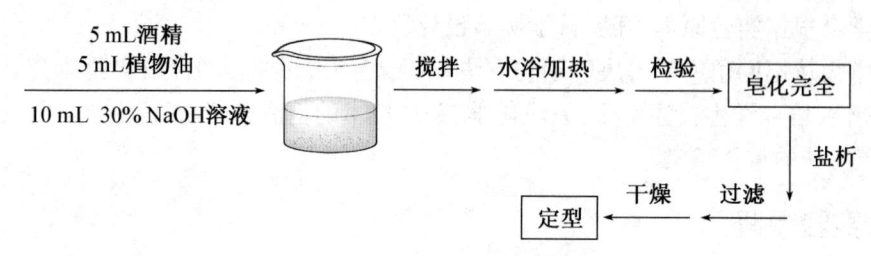

图 5-37 肥皂制备的流程图

5. 如何获得更高的肥皂产率?请提出并设计实验方案。

【注意事项】

1. 皂化时,边搅拌边加入乙醇,使油脂与碱液混为一相,加速皂化反应的进行,缩短反应时间。
2. 所用油脂可选用猪油或植物油,也可选用硬化油和适量猪油混合使用。
3. 加热若不用水浴,则须用小火,温度不宜过高,要保持在60 ℃~70 ℃左右。
4. 皂化反应时,要保持混合液的原有体积,不能让烧杯里的混合液煮干或溅溢到烧杯外面。

五、讨论与思考

1. 肥皂的制取原理是皂化反应,什么是皂化反应?
2. 植物油的成分是什么?肥皂的成分是什么?
3. 实验中加入乙醇的目的是什么?加入氢氧化钠的作用是什么?
4. 实验中加入饱和NaCl溶液的作用是什么?饱和NaCl溶液是否加得越多越好?
5. 肥皂去污的原理是什么?如何评价肥皂去污的效果?

六、数据记录与处理

表 5-26 不同油脂制备的肥皂实验记录表

油脂的种类	油脂的体积(mL)	氢氧化钠的质量(g)	肥皂的质量(g)	产率(%)
植物油				
猪 油				

实验十二　固体酒精的制备与应用

固体酒精相对液体酒精而言,因携带、使用和运输方便,燃烧对环境污染较少,广泛用于餐饮业、野外作业等。在制备固体酒精过程中可以通过加入染料和香料,再利用不同的模具,得到不同颜色、气味和形状的固体酒精燃料。人们由液体酒精制备固体酒精开展了许多研究,近年来已发展多种方法,这些方法的主要差别是使用不同的固化剂。此外,制备固体酒精过程中会有一些因素影响固体酒精的质量,因此需要实验过程中对影响因素进行分析并有效控制,以得到较高品质的固体酒精。

一、实验目的

1. 通过对实验因素开展分析,深入理解固体酒精的制备原理。
2. 通过多种实验方法,从宏观和微观角度掌握固体酒精的制备技巧。

二、实验原理

固体酒精其合成是在乙醇中加入适当的凝胶剂、固化剂等添加剂,改变其物理性质,即使其由液态变为固态。

以脂肪酸为固体剂时,通过与氢氧化钠反应得到硬脂酸钠。硬脂酸钠是一个长碳链的极性分子,室温下在乙醇中不溶解,但在较高的温度下,硬脂酸钠熔化后会均匀地分散在乙醇中。当溶液冷却,溶液体系则凝结成凝胶固体,乙醇分子被束缚于相互连接的大分子之间,即液体乙醇被固定在硬脂酸钠的空间网状骨架间隙中,呈现不流动状态而凝固,形成了固体酒精。

以醋酸钙为固化剂时,醋酸钙易溶于水而难溶于酒精,当两种溶液相混合时,醋酸钙在酒精中成为凝胶析出。液体便逐渐从浑浊到稠厚,最后凝聚为一整块,就得到固体酒精。

三、实验器材

1. 仪器:50 mL 烧杯 2 个,玻璃棒、酒精灯、石棉网、三脚架、量筒、电子天平、药匙、蒸发皿。
2. 试剂药品:95%酒精,NaOH,硬脂酸,醋酸钙。

四、实验步骤

(一)以醋酸钙为固化剂制备固体酒精实验步骤

在大烧杯中加入 10 mL 酒精,再慢慢加入 2 mL 饱和醋酸钙溶液,用玻璃棒不断搅拌。取出胶冻,捏成球状,取出少量备用。

(二)硬脂酸法制备固体酒精实验步骤

1. 取两份 5 mL 酒精置于两个烧杯中,分别向两个烧杯中加入 0.6 g 硬脂酸和 0.7 g

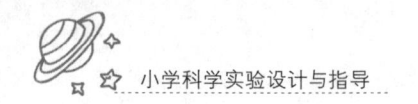

氢氧化钠。分别向两个烧杯中加入1~2 mL水,先后加热两个烧杯直至完全溶解。

2. 趁热将一个烧杯中的液体慢慢倒入另一个烧杯中,搅拌使之混合均匀。将混合后的溶液倒入蒸发皿中,自然冷却凝固,得到透明度较高的固体酒精。

3. 在此基础上,通过调控硬脂酸的量、硬脂酸与氢氧化钠的比例开展探究实验,比较所制备的固体酒精差异。

五、讨论与思考

1. 两种方法制得的固体酒精外貌上有何差别?请比较各方法的优缺点。
2. 为什么不直接将硬脂酸钠加入乙醇中得到固体酒精?
3. 取两种固体酒精各2 g,同时在石棉网上点燃,加热一定量的水,观察并记录各自燃烧的情况,燃烧时间的长短,水的起始温度和终止温度,剩余残渣的多少。

六、数据记录与处理

表5-27 不同方法制备的固体酒精及差异对比表

固体酒精制备的方法	投料总质量(g)	固体酒精产量(g)	固体酒精燃烧量(g)	燃烧总时间(s)	燃烧热值(kJ/mol)	残值(g)
醋酸钙法						
硬脂酸法						

实验十三 有机玻璃的制备

聚甲基丙烯酸甲酯(PMMA),俗称有机玻璃,是由甲基丙烯酸甲酯(MMA)经自由基引发(或离子型引发)聚合而得到的聚合物,呈无色透明板材状。有机玻璃的相对分子质量大约为200万,是长链的高分子化合物。有机玻璃是一种开发较早的重要热塑性塑料,具有高度透明性、机械强度高、重量轻、易加工、外观优美等特点。

有机玻璃用途极为广泛,除了在飞机上用作座舱盖、风挡和弦窗外,也用作车的风挡和车窗、大型建筑的天窗(可以防破碎)、电视和雷达的屏幕、仪器和设备的防护罩、电讯仪表的外壳、望远镜和照相机上的光学镜片。此外,有机玻璃制造的日用品也琳琅满目,如用珠光有机玻璃制成的纽扣、玩具、灯具。在医学上有机玻璃还可以制造成人工角膜。

尽管本实验原理和操作简单,但在实际操作中往往得不到预期的产品,导致实验失败。本实验可以探究反应温度、引发剂的用量对甲基丙烯酸甲酯聚合的影响,进一步加深对反应原理的理解和认识。

一、实验目的

1. 了解本体聚合的基本原理和特点。
2. 掌握有机玻璃的制备方法。

二、实验原理

传统的有机玻璃合成是以甲基丙烯酸甲酯单体为原料经自由基引发(或离子型引发)聚合而成。引发剂通常为偶氮二异丁腈(AIBN)或过氧化二苯甲酰(BPO),其聚合通式如图 5-38 所示:

图 5-38 甲基丙烯酸甲酯单体聚合反应

在本体聚合反应开始前,通常有一段诱导期,聚合速度为零。在这段时间内,体系无黏度变化。然后聚合反应开始,单体转化率逐步提高,当转化率达到 20% 左右时,聚合速度明显加快,称为自动加速现象。此时若控制不当,体系将发生暴聚而使产品性能变坏。转化率达到 80% 之后,聚合速度显著减低,最后几乎停止反应,需要升高温度来促使聚合反应的完全进行。

甲基丙烯酸甲酯聚合过程中出现的自动加速现象主要是由于聚合热排除困难,体系局部过热造成的。聚合过程中聚合热的排除问题是本体聚合中最大的工艺问题。为了解决这一问题,甲基丙烯酸甲酯本体聚合在工艺上采取两段法。即先进行预聚,使转化率达到约 15%,在此过程中,一部分聚合热已先排除,为以后灌模聚合的顺利进行打下基础。预聚还有一个目的是减少聚合过程中的体积收缩,甲基丙烯酸甲酯的聚合过程是一个体积缩小的过程,体积收缩率达 21%,容易造成制品变形,而预聚则可使一部分体积收缩在此阶段完成,减少产品的变形。预聚结束后,将预聚体灌模,继续进行聚合,得到所需的产品。

如果在生产有机玻璃时加入各种染色剂,就可以聚合成为彩色有机玻璃;如果加入荧光剂(如硫化锌),就可聚合成荧光有机玻璃;如果加入人造珍珠粉(如碱式碳酸铅),则可制得珠光有机玻璃。

三、实验器材

试剂:甲基丙烯酸甲酯单体、邻苯二甲酸二丁酯(DBP)、过氧化二苯甲酰。

仪器:数显恒温水浴锅、电子天平、圆底烧瓶(50 mL)、温度计、冷凝管、烧杯(100 mL)、试管(10 mL)、铁架台、模具若干。

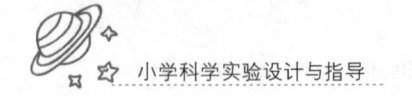

四、实验步骤

(一) 甲基丙烯酸甲酯的预处理

取 30 mL 市售的甲基丙烯酸甲酯至蒸馏装置中,并加入 30~50 mg 氯化亚铜作为稳定剂,减压蒸馏收集。

(二) 预聚体的制备

1. 将 30 mL 新蒸馏的甲基丙烯酸甲酯加入一干燥、干净的 50 mL 三颈瓶中,再加入质量百分比为 0.2%~0.3%的过氧化二苯甲酰,使其全部溶解后水浴 80 ℃条件下搅拌反应。

2. 观察聚合体系的黏度变化。当聚合物变成黏性薄浆状(比甘油略黏一些)时,撤去热源,取出锥形瓶,用冷水冷却。

(三) 有机玻璃的制备

将预聚物缓慢灌入事先准备的干燥、干净模具中,待气泡全部溢出后,密封。然后置于 40 ℃水浴中低温聚合,然后依次升温至 70 ℃ 和 95 ℃ 各继续反应 2 h。冷却后将合成的聚合物从模具中取出即可。

五、讨论与思考

1. 为何甲基丙烯酸甲酯单体需要预处理?
2. 在合成有机玻璃板时,采用预聚制浆的目的何在?
3. 经聚合后的浆液为何要在低温下聚合,然后再升温?试用游离基聚合机理解释。
4. 若要制得厚 5 mm,长 20 cm,宽 15 cm 的有机玻璃平板,计算所需的单体量。
5. 在制造有机玻璃平板时加入少量 DBP,DBP 主要起什么作用?
6. 在本体聚合反应过程中,为什么必须严格控制不同阶段的反应温度?

六、数据记录与处理

表 5-28　有机玻璃制备探究实验记录表

MMA 质量 (g)	BPO 质量 (g)	预聚合反应温度(℃)	预聚合反应时间(min)	后聚合反应温度(℃)	后聚合反应时间(min)	产品性能

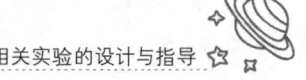

实验十四　二氧化碳性质的探究

二氧化碳性质的探究实验在中小学教材中均有涉及,旨在探究和认识物质的性质。如何设计创新实验,激发学生兴趣,发展思维品质,使核心素养真正落地成为关键?二氧化碳性质的探究实验中可以巧妙运用类比思维、推理思维等多种思维方式,结合生活中的器材加以创新设计,能有效培育学生的实践操作能力、思维品质、创新意识等综合实践能力。

一、实验目的

1. 掌握实验室制取二氧化碳的反应原理和操作方法。
2. 学会掌握探究实验的一般过程。
3. 学会改进实验,在实验中发展思维品质。

二、实验原理

二氧化碳的密度比空气大,是空气密度的 1.5 倍。一般情况下,二氧化碳不能燃烧也不能支持燃烧。二氧化碳能溶于水。二氧化碳能和水反应,生成碳酸。碳酸能使湿润的紫色石蕊试纸变红色。

$$H_2O + CO_2 = H_2CO_3$$

碳酸很不稳定,受热或浓度较高时易分解。

$$H_2CO_3 = H_2O + CO_2 \uparrow$$

二氧化碳与石灰水中的氢氧化钙反应,生成难溶性的碳酸钙而使溶液变浑浊。这是实验室检验二氧化碳的常用方法。

$$CO_2 + Ca(OH)_2 = CaCO_3 \downarrow + H_2O$$

三、实验器材

仪器:烧杯、塑料瓶、集气瓶、喷壶、试管等。
药品:二氧化碳、蜡烛、石蕊试纸、水、新制澄清石灰水。

四、实验步骤

(一) 探究二氧化碳不支持燃烧的性质

1. 用铁片弯成一个小阶梯,用酒精灯稍加热。将两支长短相同的蜡烛趁热按在铁片上,待冷却后,蜡烛即固定在铁片上了。将此置于烧杯中。手握集气瓶,将其中新收集的二氧化碳顺烧杯壁缓缓倾倒入烧杯里,可看到小蜡烛由下而上熄灭。如图 5-39 所示。

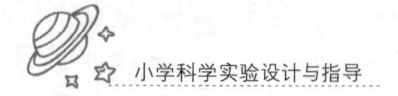

【注意事项】

做实验时,收集的二氧化碳要尽可能满,尽可能纯净。集气瓶用较大的为宜。倾倒时要沿杯壁往下倒,太快,上下蜡烛一起熄灭;太慢,下面的蜡烛熄灭了,上面的蜡烛还会继续燃烧。

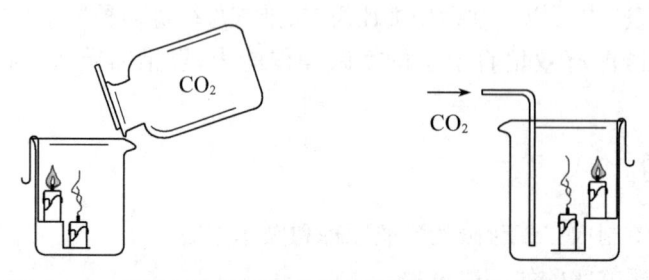

图 5-39 探究二氧化碳的密度比空气大且不支持燃烧的实验

2. 用坩埚钳夹住一根用砂纸打磨光亮的镁条,在酒精灯火焰上点燃,迅速伸入集满二氧化碳的集气瓶中,镁条继续燃烧,产生耀眼的白光,生成白色固体,同时,在集气瓶壁出现黑色细小的颗粒物。这是由于镁能在点燃条件下,与二氧化碳发生剧烈的反应而燃烧。

$$2Mg + CO_2 \xrightarrow{\text{点燃}} 2MgO + C$$

可见,二氧化碳不能燃烧也不支持燃烧,并不是绝对的。

请在以上实验的基础上,设计和改进探究二氧化碳密度的实验装置。

(二)探究二氧化碳溶于水的性质

用两个塑料瓶分别收集一瓶二氧化碳和空气,倒入约三分之一体积的水,立即旋紧瓶盖,振荡 5 分钟。观察并比较塑料瓶的内陷程度。如图 5-40 所示。

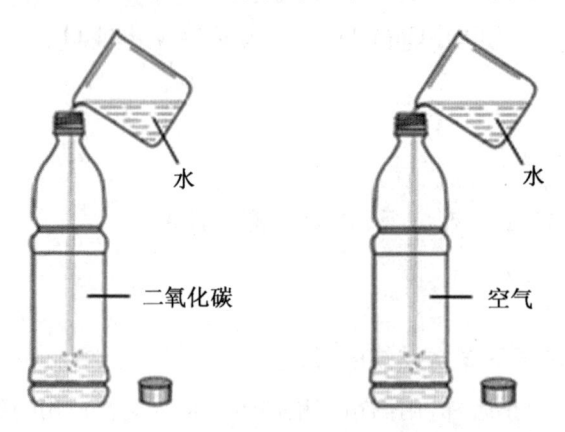

图 5-40 探究二氧化碳溶于水的实验

(三)探究二氧化碳显酸性

1. 用吸水性较好且有一定强度的纸折四朵小花,将其完全浸入石蕊试液中,取出晾干后,再浸入石蕊试液中,取出晾干。直到纸花变成明显的紫色为止。

2. 分别向第 1 朵和第 2 朵花喷稀醋酸(或稀盐酸等)和蒸馏水,观察实验现象。

3. 将第 3 朵纸花放入集满二氧化碳的集气瓶中。向第 4 朵纸花先喷水湿润,再放入集满二氧化碳的集气瓶中。观察实验现象。

4. 取出第 1 朵和第 4 朵变色的纸花,分别放在酒精灯火焰上加热,观察实验现象。

表 5-29 探究二氧化碳的化学性质

花朵序号	1	2	3	4
实验操作Ⅰ	喷稀醋酸	喷水	放在二氧化碳的集气瓶里	先喷水湿润再放入二氧化碳的集气瓶里
实验操作Ⅱ	酒精灯上加热			酒精灯上加热
实验现象				

(四) 探究二氧化碳与澄清石灰水的反应

在试管中取 5 mL 左右的澄清石灰水,分别通入空气、人呼出的气体、纯二氧化碳气体,观察实验现象。如图 5-41 所示。

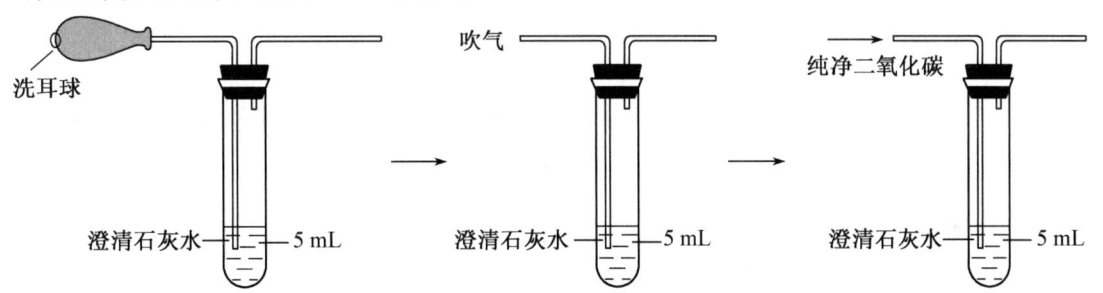

图 5-41 不同浓度的二氧化碳与澄清石灰水的反应

五、讨论与思考

1. 能否用燃着的木条熄灭来验纯二氧化碳?
2. 请设计实验装置研究二氧化碳性质。

实验十五 水果电池实验探究

"水果电池"在不同版本的小学科学教材中有所体现,大多作为拓展类实验,也是中学选修模块内容,不同阶段培养学生的科学研究层次不同。水果电池取材方便,贴近生活,

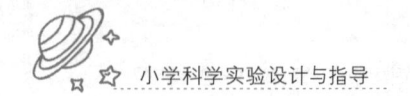

围绕中小学教材的深度对其进行拓展研究很有必要。这里以水果电池为例,主要让学生提出问题,对问题进行猜想与假设、初步制订计划,然后确定与完善计划,并进行探究实验,根据探究实验收集证据,解释并得到最终结论。本实验旨在通过科学探究过程,进一步提升学生科学探究能力、自主解决问题能力,培养学生严谨的科学态度和创新实践能力。

一、实验目的

1. 知道化学能与电能的转化关系。
2. 选择合适的材料,制作水果电池。
3. 通过数据的收集、整理、分析,找到影响水果电池能量大小的因素。
4. 形成合作与分享的意识,初步意识到科学研究的严谨性。
5. 培养深层次的科学研究能力和创新实践能力。

二、实验原理

水果电池是由水果(酸性)、两种金属片和导线简易制作而成。两种金属片要是活动性强弱相差较大的金属片,一般采用的是铜片和锌片,由于锌片的活动性较强,易失去电子,因此作为负极,相对而言,铜片的活动性较弱,不易失去电子,因此作为正极。

三、实验器材

水果若干、万用表、灵敏电流表、电子天平、Cu 片、Zn 片、导线、小灯泡、发光二极管、烧杯等。

四、实验步骤

(一) 认识干电池

常见的干电池以二氧化锰与碳棒为电池的正极,以锌为负极,以氯化铵作为电解液,通过化学反应来提供电能,如图 5-42 所示。

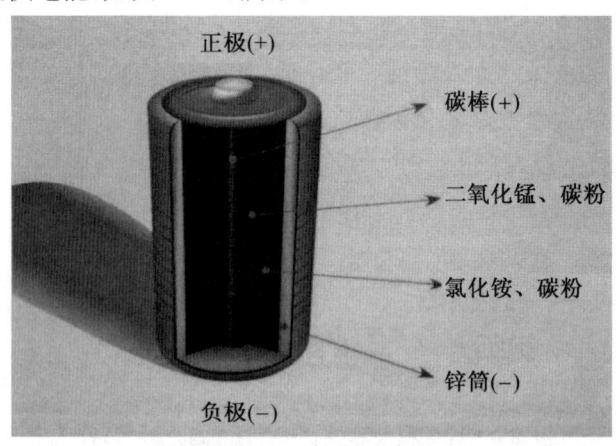

图 5-42 干电池结构

(二) 设计与制作水果电池

1. 讨论:如何制作水果电池?

(1) 用一块水果、一片铜片、一片锌片能点亮 LED 灯吗?

(2) 如果用几块水果,铜片、锌片的顺序应该怎样排列?

提示:铜片是正极、锌片是负极。二极管有正负极区分,注意调整两极。

2. 画出设计草图。

3. 制作水果电池。

(1) 准备好相关材料。

(2) 把锌片和铜片分别插在同一个水果上,确保两种金属在水果上彼此不接触。

(3) 用一根鳄鱼夹导线连接铜片与发光二极管的负极,用另一根鳄鱼夹导线连接锌片与发光二极管的正极。

(三) 探究影响水果电池电流及电动势的因素

1. 探究一:水果电池电流、电动势与水果种类的关系

表 5-30 水果种类与电流的关系

序号	水果种类	电流(μA)	电动势(V)
1			
2			
3			
4			

2. 探究二:水果电池电流、电动势与电极插入水果中深度的关系

表 5-31 电极插入水果中深度与电流、电动势的关系

序号	水果种类	电极插入深度(cm)	电流(μA)	电动势(V)
1				
2				
3				
4				

3. 探究三:水果电池电流、电动势与电极间距的关系

表 5-32 电极间距与电流、电动势的关系

序号	水果种类	电极间距(cm)	电流(μA)	电动势(V)
1				
2				
3				
4				

五、讨论与思考

1. 水果电池的电动势、电流还与哪些因素有关？
2. 如何得到更大电动势的水果电池？
3. 如何测得水果电池的内阻？

实验十六　晶体、宝石、晶洞的制作

矿物晶簇是指由生长在岩石的裂隙或空洞中的许多矿物单晶体所组成的簇状集合体，它们一端固定于共同的基地岩石上，另一端自由发育而具有良好的晶行。在自然界以完好单晶或晶簇产出的矿物比较稀少，一般都要在晶洞裂隙中才有可能找到。晶洞是矿物晶体栖身的最佳"洞房"，晶洞的种类和形式很多，各不相同。有的晶洞只生长一种矿物晶体，如常见的紫水晶晶洞，多数晶洞中往往是多种矿物共生的。而共同生长在同一洞穴中的多种矿物不仅外部形态截然不同，而且它们的化学组分和物理特性都大相径庭。

一、实验目的

1. 学习矿物的形成过程，了解矿物晶体、晶洞的形成，培养观察能力。
2. 通过制作实验，培养学生动手操作能力和科学思维。

预习要点：矿物的形成相关知识。

二、实验原理

1. 矿物晶体的形成

在一定的介质条件下，当介质达到过饱和、过冷却状态，体系内各处会出现瞬时的微细结晶粒子。由于温度或浓度的局部变化，体系内出现局部过饱和度、过冷却度较高的区域，从而形成小的晶核，过饱和度、过冷却度越高，成核速度越大。晶核形成后，晶体便以它为中心继续生长。

固态矿物在适宜的条件下生长时，均能自发地形成规则多面体的外形。晶体的形态主要由晶体的化学成分和内部结构决定，例如食盐的晶体结构属氯化钠型，等轴晶系，单晶体呈立方体形。另外，晶体的形态还受晶体结晶时形成条件的影响，但对于成分和结构相同的所有晶体，不论它们的形状和大小如何，一个晶体上的晶面夹角与另一些晶体上相对应的晶面夹角恒等。

一切晶体都是对称的，这是由晶体的格子构造所决定的。这种对称性不仅体现在外部形态上，同时还体现在晶体的物理性质上。晶体的这些特性都是鉴定矿物的主要依据。

在矿物结晶时，结构中的某种质点的位置通常被性质相似的质点所占据。例如，锆石在结晶的时候，通常会有少量的铀占据锆的位置进入锆石的晶格。铀是半衰期较长的放射性同位素，根据同位素测年原理，可精确地测定锆石结晶时的年龄。

2. 矿物晶洞的形成

形成晶洞需要有一个空间，也就是洞穴。组成地壳的岩石由于受到地壳运动（如地震等）的影响，产生了断裂、破碎带，在这个地带内（尤其是几组不同方向的断裂交叉处），岩石性质脆弱，容易形成空洞。当然，这种空间也可以是由地下流水侵蚀而成的溶洞。

晶洞的形成依赖于它的外来物质，即不同成分的矿液（含矿热液）。这是一种温度很高的熔体，它从地壳深处（例如从岩浆中）向上渗透、侵入，并且汇集于破碎岩石的空隙中，粘附于洞隙周围。熔体在洞壁随着温度的下降会自然冷却。在温度下降过程中，不同的成分就在熔体中结晶成不同形态的矿物晶体或晶簇（结晶合生体），组成漂亮的晶洞。

三、实验器材

1. 白砂糖、量杯、热水、3 枚回形针、棉线、3 根竹签、3 个玻璃瓶、3 种不同颜色的食用色素、食盐、泻盐（七水硫酸镁）、汤匙。

2. 护目镜、防护手套、量杯、天平、热水、明矾、搅拌棒、盘子、镊子、细线、铅笔、玻璃杯、烧杯。

3. 西柚或橙子、铝箔纸、熟石膏、碗、刮铲、护目镜、防护手套、明矾、热水、量杯、天平、食用色素（可选）。

四、实验步骤

（一）多彩晶体的制作

（1）在一个量杯中放入 3～4 汤匙的白砂糖，倒入一满杯热水，充分搅拌直到杯中的糖不再溶解。如果白砂糖在 1～2 分钟内完全溶解，再向杯中加一满汤匙白砂糖。持续搅拌 2 分钟，再将溶液静置冷却 5 分钟。

（2）在一根棉线的一端系一枚回形针，再将线的另一端缠在铅笔的中央。将笔平架在一个广口瓶的瓶口，使回形针被吊在离瓶底 1～2 厘米的位置。

（3）移开铅笔，将糖溶液倒入广口瓶内，至广口瓶 3/4 的位置，滴入 3～4 滴食用色素，再将铅笔放回瓶口。记录下瓶子溶液的颜色和溶质（糖）。

（4）分别用食盐和泻盐替换白砂糖进行上述实验，注意使用不同颜色的色素以便区分。

（5）半小时后，查看各个瓶内是否有晶体生长（如图 5-43 所示）。接下来的两周，保证不要触碰这些瓶子，每天记录各组晶体的变化，观察它们的生长速度和形状。

图 5-43 晶体制作

（二）动手"种"宝石

（1）将空量杯放在天平上，天平刻度调至零。戴上手套和护目镜。向量杯中倒入 300

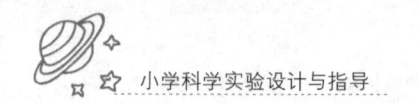

毫升热水，随后加入 100 克明矾。将量杯从天平上取下，用搅拌棒搅拌溶液直到明矾不再溶解。

（2）向一个空盘中倒入 1/3 杯的溶液，静置在一个温暖的地方待其干燥。将量杯盖住，暂时放在一边。盘中溶液冷却后，明矾晶体会在盘中迅速生长。等待晶体继续生长直至不再变化，可能要花费 2～3 小时。

（3）用镊子小心地取出一颗生长情况较好的晶体，在晶体上系上一截细线，将线的另一端缠在一支铅笔的中央。

（4）在量杯底部同样有晶体生长，因此需要重新溶解它们。将溶液倒入烧杯中，加热后倒回量杯，轻轻晃动直到晶体全部溶解。将溶液静置 5 分钟。

（5）将一些溶液倒入一个玻璃杯，将系有晶体的铅笔架在杯口。接下来的几天，被悬挂的晶体会继续生长，形成大颗"钻石"（如图 5-44 所示）。

（三）绚丽的晶洞

（1）将一个西柚或大橙子对半切开，除去果肉，果皮内部垫上一层铝箔纸。

图 5-44　宝石制作

（2）在一个碗中倒入约一杯熟石膏粉末，加水混合。等待 10 分钟或待其变浓稠后，用刮铲将熟石膏抹在果皮内的铝箔纸上，形成不规则的厚层。戴上手套和护目镜，趁其凝固之前撒入一些明矾晶体。静置半小时待其变硬。

（3）用量杯量取 300 毫升热水，加入 100 克明矾。搅拌至明矾不再溶解。为了模拟"紫水晶"晶洞，加入红色和蓝色食用色素各一茶匙（5 毫升），放置 5～10 分钟使其冷却。将"果皮碗"立在一个杯子或碗中，倒满明矾溶液。静置数日，水位因蒸发下降时重新补足溶液。

（4）数日后将溶液倒出，剥除果皮和铝箔纸，这时夺目的"晶洞"就呈现在眼前了（如图 5-45 所示）。

图 5-45　晶洞制作

五、讨论与思考

请查询中国地质博物馆（http://www.gmc.org.cn/）矿物类标本，或参观当地地质博物馆，进一步了解矿物晶体，并撰写一份矿物晶体介绍报告（不少于 10 种矿物晶体）。

第六章
生命科学相关实验的设计与指导

扫码查看
本章资源

本章导读

生命科学领域相关的实验在小学科学教学中占据举足轻重的地位。伴随对地球上存在动物、植物与微生物的观察，小学生将意识到生物体具备稳态与调节机制，生物与环境之间相互作用、相互协调，人体生命安全与生存环境密切相关等。本章节重点安排了多类生物标本的制作实验，一方面可丰富小学科学实验资源，一方面可强化培养生物制作能力。同时，伴随对多类植物的种植，以及多种动物的饲养过程，辅助学生了解动植物的形态习性，培养对生命的责任感。通过熟悉并掌握显微镜的使用方法，拓宽生物观察的视野。最后，依据对植物中 VC 含量与花青素的测定过程，加强生物实验方法与技能的培训。

第一节 生物标本的制作实验

生物标本是动物、植物等各种生物，经过各种防腐处理，尽量保持原貌，同时可以长久保存，作为展览、示范、教育、鉴定、考证及其他各种研究之用。生物标本制作时，采取整个个体（甚至多个个体，如细菌、藻类及真菌等个体小且聚生一处者），或是生物的一部分作为样品，经过如物理风干、真空、化学防腐等处理制成。

采集制作生物标本是基本的生物实验技能，因为生物标本是生物研究最基础、最直接的依据，也是科学普及的重要内容。采集和制作标本可提高学生对生物课的兴趣爱好，养成动手动脑的良好习惯，培养学生的观察分析能力，牢固掌握基础知识。对于今后从事生命科学领域教学的师范生，掌握生物标本采集与制作方法尤其重要。

一、生物标本的种类

生物标本大致分为干制标本、浸制标本、剥制标本、骨骼标本及玻片标本等，现在还有人体塑化标本及树脂标本，等等。

（一）干制标本

干制标本是指以脱水干燥的方法制成的动植物标本，为了保持动物、植物个体或部分的完整性和真实性，一般植物或者小型节肢动物等采用这种方法制作标本。

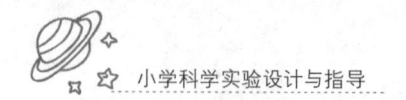

植物腊叶标本(图6-1)又称压制标本,是干制植物标本的一种。采集带有花、果实的植物一段带叶枝条,或带花或果的整株植物体,经在标本夹中压平、干燥后,装贴在台纸上,即成腊叶标本,供植物分类学研究使用。

昆虫标本也是干制标本的一种,采集完整的昆虫,经毒杀、针插、展翅、整姿、风干和保存等步骤制作,供陈列、学习及研究使用。

图6-1 植物腊叶标本

图6-2 浸制标本

(二)浸制标本

浸制标本(图6-2)利用药剂浸渍液的化学性质,处理和保存标本,防止标本发生物理、化学性质的变化。同时,采取其他技术手段,限制或消除环境因素的不利影响,延长标本寿命。浸制后的标本形态保存效果好,但颜色的保存效果不理想。一般低级的无脊椎动物、鱼类、两栖类和爬行类采用这种方式制作标本。

(三)剥制标本

剥制标本(图6-3)就是将动物皮连同上面的毛发、羽毛、鳞片等衍生物一同剥下,保留其颅骨、爪等部分,通过皮的防腐等处理,填充身体,安装假眼等,还原成动物生活姿态加以展示的标本,是作为动物实体存在的一个证据,主要用于动物学研究、科普及观赏之用。一般鸟类、哺乳类还有一些爬行类采用这种方法制作标本。这种方法较为复杂,有较高的技术含量。

(四)玻片标本

显微玻片标本(图6-4)简称玻片标本,是指经过一

图6-3 剥制标本

定处理的生物的整体或局部,为显微镜观察所制作的生物标本。制作生物材料的显微玻片标本有涂抹法(涂片法)、挤压法(压片法)和切片法等。

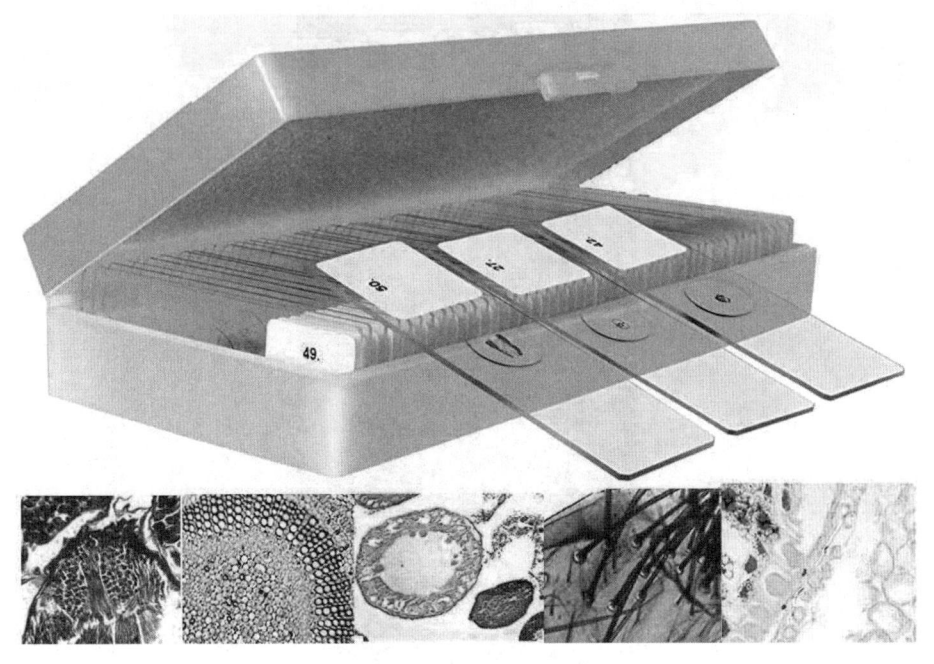

图 6-4 玻片标本

(五) 骨骼标本

骨骼标本(图 6-5)是将动物的骨骼经过分离脱骨,清理骨骼,脱脂及漂白,组装成型等步骤,制作出的动物骨骼整体标本。

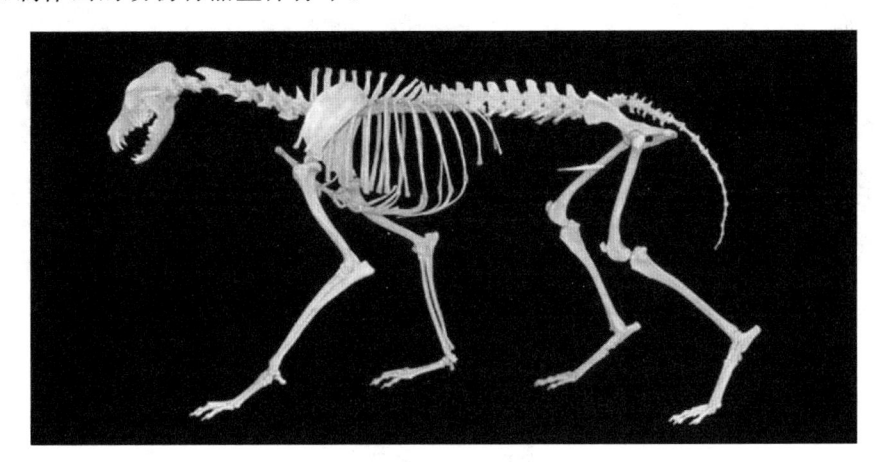

图 6-5 骨骼标本

(六) 其他标本

这里包含人体塑化标本和树脂标本。其中,人体塑化标本(图 6-6)是将人体解剖,通过固定、脱水、强制渗透和硬化四个步骤在真空中去除尸体液体和脂肪,然后用硅、环氧树脂等聚合物代替,处理后的标本不再腐化或有异味,且保留了原始样本中大部分的特

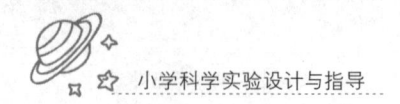

征,甚至可以在显微镜下显示人体细胞的本来面貌。用这种方法处理过的标本又被叫作"塑化人"。

图 6-6 人体塑化标本

树脂标本(图 6-7)是指用环氧树脂将动植物标本封存在里面,这种保存标本的方法逐渐被一些标本制作爱好者采用。

图 6-7 树脂标本

二、生物标本制作的系列实验

实验一　植物腊叶标本的采集与制作

植物标本包含着一个物种的大量信息,诸如形态特征、地理分布、生态环境和物候期等,是植物研究必不可少的科学依据,也是植物资源调查、开发利用和保护的重要资料。在自然界,植物的生长、发育,有它的季节性以及分布地区的局限性。为了不受季节或地区的限制,有效地进行学习交流和教学活动,也有必要采集和保存植物标本。将植物全株或部分(通常带有花或果等繁殖器官)干燥后装订在台纸上予以永久保存,这样的标本称为腊叶标本。

一、实验目的

1. 学会制作植物腊叶标本的方法。
2. 通过学习植物腊叶标本的采集和制作方法,培养学生基本的生物实验技能。
3. 通过学习植物腊叶标本的采集和制作方法,培养学生细致严谨的科学态度。

二、实验原理

植物通过压制快速脱水尽可能保持原有的形态,并便于保存。

三、实验器材

标本夹:是压制标本的主要用具之一。它的作用是将吸湿草纸和标本置于其内压紧,使花叶快速脱水,枝叶平展,尽量保持颜色。

枝剪:用以剪断木本或有刺植物。

高枝剪:用以采集徒手不能采集到的乔木上的枝条或陡险处的植物。

采集箱、采集袋或背篓:临时存放采集品。

小铲子、小锄头:用来挖掘草本及矮小植物的地下部分。

吸湿草纸:普通草纸。用来吸收水分,使标本易干。

其他野外采集所需:记录簿、号牌海拔仪、地球卫星定位仪、照相机、钢卷尺、放大镜、铅笔等用品。

【注意事项】

在校园或者附近采集标本时,所用的器材可以简单,只要能完整采集标本就行。

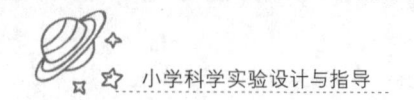

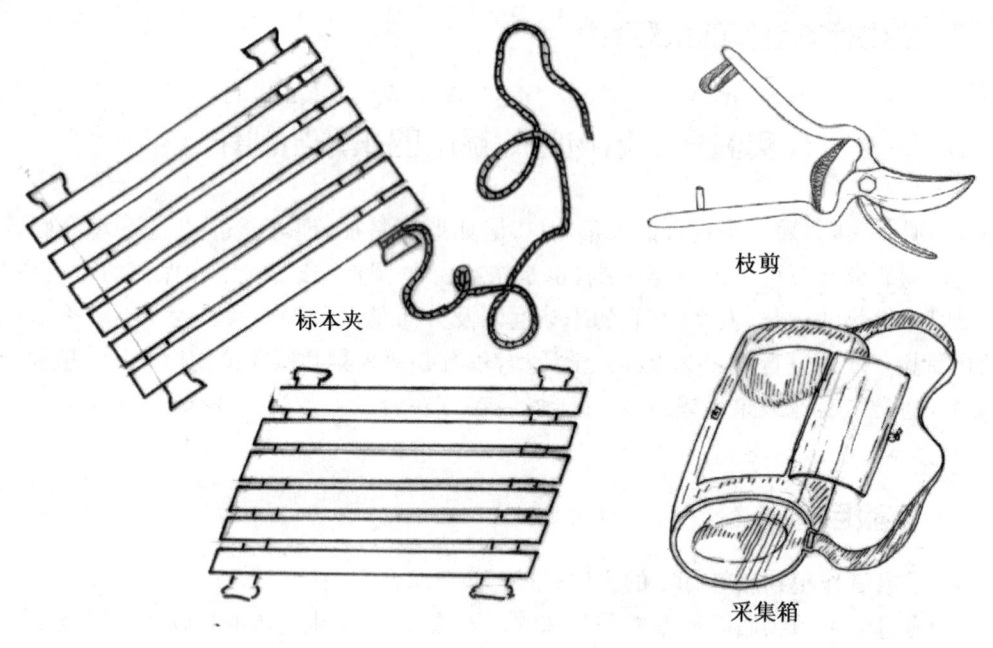

图 6-8 植物标本夹、采集箱和枝剪

四、实验步骤

（一）标本的采集

选取有代表性特征的植物体各部分器官，一般采带生殖器官的枝条。如果有经济价值部分是根和地下茎或树皮，也必须同时选取少许压制。每种植物要采 2～多个复份。要用枝剪来取标本，不能用手折，因为手折容易伤树，摘下来的压成标本也不美观。不同的植物标本有不同的要求，具体要求如下：

（1）木本植物：应采典型、有代表性特征、带花或果的枝条。对先花后叶的植物，应先采花，后采枝叶，应在同一植株上，雌雄异株或同株的，雌雄花应分别采取。一般应有 2 年生的枝条，因为 2 年生的枝条较一年生的枝条常常有许多不同的特征，同时还可见该树种的芽鳞有无和多少，如果是乔木或灌木，标本的先端不能剪去，以便区别于藤本类。

（2）草本及矮小灌木，要采取地下部分如根茎、匍匐枝、块茎、块根或根系等，以及开花或结果的全株。

（3）藤本植物：剪取中间一段，在剪取时应注意表示它的藤本性状。

（4）寄生植物：须连同寄主一起采压，并且应将寄主的种类、形态、同被采的寄生植物的关系等记录下来。

（5）水生植物：很多有花植物生活在水中，有些种类具有地下茎。采集这种植物时，有地下茎的应采地下茎，这样才能显示出花柄和叶柄着生的位置。但采集时必须注意有些水生植物全株都很柔软而脆弱，一提出水面，它的枝叶即彼此粘贴重叠，携回室内后常失去其原来的形态。因此，采集这类植物时，最好整株捞取，用塑料袋包好，放在采集箱里，带回室内立即将其放在水盆中，等到植物的枝叶恢复原来形态时，用旧报纸一张，放在浮水的标本下轻轻将标本提出水面后,立即放在干燥的草纸里好好压制。

(6) 蕨类植物:采有孢子囊群的植株,连同根状茎一起采集。

(二) 采集记录(研究鉴定时需要)

在野外采集时只能采集整个植物体的一部分,而且有不少植物压制后与原来的颜色、气味等差别很大。因此,记录工作在野外采集是极重要的。记录一般应掌握的两条基本原则是:一是在野外能看得见,而在制成标本后无法带回的内容;二是标本压干后会消失或改变的特征。例如:有关植物的产地、生长环境、习性、植物整株的形态(树冠形状、树的高度、主干状态等)、叶、花、果的颜色、有无香气和乳汁,采集日期、采集人和采集号等必须记录。记录时应该注意观察,在同一株植物上往往有两种叶形,如果采集时只能采到一种叶形的话,那么就要靠记录来帮助了。将常用的野外采集记录表介绍如下,以供参考。

表 6-1 植物标本室采集记录

采集者:	采集号:
科名:	
种学名:	
采集日期:	
采集地:　　省　　县(市)	
生境:	海拔:
习性:	
株高:	主干直径:
树皮:	叶:
花:	
果实:	
附记:	

采集标本时参考以上采集记录逐项填好后,必须立即用带有采集号的小标签挂在植物标本上,同时要注意检查采集记录上的采集号数与小标签上的号数是否相符。同一采集人采集号要连续不重复,同种植物的重复标本要编同号。

【注意事项】

采集时提醒学生尽量采集野生植物,不要破坏绿化,破坏校园景观,爱护校园环境。校园采集标本也没有必要进行详细记录。

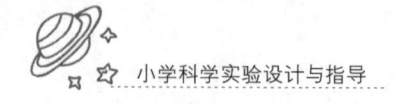

(三)标本的压制

(1) 整形:对采到的标本作适当的修理和整枝,剪去多余密迭的枝叶,以免遮盖花果,影响观察。如果叶片太大不能在夹板上压制,可沿着中脉的一侧剪去全叶的百分之四十,保留叶尖;若是羽状复叶,可以将叶轴一侧的小叶剪短,保留小叶的基部以及小叶片的着生地位,保留羽状复叶的顶端小叶。对肉质植物如景天科、天南星科、仙人掌科等先用开水杀死。对球茎、块茎、鳞茎等除用开水杀死外,还要切除一半,再压制以加速干燥。

(2) 压制:整形、修饰过的标本及时挂上小标签,将有绳子的一块木夹板做底板,上置吸水草纸4~5张。然后将标本逐个与吸水纸相互间隔,平铺在平板上,铺时须将标本的首尾不时调换位置,在一张吸湿纸上放一种或同一种植物,若枝叶拥挤、卷曲时要拉开伸展,叶要正反面都有,过长的草本或藤本植物可作"N""V"形的弯折,最后将另一块木夹板盖上,用绳子缚紧(图6-9)。

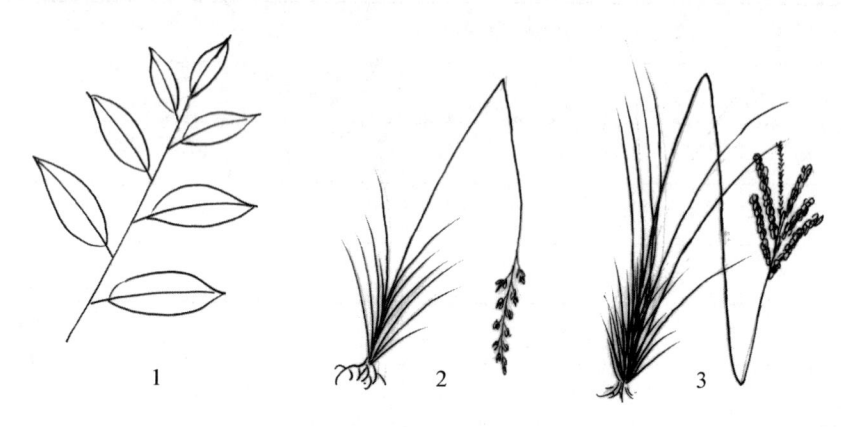

图6-9 植物标本的形状(1."I"字形,2."V"字形,3."N"字形)

(3) 换纸干燥:标本压制头两天要勤换吸湿草纸。每天早晚二次换出的湿纸应晒干或烘干。要特别注意,如果两天内不换干纸,标本会颜色转暗,花、果及叶脱落,甚至发霉腐烂。标本在第二、三次换纸时,对标本要注意整形,枝叶展开,不使折皱。易脱落的果实、种子和花,要用小纸袋装好,放在标本旁边,以免翻压时丢失。

【注意事项】
这里是标本制作的关键,需要持之以恒地进行至少一周的换纸工作。通常学生的标本都压在一起,需要团结合作才能顺利完成标本压制工作。

(四)标本的装订

把干燥的标本放在台纸上,台纸大小通常为42厘米×29厘米,也可根据实际情况剪裁。一张台纸上只能订一种植物标本,标本的大小、形状、位置要适当地修剪和安排,然后用棉线或纸条订好,也可用胶水粘贴。在台纸的右下角和右上角要留出空间,以分别贴上鉴定名签和野外采集记录。脱落的花、果、叶等,装入小纸袋,粘贴于台纸上。

五、实验结果

合格的标本应该是：

（1）标本完整，草本种子植物标本要带有花或果（种子）的植株全株，木本要带花或者果实的有叶枝条，蕨类植物要有孢子囊群，苔藓植物要有孢蒴，以及其他有重要形态鉴别特征的部分。

（2）标本基本保持原有颜色，叶面平整，至少有一片反面朝上的叶子，花的结构清楚。

（3）标本构图合理，固定方法合理，不影响美观。

【注意事项】
标本的完整性是最基本的要求，如果是小学生制作标本则没有必要要求那么严格，只要能按操作要求制作即可，标本的美观性比完整性重要。

六、讨论与思考

1. 制作植物标本要求完整，为什么一般采集带生殖器官的枝条或者全株？
2. 压制腊叶标本的过程中，要求勤换纸，这样做有什么好处？如果自己少量压制1～2个标本有什么替代的简易方案？

实验二　昆虫标本的采集与制作

昆虫是动物界最大的一个类群，全世界已知100多万种。还有相当多的昆虫有待发现或命名。而昆虫标本则是确定昆虫种类的重要依据。也可作为科研、教学、害虫防治、益虫利用以及科技知识的普及宣传的重要参考。要想得到大量完整而珍贵的标本，就必须进行昆虫采集。

采集、制作及保存昆虫标本是生命科学研究的基本技术。由于自然界的各种昆虫生活方式和环境各异，其活动能力和行为千差万别，有的昆虫形态也常模拟环境，因而必须有丰富的生物学和有关的采集知识，才能采得完好的所需标本。采集和制作大量标本后，还必须有科学的保管方法，使标本经久不坏。

昆虫标本是儿童了解昆虫世界的重要窗口。带领儿童采集制作昆虫标本可以激发儿童亲近自然、热爱生命的理念，培养儿童的动手能力。因此采集制作昆虫标本是科学教师必须掌握的技能之一。

一、实验目的

1. 了解昆虫标本的采集、制作及保存方法。
2. 通过昆虫标本的采集、制作，培养学生的动手能力和随机应变能力；培养学生的创

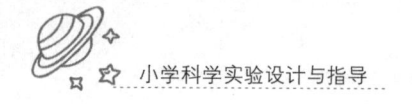

新实践能力及合作意识。

3. 通过昆虫标本的采集、制作及保存方法,培养学生细致严谨的科学态度并对学生进行爱护动物的教育。

二、实验原理

昆虫是具有外骨骼的小型动物,如果温度湿度适宜,昆虫整体风干时间短,不会发臭腐烂,不会萎缩变形,仍然能保持原来的形态特点。

三、实验器材

1. 捕虫网:捕虫网是采集昆虫最常用的工具,按结构和用途不同,可分为空网、扫网和水网等类型。

空网(图 6-10)用来采集蝴蝶、蜻蜓等善飞的昆虫。网圈直径约 33 cm。网袋用透气、坚韧、淡色的纱制成。网的长度应超过网圈直径的一倍。袋底略圆,以利于将捕获的昆虫装进毒瓶。

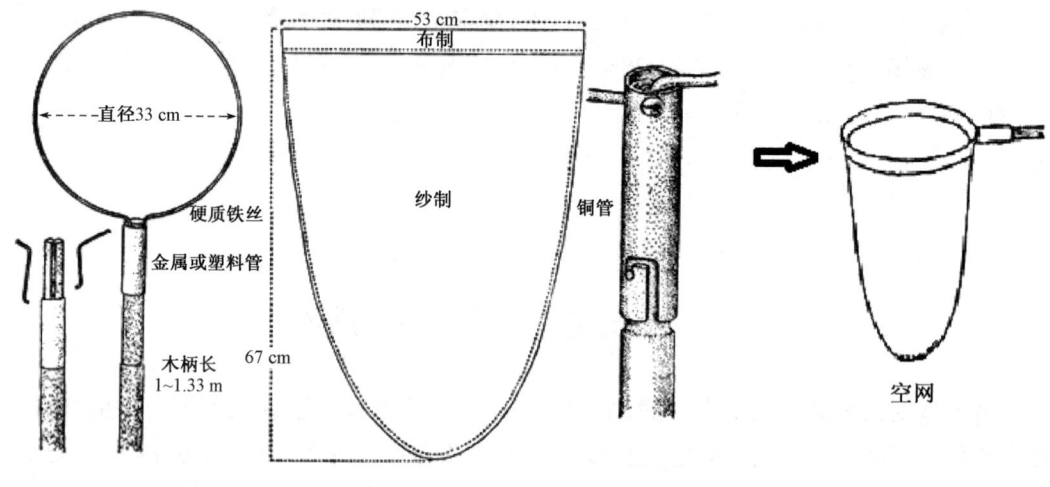

图 6-10 捕虫网

扫网制作方法与空网相同。但因用来扫捕树丛、杂草丛中隐蔽的昆虫,因而要用较结实的布制作网袋,网框、网柄都要选择坚固的材料,以承受网扫时较大阻力。扫网的网底也可做成开口式,用时将网底扎住,网扫后打开网底,可将昆虫直接倒入容器或毒瓶。

水网用来采集水生昆虫。根据水域深浅,河、溪的宽狭,水草的稀疏及所采的昆虫种类来选择网的规格和种类。做水网的材料要坚固耐用,浅水捕捞的水网和空网相似,深水捕捞的网口和网柄要垂直。

2. 毒瓶(图 6-11)专门用来迅速毒杀昆虫。一般应用封盖严密、磨口广口瓶和直径较粗的厚玻璃管或塑料管等做成,以保证毒气不易泄漏。毒杀药品常采用氰化钾或氰化钠,将其铺在底层,压实后,铺一层锯末屑,压平后再在上面加一层石膏粉,此层不宜厚,压平实,滴上清水,用干净毛笔均匀涂抹,使成硬块。当买不到氰化钾时,可用乙醚或醋酸乙烷代替也可。使用时应注意蝶、蛾类不能与其他昆虫共用一个毒瓶,以免碰坏鳞片,更不能用来毒杀软体的幼虫。在毒瓶中可放些细长的纸条,用来隔开虫体,以免互相冲撞受损。旧毒瓶若损坏破碎不能到处乱丢,一定要深埋水解处理。

图 6-11 毒瓶

3. 挖土采集工具:土中、石块下或树皮下和枝干中的一些隐蔽性害虫的幼虫期或蛹期的昆虫,需要挖土采集或刮皮剪枝。工具有铁钯、铁铲、采集刀、枝剪、小锯等。

4. 三角纸:用坚韧的白色光面纸或硫酸纸,裁成3与2之比的长方形纸片,并有大小不同数种,以包装临时性的标本之用。折叠方法如图 6-12 所示。

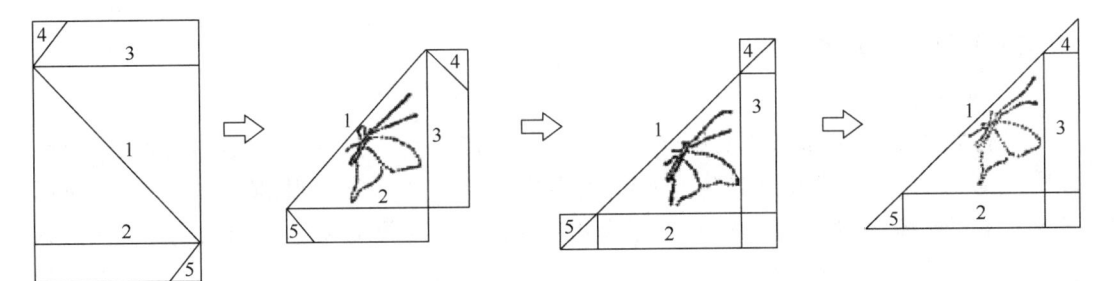

图 6-12 三角纸折叠方法

5. 其他的采集用具:平底指形管、放大镜、眼科剪子,毒虫铗、小毛笔、野外账簿、铅笔、针、线、胶布、牛皮筋等。

6. 昆虫针(图 6-13):用不锈钢制成。用来插制昆虫,因昆虫的大小不同,昆虫针的型号也不同。按昆虫针粗细及长短分为 0、00、1、2、3、4、5 号等七种。1~5 号针的长度为 4 cm,1 号针最细,每增加 1 号,粗度也增加,昆虫针的基部有一铜帽,以便操作。

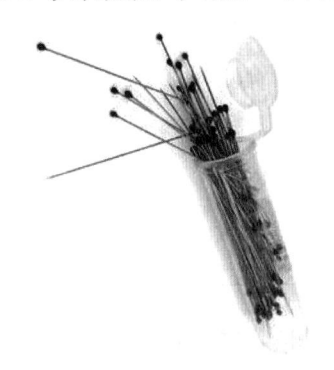

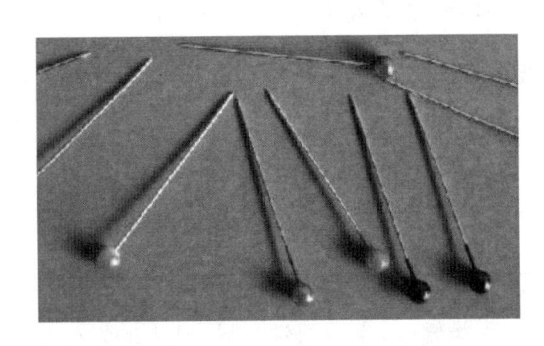

图 6-13 昆虫针

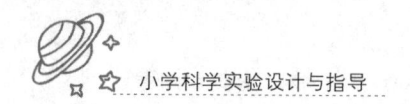

7. 展翅板(图6-14)：是专用来展开蝶蛾、蜂、蜻蜓等昆虫翅膀的工具，用较软而轻的木料制成，便于插针。展翅板的底部是一块整木板，上面装两块可以活动的木板，以便调节板间缝隙的宽度，两板中间装有软木条或泡沫塑料条板，展翅板长约为35 cm、宽不等。也可用硬泡沫塑料板制成简易的展翅板：取厚约4 cm的塑料板，裁成和木制展翅板一样大小，用锋利的小刀在塑料板的中央刻一条槽沟，其宽度与虫体大小相适应，这种展翅板一般用于中、小型昆虫标本。

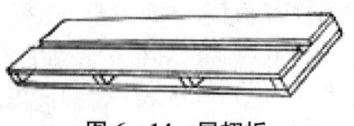

图6-14 展翅板

【注意事项】

在校园及周边采集昆虫标本一般只需要捕虫网就行，诱虫灯及采集箱没有必要使用，毒瓶也可采用家用灭害灵代替。

制作昆虫标本必备的是昆虫针和展翅板，昆虫针可以用大头针替代，展翅板可以用泡沫板制作，其他器材可根据具体情况使用，或者自制替代品。

四、实验步骤

(一)昆虫的采集方法

1. 网捕法

网捕法是最简便、最常用的一种采集方法。在捕捉空中善飞的昆虫时，应动作敏捷、轻快，迎头一兜，并立即将网口转折过来，将网底下部连虫一并甩到网圈上来，这样入网的昆虫就不易跑掉，此时握住网底上方，揭开毒瓶盖，将毒瓶送入网底，使所采到的昆虫进入毒瓶中。如捕到的是大型蝶蛾类，可在网外用手捏压其胸部，使其不能活动，然后放入毒瓶。特大种类的昆虫可用注射器在胸部注入少许酒精，使其迅速死亡。

2. 震落法

震落法是采集昆虫的好方法，不少昆虫有假死性的特点，突然猛震其寄主植物，使其落入网中或白布单等工具内。

3. 诱捕法

利用昆虫有趋光、趋化、趋异等特点，可以采到许多种类的昆虫。诱捕法包括灯光诱捕、食物诱捕和异性诱捕。

【注意事项】

一般采取捕虫网捕虫，如果有兴趣的同学，可以自己探索其他几种捕虫的方法，甚至还可以自己创造新的捕虫方法。不过还是要本着不伤害景观，不破坏绿化，爱护自然，珍惜生命的原则。

(二)采集昆虫的时间和地点

昆虫种类繁多，生活习性各异，昆虫的发生期和植物生长季节大致是相符的，每年晚春至秋末，是昆虫活动的适宜季节，也是一年中采集昆虫的最好时期。对于一年发生一代的昆虫,应在发生期采集。采集的季节,主要根据自己的目的和需要来决定。一天之间采集的时间也要根据不同的昆虫种类而定。

采集地点也要依据采集目的而定,根据不同种类昆虫所处生态环境而选择合适地点。一般来说,森林、果园、苗圃、菜园、经济作物林、灌木丛都能采到大量有价值的标本,但是高山、沙漠、急流等处往往可以采到特殊种类。了解各种昆虫的生态环境,可以帮助我们有目的地进行采集。

(三)干制昆虫标本的制作方法

1. 针插标本

一般是将昆虫针直刺虫体胸部背面的中央。为保证重要特征不受损伤,不同的昆虫针插都有一定的部位,鳞翅目、膜翅目、毛翅目等可从中胸背面正中央插入;鞘翅目可从右鞘翅基部插进,使针正好穿过右侧中足和后足之间;同翅目和双翅目大型种类、长翅目、脉翅目从中胸背中央偏右插入;半翅目可由中胸小盾片中央插入;直翅目插在前胸背板后端偏右,这样不致破坏前胸背板及腹板上的分类特征(图6-15)[①]。

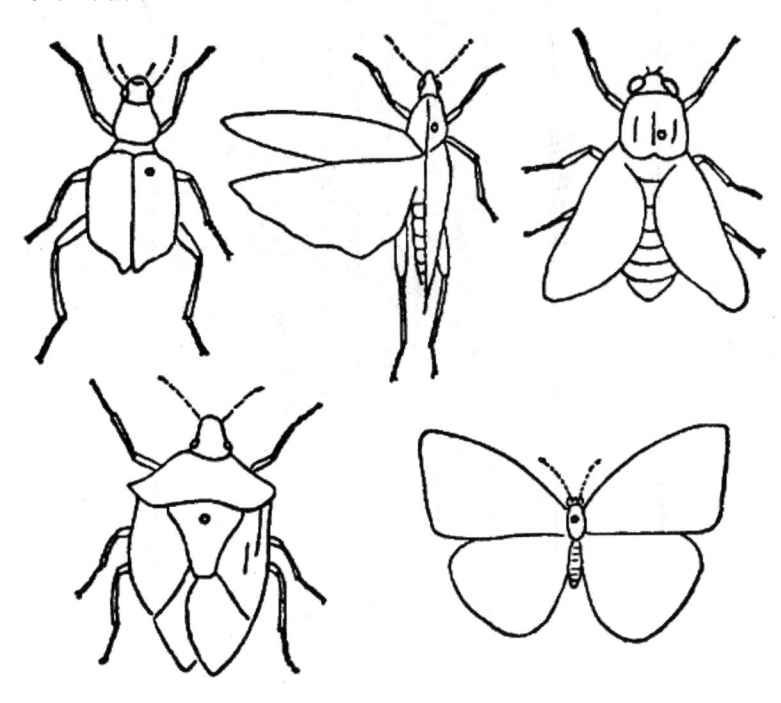

图6-15 各种昆虫的针插位置

鞘翅目、直翅目、半翅目的昆虫针插后,一般不必展翅,但需整理姿态,方法是将针穿过整姿台(泡沫板可替代)小孔,用镊子将触角和足的自然姿势摆好,再用昆虫针交叉支起,放在通风干燥处风干。

为防止大型标本腹部腐烂,可在展翅前,剖开腹部取出内脏,塞入适量的脱脂棉即可。

---

① 王春明.昆虫标本制作[J].陕西林业科技,2000(03):40-43.

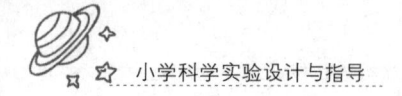

２．展翅

展翅最好是在虫体刚毒死后进行，这时胸部肌肉松软，不但展翅容易，而且经展翅后的标本也不易走样。如虫体已干燥僵硬，必须充分还软后，才能展翅。用昆虫针刺穿的虫体，插进展翅板的槽沟里，使腹部在两板之间，翅正好铺在两块板上，然后调节活动木板，使中间空隙与虫体大小相适应，将活动木板固定。两手同时用小号昆虫针在翅的基部挑住较粗的翅脉调整翅的张开度。蝶蛾类将两前翅的后缘拉成直线为标准；蝇类和蜂类以两前翅的顶角与头左右成一直线为准；而脉翅类和蜻蜓要以后翅两前缘成一直线为准。移到标准位置，再用细针固定前翅后，再固定后翅，以硫酸纸或光滑纸条覆在翅上，并用昆虫针固定。小蛾类展翅时，用小毛笔轻轻拨动翅的腹面，待完全展开，不用硫酸纸压，只需将针尖朝向后翅后缘处，并向后斜插，斜插度以压住两翅为好[1]。针插后放入纱橱，约一周后，干燥定型即可取下，如图 6-16 所示。

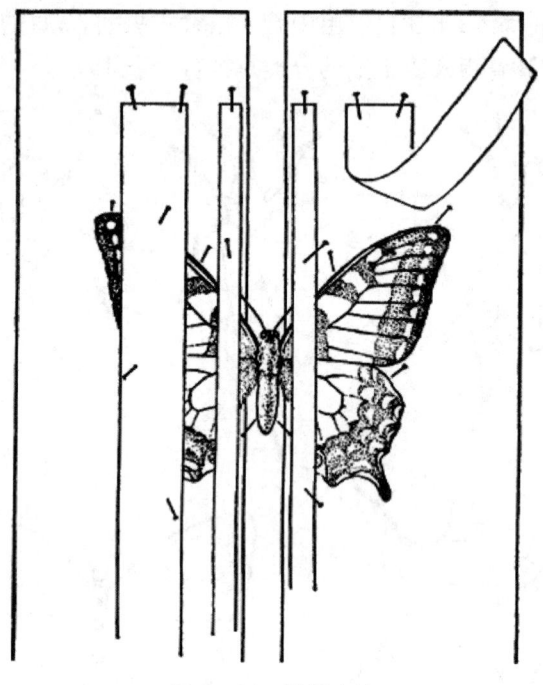

图 6-16 展翅方法

３．脱水

整形后的昆虫标本放在通风干燥的地方风干，或者低温烘干，如果昆虫身体较大，可注射无水乙醇进身体。

４．加标签及保存

标签上简单标注采集信息和鉴定信息，插在昆虫标本的下方。然后将插有标本和标签的昆虫针插入昆虫盒，密封并放上除虫药（一般用樟脑丸）及干燥剂。

---

[1] 许再福.普通昆虫学实验与实习指导[M].北京：科学出版社，2010：75.

五、实验结果

标本完整,展翅整形按要求完成,姿态生动美观,标签信息完整。

鳞翅目标本整形标准:昆虫针插于中胸正中央,在虫体背面留出1厘米的针头。前翅后缘与虫体垂直,两前翅后缘成一直线。后翅前缘重叠于前翅后缘的基半部下面,前翅后缘外半部与后翅不重叠。触角向前平伸,互不重叠。腹部向后平伸,不上举也不下垂。而螳螂和直翅目昆虫则是后翅前缘与中轴线垂直。蜻蜓目前后翅几乎平行。

昆虫足的最基本的要求是左右对称,进而讲求还原自然姿态。

触角是很脆弱易碎的部位,操作要特别细心。保持向前对称就行。

【注意事项】
　　一般昆虫能展翅的优先展翅,不能展翅的将腿整成自然姿态。鳞翅目昆虫展翅是难点,在整个制作过程中为了不损坏翅上的花纹,不能用手触碰翅膀。

六、讨论与思考

1. 捕捉的昆虫有些带有毒刺或毒针等,从捕虫网里取出时可能会被蜇伤,有什么安全稳妥的方法取出昆虫呢?
2. 有些体型较大的昆虫,遇到潮湿的天气,干得慢,导致内脏腐臭,有什么方法解决?

实验三　浸制标本的制作

浸制标本是非常重要的一种标本。利用浸渍液的化学性质,处理和保存标本,防止标本发生物理、化学性质的变化。同时,采取其他技术手段,限制或消除环境因素的不利影响,延长标本的寿命。浸制后的标本形态保存效果好,只是褪色比较明显。如果采用某些染色固色药剂处理,颜色的变化会小一点。

浸制标本适合各种生物材料,特别是含水量大的动植物材料。整体浸制标本,将整个动植物按原来的形态浸泡在保存液中,这是最简单的标本制作方法。解剖浸制标本则要将动植物的某一器官加以解剖,以显露出主要观察的部位,并浸泡在保存液中。系统发育浸制标本,是将动植物系统发育各环节的材料放在一起浸泡在保存液中。

学会制作浸制标本可以丰富校园标本陈列,建立科普基地。在制作植物的浸制标本时,要选择发育正常,具有代表性的新鲜标本,采集后,先在清水中除去污泥,经过整形,放入保存液中,如标本浮在液面,可用玻璃棒暂时固定,使其下沉,待细胞吸水后,即自然下沉。

一、实验目的

1. 掌握浸制标本制作及保存方法。

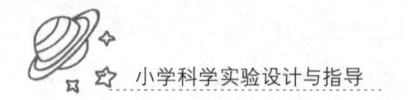

2. 通过掌握浸制标本制作培养学生的创新实践能力。

3. 通过掌握浸制标本制作及保存方法,培养学生对待生命的科学态度,激发学习热情。

二、实验原理

蛋白质是生物的主要有机成分,甲醛与蛋白质上的氨基能发生反应,因此具有防腐杀菌性能。一定浓度的酒精能杀死细菌,也有防腐的效果。

三、实验器材

标本瓶(图6-17)、浸制标本保存液、石蜡、酒精灯。

四、实验步骤

(一)浸制溶液的配制

普通浸制保存液主要用于浸泡教学用的实验材料,故方法简单,易于掌握。常用的保存液配方如下:

(1)甲醛液:甲醛(市售者含量为40%,5~10毫升)+蒸馏水(100毫升)。

(2)酒精液:95%酒精(100毫升)+蒸馏水(195毫升)+甘油(5~10毫升)。

图6-17 标本瓶

(3)甲醛、醋酸、酒精混合液(简称FAA):70%酒精(90毫升)+甲醛(5毫升)+冰醋酸(5毫升)。

(二)浸制标本的制作

当保存液配制完毕后,找寻合适标本大小的标本瓶,如果标本不能保持形状,还可先将标本固定于玻璃板上,将标本放入浸泡。如果标本过大,可将部分浸制液注射入标本体内,防止腐烂。加盖后用熔化的石蜡将瓶口严密封闭。贴上标签,注明标本的科名、学名、产地、采集时间与制作人。浸制标本做好后,应放在阴凉不受日光照射处妥善保存。标本浸入保存液后,药液如变为污浊,应随时更换。

五、实验结果

制作的标本与保存容器吻合,标本全部浸泡在溶液中,标本完整,姿态自然,标本瓶密封好。

【注意事项】

浸制标本的制作没有难度,浸制液的配制用到的甲醛等溶液有刺鼻的气味,对身体有损害,因此要在通风试验台操作。浸制标本多数不需要整形,需要整形的难度不大,可根据实际情况应变处理。

六、讨论与思考

1. 制作昆虫幼虫的标本,没有相应大小的瓶子,用什么方法固定呢?
2. 哪些生物适合用这种方法制作标本?

实验四　剥制标本的制作

　　脊椎动物的大部分种类都可以制成剥制标本,由于皮毛在浸制液中难以保持原有的形态,因此剥制标本更适用于哺乳类和鸟类,还有一些不宜采用浸制方法的大型动物,如鲸、鲨鱼、海龟等。

　　剥制标本能将飞禽走兽栩栩如生地展现出来,因此是标本馆最引人瞩目的主角,是科普的重要工具。剥制标本的制作工艺复杂,技术含量高,需要制作者先对生物有深入的了解,还要具备扎实的理论知识,熟练的操作技巧,坚持不懈的工作韧性,细致认真的态度,创造性解决问题的能力才能成功地制作剥制标本。

一、实验目的

1. 学习剥制标本制作的基本方法。
2. 通过标本的制作,培养学生的精细动手能力和创造性解决问题的能力。
3. 通过标本的制作,培养学生尊重生命,爱护自然的情怀。

二、实验原理

　　动物的皮经过鞣制防腐处理之后,皮及皮上的附属物不会发生明显变化,经过填充整形,可以呈现出生前栩栩如生的姿态,并可以长时间保存陈列。

三、实验器材

1. 常用药品

三氧化二砷也称砒霜,白色无臭无味粉末,剧毒,有防腐功能。
硫酸铝钾也称明矾,无色、透明晶体,具有防腐、硝皮作用。
樟脑具有防止虫蛀标本作用。
硼酸有防腐作用,但较差。
苯酚也称石炭酸、来苏水,有消毒防腐作用,可防止残留肌肉变质。

2. 常用工具和材料

解剖工具(图6-18):解剖刀、镊子、剪刀、骨剪等,可根据需要准备。

解剖刀　　　　　　解剖剪　　　　　　骨剪

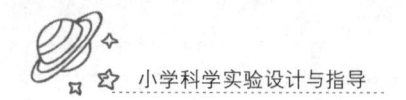

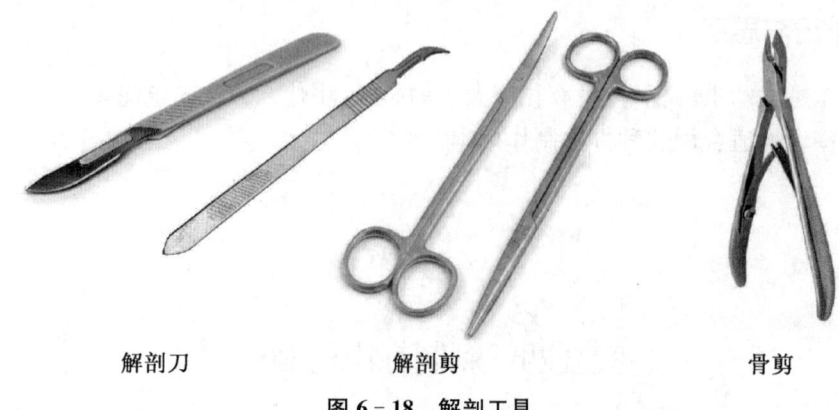

图 6-18　解剖工具

木工、金工工具：钢丝钳、台钳、锤头、电钻、锯等，可根据需要准备。

石膏粉（或滑石粉）：有吸水功能，主要用于吸收鸟类羽毛清洗后的水分，在剥制过程中撒在肌肉和皮肤之间，防止粘连，并防止血液、脂肪等污染羽毛。

铅丝或者其他金属丝：用于动物标本支架。可根据动物的大小选用粗细不同的型号。

填充物：主要用于填入标本体内，可选用棉花、竹丝、棕丝等。

玻璃义眼（图 6-19）：可用来代替动物的眼睛。

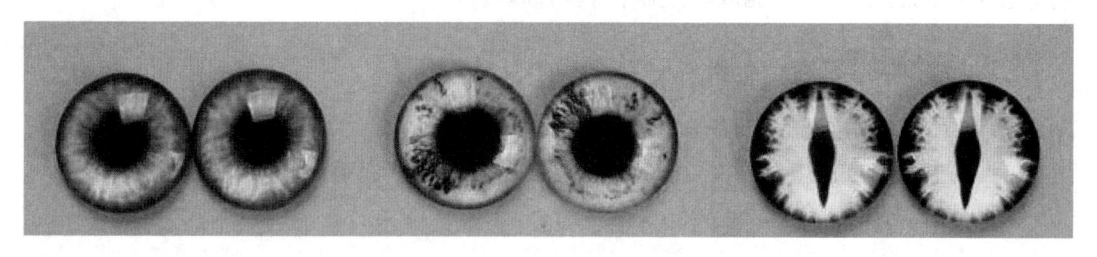

图 6-19　义眼

针线：缝合标本剖口用。

标本台、树枝等：固定动物标本用。

标签：记录动物标本的名称、性别、采集地点等。

四、实验步骤

（一）防腐剂的配制

砒霜防腐粉：主要用于爬行类、哺乳类。配制时砒霜、明矾、樟脑按 2∶7∶1 研成粉末，混匀即可。

硼酸防腐粉：可代替砒霜防腐粉，但较砒霜防腐粉差，但使用较安全，用硼酸粉、明矾粉、樟脑粉按 5∶3∶2 混匀即可。

砒霜防腐膏：具有防腐防虫及保护羽毛不致脱落的功能，主要用于鸟类。

(二）制作过程

1. 剥离

根据不同种类和制作目的，剥离的方法各有不同，一般有三种，即胸剥、腹剥和背剥，一般的鸟和哺乳动物以胸、腹部开口为宜。具体剥离的方法是：用解剖刀从胸、腹部开口，沿中央把皮肤剖开一段（图 6 - 20）。然后用刀剖开皮和肉之间的结缔组织，使皮肉分离，这时可抹些滑石粉（石膏粉），避免粘连。当露出颈和肩部时，用剪刀把两翼根部或前肢上肌肉剪去，露出关节，再剪断关节。剥到大腿骨和胫骨关节处时，用剪刀剪断肌肉和关节，同时把背面皮肉也分开。颈部剥皮时，可用一只手把颈扯出，另一只手把颈部皮肤翻转，露出头骨时，用剪刀从枕骨大孔处剪断，用药棉暂时堵住，皮毛完整地剥离。

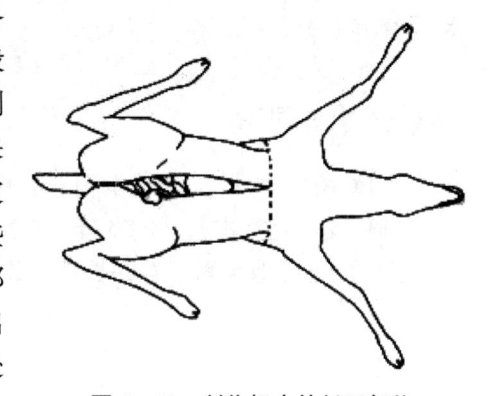

图 6 - 20　制作标本的剖开部位

2. 剔除肌肉

除去四肢骨上粘连的肌肉，剔除肌肉后再把皮恢复原位。

3. 清理头部

用镊子把眼球拨出，用刀把耳听管割断，用剪刀扩大枕骨上的孔，把颅内的脑去掉。

4. 防腐

将皮内层及颅腔均匀涂抹上防腐剂。

5. 制作支架

用金属丝 2 根做成支架，若要标本作展翅状，需用铁丝 4 根做成支架，铁丝出头 6 根，头部 1 根，尾部 1 根，翅 2 根，腿部 2 根，翅展开的 2 根铁丝从翼根穿出。

6. 填充

一般小型单位填充物为药棉，如果是大型动物可填充棕丝或锯木屑。背部要填平。义眼底部涂上与活体眼底相同的颜色后再安装。

7. 缝合

各部分填充好后，从颈胸部开始从上向下进行皮肤缝合。

8. 整形

整形是非常关键的一步，以实物生前姿态为标准进行整形，耳、眼睑的位置要调整好，羽毛或者皮毛应理顺。

五、实验结果

制作的标本皮毛完整，没有受到污损，姿态自然生动。

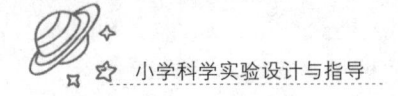

【注意事项】
　　制作剥制标本的过程需要非凡的细致和耐心,技术要求也很高,一次成功的概率较小,需要反复练习。

六、讨论与思考

　　1. 个体小的与个体大的标本剥皮有什么区别?
　　2. 制作支架是标本整形的基础,支架的长度及比例要根据标本原有的体型而定,有什么方法可以更好地预测支架的长度及比例?

实验五　玻片标本的制作

　　显微镜把一个微观世界带入人类的视野,由于显微镜的结构特点,其观察对象需要制作成小、薄、透的玻片标本才便于观察。
　　任何生物都有其显微结构,不同的部位,不同的组织特点,要采用不同的方法制作玻片标本,如果制作方法不对,会大大影响观察效果,甚至无法观察。

一、实验目的

　　1. 学习临时装片的制作方法,能根据标本特点选择合适的玻片标本制作方法。
　　2. 通过练习临时装片的制作方法和徒手切片法,以及植物细胞、组织观察的生物实验技能,提高观察能力。
　　3. 通过学习临时装片的制作方法和徒手切片法,以及植物细胞、组织观察,培养学生细致严谨的科学态度,和对新生事物探索的欲望。

二、实验原理

　　显微镜成像是利用光学原理,必须使可见光线穿过被观察的物体,如果不透光就不能在视野中成像。所以显微镜观察的玻片标本材料必须是薄而透明的。

三、实验器材

　　显微镜、载玻片、盖玻片、镊子、刀片、吸水纸、解剖针、培养皿、毛笔、滴管、纱布、0.9%的 NaCl 溶液;洋葱、马铃薯、芹菜等。

四、实验步骤

　　(一) 徒手切片法
　　徒手切片法即用刀片将材料切成薄片的制作方法。这种方法适用于较硬的组织和器官,如植物的根和茎等部位。

(1) 选取待观察的植物材料,初步切取大约 3 cm 长的小块,再依切片的具体要求,将组织块修整为 0.5 cm 的材料块。

(2) 以左手夹住材料,用右手平稳地握住刀片。使刀片与材料的断面保持平行,刀口自左上方斜向右下方,动作要均匀有力。材料与刀片须常以水湿润。切下的薄片,立即用毛笔蘸水后粘取,移入盛有清水的培养皿内。(如果切片材料过软如叶片,可将材料夹在土豆或者胡萝卜里面切,如图 6-21 所示。)

图 6-21 叶片徒手切片的方法

(3) 在培养皿中选择薄而均匀,且切面完整的组织切片捞出;放在载玻片中央的水滴中,用镊子夹住一块盖玻片一侧的边缘,将盖玻片的另一侧接触水滴然后成 45°角缓缓放下,防止气泡产生(如图 6-22 所示)。

图 6-22 玻片标本制作

【注意事项】

这种方法简单、省时、容易掌握,虽有一定局限性,但至今在生物学教学中仍然是观察形态构造的一种基本切片方法,因此必须掌握。

显微镜下气泡和细胞容易混淆,要注意区别。气泡一般有一圈黑边,用镊子轻压玻片,气泡变形或者移动,细胞则没有这些现象。

(二) 涂片法

涂片法是一种将游离的细胞、动、植物中比较疏松的组织均匀地涂布在载玻片上的一种制片方法。涂片材料有单细胞生物、小型藻类、血液、含有细菌的培养液以及精巢、花药等。

(三) 整体装片法

微小的生物如衣藻、水绵、青霉、变形虫和水螅等,动物中如昆虫的翅、腿、口器等,人的口腔上皮细胞等,都是从整个器官上取其一部分作为装片材料,可制作成临时或永久装片,进行观察。

(四) 撕片法

撕片法适用于某些植物茎、叶容易撕下表皮的植物,如洋葱鳞茎、蚕豆叶等。制作玻片的方法与切片法相同。

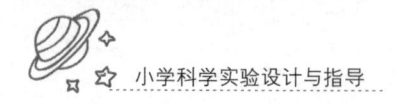

(五)压片法

将植物或动物比较疏松的材料,如花药、根尖、水螅、蠕虫的精巢、双翅目幼虫的唾液腺等,用较小的压力压碎在载玻片上使之成一薄层的一种制片法。

(六)磨片法

一些含有矿物质的比较坚硬的动物组织要做成玻片标本时,常把材料直接放在砂石上磨成薄片,此法即磨片法。如珊瑚的骨骼、软体动物的贝壳,脊椎动物的硬骨、角以及牙齿等都可以用此法制成玻片标本。

五、实验结果

为提供的实验材料选取合适的方式制作玻片标本,标本在显微镜下观察能看到清晰的细胞结构。

【注意事项】

每种玻片标本取材的方法和装片后处理的方式略有不同,在注意不同点的同时,也要关注到相同点,比如多数要在载玻片中央滴一滴水,标本置于水滴中,盖玻片要呈45°角缓缓放下。

六、讨论与思考

1. 如果观察对象是运动速度较快的微小生物,在显微镜视野下不稳定,不方便观察,有什么方法可以限制其运动?

2. 如果材料过软,除了夹在胡萝卜等材料里,还有什么方法可以将其切成薄片?

实验六　叶脉标本的制作

叶脉分布在叶肉组织中,起输导和支持作用。叶脉是由不含叶绿素的薄壁组织、厚角细胞等支持组织包围维管束所形成的沿叶背轴侧凸出的肋条。叶脉有很多种排列方式,网状的叶脉交织在一起,就像丝织的细纱,又像薄薄的蝉翼。制作出的叶脉书签也很漂亮,能激发孩子的兴趣,还能利用叶脉标本进行艺术创作,是进行创客教育的良好素材。

一、实验目的

1. 掌握基本叶脉标本的制作方法。
2. 通过制作叶脉标本提高学生动手能力及艺术鉴赏力。
3. 通过制作叶脉标本激发学生对美好事物的向往。

二、实验原理

叶肉遇到腐蚀性碱液就会发生腐烂。经过加热,它会腐烂得更快。叶脉比较坚韧,不容易被腐蚀。因此,可以将一些叶片坚硬、叶脉坚韧的树叶制成叶脉标本。

三、实验器材

各种形状的叶片。(桂花树叶、含笑树叶及荷花玉兰树叶等比较适宜)
药品:碳酸钠、氢氧化钠、染料。
工具:镊子、瓷盘、刷子、烧杯、电炉、吸水纸等。

四、实验步骤

(1) 配制溶液:称取 5 克碳酸钠,7 克氢氧化钠,加入 2 L 水制成溶液。
(2) 加热:叶片浸入溶液内,放到酒精灯上加热,直至叶片变成褐色。
(3) 清洗:用镊子取出叶片,放入清水中漂洗干净(一般在两次以上)。
(4) 刷洗:将叶片放在瓷盘子中,用牙刷顺叶脉轻轻地刷净叶肉(图 6-23)。刷干净后用吸水纸吸去多余水分。
(5) 美化:用染料对叶脉染色,也可以在叶脉上绘图。

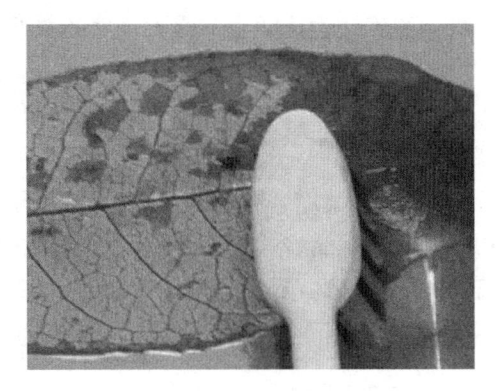

图 6-23 刷叶脉

五、实验结果

标本的要求:叶脉完整无残缺,没有叶肉残留,具有观赏性(图 6-24)。

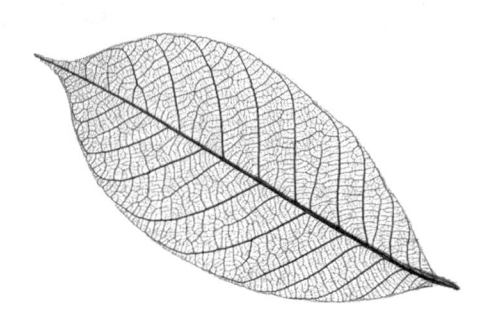

图 6-24 叶脉

【注意事项】
这个实验过程较为简单,学生可以探究碱液配制的比例,适合制作叶脉标本的叶子,以及标本美化的方式。

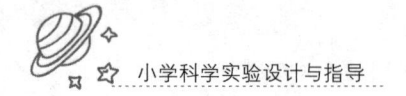

六、讨论与思考

1. 叶脉标本制作的关键是腐烂叶肉,保留叶脉,除了用碱液煮,还有什么简易安全的方法?
2. 探究叶脉染色漂白的方法。

第二节 动植物种养实验

种养活动是开展生命教育的重要契机,可以带领学生走入生命世界,是生命教育的活教材。种养活动让学生感受大自然的美好,培养学习能力和观察能力及责任感。

实验七 植物的种植

植物是大自然的生产者,地球生物的生存离不开植物。植物能为人类提供氧气、食物、药物、纺织品、木材等,还能保持水土,调节气候及美化环境等。种植植物能深入了解植物的形态习性,提高观察思考能力,培养劳动习惯,亲近大自然。植物的种植方法繁简不一,可以根据不同年龄,不同经验的学生选择不同种类的植物种植。

一、实验目的

1. 通过种植活动了解植物生命的历程及植物的生长规律,获得一些种植经验。
2. 了解植物与人类生活、自然环境的关系,培养对大自然的热爱。
3. 获得从播种到收获的喜悦。产生尊重劳动成果、珍惜劳动成果的积极情感。

二、实验原理

植物在适宜的环境中获得阳光、水分及肥沃土壤的滋养长大,开花结果。

三、实验器材

植物幼苗、花盆、营养土、喷水壶、小铲等。

【注意事项】

可根据种植植物的种类准备相应的器具,比如有的可以水培,有的要种在园地里。

四、实验步骤

（一）选择种植植物的种类

一般选择植株较小、生长周期短、容易成活，易开花或者易结果的品种更能激发兴趣。

（二）了解植物的习性

植物的习性是植物长期进化过程中和生态环境之间所形成的多种多样的生态适应性。了解植物的习性才能选择适合种植的植物，为植物提供适合的生长条件。比如了解植物对水的需求，是水生的，还是喜湿、喜干、耐旱的；了解植物对阳光的需求，是喜阴的还是喜阳的；了解植物对土壤的需求，是要求肥沃的还是疏松的；等等。

（三）发芽

如果从种子发芽开始，就要根据不同种子发芽条件的需求进行育苗。主要是明确温度湿度条件及适合发芽的季节。

1. 选种

种子有完整的和生命力的胚。胚不完整的种子不能萌发。发育不完全的种子一般不萌发，种子超过一定时间将丧失生命力而不能萌发。

有足够的营养储备的种子。正常种子在子叶或胚乳中储存有足够种子萌发所需的营养物质，干瘪的种子往往因缺乏充足的营养而不能萌发。

不处于休眠状态的种子。多数种子形成后，即使在条件适宜的情况下暂时也不能萌发，这种现象被称为休眠。其主要原因：一是有些种子的种皮厚而坚硬，或种皮的蜡质层或角质层不透水、不透气或对胚具有机械阻碍作用。二是有些果实或种子内部含有抑制种子萌发的物质。对于休眠的种子，若需促进萌发，应针对不同原因解除休眠。

2. 提供合适的萌发条件

适当的水分：种子萌发过程中，贮存在子叶或胚乳内的营养物质转运及细胞分裂的进行都需要水分。

充足的空气：在种子吸收充足水分后，只有氧气充分，贮存在胚和胚乳中的营养物质才能够通过呼吸作用产生中间产物和能量，满足萌发所需。

适宜的温度：适宜的温度是生命活动正常进行的必要条件，温度过高、过低种子都不能正常萌发。

光：有些植物的种子在无光条件下不能萌发，这类种子叫需光种子；有些植物在无光条件能萌发，但在有光时萌发得更好。而某些百合科植物的种子萌发时会受光照抑制，这类种子为嫌光种子。

不同种子对于水分、空气、温度等条件的具体需求是不一样的，要了解其详细情况，提供其最有利的发芽条件。

（四）盆栽植物的基本技术

一般植物苗床育苗后移栽入容器中栽培；或者观赏植物在容器中生长一段时间后，由于植物本身的不断生长，根系不断增多，原来花盆大小不适合花苗的生长；或原盆土营养缺乏，都需要采取移植、换盆、转盆等栽培措施。

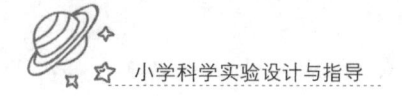

1. 上盆

在苗圃或苗床中培育的种苗，移栽到盆钵中继续栽培，称为上盆。

（1）选盆。盆的大小与花苗要相称。上盆时既要避免大盆装小苗，又要避免小盆装大苗。

（2）装盆。先用一至数片碎盆片（浅盆可用窗纱等）将盆底的排水孔盖上（图 6-25），然后装入一层较粗的基质，再装入一层普通基质。将花苗放在盆中央，四周加上土并用手自盆边向中心压实。不宜栽得过深，盆土也不宜装得太满，一般盆面离盆口 1.5 cm 左右（俗称留沿口），以利于浇水、施肥。

（3）浇水。上盆后立即浇水，水要浇足，一般连续浇两次，见到水从排水孔流出即可。

图 6-25 花盆底排水孔处理

2. 换盆

把盆栽的植物换到另一个盆中去的操作，称为换盆。

盆栽中有两种情况需要换盆：一是随着幼苗的生长，根系在盆内生长受到限制。一部分根系自盆孔穿出，或露出土面，此时应及时将植物由小盆换到大盆中，扩大根系的营养面积，利于植株继续健壮生长；二是由于多年生长，盆中基质的物理性质变劣，养分贫乏，或基质被老根充满（图 6-26），植物的吸收能力下降，此时换盆仅是为了修整根系和更换新的基质。

由小盆换大盆时，应按植株的当时体量和生长速度，逐渐换到较大的盆中，而不宜一次换入过大的盆钵。盆大苗小，水分不易控制，容易导致通气不良，影响生长。

图 6-26 老根过多

将植株从原来的盆钵中取出，称为脱盆。脱盆时，一只手按住植株的基部，将盆提起倒置，另一只手轻叩盆边，取出土球。然后根据植物种类和栽培年限，对土球进行处理。换盆后，要保持土壤湿润，并置庇荫处养护。因换盆时根系受伤，吸水能力减弱，盆土不宜太湿。浇水过多时，易使根部伤处腐烂。待新根长出后，再逐渐加大浇水量。初换盆时盆土也不可干燥，否则植株易在换盆后枯死。

3. 转盆

转盆就是转换盆栽植物的方向。单屋面温室中或在屋内近窗口摆放盆栽园林植物时间过久，由于趋光生长，植株偏向光线射入的方向而向一侧倾斜。为了防止植株偏向生长，应在相隔一定天数后，转换花盆的方向。

4. 松盆土

松盆土可以疏松土面,便于盆内与外界的空气流通,同时可除去青苔和杂草。松盆土可用竹片和自制小铁耙进行。

5. 浇水

容器栽培的水分管理是一项非常重要和细致的工作,是保证植株正常生长的主要栽培措施之一。

植物种类不同,浇水量不同;植物的生长时期不同,对水分的需求不同;季节不同,植物对水分的要求不同。春季草花每隔1~2天浇水一次;花木每隔3~4天浇水一次。夏季因天气炎热,蒸发量和植物的蒸腾量仍很大,每天早晚各浇水一次。秋季,天气转凉,可每隔2~3天浇水一次。冬季根据具体情况减少浇水次数。

浇水时间,夏季以早晨日出前或傍晚日落后为好,冬季以上午9~10时为好。

浇水要遵循"干透浇透"的原则:盆土见干才浇水,浇水就应该浇透。要避免多次浇水不足,只湿表层盆土。

6. 施肥

容器栽培的观赏植物除上盆时施入一部分基肥外,在栽培过程中还需追肥。一般一年追肥3~4次。落叶种类在晚秋落叶后至春发芽前,常绿种类在旺盛生长期前,结合换盆追肥一次;在生长旺盛期追肥1~2次;最后一次追肥于8~9月进行。追肥以速效肥为主。施肥原则为薄肥多施。

五、实验结果

种植一年生草本植物可以观察到发芽、生长、开花和结果的基本过程,种植多年生或者木本植物观察其生长发育变化或者开花结果的过程。

实验开始之初要查阅资料,撰写种植计划,种植过程中对其生长发育变化进行观察记录,分析过程中出现的问题,对一些问题进行探究。

【注意事项】

这是一个开放性的实验项目,没有固定的种植对象,可通过自学找到合适的种植方法,通过探索验证种植方法的合理性,通过观察发现问题,解决问题。

六、讨论与思考

1. 为什么盆花的浇水要坚持干透浇透的原则,施肥则要薄肥多施?
2. 种养盆花选择花盆的形状对盆花生长有影响吗,为什么?

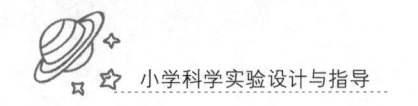

实验八 动物养殖

动物是生机勃勃的大自然中重要组成部分,动物与人类关系密切,动物不仅给人类提供食物、药物、工业原料,还为医学研究作出不可替代的贡献。与植物不同的是,许多动物成为人类的伴侣,为人类带来精神慰藉。因此饲养动物不仅培养了学习精神、劳动习惯、观察思考能力,还可以培养学生对生命的爱心和责任感。

一、实验目的

1. 通过饲养活动了解动物生命的历程及动物的生长规律。获得一些饲养经验。
2. 了解动物与人类生活、自然环境的关系,培养对生命的热爱。
3. 与动物相处产生尊重生命的情感,培养对生命的责任感。

二、实验原理

了解不同动物的习性,为动物提供食物、水及适宜的环境,动物就能不断地生长发育甚至繁衍后代。

三、实验器材

根据不同的饲养对象选择合适的器材。

四、实验步骤

(一)选择养殖动物的种类

一般选择体型小、容易养活,食物易得,养殖条件不高,较清洁、不吵闹的动物饲养。

(二)了解动物的习性

动物的习性是长期进化过程中对生态环境适应而产生的,了解动物的习性才能选择适合养殖的动物,为动物提供适合的生长发育的条件。比如了解动物的生长发育不同阶段的特点,了解动物的生长环境,了解动物对食物的需求,了解动物的觅食、贮食、筑巢、防御、攻击及求偶交配等各个方面的特点。

(三)制订养殖计划

根据不同动物的习性,制订个性化的养殖计划。

案例一 蚕的饲养

1. 蚕的形态习性特点

蚕,是蚕蛾的幼虫,丝绸原料的主要来源,在人类经济生活及文化历史上有重要地位。蚕茧是由一根长度为300~900米连续的丝织成的。家蚕的幼虫及蛹可以食用。成虫不能飞,它又被称为"蚕蛾",只是用于产卵以繁殖后代。蚕蛾(图6-27)是成虫,雌、雄触角皆为栉齿状,雄性栉齿略长;口器退化,下唇须短小,无单眼,体翅灰白色,翅脉灰褐色①。

图 6-27 蚕蛾

蚕是完全变态类昆虫,蚕的一生经过蚕卵—幼虫—蚕蛹—蚕蛾,共五十多天的时间。刚从卵中孵化出来的幼蚕黑色,像蚂蚁,称为"蚁蚕",身上长满细毛。

蚕身体分为头胸腹三个部分,胸足 3 对,腹足 4 对(图 6-28)。蚕以桑叶为生,一段时间后它便开始蜕皮。蜕皮约有一天的时间,如睡眠般的不吃也不动,这叫"眠"。经过一次蜕皮后增加一龄,蚕蜕皮 4 次,成为五龄幼虫,再吃桑叶 8 天成为熟蚕,开始吐丝结茧。

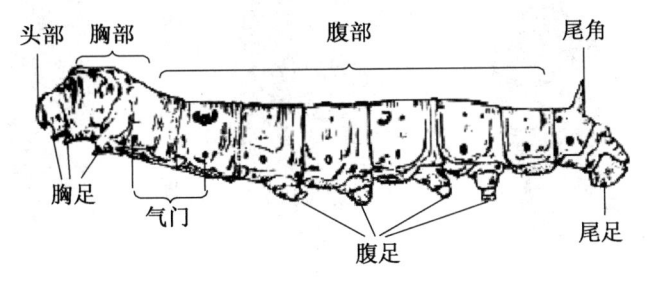

图 6-28 蚕

五龄幼蚕需二天二夜的时间,才能结成一个茧,蚕在茧中进行最后一次蜕皮,成为蛹。约十天后,羽化成为蚕蛾,蚕蛾以分泌物将茧溶解并钻出,蚕蛾不能飞,只是用于产卵以繁殖后代。出茧后,雌蛾尾部发出一种气味引诱雄蛾来交尾,交尾后雄蛾即死亡,雌蛾约花一个晚上可产下约 500 个卵,然后也会慢慢死去。

2. 蚕的生长发育特点

蚕卵:蚕卵看上去很像细芝麻,宽约 1 毫米,厚约 0.5 毫米。一只雌蛾可产 400~500 粒蚕卵。蚕卵刚产下时为淡黄色或黄色,经 1~2 天变为淡赤豆色、赤豆色,再经 3~4 天后又变为灰绿色或紫色,便不再发生变化,成为固定色。蚕卵外层是坚硬的卵壳,里面是卵黄与浆膜,受精卵中的胚胎在发育过程中不断摄取营养,逐渐发育成蚁蚕,它从卵壳中爬出来,卵壳空了之后变成白色或淡黄色。

蚁蚕:蚕从蚕卵中孵化出来时,身体的颜色是褐色或黑色的,极细小,且多细毛,样子有点像蚂蚁,所以叫蚁蚕。蚁蚕长约 2 毫米,体宽约 0.5 毫米,它从卵壳中爬出来后,经过

---

① 高武.彩图中国青少年自然科学丛书.动物卷[M].沈阳:辽宁人民出版社,1998:65.

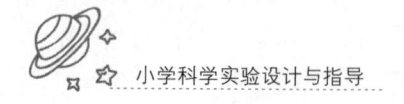

1~3小时就会进食桑叶。

眠与蜕皮：幼蚕食量极大，因此，长得很快，体色也逐渐变淡。当它的食欲逐渐地有所减退乃至完全禁食，它吐出少量的丝，将腹足固定在蚕座上，头胸部昂起，不再运动，好像睡着了一样，称作"眠"。眠中的蚕，外表看似静止不动，体内却进行着蜕皮的准备，蜕去旧皮之后，蚕的生长就进入一个新的龄期，从蚁蚕到吐丝结茧共蜕皮4次。

熟蚕：幼蚕到了五龄末期，就逐渐出现以下的特征。先是排出的粪便由硬变软，由墨绿色变成叶绿色；食欲减退，食桑量下降；前部消化管空虚，胸部呈透明状；继而完全停食，体躯缩短，腹部也趋向透明，蚕体头胸部昂起，口吐丝缕，左右上下摆动寻找结茧场所，这样的蚕就称为熟蚕。

成虫期结茧：熟蚕先将丝吐出，粘结在周围，再吐丝连接形成结茧支架。接着蚕继续吐出凌乱的丝圈，加厚茧支架网内层，然后不断吐丝直至吐完，完成结茧。

蚕蛹：蚕结茧后经过4天左右，就会变成蛹。蚕蛹（图6-29）的体形像一个纺锤，分头、胸、腹三个体段。蚕刚化蛹时，体色是淡黄色的，蛹体嫩软，渐渐地就会变成黄色、黄褐色或褐色，蛹皮也硬起来了。经过大约12~15天，当蛹体又开始变软，蛹皮有点起皱并呈土褐色时，它就将变成蛾了。

图6-29 蚕蛹

蚕蛾：蚕蛾的全身披着白色鳞毛，但由于两对翅较小，已失去飞翔能力。蚕蛾的头部呈小球状，长有鼓起的复眼和触角；胸部长有三对胸足及两对翅；腹部已无腹足，末端体节演化为外生殖器。雌蛾体大，爬动慢；雄蛾体小，爬动较快，翅膀飞快地振动，寻找着配偶。一般交尾3~4小时后，雌蛾就可产下受精卵。交尾后雄蛾即死，雌蛾花一个晚上产下约500个卵，然后也会慢慢死去。

3. 蚕的饲养

温、湿度调节：1~3龄称为小蚕，小蚕要求的环境为高温多湿。1~3龄适宜温度为26~27℃，相对湿度为85%~90%，4~5龄蚕为大蚕期，生长适宜温度为25℃。越小对湿度要求越高。

投喂桑叶：1龄用叶色黄中带绿的嫩叶，要切碎。5龄蚕用桑量占总用桑量85%左右，采用两头紧中间松的饲养方法。5龄的第1~2天或第5~7天，投喂量严格控制到下次给桑时刚吃完为宜；第3~6天要让蚕充分吃饱。

喂桑次数及时间：每天喂4次，时间分别为上午7时，中午11时，下午4时，晚上

10时。

搞好蚕的环境卫生:每天将多余的干桑叶及粪便清除,保持幼蚕环境通风干爽。

5龄大蚕经过6~7天便开始停止进食,排出大量绿色软粪,胸部透明,身体略软,呈蜡黄色,头部左右摆动,这时,选用3~4块方格盒子,把熟蚕均匀放入,保持通风良好,让蚕吐丝结茧。

【注意事项】

养蚕需要投喂新鲜的桑叶,注意到不同龄的蚕,桑叶的需求是不一样的。平时注意清理剩下的干桑叶和粪便。熟蚕吐丝结茧需要独立的小空间,放在空旷的地方无法结茧。

蚕是完全变态的昆虫,在饲养过程中要注意到蚕的每一个生长发育期发生的变化。

案例二 蝌蚪的饲养

1. 形态习性特点

蝌蚪是蛙、蟾蜍等两栖类动物的幼体,刚孵化出来的蝌蚪身体呈纺锤形,无四肢、口和内鳃,生有侧扁的长尾,头部两侧生有分枝的外鳃。随着生长发育,蛙和蟾蜍的蝌蚪尾变宽,出现口,外鳃消失,出现内鳃,内鳃被鳃盖覆盖。蝌蚪具有侧线器官,用于游泳时感知水流。其尾大而扁,能帮助蝌蚪在水中游泳。

青蛙的蝌蚪体色较浅、身体略呈圆形,尾巴长、口位于头部前端。蟾蜍的蝌蚪身体呈黑色而尾巴较浅、体形呈椭圆形、尾巴短、口在头部前端腹面。密集成群的是蟾蜍的蝌蚪,较为分散的大都是青蛙的蝌蚪。

大部分的蝌蚪是用口部成列的角质齿刮食藻类为生,但如果水中有蚯蚓、小鱼等小动物尸体,它们也会成群啃食。而在食物不够的情况下,也会出现大蝌蚪吃小蝌蚪的自相残杀的现象。蝌蚪一般以水中的浮游生物及蚊子的幼虫、鱼虫等为食。

2. 变态发育(图6-30)

蝌蚪是两栖类个体发育的一个初级阶段,体呈圆形或椭圆形,外形似鱼,具有外鳃,没有口,吸附在水草上,靠体内残存的卵黄供给营养;口出现后,以唇部的角质齿刮食藻类,开始在水中独立生活。当吸盘消失时,外鳃也萎缩;由内鳃进行呼吸。发育到一定时期,先长出后肢,末端分化出5趾,再从鳃盖部位长出前肢,尾逐渐消失。此时,肺逐渐发育,能在水面上呼吸游离的氧。

3. 各个阶段饲养方法

生长初期(1~10天):蝌蚪孵出3天内不觅食,依靠从卵黄中带来的营养维持生命,过早喂食反而导致其死亡。三天后蝌蚪的活动量明显增加,两鳃盖完全形成时开始觅食,按每万尾蝌蚪投喂一个蛋黄的标准定时投喂,并适当加入一些水中天然浮游生物,如水蚤、藻类。刚孵出的蝌蚪,身体弱小,对外界环境敏感,特别是水温、水质、光照。当水温低于20 ℃或高于30 ℃,水中溶氧不足,水的pH高于8或低于6时都会影响小蝌蚪的生长,甚至造成死亡。因此,在水质管理上要求:清新无污染,水温保持在20~29 ℃,pH保持

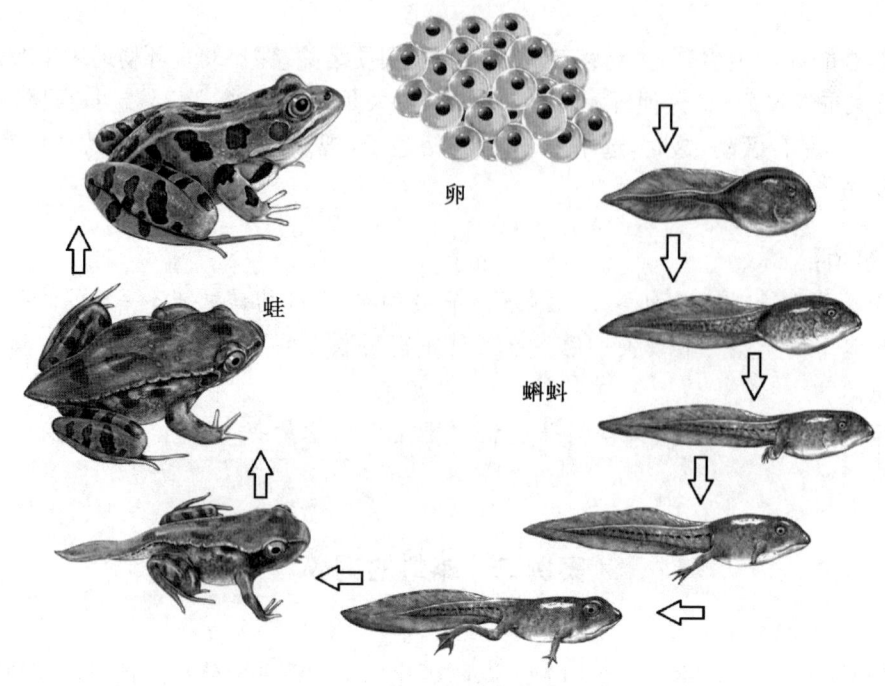

图 6-30 蛙的变态发育

在 6~8,每天换一次水。应避免阳光直接照射,小蝌蚪经过 10 天的生长发育,体长可长到 1~1.5 cm。①

【注意事项】

蝌蚪的养殖密度过大可能导致死亡,因此要适度控制。换水不当是导致蝌蚪死亡的主要因素之一,换水时注意保持水温的一致性,及水的含氧量。如果是自来水尤其注意要置放一段时间。食物的投喂量也要控制,否则过多食物残留导致水质污染。

生长前期(10~20 天):小蝌蚪 10 天以后,其食量增大,生长发育加快,蝌蚪开始寻找新的食物,但其消化功能仍然不强,此时饲养的好坏直接影响到蝌蚪的成活率。因此,在饲养上必须补充饵料,以满足其生长发育的需要,主要以营养丰富的糊汁饵料为主,如蛋黄、玉米粉,并辅以细嫩的藻类植物等。饵料投放时间在白天或者晚上均可,每天 1 次,但要定时。投饲量一般每 1 500 尾蝌蚪每天投喂一个蛋黄。通过精心饲养,蝌蚪到 20 日龄时,体长可达 2 cm,体色变为淡棕色,背部有乳白色的花纹,身体与尾部交界处有明显的黑色 V 字形花纹。10~20 日龄的蝌蚪在管理上要求保持水的清洁,以防止中毒,做到每天换一次水,同时应避免太阳光直射。②

生长中期(20~50 天):此时蝌蚪的消化功能不断增强,为促进蝌蚪消化道的尽快发育,20 日龄后的蝌蚪除投饲糊汁饵料外,应投喂植物性饵料和藻类植物,如浮萍。这一时期蝌蚪的饲养管理比较简单,开始以植物性饵料为主,动物性饵料为辅,逐渐过渡到以动

---

①② 姜宇栋,王骥滕,胡水鑫,等.棘胸蛙蝌蚪期的养殖技术[J].河北渔业,2013(7):34-35.

物性饵料为主。动物性饵料的增加会加速蝌蚪的变态，植物性饵料则能促进其个体长大，故平时应混合饲喂。管理上要注意保证水的清洁，不受污染，每天清除池内饵料残渣。到50日龄时，有些蝌蚪长出后脚。如果水温偏低，该期的时间将会更长。

> **【注意事项】**
> 要根据不同时期蝌蚪的食性改变食物结构。蝌蚪的食物一直保持相对颗粒小，泡在水中会变软的这些通性。投喂量增大的同时关注到水质的清洁。

生长后期(50～78天)：这一时期是蝌蚪转化为幼蛙的关键时期，蝌蚪在此期间要长出后肢和前肢，并且由水生转化为水陆两栖。蝌蚪50日龄左右，体长达4 cm以上，长出后肢，后肢长出后约2周(65日龄)开始长前肢，前肢长出后，尾部开始被吸收，此时蝌蚪就停止觅食进入变态期。这一时期在饲养上除投饲足够的饲料外，还要提供蝌蚪登陆休息的场所，发现有蝌蚪完成变态发育，即可放生。

> **【注意事项】**
> 这是变态发育的关键期，因此要注意观察其四肢发育情况，如果发现尾部消失，意味已经不能食用原来的食物，也不能在水中呼吸，因此一定要给其离开水的条件，并及时放生。

案例三　金鱼的饲养

1. 金鱼的形态习性特点

金鱼是我国传统的观赏鱼类，起源于我国的野生鲫鱼。首先由银灰色的野生鲫鱼变为红黄色的金鲫鱼，然后再经过不同时期的家养，由红黄色金鲫鱼逐渐演变成各个不同品种的金鱼。金鱼可分为头部、躯干和尾部三个部分。头腹粗短。头部的头顶、鼻部、眼、鳃盖等有诸如鹅头、绒球龙睛等多种变异品种，体型、鱼鳍及鳞片也有不同形态，再加上体色和体型的变化导致金鱼有丰富多彩的品种。金鱼生性活泼，喜欢游来游去；金鱼性格温和，食性很杂，可以和很多鱼类混养；金鱼对环境的适应能力很强，所以经常被混在一些观赏鱼的鱼缸中混养。

2. 选种

从健康角度来看，首先要观察体形是否正常，有无畸形，体表有无寄生虫、白点、血红，鳞片、鳍条是否完整。再看其精神状态，游动是否活跃，抢食能力是否强。一般来说，健康的鱼对环境的适应能力更强，饲养也更容易。

从审美角度考虑。一般有形态、色彩、动态三方面标准。形态方面要求体形匀称、优美。一般变异的性状越明显越好，如龙种金鱼要求尾鳍大，眼球突出、饱满(图6-31)；蛋种金鱼要求背脊光滑(图6-32)；等等。色彩方面要求色彩鲜艳，纯正，色块分布清晰、醒目。动态方面要求游动时各鳍轻轻摆动，上下优雅自然。

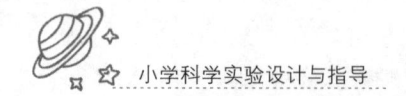

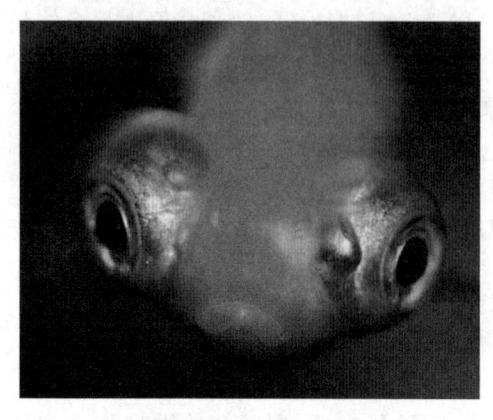

图 6-31　龙种金鱼　　　　　　　　图 6-32　蛋种金鱼

3. 合理处理金鱼缸

（1）鱼缸内的布置

一般观赏鱼缸内装饰，多以假山水草为点缀。背景水草可以选择高达水面的水草种类，中间以及两侧选择半高的水草种类，而前景则应该是矮小的水草，这样具有立体感。注意，水草和苔藓不能过多，否则会和金鱼争夺氧气，虽然水草会吸收二氧化碳，释放氧气，但没有光线时其消耗的氧气要大于释放的氧气。所以，应定期除去鱼缸里过多的水草。

在鱼缸里放几块吸水的假山石和晶莹剔透的小石子，金鱼缸里的水则会显得清澈透明，煞是好看。用于鱼缸置景的怪石种类很多，没有特殊要求，可以根据个人的爱好和审美去自行选择。例如南方的笋石、钟乳石、太湖石、珊瑚石以及五颜六色的卵石、芦管石、岩浆石等。

不少人在养金鱼时，每隔1~5天就会换一次水。但是，也有方法可以一两个月都不换水，并且还可以使鱼缸看起来更美。如果在金鱼缸里放养几只田螺，金鱼排出的粪便就会被田螺吃掉，从而使鱼缸净化。这时，若在金鱼缸里养一些水草或苔藓，田螺排放出来的污染物又会被它们所吸收，形成一个能自循环的小生态环境。

（2）鱼缸的位置

因为金鱼的美除了形体外，重要的是颜色，而保证颜色的鲜艳，必须保证鱼体接受强光，否则鱼体色彩将日趋暗淡，而且易染上疾病，所以金鱼喂养处应当光源充足，有紫外线光源就更佳。

如果气温适宜，白天可把鱼缸放置凉台或窗前，保证充分的光照。所以说，掌握适宜金鱼生长的温度和保证其充分的光照，室内养金鱼就有了大的保证。

（3）换水的方法

要经常换水，能增加水中的溶解氧。换水时只能换去三分之一至四分之一，不能一下子换去很多，否则鱼儿不适应。保持水质澄清至为重要。金鱼一旦浮头说明水中缺氧，要及时换水。换水前先将鱼缸洗净。换的自来水要先晾晒4~8个小时，确保自来水中的氯气残留去除，温度与室温一致。水尽量多一点，以保证氧气充足和鱼的活动空间。放个养鱼专用的小型气泵更好。如果没有条件保持鱼缸水温的话，在寒冷的冬日要经常给金鱼足够的日照。①

4. 投饵

金鱼饲养时期的饵料一般有人工饵料和天然饵料两种。投饵一定要严格定时、定量，以保持水质清新。一般说投饵次数以每日 1～2 次为宜，早晚各 1 次，晚上 1 次宜早不宜晚。另外，投饵的时间、次数、数量还应根据以下一些原则来决定：

天气晴朗，日暖风和，水中溶解氧充足，水温适宜时，可适当多投一些饵料。水质清瘦，鱼体食欲较强时，可多投一些饵料。如果鱼体有病，或品种娇嫩珍贵，则应少投一些粗饵料，改投一些精饵料。

要辨别金鱼饥饱和消化吸收情况如何，可根据鱼粪的颜色来分辨。鱼粪呈绿色、棕色或黑色者，表示鱼体摄食适合，吸收良好。如果鱼粪呈白色，则表明鱼食过饱。

5. 不同季节的饲养方法

春季：春天气温适宜，是金鱼的繁殖季节。金鱼的饲养工作主要集中在亲鱼的产卵和仔鱼护理。当水温在 18～22 ℃时，亲鱼会出现相互追逐的繁殖活动。一般在下午或傍晚时，将亲鱼换入新水中，第二天黎明就有产卵活动。临产前的金鱼应饲养在绿水中，以水色水质的稳定来控制亲鱼的性欲活动。产卵完毕后的亲鱼，应饲养在淡绿色的水中，或在清水中掺些绿水，用绿水保持亲鱼的性腺正常发育，一般 7～10 天后可进行第二次产卵。繁殖期间的亲鱼应尽量投喂活饵。

夏季：夏天气温较高，水温多在 25 ℃以上，水中有害细菌、寄生虫明显减少，金鱼很少患病。由于水温过高，水中藻类明显增多，水色转绿时间加快，水中溶氧量减少，这时的饲养工作，重点是防止金鱼中暑和缺氧。中午前后，遮光，可防止水温升高过快，也可给鱼提供一个避暑的地方。夜晚要加强观察，尤其是下半夜 3～5 点左右，是鱼类最易缺氧的时间。遇到严重缺氧的鱼池，要及时兑水、换水或开启充氧设备。

秋季：秋天水温适宜，春季产的幼鱼都已达到成鱼阶段，这时应重点加强投饵，保持观赏鱼体形的肥美，所以催肥工作是秋季的饲养重点。当水温在 18～22 ℃时，是水中有害细菌繁殖旺盛的时候，应加强观察和药物预防，避免观赏鱼的大批发病和死亡。

冬季：冬天气温较低，水温多在 10 ℃以下，观赏鱼的发病率较低。此时鱼类的体长已很难再增加，但鱼类的肥胖度却可增加。饲养重点是保持水质稳定，保证水温不会过低，确保金鱼的健康。

【注意事项】

金鱼是比较难养的观赏鱼，对于水温、水质、水的含氧量及食物都有要求，因此要因具体情况制订养殖的具体方案，特别关注是否有传染病的发生，及时发现问题解决问题。

五、实验结果

成功养活动物一段时间，并观察其生长发育的变化，总结成功养殖的经验。

---

① 王丕浩. 金鱼庭院养殖技术与疾病防控[J]. 江西水产科技，2017(06)：32 - 34.

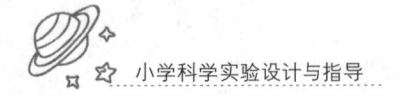

六、讨论与思考

1. 养蝌蚪的过程中,为什么等到蝌蚪长出四条腿就要提供蝌蚪登陆休息的条件?
2. 观察蚕用哪里吐丝,吐丝时应选择怎样的环境?

第三节　生物观察与操作实验

观察是生物学研究的最基本方法,生物学研究观察除了用肉眼,还经常用到不同倍数的放大镜及显微镜。生物的生理特征要在生命活动中呈现,也可通过生化反应表现出来。要能开展生物学实验,掌握最基本的生物实验工具的使用是必要条件。

实验九　光学显微镜的结构与使用方法

光学显微镜是利用光学原理,在普通光线下,把人眼所不能分辨的微小物体放大成像,观察物质细微结构的光学仪器。光学显微镜在细胞生物学、组织学、病理学、微生物学及其他有关学科的教学研究工作中有着极为广泛的用途,是研究人体及其他生物机体组织和细胞结构强有力的工具。因此了解光学显微镜的基本结构,掌握使用方法,是生物实验技能的基本要求。

光学显微镜的种类繁多,外形和结构差别较大,有些类型的有其特殊的用途,如暗视野显微镜、荧光显微镜、倒置显微镜等,但其基本的构造和工作原理是相似的。

一、实验目的

1. 熟悉普通光学显微镜的主要构造及其性能。掌握低倍镜及高倍镜的使用方法。初步掌握油镜的使用方法。
2. 通过学习显微镜的结构与使用方法,培养基本的生物实验技能。
3. 通过学习显微镜的结构与使用方法,培养学生细致严谨的科学态度。

二、实验原理

光学显微镜是如何使微小物体放大的呢? 物镜和目镜的结构虽然比较复杂,但它们的作用都是相当于一个凸透镜,由于被检标本是放在物镜下方的 1~2 倍焦距之间的,上方形成一倒立的放大实像,该实像正好位于目镜的下焦点(焦平面)之内,目镜进一步将它放大成一个虚像,通过调焦可使虚像落在眼睛的明视距离处,在视网膜上形成一个直立的实像。显微镜中被放大的倒立虚像与视网膜上直立的实像是相吻合的,该虚像看起来好像在离眼睛 25 cm 处。放大率或放大倍数是光学显微镜性能的另一重要参数,一台显微镜的总放大倍数等于目镜放大倍数与物镜放大倍数的乘积。

三、实验器材

普通光学显微镜、擦镜纸、香柏油或液状石蜡(石蜡油)、羊毛交叉装片、英文字母或数字的装片、各种动植物组织装片,清洁剂(乙醚7份+无水乙醇3份)、二甲苯。

四、实验步骤

(一) 光学显微镜的基本构造(图6-33)及功能

1. 机械部分

镜筒:为安装在光学显微镜最上方或镜臂前方的圆筒状结构,其上端装有目镜,下端与物镜转换器相连。根据镜筒的数目,光学显微镜可分为单筒式或双筒式两类。

物镜转换器:又称物镜转换盘,是安装在镜筒下方的一圆盘状构造,可以按顺时针或逆时针方向自由旋转。其上均匀分布有3~4个圆孔,用以装载不同放大倍数的物镜。转动物镜转换器可使不同的物镜到达工作位置。

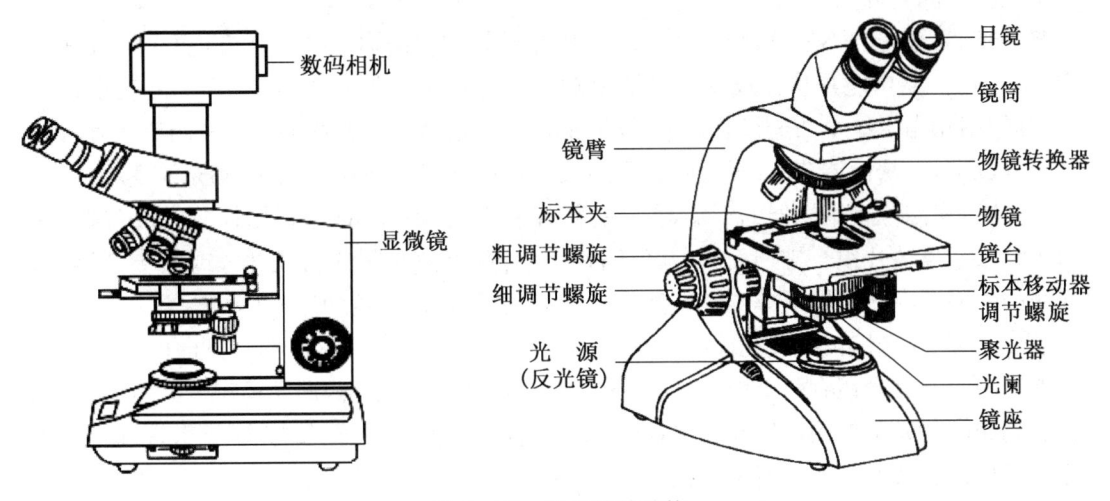

图6-33 显微镜的结构

镜臂:为支持镜筒和镜台的弯曲状构造,是取用显微镜时握拿的部位。

调焦器:也称调焦螺旋,为调节焦距的装置,分粗调螺旋(大螺旋)和细调螺旋(小螺旋)两种。粗调螺旋可使镜筒或载物台以较快速度或较大幅度升降,能迅速调节好焦距使物像呈现在视野中,适于低倍镜观察时的调焦。而细调螺旋只能使镜筒或载物台缓慢或较小幅度升降(升或降的距离不易被肉眼观察到),适用于高倍镜和油镜的聚焦或观察标本的不同层次。一般在粗调螺旋调焦的基础上再使用细调焦螺旋,精细调节焦距。

载物台:也称镜台,是位于物镜转换器下方的方形平台,是放置被观察的玻片标本的地方。平台的中央有一圆孔,称为通光孔,来自下方光线经此孔照射到标本上。在载物台上通常装有标本移动器(也称标本推进器),移动器上安装的弹簧夹可用于固定玻片标本,另外,转动与移动器相连的两个螺旋可使玻片标本前后左右地移动,这样寻找物像时较为方便。

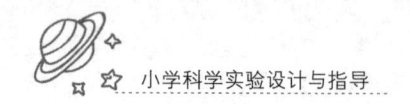

镜座:位于显微镜最底部的构造,为整个显微镜的基座,用于支持和稳定镜体。有的显微镜在镜座内装有照明光源等构造。

2. 光学系统部分

光学显微镜的光学系统主要包括物镜、目镜和照明装置(反光镜、聚光器和光圈等)。

目镜:目镜安装在镜筒的上端,起着将物镜所放大的物像进一步放大的作用。每个目镜一般由两个透镜组成。每台显微镜通常配置2～3个不同放大倍率的目镜,常见的有5×、10×和15×(×表示放大倍数)的目镜,可根据不同的需要选择使用。

物镜:物镜安装在物镜转换器上。每台光学显微镜一般有3～4之个不同放大倍率的物镜,每个物镜由数片凸透镜和凹透镜组合而成,是显微镜最主要的光学部件,决定着光学显微镜分辨力的高低。常用物镜的放大倍数有10×、40×和100×等几种。将90×或100×的称为油镜(这种镜头在使用时需浸在镜油中)。不同的物镜有不同的工作距离。所谓工作距离是指显微镜处于工作状态(焦距调好、物像清晰)时,物镜最下端与盖玻片上表面之间的距离。物镜的放大倍数与其工作距离成反比。当低倍镜被调节到工作距离后,可直接转换高倍镜或油镜,只需要用细调螺旋稍加调节焦距便可见到清晰的物像,这种情况称为同高调焦。

聚光器:聚光器不是每台显微镜都有,其位于载物台的通光孔的下方,由聚光镜和光圈构成,其主要功能是将光线集中到所要观察的标本上。聚光镜由2～3个透镜组合而成,其作用相当于一个凸透镜,可将光线汇集成束。在聚光器的左下方有一调节螺旋可使其上升或下降,从而调节光线的强弱,升高聚光器可使光线增强,反之则使光线变弱。

光圈:光圈位于聚光器的下端,是一种能控制进入聚光器的光束大小的可变光阑。它由十几张金属薄片组合排列而成,其外侧有一小柄,可使光圈的孔径开大或缩小,以调节光线的强弱。在光圈的下方常装有滤光片框,可放置不同颜色的滤光片。

反光镜:反光镜位于聚光镜的下方,可向各方向转动,能将来自不同方向的光线反射到聚光器中。反光镜有两个面,一面为平面镜,另一面为凹面镜,凹面镜有聚光作用,适于较弱光和散射光下使用,光线较强时则选用平面镜,现在有些新型的光学显微镜都自带光源,而没有反光镜;有的二者都配置。

(二)光学显微镜的使用方法

1. 准备

以右手握住镜臂,左手托住镜座,将显微镜从镜箱中取出,放置在实验台的偏左侧,以镜座的后端离实验台边缘约6～10 cm为宜。首先检查显微镜的各个部件是否完整和正常。

2. 低倍镜的使用方法

(1) 对光

转动粗调螺旋,使镜筒略升高,调节物镜转换器,使低倍镜转到对准通光孔的位置,此时可听到轻微的卡扣到位的声音。

打开光圈并使聚光器上升到适当位置。然后用左眼向着目镜内观察,同时调节反光镜的方向(自带光源的显微镜,调节亮度旋钮),使视野内的光线均匀、亮度适中。

(2) 放置玻片标本

将盖玻片面朝上的玻片标本放置到载物台上，用标本移动器上的弹簧夹固定好，然后转动标本，使需要观察的标本部位对准通光孔的中央。

【注意事项】
　　在使用临时装片时，千万不要倾斜镜臂，以免液体或染液流出，污染显微镜。

（3）调节焦距

用眼睛从侧面注视低倍镜，同时用粗调螺旋使镜头下降，直至低倍镜头距玻片标本的距离小于0.6 cm（注意操作时必须从侧面注视镜头与玻片的距离，以避免镜头碰破玻片）。然后用左眼在目镜上观察，同时用左手慢慢转动粗调螺旋使镜筒上升，直至视野中出现物像为止，再转动细调螺旋，使视野中的物像最清晰。

【注意事项】
　　如果需要观察的物像不在视野中央，甚至不在视野内，可用标本移动器前、后、左、右移动标本的位置，使物像进入视野并移至中央。在调焦时如果镜头与玻片标本的距离已超过了1 cm还未见到物像时，应严格按上述步骤重新操作。

3. 高倍镜的使用方法

在使用高倍镜观察标本前，应先用低倍镜寻找到需观察的物像，并将其移至视野中央，同时调准焦距，使被观察的物像最清晰。转动物镜转换器，直接使高倍镜转到对准通光孔，如果视野中见到不太清晰的物像，只需调节细调螺旋，一般都可使物像清晰。如果视野亮度不够，可调节光圈和反光镜。

【注意事项】
　　如果从低倍镜准焦的状态下直接转换到高倍镜时，发生高倍物镜碰擦玻片而不能转换到位的情况，此时不能硬转，应检查镜头是否配套、玻片是否放反、低倍镜的焦距是否调好以及物镜是否松动等情况后重新操作。

4. 油镜的使用方法

用高倍镜找到所需观察的标本物像，并将需要进一步放大的部分移至视野中央。将聚光器升至最高位置并将光圈开至最大。转动物镜转换盘，移开高倍镜，往玻片标本上需观察的部位滴一滴香柏油作为介质，然后在眼睛的注视下，使油镜转至工作状态。此时油镜的下端镜面一般应正好浸在油滴中。小心而缓慢地转动细调螺旋向上调节镜头，直至视野中出现清晰的物像。操作时不要反方向转动细调螺旋，以免镜头下降压碎标本或损坏镜头。

油镜使用完后，必须及时将镜头上的油擦拭干净。操作时先将油镜升高1 cm，并将其转离通光孔，先用干擦镜纸揩擦一次，把大部分的油去掉，再用沾有少许清洁剂或二甲苯的擦镜纸擦一次，最后再用干擦镜纸揩擦一次。

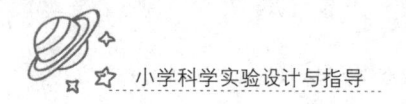

【注意事项】

在使用镜筒直立式显微镜时,镜筒倾斜的角度不能超过45°,以免重心后移使显微镜倾倒。显微镜的光学部件不可用纱布、手帕、普通纸张或手指揩擦,以免磨损镜面,需要时只能用擦镜纸轻轻擦拭。机械部分可用纱布等擦拭。在任何时候,特别是使用高倍镜或油镜时,都不要一边在目镜中观察,一边下降镜筒(或上升载物台),以避免镜头与玻片相撞,损坏镜头或玻片标本。

五、实验结果

按操作规程正确使用显微镜,并看到装片的显微结构。将所观察到的显微结构画出来(或者拍照)。

六、讨论与思考

1. 低倍镜转换高倍镜后,光线变暗,反光镜和光圈应该怎样调节?
2. 为什么使用粗调螺旋下降镜筒时眼睛要看物镜?

实验十　发酵食品的制作

发酵食品在食品加工过程中,由微生物或酶作用,使加工原料发生许多理想的十分重要的生物化学变化及物理变化。常吃的发酵食品主要有谷物发酵制品、豆类发酵制品、乳类发酵制品和水果发酵制品。有些发酵食品中富含苏氨酸等成分,可以防止记忆力减退。有些含多种氨基酸及矿物质,有降低血压、血糖及胆固醇的效果。有些含有丰富的抗血栓成分,有预防动脉粥样硬化、降低血压之功效。

发酵食品使原材料的质地得到了改善,其风味特殊且多样化,营养价值大为提高,产品稳定性提高且便于保存,同时经济价值大大升高。我国民间自古就制作各种发酵品,生活中离不开发酵食品,因此了解和制作发酵食品有利于建立生活经验基础。

一、实验目的

1. 掌握利用微生物发酵制作各种发酵食品的方法。
2. 通过微生物发酵食品,提高生物实验技能,提高思考观察能力。
3. 通过学习发酵食品的方法,形成细致严谨的科学态度及面对困难锲而不舍的精神。

二、实验原理

微生物发酵过程中会产生一些物质,使食物发生质地及风味的变化,有的还会使食品营养更加丰富。

三、实验器材

根据不同的项目需要不同的器材。

四、实验步骤

不同的发酵食品有不同的做法,但是有相同的成功的要点:要注意消毒以避免杂菌感染;为发酵提供合适的条件(温度、湿度、pH、营养、空气等),促使优势菌迅速繁殖;为发酵提供优势菌菌种;准确把握时间,避免发酵不足或者过度。以下介绍几种发酵食品的制作方法。

项目一　酸奶的制作

1. 实验原理

在牛奶中接种乳酸菌,让它们在合适的温度(常用 40~42 ℃)下大量繁殖(发酵),把牛奶中的乳糖分解成乳酸。因为发酵过程中产生的乳酸,发酵液的酸度逐渐下降,当 pH 达到 4.6 左右的时候,牛奶中的酪蛋白就会缓慢地沉降下来,形成细腻的凝冻,整体溶液的黏度也会增加,就形成了酸奶。

2. 实验材料

主料:800~1 000 mL 纯牛奶;配料:1 g 酸奶发酵剂,酸奶机或恒温箱。

3. 操作过程

(1) 牛奶灭菌(可煮沸)晾至 35 ℃左右,或使用灭菌奶。

(2) 根据牛奶的量加入 1 小包酸奶菌粉(一般 500~1 000 mL 牛奶加 1 g),轻轻搅匀。

(3) 放入酸奶机或者恒温箱中恒温发酵 6~10 小时,待观察到牛奶凝固即可。

(4) 做好的酸奶可立即食用,也可放入冰箱冷藏数小时,风味更佳,食用时也可根据个人喜好加入白砂糖或其他果粒果酱调味。

【注意事项】
如果是冰箱冷藏奶,先放置温室再加入菌种,否则发酵时间会大幅度延长;牛奶里加几勺白糖,可以使口感更加细腻(根据个人口感而定)。

项目二　馒头的制作

1. 实验原理

酵母菌在面团中发酵时产生二氧化碳,面团加热后二氧化碳膨胀导致面团膨胀蓬松。

2. 实验材料

主料:面粉 500 g;配料:1 g 酵母粉。

3. 操作过程

(1) 面粉和酵母粉放入盆内(面粉和酵母粉的比例约 500∶1)。

(2) 分次加水搅拌成絮状。

(3) 揉成比较光滑的面团,保鲜膜盖好,放到温暖的地方发酵。

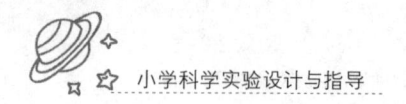

(4)发酵二倍大。

(5)把面团放案板上揉十分钟,醒面十分钟。

(6)再揉十分钟,把面团搓成长条。

(7)切成大小相等的面团。

(8)揉成馒头状,放入锅中,进行二次发酵。

(9)凉水上锅,水开蒸二十分钟,关火。三分钟后揭开锅盖。

【注意事项】

注意发酵时间,不要发酵过度,在面粉中放点糖可以促进发酵,也能使馒头更好吃。

项目三 泡菜的制作

1. 实验原理

泡菜主要是靠乳酸菌的发酵生成大量乳酸而不是靠盐的渗透压来抑制腐败微生物的。泡菜使用低浓度的盐水,或用少量食盐来腌渍各种鲜嫩的蔬菜,再经乳酸菌发酵,制成一种带酸味的腌制品。只要乳酸含量达到一定的浓度,并使产品隔绝空气,就可以达到久贮的目的。

2. 实验材料

主料:萝卜 500 g;配料:盐;器具:泡菜坛子。

3. 操作过程

(1)将要泡的菜洗净风干,切成大块或条(不要太小)。

(2)将清水烧开,避免水中的杂菌干扰发酵。放入适量盐(每 1 公斤水约 80 克盐)放在旁边备用。

(3)用以前的泡菜坛子里的"母水"(有大量的乳酸菌)放在新鲜坛水里,会更容易发酵。如果没有,可以放些冰糖,促进乳酸菌生长。

(4)加入佐料(根据喜好可以放花椒、茴香、白酒等),坛水就制成了。

(5)将准备好的蔬菜入坛腌制。菜要装满,尽量少留空隙,以液面靠近坛口,盐水淹没蔬菜为宜。在坛口周围水槽中注入凉开水,扣上扣碗,放在阴凉处(图 6-34)。

(6)泡菜放的地方注意阴凉,注意保持坛口始终有水,以保证坛中不进空气和细菌。

图 6-34 泡菜

【注意事项】

不同的蔬菜处理的方法不一样,同一种蔬菜也有多种做法,大家可以选取自己熟练掌握的方法制作。

项目四　醪糟的制作

1. 实验原理

甜酒曲中含根霉和酵母菌两种微生物。根霉把淀粉分解成葡萄糖(甜)，酵母菌又将葡萄糖转化成酒精(酒香)。由于酵母菌不能直接利用淀粉，根霉是藻菌纲、毛霉目、毛霉科的一属，能产生糖化酶，将淀粉水解为葡萄糖，根霉在糖化过程中还能产生少量的有机酸(如乳酸)，将蛋白质分解成氨基酸。甜酒曲中少量的酵母菌，则利用根霉糖化淀粉所产生的糖酵解为酒精。这样就制成了香甜可口、营养丰富的甜酒酿。

2. 实验材料

主料：糯米500 g；配料：甜酒曲。器具：恒温箱。

3. 操作过程

(1) 泡米：糯米用清水泡至用手指捏碎后成粉末状时，捞出糯米沥干水分。

(2) 蒸饭：蒸锅中加水烧沸，在蒸架上垫上纱布，再将糯米倒入铺平。加盖用大火蒸约四十分钟。

(3) 混合酒曲：糯米蒸熟后倒在案板上，趁热用筷子把它们拨拉开。晾至不烫手时用手将糯米饭捏散，边捏边浇一点温热水，避免糯米饭黏连。当糯米饭被捏散并有一点温热时，撒入酒曲(酒曲留一点点待用)拌均匀。将拌好的糯米饭装入盆中，在中间挖个窝，再把留下的酒曲撒入。

(4) 发酵：盖上盖子，放入恒温箱保温(30~35 ℃)。放置两天至五天，开盖看看，如果酒窝里有了半酒窝的醪糟汁，就立即取出，揭盖晾凉，再盖上盖子存放一周左右即可食用(图6-35)。

图6-35　甜酒

【注意事项】

要确保每颗糯米饭沾上酒曲。发酵过程要盖上盖子，但并不需要严格隔绝空气。不同的酒曲，生产醪糟的味道有少许区别，甜味型的酒味稍淡。

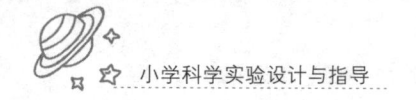

项目五　果醋的制作

1. 实验原理

酵母菌利用糖渍果汁产生酒精,然后继续反应就会转化为醋酸,由于果汁中含有特殊的香味物质和其独特的营养物质,因此不同的水果可产生不同风味的果醋。

2. 实验材料

主料:水果 500 g;配料:酵母菌、糖。器具:恒温箱。

3. 操作过程

(1) 选果、去皮制作糖渍:用以制醋的果实(如苹果、青梅等)要求充分成熟,将果实切片捣碎。将蔗糖与破碎的果实按 1∶1 的比例,一层果子一层糖,置于容器中密封。

(2) 过滤、取汁:将果子及其浸出物用纱布过滤分离,即得到加糖原汁,可溶性固形物含量为 65%～70%。稀释:将原汁按 1 倍重量加 4 倍冷开水,配成可溶性固形物为 16%～18% 的原汁。

(3) 酒精发酵:将稀原汁注入发酵罐中。原汁添加至发酵罐的 4/5。接入 5%～7% 的酵母培养液搅拌均匀,控制温度在 25 ℃左右进行酒精发酵。整个酒精发酵过程约需一周完成,酒精度在 7%左右。

(4) 醋酸发酵:按发酵后原汁量的 1/3 加入醋酸菌母液进行醋酸发酵。发酵温度控制在 30 ℃左右,发酵应在避光条件下进行。发酵前期宜每天搅拌一次,当总酸度不再上升,酒精含量微量时,即为果醋。如储存时间超过一个月,风味更佳。

项目六　腐乳的制作

1. 实验原理

蛋白酶活力很强的根霉或毛霉菌的菌种,在豆腐块上生长直至出现长长的白霉菌丝,接着进行密封贮藏。其间微生物分泌出各种蛋白酶,蛋白酶和附着在菌皮上的细菌慢慢地渗入到豆腐坯的内部,逐渐将蛋白质分解并产生一些风味物质,需要大约经过一个月至半年的时间发酵。

2. 实验材料

主料:老豆腐 500 g;配料:腐乳曲、盐、白酒和密封瓶等。器具:恒温箱。

3. 操作过程

(1) 消除杂菌:将老豆腐切小块平放在笼屉内,蒸 10～15 分钟。

(2) 长霉:豆腐块冷却后,每个面都粘上腐乳曲。放入笼屉内,将笼屉中的温度控制在 15～20 ℃,并保持在一定的湿度。2～4 天后豆腐块表面布满白色菌丝。

(3) 加盐腌制:将长满毛霉的豆腐块每面粘上白酒和盐(喜欢辣味的可适量放辣椒粉及其他香料),分层整齐地摆放在瓶中,接近瓶口表面的盐要铺厚一些。密封保存一个月以上。豆腐块最好浸没在汁液里,如果汁液不够,可加入凉开水或者白酒。

五、实验结果

根据选择的发酵食品项目(可参考教材,也可自选项目,如果醋、腐乳等),制作发酵食品,最终发酵的食品由大家品尝共同评分。

六、讨论与思考

1. 为什么做泡菜时,加入一些老坛酸水更容易成功?
2. 为什么发酵温度和时间的掌握也是发酵成功的关键?

实验十一　植物的无性繁殖

植物不通过精卵细胞结合的方式,而是通过营养器官进行繁殖的方式就是无性繁殖,也叫营养繁殖。植物无性繁殖的方式通常有三种,分别是扦插繁殖、嫁接繁殖和压条繁殖。无性繁殖能够保持母本的优良性状;新植株生长快,可提早开花结实;无性繁殖可以克服种子不足问题,提高生产苗木的成效和繁殖系数;还用于园林植物的造型或古树名木的复壮;无性繁殖方法简单、经济。扦插嫁接压条技术是种植植物的基本技能。

一、实验目的

1. 学习植物的无性繁殖方法,动手进行扦插繁殖或者压条繁殖,初步掌握基本技术。
2. 通过扦插繁殖或者压条繁殖培养生物实验技能,提高发现问题、分析问题和解决问题的能力。
3. 通过学习扦插繁殖或者压条繁殖的方法,培养学生细致严谨的科学态度,和对新生事物探索的欲望。

二、实验原理

植物的营养器官中有些分裂旺盛的细胞可以分化出植物根、茎和叶,形成一个新的植物体,这种繁殖所得的植株性状与母株一致,开花结实年龄提前,可制作各种特殊株型的苗木。

三、实验器材

植株、枝剪、嫁接刀、保鲜膜、塑料袋。

四、实验步骤

下面介绍扦插繁殖、嫁接繁殖和压条繁殖三种无性繁殖方式。

项目一　植物的扦插繁殖

扦插是一种培育植物的常用繁殖方法。可以剪取植物的茎、叶、根、芽等,或插入土中、沙中,或浸泡在水中,等到生根后就可栽种,使之成为独立的新植株。

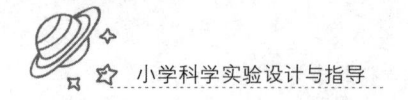

1. 扦插繁殖的原理

根据枝插时不定根生成的部位，将植物插穗生根类型分为皮部生根型、潜伏不定根原始体生根型、侧芽（或潜伏芽）基部分生组织生根型及愈伤组织生根型四种。

(1) 皮部生根型。植物在正常情况下，随着枝条的生长，由于形成层进行细胞分裂，与细胞分裂相连的髓射线逐渐增粗，向内穿过木质部通向髓部，从髓细胞中取得养分，向外分化逐渐形成钝圆锥形的薄壁细胞群。这些薄壁细胞群称为根原始体。在适宜的环境条件下，经过很短的时间，就能从皮孔中萌发出不定根。

(2) 潜伏不定根原始体生根型。植物的枝条在脱离母体之前，形成层区域的细胞即分化成为排列对称、向外伸展的分生组织，其先端接近表皮时停止生长、进行休眠，这种分生组织就是潜伏不定根原始体。只要给予适宜生根的条件，根原始体就可萌发生成不定根。

(3) 侧芽（或潜伏芽）基部分生组织生根型。植物插穗侧芽或节上潜伏芽基部的分生组织在一定的条件下，都能产生不定根。如果在剪制插穗时，下剪口能通过侧芽（或潜伏芽）的基部，使侧芽分生组织都集中在切面上，则可与愈伤组织生根同时进行，更有利于形成不定根。

(4) 愈伤组织生根型。任何植物在局部受伤时，受伤部位都有产生保护伤口免受外界不良环境影响、吸收水分养分、继续分生、形成愈伤组织的能力。愈伤组织及其附近的活细胞在生根过程中，由于激素的刺激非常活跃，从生长点或形成层中分化产生出大量的根原始体，最终形成不定根。

一种植物的生根类型并不限于一种，有的几种生根类型并存于一种植物上。例如黑杨、柳等，四种生根型式全具有，这样的植物就易生根。而只具一种生根型的植物，尤其如愈伤组织生根型，生根则具有局限性。

2. 操作步骤

(1) 准备插床

扦插的插床可因地制宜，各种盆、木箱、塑料箱等都可以。该类容器作插床时下部都要垫放排水物，底部有孔或裂缝排水的可少放一些。

(2) 准备扦插基质

一般种类使用的扦插基质要求疏松通气，不含未腐熟的有机质，也不要含盐类。常用的有河沙、蛭石、珍珠岩、素沙土、草炭土、锯末等。无论哪种基质都应干净、颗粒均匀、中等大小，插床内基质一般不要铺得太厚，否则不利于基质温度提高，影响生根。

(3) 叶插

凡能用于叶插的种类大多具有肥厚的叶片，但很多种类叶片虽然肥厚，但叶柄和叶的任何部位都不能产生不定芽。因此，能进行叶插的仅限于几个科的种类。作为插穗的叶片一定要待其生长充实后取下。

叶插可分为全叶插和片叶插。全叶插是用完整的叶片扦插。有的种类是平置于扦插基质上，而有的要将叶柄或叶基部浅埋入基质中，叶片直立或倾斜都可以。叶片平置于基质中（图6-36）发根的种类主要有风车草、神刀、厚叶草、玉米石和翡翠景天等。将叶片插入基质发根的种类主要有沙鱼掌属和十二卷属等种类，还有石莲花属和莲花掌属等少数种类。

图 6-36　多肉叶插

片叶插是将叶片分切成数段分别扦插。如龙舌兰科的虎尾兰属种类,可将壮实的叶片截成 7~10 厘米的小段,略干燥后将下端插入基质。

（4）茎插

茎插适用的种类最多,凡是柱状、鞭状、带状和长球形的种类,都可以将茎切成 5~10 厘米不等的小段,待切口干燥后插入基质,插时注意上下不可颠倒。叶多肉植物株形过高时,可截断扦插,基部或叶腋间生出的幼芽也可扦插。切记:扦插时,上端切口要水平,降低蒸腾作用强度,减少水分蒸发;下端截口需要截成斜面,因为这样可以增加汲取水分的面积;还有要带几片叶子,因为植株要进行光合作用来制造有机物（图 6-37）。

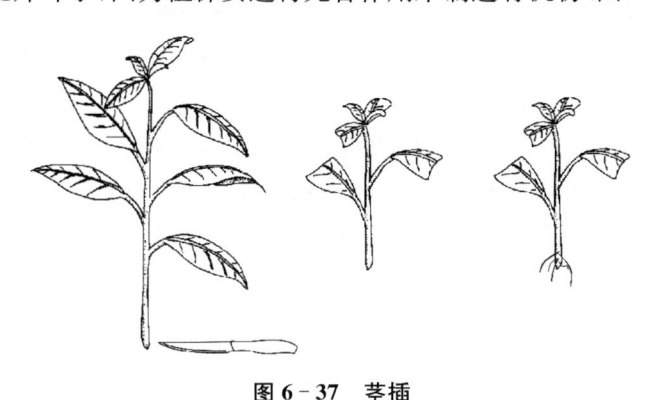

图 6-37　茎插

【注意事项】

扦插育苗过程是一个复杂的生理过程,影响因素不同,成活难易程度也不同。不同植物、同一植物的不同品种、同一品种的不同个体生根情况也有差异。这说明在插穗生根成活上,既与植物种类本身的一些特性有关,也与外界环境条件有关。如插穗本身的遗传特点、母树及枝条的年龄、枝条着生的位置及生长发育情况、插穗的长度及留叶面积等。

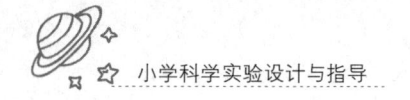

项目二 嫁接繁殖

嫁接是指有目的地将一株植物上的枝或芽,接到另一株植物的枝或根上,使之愈合生长在一起,形成一个新植株的方法。

通过嫁接培育出的苗木称嫁接苗。用来嫁接的枝或芽叫接穗或接芽。承受接穗的植株叫砧木。

嫁接苗可以保持接穗品种的优良性状。可以利用砧木特性提高适应性和抗逆性。还可以利用砧木使品种树体矮化或乔木化。其繁殖系数大,便于在生产上大面积推广种植。

1. 嫁接成活的原理

利用砧、穗双方的形成层和分生细胞能产生愈伤组织,并使两者愈合在一起的特性,通过嫁接使砧、穗生长在一起,形成一个新的植株。

【注意事项】

一般亲缘关系越近,亲和力越强。同种或同品种间的亲和力最强。砧、穗不亲和或亲和力低的表现:愈合不良;生长结果不正常;生长衰弱,果实肉质变劣、畸形;砧穗生长不协调;嫁接后若干年表现严重不亲和。

2. 实验准备

嫁接成败与气温、土温及砧木与接穗的活跃状态有密切关系。要根据树种特性,方法要求,选择适期嫁接。雨季、大风天气嫁接都不好。一般时期:形成层活跃期。露地主要有春季、夏季、秋季,设施条件下一年四季均可。嫁接温度一般以 20~25 ℃为宜。愈伤组织的形成需要较高的湿度、充足的氧气以及稍微遮阴的条件。

砧木依据下列条件选择:与接穗有良好的亲和力;对接穗生长、结果有良好影响;对环境条件适应能力强;资源丰富,易繁殖。

接穗应从良种母本园或经鉴定的营养繁殖系的成年母树上采集;母树应生长健壮,具备丰产、稳产、无疾病、优质的性状。接穗本身必须生长健壮充实,芽饱满。秋季嫁接,用当年生的发育枝;春季嫁接,多用一年生的枝条;夏季嫁接,用当年生新梢。

【注意事项】

选择实验的季节是成功关键因素之一。枝接的时期一般在早春树液开始流动,芽尚未萌动时为宜。北方落叶树在 3 月下旬至 4 月下旬,南方落叶树在 2~4 月份。常绿树在早春发芽前及每次枝梢老熟后均可进行。北方落叶树在夏季也可用嫩枝进行枝接。芽接的时期可在春、夏、秋三季进行,但一般以夏、秋芽接为主。

3. 操作方法

嫁接按材料不同可分为芽接和枝接。

（1）芽接

凡是用一个芽片作接穗的嫁接方法称芽接(图 6-38)。其优点是操作方法简便,嫁接速度快;砧木和接穗的利用都经济;嫁接容易愈合,接合牢固,成活率高;成苗快,适合于大量繁殖苗木;适宜芽接的时期长。

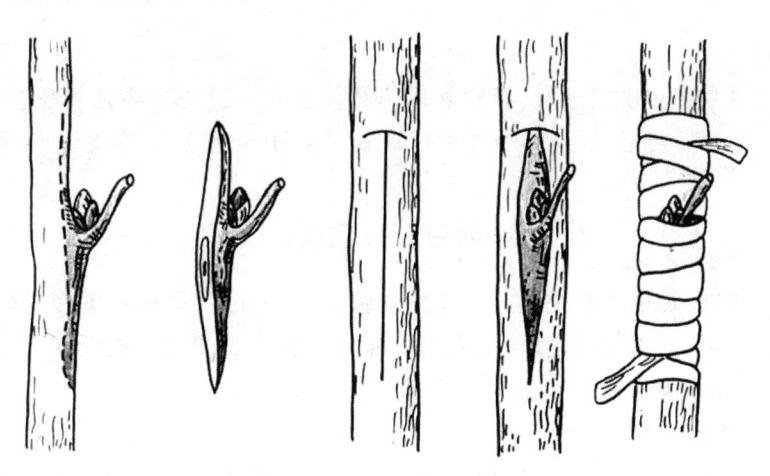

图 6-38 芽接

在砧木选择茎杆光滑的地方,横切一刀,深度以切断砧木皮层为度,再从横切处中间垂直向下切一刀,长 1.3～1.5 厘米,这样便形成一个"T"形切口。用芽接刀挑开砧皮,待插芽。

选用当年生充实健壮的枝条做接穗,剪去枝条上的叶片,保留叶柄。在芽的上面 0.3～0.4 厘米处,用芽接刀横切一刀,深达木质部,再在芽的下方 1 厘米处向上斜削一刀,深达木质部,削到与芽上面的切口相遇。取下盾形的芽片,内稍带一点木质部。

先挑去芽片内的木质部,保留芽及韧皮部,以输送养分和水分。将芽片立即插入砧木,注意芽片上端皮层要紧靠,最后用先前挑开的砧木皮层覆盖接芽。

用塑料带从上绑缚,逐渐向下缠,露出芽和叶柄,其他处不要留缝隙。绑扎要松紧适度,不要压伤芽片。

【注意事项】
芽接一段时间后,用手轻轻碰触叶柄,如一碰即落,就有成活的可能性,只要以后芽口保持鲜绿,就有成活的希望。如碰不落,芽片干枯,说明嫁接失败,可进行补接。

(2) 枝接

把带有 1～3 个芽的枝条接到砧木上称枝接(图 6-39)。其优点是成活率高,嫁接苗生长快。在砧木较粗、砧穗均不离皮的条件下多用枝接。

嫁接时,从母树上选取 1～3 个芽枝条一段,作为接穗,基部削成与砧木切口易于密接的削面,插入中间劈开的砧木切口中,用塑料

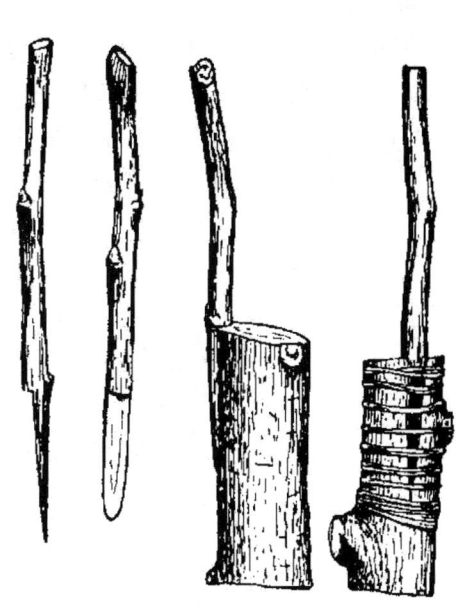

图 6-39 枝接

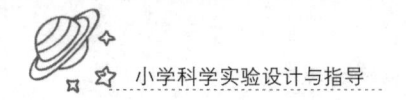

膜绑好,使之接合成活为新植株。

> 【注意事项】
> 　　枝接主要是在休眠期进行,多在春季。枝接在愈合过程中要注意保持适当的温度和湿度。注意不要碰动接穗,枝接的时期较芽接短,但接后长得快,当年可成苗。

项目三　压条

压条又称压枝,是植物利用茎进行无性繁殖的一种方式;将植物的枝、蔓压埋于湿润的基质中,待其生根后与母株割离,形成新植株的方法。成株压条成活率高,多在用其他方法繁殖困难,或要繁殖较大的新株时采用。

1. 压条成活的原理

压条前一般在芽或枝的下方生根部位刻意划伤后埋压于介质中。茎受伤后,形成层的细胞加速分裂,而埋压处遮光湿润的条件有利于根原始体的形成,伤口处可聚集来自叶片和枝条供给的糖、生长素及其他物质,同时,连接着的母体可保证水分供应,在这些因素综合作用下,可促进不定根的形成和生长。

2. 实验准备

压条繁殖的植物一般都是木本或者木质藤本,不限于其生根能力,因此选用范围非常广。

所需器材:嫁接刀,塑料袋(最好不透光),透气性好的沙土、珍珠岩、蛭石、椰糠等(其中1种或者2种以上混合)。

3. 操作步骤

根据植物的高矮及植物枝条的柔软程度,可选择地面压条和高空压条。

(1) 地面压条(图6-40)

可利用1~2年接近地面较为柔软的枝条。在准备压条的植株附近挖一深10~15厘米的沟,沟底施肥、深翻,使土壤疏松(可在土壤中掺杂透气性好的沙土、珍珠岩、蛭石、椰糠等其中一种增加透气性)。然后将留用压条的枝条下部刻伤处理后(也可进行韧皮部环切),为了促进生根,可用点生根粉,水平压在沟底,并用木杈或铁钩固定后,盖上4~5厘

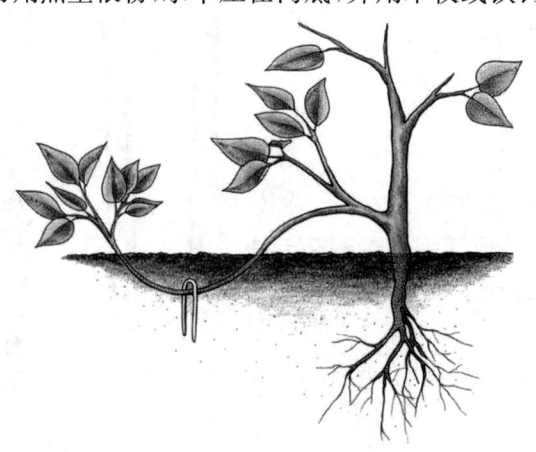

图6-40　地面压条

米厚的土,土壤要踩实,保持湿润,以利发芽生根。下部节上生长新根切断成独立植株,可以成为移栽苗木。

(2) 空中压条

空中压条(图6-41)也称高枝压条。较高的木本植物,枝条不易弯曲的花木,在生长旺季,挑选发育充实的2年生枝条,在其适当部位进行环状剥皮,如果在伤口涂抹一些生长激素,可促进生根,然后用塑料袋装入泥炭土、山泥、椰糠、沙土、青苔等,包裹住枝条,浇透水,将袋口包扎固定,以后及时供水,保持培养土湿润。待枝条生根后自袋的下方剪离母体,去掉包扎物,带土栽入盆中,即成新的植株。

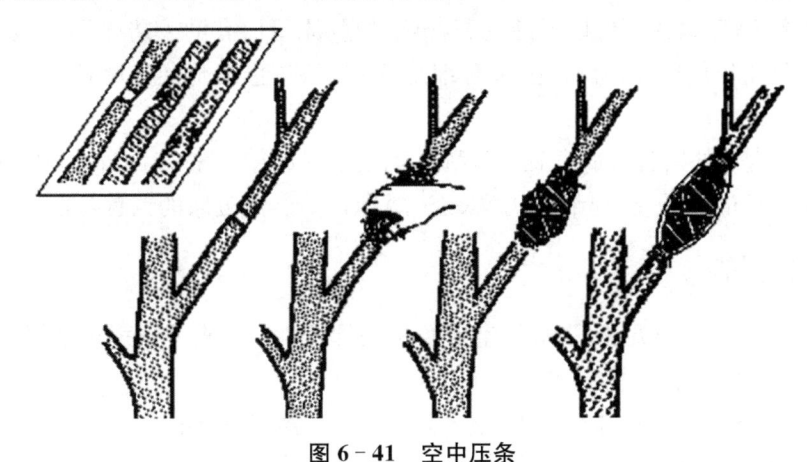

图6-41 空中压条

【注意事项】
虽然压条适用于几乎所有木本植物,但其成活时间各有不同,大家尽量选择容易生根的种类,根据具体情况需要选用合适浓度的生根激素,促使实验周期缩短。

五、实验结果

每种植物的无性繁殖的操作细节都不一样,大家参考基本操作步骤,自行查找资料,针对不同的植物,自己制订合适的方案,实验成功后,总结探究出最佳方案。

扦插和压条植物成活的标准是长出根系和新的茎叶。嫁接成活的标准是接穗部分长出新的茎和叶。

六、讨论与思考

1. 怎样的植物适合使用扦插的方法繁殖,为什么?
2. 为什么多肉植物叶插时容易烂叶,避免烂叶有哪些方法?

实验十二　用高锰酸钾比较维生素C的含量

维生素C又叫L-抗坏血酸,是一种水溶性维生素。严重缺乏维生素C会导致"坏血病"(维生素C缺乏病)。维生素C的功效非常多,除了治疗坏血病,还可促进胶原蛋白的合成,强壮骨骼、加强血管和韧带弹性;可促进胆固醇的排泄,防止胆固醇在动脉内壁沉积;维生素C具有还原性,能防止自由基对人体的伤害;使难以吸收利用的三价铁还原成二价铁,促进肠道对铁的吸收,提高肝脏对铁的利用率,有助于治疗缺铁性贫血;维生素C能提高人体的免疫力,甚至可以辅助抗癌,丰富的胶原蛋白有助于防止癌细胞的扩散;维生素C的抗氧化作用可以抵御自由基对细胞的伤害,防止细胞变异;阻断亚硝酸盐形成强致癌物亚硝胺。

通过简单直观的实验可以直观了解哪些蔬菜水果的维生素C含量高,哪些摄取途径能减少维生素C的流失,有利于建立健康的生活理念,养成健康的饮食习惯。

一、实验目的

1. 学习定量滴定的方法;了解维生素C的还原特性。大致了解蔬菜水果中维生素C的含量。
2. 通过学习定量滴定的方法,培养学生基本的生物实验技能。
3. 通过学习定量滴定的方法,培养学生细致严谨的科学态度。

二、实验原理

维生素C具有还原性,能将强氧化剂高锰酸钾还原,导致高锰酸钾褪色。通过比较对高锰酸钾的褪色能力,比较水果中的维生素C含量。

三、实验器材

水果、蔬菜、天平、烧杯、试管、滴管、研钵、量筒。

四、实验步骤

(1) 将每种水果称10克,将水果在研钵中研碎,加入15毫升水搅匀,过滤出果汁液体。
(2) 将果汁慢慢滴入装有高锰酸钾溶液的试管中,注意边滴边摇,直到高锰酸钾溶液褪色,记录结果(图6-42)。

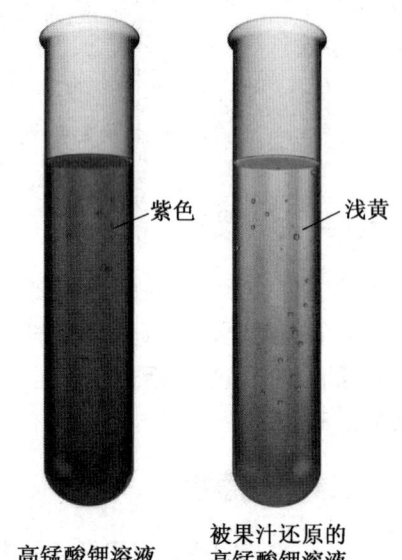

图6-42　高锰酸钾及其被果汁褪色的溶液

【注意事项】
  如果所对比的水果能直接挤出原汁,可以不用称量。如果对比的水果中有不能挤出原汁的,要称量同等重量的水果,加同量的水进行研磨。由于维生素C容易在空气中被氧化,要注意统一暴露在空气中的时间。

五、实验结果

水果名称							
滴入果汁的滴数							

  分析实验结果是否符合预期,如果实验结果与预期差异较大,分析原因。

六、讨论与思考

1. 为什么多数果实的果皮维生素C的含量比果肉高?
2. 比较果肉和果汁中维生素C的含量,应该怎样操作?

实验十三 用酸碱测定植物中是否含有花青素

  花青素是自然界一类广泛存在于植物中的水溶性天然色素,属类黄酮化合物。它也是植物花瓣中的主要呈色物质,水果、蔬菜、花卉等五彩缤纷的颜色大部分与之有关。花青素存在于植物细胞的液泡中。在植物细胞液泡不同的pH条件下,使花瓣呈现五彩缤纷的颜色,尤其是植物红色、紫色、蓝色及黑色部位常常含有丰富的花青素。
  花青素是有效的抗氧化剂,花青素不但能防止皮肤皱纹的提早生成,还可维持正常的细胞联结、血管的稳定、增强微细血管血液循环、提高微血管和静脉中血液流动,进而促进皮肤的愈合。花青素能够防止紫外线侵害皮肤,消除眼睛疲劳,延缓脑神经衰老等。
  通过简单的验证方法,验证各种食材中的花青素,可以帮助我们了解哪些食物具有花青素,也可以帮助我们简单鉴别染色的伪劣食物,比如染色黑米、黑枸杞等。

一、实验目的

1. 了解花青素在酸碱环境下的颜色变化,了解常见的富含花青素的食物。
2. 通过实验提高实验操作技能。
3. 将实验结果拓展到生活应用中,形成科学来源于生活、服务生活的意识。

二、实验原理

  花青素在酸性条件下显示红色,碱性条件下显示蓝色,中性条件下显示紫色,由此检

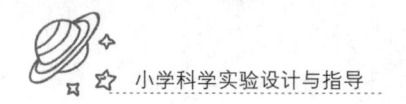

测植物在酸碱环境下是否有颜色变化来测定是否含花青素。

三、实验器材

自己在生活中找到的相关植物富含花青素的部位、研钵、乙酸溶液、小苏打溶液、试管、滴管、定性滤纸。

四、实验步骤

(1) 将植物的各种器官分别放到研钵中加入少量水研碎。

(2) 将研出的汁液分别滴 3 滴到定性滤纸上。

(3) 分别在 2 滴有色汁液处滴上小苏打溶液和乙酸溶液,比较这 2 滴的颜色变化及与原色的不同(图 6-43)。

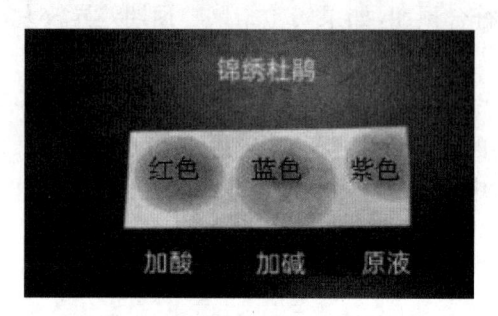

图 6-43 用酸碱鉴定花青素

五、实验结果

将做完实验的滤纸贴在实验结果处,列表格总结实验结果。

植物名称及检测部位	原来的颜色	碱性反应后的颜色	酸性反应后的颜色

分析实验结果,颜色变化是否是蓝、紫、红的变化,如果不是典型的颜色变化,分析原因。

【注意事项】

用于鉴定的植物应显示出蓝色、紫色、红色或黑色。操作过程中应掌握规范的研磨方法。分析实验结果应注意到其他植物色素的干扰作用。

六、讨论与思考

1. 为什么有些植物的汁液呈现的酸碱颜色变化不是典型的红紫蓝的变化?
2. 怎样鉴定黑米是染色的还是天然的?

第七章
地球与宇宙科学相关实验的设计与指导

扫码查看
本章资源

本章导读

地球与宇宙科学领域的研究对象大多是自然事物或现象发生现场或发展过程,其研究条件是无法重复和重建的,需要借助模拟实验、图解、演示等途径形象地呈现。本章节的实验主题有行星地球类、地质地貌类、气象气候类和土壤类实验。这些实验的过程及实验现象为学习者的抽象逻辑思维提供具体事物,为理解现象背后物质的转变规律提供支持。通过对这些实验项目的实践训练,将充分认识物质的组成、结构、性质及其应用,加深对地球与宇宙科学领域相关知识的理解。

第一节　行星地球类实验

实验一　天球仪的构造和使用

天球仪是用来表述各种天体坐标和演示天体视运动的天球模型,它将主要天体的视位置投影到球面上,而使其与实际星空相吻合。因此,天球仪可作为缩小了的星空、一幅立体星图。用天球仪可以演示天体的视运动和任意日期与时刻的星空,帮助初学者认星,了解星空变化的规律,还可以在上面直接读取各种天球坐标值,并演示天球的视运动。

一、实验目的

1. 掌握天球仪的构造,了解天球的各种坐标和天体的相对位置,提高观察能力和探究实践能力。
2. 掌握天球仪的使用操作,学会在天球仪上演示天球的视运动,增强空间想象能力。

二、预习要点

天球和天球坐标。

三、实验原理

1. 天球仪的构造

天球仪由天球、地平圈、子午圈和支架四部分组成。如图7-1所示。

天球是主体部分,通常为透明球体,其球体直径根据教学需要而定。天球球面上标有亮星的位置、星名、国际通用的星座;此外,天球球面上还标有天赤道、赤经圈、赤纬圈和黄道圈等基圈和辅圈。天赤道是赤纬圈中的唯一大圆,在其周长上通常每隔15°标注有一条赤经圈。和天赤道斜交约23°26′的大圆为黄道圈,两圈的交点为春分点和秋分点,表示一年中太阳在黄道上的位置。因此在天球仪上可以读取天体的赤道坐标和黄道坐标。

图7-1 天球仪

天球仪的中间轴代表天轴,其与球面的交点为南天极和北天极。天轴两端有轴承,装在天球仪的竖直圆环(竖环)上,竖环代表子午圈,实验时可以根据观测点的地理纬度调节天极的高度。子午圈是通过天极固定在天球上并与天赤道垂直的大圆,子午圈与天赤道正交,上面刻有自天赤道到两极0°~90°的刻度,刻度数值与赤纬圈的度数相对应,可以在子午圈上读取任意天体的赤纬。子午圈的最高点是天顶,与之对应的最低点是天底。天顶和天底连线即测点的铅垂线。天子午圈决定了正南正北的方向原点,是量度方位的基准。

天球仪上与子午圈垂直的水平圆环代表地平圈,地平之上即为天穹。子午圈与地平圈的两交点为南点与北点,天赤道与地平圈的两交点为东点和西点,合称为四方点,代表地平的四个方位。地平圈上自南点,由东向西标有0°~360°的刻度,表示地平经度(方位)。通常来说,一个装置正确的天球仪必须满足以下条件:天赤道与地平圈相交的两点分别通过正东、正西两点;东西两点与子午圈南点均相距90°。

2. 天球仪的使用校正

演示天体在当时当地的视运动,须将天球仪调整到与观察者赤道坐标系相符合的位置,这种调整叫作天球仪的校正。

(1) 方位校正:移动天球仪,使天球仪上的方位与当地的实际方位相重合。使地平圈上所注的东南西北四个正方位和当地实际方位相符合。这样天球仪上的子午圈就和实际天球子午圈相一致了。

(2) 纬度校正:天极的地平高度等于当地的纬度,只要转动子午圈,使天极(观察者在北半球上是北天极,在南半球是南天极)高度等于当地的地理纬度即可。经过纬度校正后,能使天球仪正确显示地面上某点的观测者所见的星空,可在天球仪上演示天体在当地周日运动的一般情况:在地平圈上使天球往西方向旋转。

(3) 时间校正:由于星空除随观测地点而异外,还随观测时间而变化。要使天球仪上的星空与观测时间的星空相符合,首先在黄道上找到当日视太阳的位置,并将当日视太阳置于午圈下(此时即显示该日正午的星空),然后按照正午前一小时向东转15°,正午后一小时向西转 15°的比例,转动天球仪,调整到观测时刻。此时,出现在地平圈以上的星空,就是当地可观测的星空。

四、实验材料

天球仪、圆规、橡皮泥等。

五、实验步骤

(一) 利用天球仪求算天体的位置操作步骤

1. 读取恒星赤经和赤纬的近似值

(1) 在天球仪上找到所要确定的恒星;

(2) 将它转到午圈的下面,在天赤道上读出它的赤经值,在午圈上读出它的赤纬值(表7-1)。

表7-1 读取恒星赤经和赤纬的近似值

星名	北落师门	五车二	天狼星	心宿二	织女一	轩辕十四
赤经						
赤纬						

2. 已知赤经和赤纬找出某恒星

(1) 按已知赤经值在天赤道上找出它所在的赤经线,转动天球仪,使其位于午圈下边;

(2) 在午圈上找出已知赤纬度数,则刻度下边的星就是要找的某星(表7-2)。

表7-2 已知赤经和赤纬找出某恒星

赤经	04h35m	05h14m	07h38m	07h44m	19h50m	20h41m
赤纬	+16°26′	−8°13′	+05°17′	+28°01′	+08°49′	+45°12′
恒星名						

3. 读取某日的太阳黄经、赤经和赤纬的近似值

(1) 在黄道上找到某日的点,该点即太阳某日在天球上的视位置,可直接在黄道上读出太阳的黄经值;

(2) 按读取恒星赤经、赤纬的方法读得太阳的赤经和赤纬(表7-3)。

表7-3 读取某日的太阳黄经、赤经和赤纬的近似值

日期	3月21日	6月22日	9月23日	12月22日
黄经				
赤经				
赤纬				

（二）利用天球仪验证天体视运动操作步骤

1. 演示太阳升落地平过程

（1）按照观测者所在的地理纬度调整天极高度。

（2）在黄道上确定某日太阳所在的位置。

（3）将该日太阳置于午圈之下，在午圈上读出太阳的上中天高度。

（4）转动天球仪，使太阳位于地平圈上，此时太阳位置即日出点（在东方）或日没点（在西方）。这两点的方位角，即日出（或日没）的方位角。

（5）从天赤道上计算日出点在天赤道上的投影与午圈之间的间隔时数，即上午时间长度，将其乘以2即可得到昼长。12 h减去上午时间长度，即日出的地方视时，再加上上午时间长度，便可得出日没的地方视时；经过时差和经度差的改正后，可得太阳出没的标准时。

（6）求出长沙（28°12′N，112°59′E）在12月22日和6月22日日出和日没时刻（北京时）、方位、正午太阳高度和昼长。

2. 演示天体周日视运动

经过纬度订正以后，即可在天球仪上演示天体在当地周日运动的一般情况。绕转时，要摆正天球仪方位，使天球缓慢转动。可选取几个特殊纬度（如 $\varphi=90°$）和几个恒星作为代表说明问题。

> 【注意事项】
> 由于观测者是在天球外观察天球仪所演示的天象，因此用天球仪所模拟的天象与观测者实际从天空中看到的天象是相反的，但这并不影响利用天球仪验证天体视运动等作用。
> 在天球仪上演示天体周日视运动时，由于地球自转方向为自西向东，因此在地平圈上要使天球绕天轴往西方向旋转。

3. 验证天体周年视运动

（1）在黄道上任取一点（如春分点）贴上红色橡皮泥，作为第一天的太阳视位置，并把它转到子圈位置（下中天位置）；

（2）在午圈下面天球上贴上另一颜色橡皮泥表示某颗恒星，表明子夜时该星位于午圈上；

（3）太阳在黄道上每天东移1°的演示，在黄道上原太阳以东再贴上红色的橡皮泥表示第二天的太阳的位置；

（4）把第二天的太阳的视位置再转到子圈位置，可以看到第一天子夜时刻位于子圈上的恒星已经明显向西偏离了。

（5）使太阳前后两次的太阳视位置依次相距90°、180°、270°、360°，作同样的演示，清晰的四季星空变化就验证了天体的周年视运动。

六、讨论与思考

1. 下载Celestia（星空遨游）软件，下载网址：https://celestia.space/。利用Celestia

软件观察太阳周日视运动。

2. 中国古代的天文学与日常生活密切相关，人们通常使用天文仪器来观测星空。请查阅资料，寻找中国古人仰望星空时借助的仪器分别有哪些？整理出这些仪器的用途。

实验二 星空观测和行星的辨认

晴朗的夜晚，如果通宵不眠，就可巡视整个星空，能看到恒星的东升西落，也就是天体的周日视运动现象。星空每晚都在移动，某天午夜看到的星空图案要在整整一年以后才会完全重现，由于太阳周年视运动和天体周日视运动，在不同季节的同一时间所观测到的星空也不相同。人们把每一季节内各月份夜间所观测到约3 000颗星的那一部分星空，即与太阳赤经相差180°附近的星空称为该季节星空。随观测者所在纬度不同，所观测到的星空也不相同，四季星空，就是指不同季节的特定时刻所见到的星空，可用天球仪或活动星图或电子星图予以显示。

一、实验目的

1. 通过星空观测，认识天空中主要星座和亮星及其相对位置，了解星星的分布格局，提升空间想象与分析能力；

2. 掌握星空指示的时间、方向、变化规律和四季星空，学会寻找不同季节的主要星座，提高观察能力和总结归纳能力。

二、预习要点

星空季节变化及其成因。

三、实验原理

1. 星空分布

国际天文学联合会将全天分为88个星座（表7-4），每个星座占据了天球上的一个区域（图7-2），由若干颗星星构成，通常以动物或器物的名字命名，比如大犬座、宝瓶座等。根据星座在天球上的分布情况，天文学家又将整个天区划分成五大区域，即北天拱极星座（5个）、北天星座（19个）、黄道十二星座、赤道带星座（10个）、南天星座（42个）。

表7-4 星座表

符号	拉丁名	中文名	亮星数	符号	拉丁名	中文名	亮星数
And	Andromeda	仙女	100	Aqr	Aquarius	宝瓶	90
Ant	Antlia	唧筒	20	Aql	Aquila	天鹰	70
Aps	Apus	天燕	20	Ara	Ara	天坛	30

续表

符号	拉丁名	中文名	亮星数	符号	拉丁名	中文名	亮星数
Ari	Aries	白羊	50	Gru	Grus	天鹤	30
Aur	Auriga	御夫	90	Her	Hercules	武仙	140
Boo	Bootes	牧夫	90	Hor	Horologium	时钟	20
Mic	Microscopium	显微镜	20	Hya	Hydra	长蛇	130
Cam	Camelopardalis	鹿豹	50	Hyi	Hydrus	水蛇	20
Cnc	Cancer	巨蟹	60	Ind	Indus	印第安	20
CVn	Canes Venatici	猎犬	30	Cae	Caelum	雕具	10
CMa	Canis Major	大犬	80	Lac	Lacerta	蝎虎	35
CMi	Canis Minor	小犬	20	Leo	Leo	狮子	70
Cap	Capricornus	摩羯	50	LMi	Leo Minor	小狮	20
Car	Carina	船底	110	Lep	Lepus	天兔	40
Cas	Cassiopeia	仙后	90	Lib	Libra	天秤	50
Cen	Centaurus	半人马	150	Lup	Lupus	豺狼	70
Cep	Cepheus	仙王	60	Lyn	Lynx	天猫	60
Cet	Cetus	鲸鱼	100	Lyr	Lyra	天琴	45
Cha	Chamaeleon	蝘蜓	20	Men	Mensa	山案	15
Cir	Circinus	圆规	20	Mon	Monoceros	麒麟	85
Col	Columba	天鸽	40	Mus	Musca	苍蝇	30
Com	Coma Berenices	后发	50	Nor	Norma	矩尺	20
CrA	CoronaAustrina	南冕	25	Oct	Octans	南极	35
CrB	Corona Borealis	北冕	20	Oph	Ophiuchus	蛇夫	100
Crv	Corvus	乌鸦	15	Ori	Orion	猎户	120
Crt	Crater	巨爵	20	Pav	Pavo	孔雀	45
Cru	Crux	南十字	30	Peg	Pegasus	飞马	100
Cyg	Cygnus	天鹅	150	Per	Perseus	英仙	90
Del	Delphinus	海豚	30	Phe	Phoenix	凤凰	40
Dor	Dorado	剑鱼	20	Pic	Pictor	绘架	30
Dra	Draco	天龙	80	Psc	Pisces	双鱼	75
Equ	Equuleus	小马	10	PsA	Piscis Austrinus	南鱼	25
Eri	Eridanus	波江	100	Pup	Puppis	船尾	140
For	Formax	天炉	35	Pyx	Pyxis	罗盘	25
Gem	Gemini	双子	70	Ret	Reticulum	网罟	15

续表

符号	拉丁名	中文名	亮星数	符号	拉丁名	中文名	亮星数
Sge	Sagitta	天箭	20	Tri	Triangulum	三角	15
Sgr	Sagittarius	人马	115	TrA	Triangulum Australe	南三角	20
Sco	Scorpius	天蝎	100	Tuc	Tucana	杜鹃	25
Scl	Sculptor	玉夫	30	UMa	Ursa Major	大熊	125
Sct	Scutum	盾牌	20	UMi	Ursa Minor	小熊	20
Ser	Serpens	巨蛇	60	Vel	Vela	船帆	110
Sex	Sextans	六分仪	25	Vir	Virgo	室女	95
Tau	Taurus	金牛	125	Vol	Volans	飞鱼	20
Tel	Telescopium	望远镜	30	Vul	Vulpecula	狐狸	45

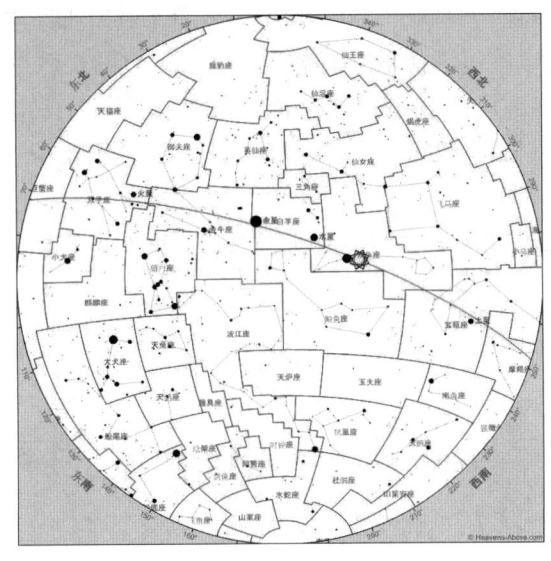

图 7-2 星空分布图

2. 星空变化规律

（1）由于地球自转，产生了星空的周日变化，即恒星在同一天中不同时刻的方位和高度有所不同。

（2）由于地球公转，产生了星空的周年变化，地球每日东移 1°相对于星空则每日西移 1°，需 4 分钟，即恒星的升降每日提前 4 分钟，一个月提前 2 小时，一年后重归原位。

（3）不同纬度观测者所能观测到的星空区域因地理纬度的差异而不同。两极地方，只能见到半个天球的星，赤道地区，可见全天球的星。纬度越低可见到的星越多。其他纬度地方（例如，地理纬度为 φ 的观测者永远看不到恒隐圈中的星星[即赤纬 $\delta \leqslant -(90° - \varphi)$ 的星]。地理纬度越高的地方，看到的星数越少。长沙理论上只能观察到赤纬 $-62°$ 以北的恒星。

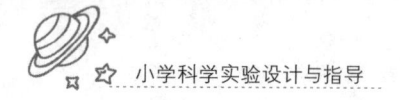

3. 四季星空

一年中的任何季节都适宜观星,只是不同季节星座的出没情况不同,这里以北半球为例分述不同季节天空的主要星座。

(1) 春季星空

春季星空最引人注目的是北方天空的大熊星座,北斗七星当空高悬(图 7-3)。根据北斗七星的所在位置可以判定季节。我国古书《鹖冠子》中说:"斗柄东指,天下皆春;斗柄南指,天下皆夏;斗柄西指,天下皆秋;斗柄北指,天下皆冬。"顺着大熊座 α、β 两颗亮星连线的延长线向北约 5 倍远可以找到北极星,它是小熊座 α 星,中名勾陈一。沿着斗柄连成的曲线延长出去,可以找到大角星,它是牧夫座最亮的 α 星,在东方半空中闪耀着橙色的光辉。把斗柄的曲线从大角星再延长一倍,可以找到另一颗 1 等星角宿一,它是室女座的 α 星。这条始于斗柄、止于角宿一的大弧线,称为春季大曲线。牧夫座的东边还有一个半圆形的北冕座。

向南看去,雄伟的狮子座正在天空中,它是春夜星空的中心,头部像反写的问号,尾部像三角形,头西尾东,很像一只狮子。它的最亮 α 星叫轩辕十四,它位于黄道以北离黄道很近,是黄道上唯一的 1 等星。狮子座的南面是横跨天空的长蛇座,头西尾东,已全部展现在天空中。在长蛇座的尾部,角宿一的西南方,有小而易见的乌鸦座,多亮星。

狮子座的西南是巨蟹座,是黄道十二星座之一,其中还有一个肉眼可见的"蜂巢星团",也叫"鬼星团"(即 M44),很著名。巨蟹座往西是黄道星座之一的双子座,几颗较亮的星组成长方形,最亮的两颗星是北河三(β)和北河二(α)。

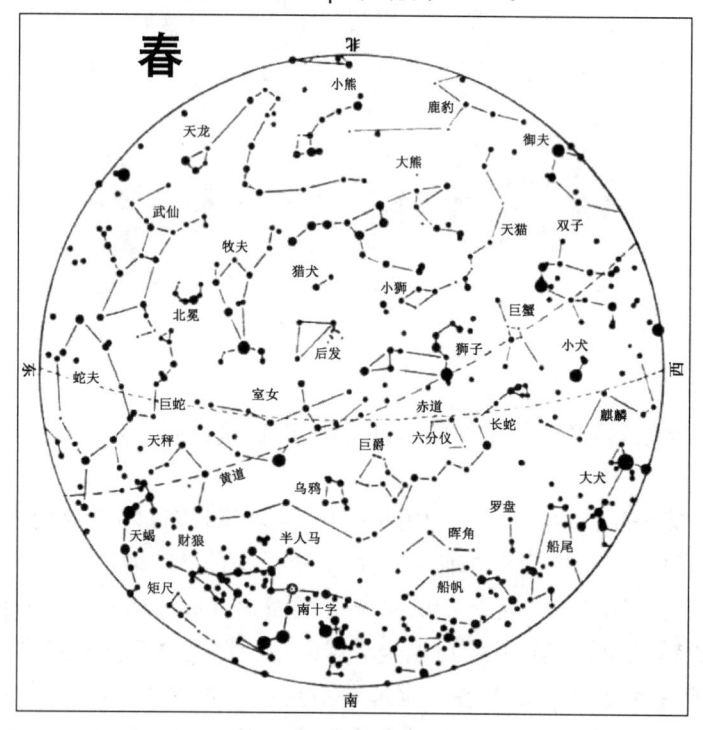

图 7-3 春季星空图

来源:洪运芳主编,《天文爱好者手册》

(2) 夏季星空

夏夜的星空(图 7-4),银河横贯南北,气势磅礴,最引人注目的是银河一带的几个星座。织女星和牛郎星在银河两"岸"放射光芒,织女星是天琴座 α 星,牛郎星也叫河鼓二,是天鹰座 α 星。在它们附近的银河中,有一个大而明显的天鹅座 α 星,中名叫天津四,它和牛郎星、织女星构成夏季大三角形。织女星的西邻是武仙座。武仙座 η 星和 ε 星之间有一个肉眼可见的球状星团(M13)。武仙座的西边有 7 颗小星围成半圆形,是美丽的北冕座,再往西就是牧夫座,牧夫座中的亮星 α(大角)在高空中闪烁着橙色的光芒。

北天,大熊星座中的北斗七星正在西北方向的半空中,斗柄指南。用北斗二(β)和北斗一(α)两星的连线延长就可以找到北极星。小熊座的南面,是蜿蜒曲折的天龙座,它正在子午圈上。天龙座的头部由 β、γ、υ、ξ 四星组成,是一个小四方形,它的附近有明亮的织女星。

在南天正中是夏夜星空中巨大而引人注目的天蝎座,也是夏季的代表星座。这个星座由十几颗亮星组成了一个头朝西、尾朝东的蝎子形。最亮的一等星心宿二(α),中名叫大火,有火红的颜色。心宿二也靠近黄道。天蝎座 α、δ、τ 三星和天鹰座 α、β、τ 三星(我国民间叫扁担星)在银河中遥遥相对。天蝎座的西边是天秤座,东边有著名的人马座,它们都是黄道星座。人马座位于银河最明亮的部分,它的 ψ、φ、π、ξ 等六颗星叫南斗六星,与西北天空的北斗七星遥遥相对。人马座部分的银河最为宽阔和明亮,因为这是银河系中心的方向。人马座、天蝎座北面有面积广大的球状星团(ω 星团),我国南方地区容易看到。

图 7-4 夏季星空图

来源:洪运芳主编,《天文爱好者手册》

(3) 秋季星空

飞马当空,银河斜挂,这是秋夜星空的象征,北斗的斗柄指西,但接近北方的地平线,不易见到(图7-5)。在东北地平线上的亮星是御夫座的五车二(α),顺着银河往上就是英仙、仙后和仙王等星座。用仙后座ε、δ、γ三亮星夹角的平分线延伸也可以找到北极星。英仙座β星,中名大陵五,是一颗著名的食变星。仙王座δ星,中名造父一,是一颗著名的造父型变星。西边天空中的牧夫、蛇夫等星座正在西沉。人马座在西南低空中正在和我们告别。那些夏夜明亮的星座,只有天琴、天鹰、天鹅等星座仍然闪耀在高空中。天鹰附近有两个小星座,靠东的是海豚座,靠西的是天箭座。

秋夜星空中最引人注意的是出现在高空的飞马座,它的α、β、γ星和仙女座的α星组成著名的秋季四边形,显而易见且十分著名。飞马β和α的连线向北延长,直指北极星,向南延长指向南鱼座的亮星北落师门(α)。南鱼座北面的摩羯、宝瓶座,均缺少亮星,不易辨认。用天鹰座的γ、α、β三星的连线往南延长,即可找到摩羯座的α、β星。宝瓶座的东北有双鱼和白羊座,它们都是黄道星座。双鱼座的南面是鲸鱼座,它的θ星,中名苍蒿增二,是一颗有名的变星。和飞马座的大四边形紧密相连的是仙女座,在仙女座β星的北面有一个肉眼能见的河外星系(M31),也叫仙女座大星云。

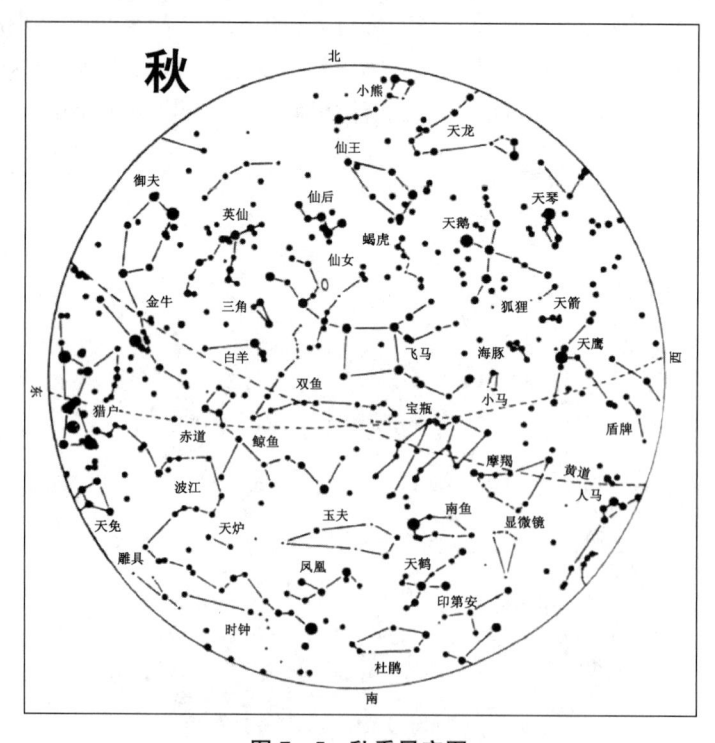

图7-5 秋季星空图

来源:洪运芳主编,《天文爱好者手册》

(4) 冬季星空

冬夜的星空是壮丽的(图7-6)。全天最著名的猎户座是冬夜星空的中心,它的周围有许多明亮的星座和它组成了一幅光彩夺目的星空图像。冬夜银河的位置与秋夜的正好相反,由东南向西北斜挂天穹,著名的大犬、猎户、双子、金牛、御夫、英仙、仙后星座均由东南向西北依次排列在银河的周围。

位于北方的北斗七星正在升起,斗柄朝下,指向北方。隔着北极星和北斗相对的是仙王、仙后座。西北地平线上,天鹅座的大部分看不见了,只有天津四在低空中微露光芒。御夫座的一等星五车二(α),靠近天顶,在高空中放射着明亮的光辉。御夫座的τ、α、β、θ和金牛座β星组成一个大五边形,在银河中明显可见,飞马座的大四边形也渐渐转向西方低空。

向南看去,壮丽的猎户座正是冬夜的中心。它由α、γ、β、κ四星组成一个长方形,被想象成一个勇敢的猎人,λ星为头,α、γ星为肩,κ、β星为两脚,中间有排列整齐的δ、ϵ、ξ三颗星,好像猎人的腰带,这三颗星我国民间把它们叫作三星。在三星下方不远处,有一个肉眼可见的气体星云,就是著名的猎户座大星云。把三星连线向右上方延长,指向金牛座,这个星座中有一颗一等星叫毕宿五(α),和附近小星组成一个V形,叫毕星团;再往上有一簇明亮的小星叫昴星团,也叫七姐妹星团,现在肉眼只能看到6颗星。金牛的东边是双子座,最亮的两颗星是北河三(β)和北河二(α),它们都属黄道上的星座和亮星。双子座的下方是小犬座,最亮的星叫南河三(α)。从三星连线向下方延长,那里有一颗全天最亮的天狼星(大犬座α星)闪耀着灿烂夺目的光辉。南河三、参宿四和天狼星构成冬季大三角。

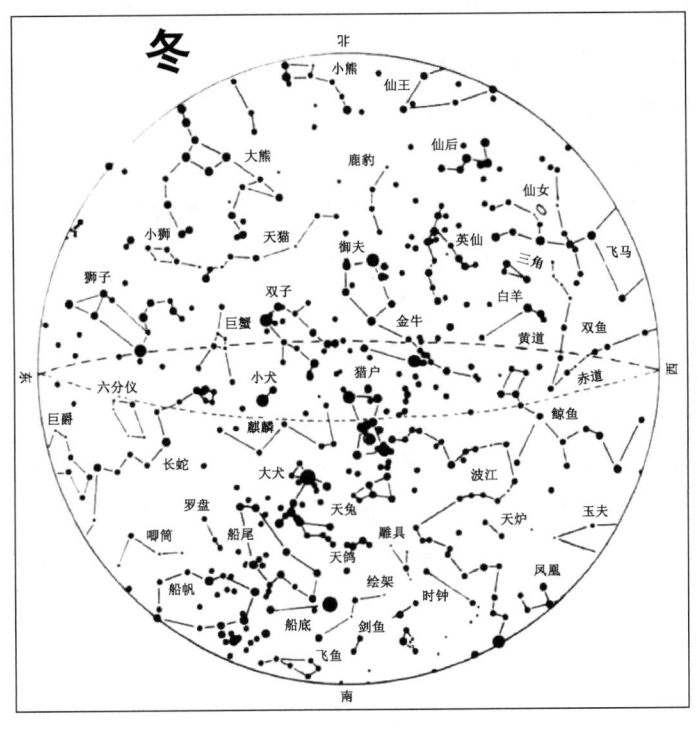

图7-6 冬季星空图

来源:洪运芳主编,《天文爱好者手册》

四、实验器材

天球仪、活动星图、星图APP、万维望远镜等。

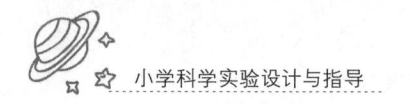

五、实验步骤

（一）利用北斗星（大熊座）观星

观星时，连结大熊星座的天璇和天枢两星，并延长到两星距离的 5 倍地方，有一颗 2 等亮星，就是北极星。利用北斗七星观星是最方便不过的事。由于它较易辨认，不同季节其位置方向比较容易推断，更主要的是它与其他星座容易建立较明确的位置关系，可由此推出其他星座。

（二）利用天球仪观星

天球仪经过高度校正、纬度校正、时间校正后，即与当地的实际天空一致。球心与球面某星连线延长直指天空，天空上对应的星即为该星。

（三）利用活动星图观星

活动星图由上盘（地盘）和下盘（星盘）组成。上盘标有一天的时间刻度，下盘是按一定的纬度标出全天的主要星座，外圈有月份和日期。

观察时，旋转底盘，使下盘上的日期和上盘时间正好与观测的日期和时刻相吻合，则上盘地平圈透明窗口内显露出来的部分星象就是当时可见的星空。把活动星图举过头顶，使星图上的南北方向同大自然的南北方向一致，就可以按图所示去辨认星座了。

（四）利用星图 APP 观星

星图 APP 是一款有趣且专业的手机天文星象观测软件。

（1）观察星空图：下载星图 APP→打开→设定你的位置。页面有三种选择：① Search：需要手动输入所在城市；② 输入 GPS 坐标：需要手动输入纬度和经度；③ GPS 更新：使用本软件时允许"获取地理位置"，点击后可以自动生成经纬度。点击"OK"即可观测所在地的星空图。

（2）搜索星云：点击"搜索星体"图标，直接输入名称或在下拉栏查找。找到后点击该星体，会弹出一个信息框，包括星体等级、类型、距离、视星等、赤经、赤纬等星体信息。

（3）3D 模式探索星体：通过"功能菜单"图标，进入主菜单模式，在模式中点击"3D 探索模式"，可以开启实时 3D 星体图。手动滑屏就可以 360°转换画面。

（4）观察八大行星：点击"功能菜单"图标，在"太阳系"中点击"太阳"，在出现的信息栏中点击第二个图标，即可以呈现太阳系相关影像。

（五）利用万维望远镜（WWT）观星

微软研究院推出的 World Wide Telescope（WWT，万维天文望远镜）集合了世界上各大天文望远镜、天文台、探测器的观测数据，融合成一个无缝的数字宇宙。WWT 是一架虚拟的望远镜（图 7-7，下载网址：https://nadc.china-vo.org/wwt/）。

1. 星空观测

（1）下载安装 WWT→打开→显示界面→观测位置→设置（默认为"北京"，可以选择所在城市）→观测时间（如观测春季星空，则选择春季时间）。

（2）左侧图层区→☑"天空"图层→☑"覆盖层"图层→☑"星座"图层→根据需要可

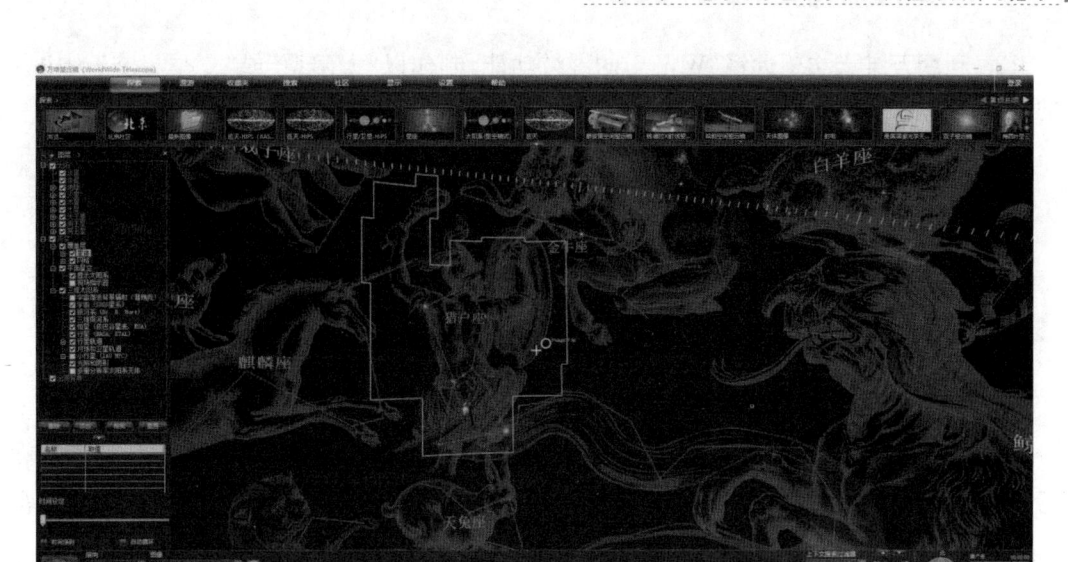

图 7-7　WWT 界面

以☑"星座图片""星座图示""星座边界""星座名称"（建议初学者这四个图层都勾选）。

（3）界面下侧→指向"天空"→图像"数字化巡天"。

（4）① 探索界面→"星座"菜单→点击相应星座（以"猎户座"为例）后主界面显示该星座→WWT 的虚拟天球会自动将此星座移至屏幕中心；② 搜索界面→输入"猎户座"后，主界面显示猎户座→WWT 的虚拟天球会自动将此星座移至屏幕中心。

（5）鼠标右键点击星体出现"寻星镜"→星镜显示器：显示观测对象的名称、赤经、赤纬、星等、地平高度、方位角、图像来源等天文信息。

2. 行星辨认

界面下侧→指向"太阳系"→图像"3D 太阳系"→点击相应的行星→WWT 的虚拟天球会自动将此行星移至屏幕中心。

【注意事项】

利用 WWT 还可以观看中国星空；观看斯皮策、钱德拉、哈勃等空间望远镜所拍摄的真实照片，其中还有不同波段下拍摄的星体或星云星团的照片；观看火星探测器和月球探测器所拍摄到的全景图等。

WWT 的一大特色是"漫游"功能，收藏很多由专业天文学者、业余天文爱好者、著名教育家、普通宇宙探索者制作的有关星云、星系、行星等天体的介绍。在有网络的条件下，单击这些右上角带有"T"字母的幻灯片缩略图，经过短时间的数据传输和加载，就会看到画面在移动。有时还伴有音乐或是作者的解说词。使用者可以自己创建一个新的漫游案例进行学习和展示。

六、讨论与思考

1. 根据所学自制一个活动星图。

2. 利用万维天文望远镜(WWT)的漫游功能,制作以"太阳系"或"夏季星空"为主题的漫游作品。

实验三 月面观测

月球是地球的天然卫星。千百年来,多少诗人和画家,用美妙的笔墨描绘过它,赞美过它;民间也流传着许多动人的神话故事。直到 1609 年伽利略用自制的望远镜对准月亮后,人类才逐步认识了月球的真面貌。借助一架天文望远镜,我们就能看清月球表面非常丰富的细节,分辨率可达数千米。因此,月球是一个非常好的观测对象。

一、实验目的

了解月面各种形态及其结构,认识几个较大的月面典型构造特征,培养读图能力和综合思维能力。

二、预习要点

月球表面地理环境。

三、实验原理

1. 月面基本构造

月球表面高低起伏,从地球上可以清楚地看到月面上一些地区比较明亮,而另一些地区比较黑暗。各种结构的特征及其在月面的部分,可参考教材相关内容。

(1) 月海。是月面上的暗区,它是广阔的平原。迄今已知的月海有 22 个,大部分分布在月球正面。月海的反照率低,因此显得暗。最大的月海是风暴洋。

(2) 月陆。月面上高出月海的地区均称为"月陆"或"高地"。月陆一般高出月海 2~3 千米,并且比月海的反照率高,因此月陆洁白明亮。

(3) 山脉。月球上的山脉常以地球山脉名称来命名,如高加索山脉、亚平宁山脉等。月球山脉的特点是:向海的一面陡急,呈明显的断崖状,而向月陆的一侧坡度极缓。

(4) 月坑及环形山。月球表面,特别是月陆地区,布满了大大小小的圆形凹坑构造,称为"月坑"。许多月坑的边缘隆起,很像火山口,以前常称作"环形山"。环形山是月亮表面最显著的特征之一。月面上月坑总数在 30 000 以上。有趣的是,统计表明单位平方千米月球表面积上环形构造的数量与其直径大小成反比。在大的环形山底部中央常常有尖锥状或瘤状的小山,称为"中央丘"。

(5) 月面辐射纹。在望月前后可以观察到从一些大月坑呈放射状向外延伸的亮带。有些亮带可以长达数千公里。这些辐射纹并非月面上隆起或凹陷的地方,而可能是由月坑中抛出的物质堆积而成的辐射状薄层。第谷环形山和哥白尼环形山发出的辐射纹最为美丽。

（6）月谷和月溪。月面上较宽的峡谷称为"月谷"，细长的小月谷称为"月溪"。

2. 天文望远镜的构造

天文望远镜由物镜和目镜组成，接近景物的凸形透镜或凹形反射镜叫作物镜，靠近眼睛那块叫作目镜（图 7-8）。远景物的光源视作平行光，根据光学原理，平行光经过透镜或球面凹形反射镜便会聚焦在一点上，这就是焦点。焦点与物镜距离就是焦距。再利用一块比物镜焦距短的凸透镜或目镜就可以把成像放大，这时观察者觉得远处景物被拉近，看得特别清楚。天文望远镜的主要结构包括：

（1）主镜筒：主镜筒是观测星星的主要部件。

（2）寻星镜：一支低倍的小望远镜。其视野较广，便于搜索天体。

（3）目镜：目镜的功用在于放大。一部望远镜都要配备低、中和高倍率三种目镜。

（4）赤道仪：一是承载望远镜；二是借马达带动镜筒，使望远镜能跟随星体移动，可以跟踪天体，长时间观测天体。常见的有德式与叉式两种，其中以德式Z为普遍。

（5）追踪马达：赤经追踪马达可以驱动赤经轴，以跟地球自转相同的角速度逆向转动，跟踪星星。

（6）三脚架台和脚架：三脚架台是承接赤道仪和镜筒，以连接脚架用的。脚架承载望远镜和赤道仪，并且作为一种使用的支柱。

（7）赤道仪控制盒和电源：驱动赤道仪运转。

此外根据需要，天文望远镜一般还要配置增倍镜、太阳和月亮滤光镜、巴德膜、指南针、星座图等相关配件。

常用的星特朗 80 EQ 折射式望远镜结构如图 7-8 所示。

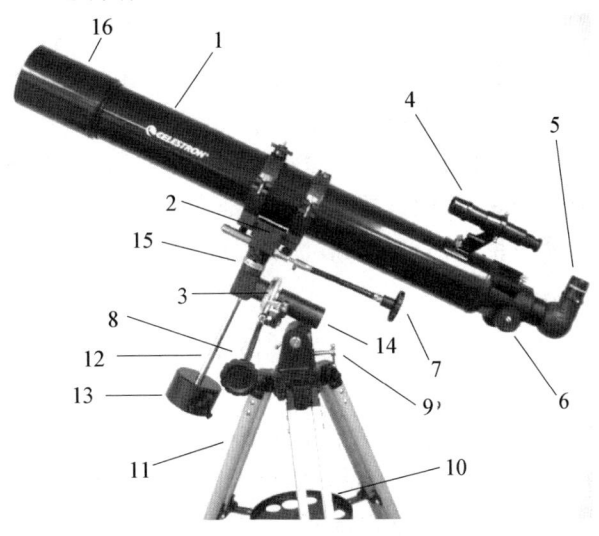

图 7-8 星特朗 80EQ 折射式望远镜

1—望远镜光学镜筒；2—安置支架/镜筒环；3—赤经刻度盘；4—寻星镜；5—目镜及天顶镜；6—调焦旋钮；7—赤纬慢调杆；8—赤经慢调杆；9—纬度调整螺丝；10—附件盘；11—三脚架；12—平衡重杆；13—平衡重；14—赤道仪；15—赤纬刻度盘；16—物镜

3. 月面观测内容

(1) 了解"海洋"的相对位置。从月面西部开始依次向东：危海、丰富海、神酒海、静海、澄海、冷海、雨海、湿海、风暴洋。

(2) 了解雨海周围的山脉。雨海周围被几条山脉包围着，东边是前驱山脉，东北是朱拉山，西北是阿尔卑斯山，西边是的高加索山，西南是亚平宁山，南边是喀尔巴阡山，其中亚宁山脉最长，达1 000 km，高出月面3～4 km。月球上山脉两边很不对称，向"海"的一边坡度很陡，有时甚至是断崖状，而另一端相当平缓。

(3) 辨认环形山。① 克拉维环形山，在南极附近，直径约240 km，是很古老的环形山，现今环臂崩解，已失去原来面目。② 第谷、哥白尼、开普勒三个环形山，都有辐射纹，是较年轻的环形山。其中第谷环形山在南极附近。直径82 km，周围高约4 000 km，有辐射纹12条，最长的达1 800 km，十分美丽壮观，在农历初十即可看到，满月时更好看。第谷环形山的中央还有小山峰，高约1 600 m。哥白尼环形山在雨海和风暴洋之间，喀尔巴阡山的南边，直径约93 km，高约400 m，在其东边不远处是开普勒环形山，直径35 km。③ 阿基米德、奥多里克、阿里斯基尔三个环形山，排成一个三角形，位于雨海的西部，其中阿基米德环形山直径约80 km，环壁层峦叠嶂，最高达2 500 m。

四、实验器材

星特朗系列望远镜、月面图、笔记本、铅笔等。

五、实验步骤

观察月面的最好时机，是在上、下弦前后。因为此时对于月面中部，太阳光是斜射的，月面上的山地都有明显的阴影，能看到月面上更细的形态结构。若观察月球的全貌，则在满月时进行。观察月面一般用较低的倍率放大镜（通常使用两倍分辨放大率的目镜）。如果倍率过高，光线就较暗，月面形态就可能不清楚。

观测月面局部具体构造有两种方法。一种是全面巡视，从农历的月初开始，逐晚顺序观测月面晨昏圈附近昼半球一侧的目标。另一种是重点观测，只选择若干个环形山、山脉作为目标，最好也是选择该目标物出现在晨昏圈附近时观测。

(一) 利用天文望远镜观测

(1) 正确安装天文望远镜，选择合适的望远镜放大倍率，调整好方向、焦距，加上滤色片，准备观测；

(2) 记录观察日期、时间、地点、天气状况和所用仪器，并注明月相的农历日期；

(3) 画一直径为10 cm的圆表示月面。在圆上画出它的明暗线，并标出月面的方位；

(4) 用小倍率目镜观察月面的形态特征（月海、环形山、辐射纹等），将所看到的月面形态结构记录在圆内，并分析月面的形态特征；

(5) 换用大倍率目镜，观测并描绘月面的某一局部。当目镜倍率增大时，影像可能变暗、模糊，因此倍率选择应以影像清晰为度。

【注意事项】
① 由于天体的周日运动,要时时调整望远镜的方向与仰角高度;
② 一次观测时间不宜过久,避免伤害眼睛;
③ 不要触摸望远镜镜架、镜筒等,避免方向偏移;
④ 反射式望远镜呈反像,应注意真实状态;
⑤ 月相观测由学生自行开展,因时间需一个月,不宜集中组织观测。

(二) 利用万维望远镜(WWT)观测

(1) 月面全局观测:界面下侧→指向"太阳系"→图像"3D 太阳系"→点击"月球"→WWT 的虚拟天球会自动将月球移至屏幕中心。

(2) 月面全景图像:界面下侧→指向"全景"→图像"嫦娥三号:视器全景相机全景"→WWT 会显示各类月球探测器拍摄到的月球表面照片(图 7-9)。

图 7-9　WWT 中嫦娥三号探测器拍摄的全景照片

六、讨论与思考

1. 用望远镜连续观察月面,用素描法画出月面的基本结构。然后对照月面图,写上各结构的名称。

2. 梳理我国月球探测器的发展历程。

实验四 月相变化

由于月球本身不发光,且不透明,只有月球直接被太阳照射的部分才能反射太阳光,月相即地球上看到的月球被太阳照亮部分的称呼。月球绕地球运动,太阳、地球、月球三者的相对位置在一个月中有规律地变动,地球上看到的月球被太阳照亮部分的形状也在不断地有规律地变化着。

一、实验目的

1. 连续观察一个月,记录月相的变化,提高观察能力和总结归纳能力;
2. 动手完成月相变化模拟实验,提升动手能力、空间想象能力和探究能力。

二、预习要点

地月系的运动。

三、实验原理

月球本身不透明、不发光,只能反射太阳光。在太阳照射下,月球总是被分为光明和黑暗的两个半球,在地球上能看到月球明亮的部分即月亮。由于日地月三者的相对位置具有周期性变化,地球上看到的月亮也发生周期性盈亏变化。

四、实验器材

月相观测材料:铅笔、自制空白日历、月相对照卡片、笔。

月相成因模拟材料:黑白球(一半黑一半白的球)、月相成因实验图纸(一张厚的1开的纸张,见图7-10)。

五、实验步骤

(一)月相观测步骤

1. 确定观察内容:
(1) 特殊月相的观察;
(2) 连续观察一个月的月相。
2. 设计观察方案和观察记录表:
(1) 特殊月相的观察(表7-5);

表7-5 特殊月相的观察记录

月相	月出时间	月落时间	夜晚见月情况	同太阳出没时间比较
新月				
上弦月				

续表

月相	月出时间	月落时间	夜晚见月情况	同太阳出没时间比较
满月				
下弦月				

(2) 连续一个月月相观察记录(表7-6)。

表7-6　连续一个月月相观察记录

观察时间(农历日、时)	所见月的形状	月相所在方位	月相判断(名称)	备注

3. 实施观察：总结并撰写月相变化规律观察报告。

(二) 模拟月相成因

(1) 以一面白色墙壁作为太阳光照方向。

(2) 把图7-10的图纸展平放在教室地面上。

(3) 甲同学扮演地球上的观测者,站在图7-10的"地球"位置,一边观察一边在相应位置的圆圈内绘制不同方位时月球光亮部分的形状。乙同学扮演月球(可用一个一半涂黑、一半涂白的黑白球代替),手执黑白球按逆时针方向绕着地球转动。丙同学在实验过程中监督乙同学,确保黑白球白的一半始终对着太阳光照的方向。

(4) 三位同学互换角色重复步骤(3)。

(5) 根据记录,总结月相变化规律。

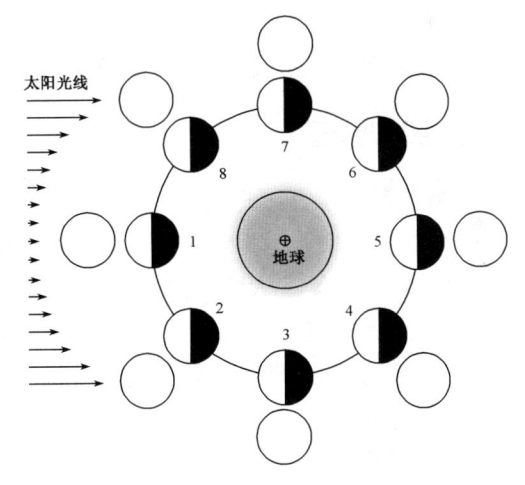

图7-10　月相成因实验图纸

六、讨论与思考

1. 有人总结出月相变化的规律是"上上上西西,下下下东东",请解释其含义。

2. 利用Stellarium软件或星空漫步(Star Walk)软件观察月相在不同日期的形态并绘制月相图。

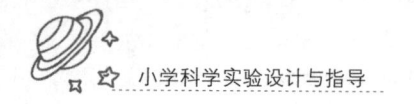

实验五　太阳系的比例模型

太阳系是一个以太阳为中心,受太阳引力约束在一起的天体系统,包括太阳、行星及其卫星、矮行星、小行星、彗星和行星际物质。截至2019年10月的研究结果,太阳系包括太阳、8个行星、近500个卫星和至少120万个小行星,还有一些矮行星和彗星。为了更好地理解太阳系中各种大小不同的天体,天文学家通常要建立各种模型,包括在特定位置标记不同天体的简单模型,以及较复杂、精巧的计算机模型。对于大多数模型而言,最艰巨的任务是选择恰当的比例尺以显示所有需要的信息,如距离、自转速率、大小等。

一、实验目的

1. 掌握太阳系的组成及运动规律,利用现有模型在学生的头脑中建立立体的、运动的个体行星模型,建立太阳系概念,画出太阳系模型图纸,培养学生的空间想象力;
2. 设计太阳系模型,通过学生主动探究与观察,培养学生三维空间概念,激发学生探索宇宙奥秘的兴趣。

二、预习要点

1. 太阳系天体运动的规律;
2. 太阳系中太阳和围绕它运动的行星、矮行星和小天体的主要特征。

三、实验原理

太阳系是地球所在的星系,也是银河系众多星系之一。太阳系是以太阳为中心,包含太阳和所有受到太阳引力约束的天体的集合体,包括八大行星以及卫星、矮行星、小行星、彗星、气体与尘埃等。太阳系内主要天体的轨道都分布在地球绕太阳公转的轨道平面(黄道)附近。八大行星都非常靠近黄道,而彗星和柯伊伯带天体通常都会有比较明显的倾斜角度。环绕着太阳运动的天体都遵守开普勒行星运动定律,轨道都是以太阳为焦点的一个椭圆,并且靠近太阳时运动速度变快,远离太阳时运动速度减慢。行星的轨道大都接近圆形,但许多彗星、小行星和柯伊伯带天体的轨道则是椭圆形的。

四、实验器材

计算器、卷尺、米尺、秒表、标记笔、胶带、大小不等的圆形物体。

五、实验步骤

(1) 开展头脑风暴,讨论可能的模型和制作模型需要的数据。收集数据,为制作模型准备参考依据。根据选定的比例尺计算出太阳与各个行星之间的距离,验证模型是否适合选定的区域。另外,想一想你所设计的模型能测量哪些额外数据,如行星的直径、自转速率等。

(2) 以小组为单位,列出用于测试假设的各种可行方案。注意:在实施检验程序时,保留你所需要的材料。

（3）根据八大行星距太阳的平均距离及各行星赤道直径数据表建立太阳系的模型（如图7-11）。选择一个合适的比例尺，以能显示所要表达的各种信息。

（4）记录你的程序和相应的每一个步骤，确定所需材料的种类和数量。

（5）设计、绘制一个数据表，用于记录原始数据和比例数据。

（6）实施实验。

六、讨论与思考

1. 列出你用来制作模型的比例转换关系，并做说明。用多大的比例尺制作太阳系的模型，才能方便地显示太阳系内部各个天体间的距离？距离是制作太阳系比例模型时唯一可表达的物理量吗？

2. 把你的模型与你同学的做比较，你使用的比例尺有哪些优点，又有哪些不足？如何改进你的模型？

3. 假设外行星与太阳的距离是现在的 3 倍，这会怎样影响你的模型？此时你该选择什么样的比例尺？

图 7-11　太阳系模型

实验六　日月食的演示

日食和月食都是具有观赏性的天象，只不过一个发生在白天，另一个出现在夜晚；一个需要佩戴防护工具，另一个却肉眼可见。但对这两个天象自身来说，双方可不仅是相差一个字那样简单，其中的原理也是天差地别。那么二者既然同是天象，日食和月食究竟有着什么差别呢？日食：月球运动到太阳和地球中间，如果三者正好处在一条直线时，月球就会挡住太阳射向地球的光，月球身后的黑影正好落到地球上，这时发生日食现象。月食：地球运动到太阳与月亮的中间，如果三者正好处于一条直线时，地球挡住太阳射向月亮的光，使得位于地球的观测者无法看到普通的月相的天文现象。

一、实验目的

1. 通过三球仪学习日食和月食的形成原因，理解日月食演示的原理；

2. 通过模拟太阳、地球和月球三者的位置关系，演示日月食的发生，理解不同类型日月食的成因，帮助学生形成用建构模型的方法来解决天体物理运动等复杂抽象问题的模型意识，从而培养学生的科学思维能力。

二、预习要点

日食和月食的成因、类型及形成过程。

三、实验原理

三球仪又称月地运行仪,是一种天文教学和天文普及仪器,由代表太阳、地球和月球的三个小球组成,并有机械联动装置,用以演示三球关系和由此产生的一些天文现象。为模仿自然界的真实情况,三球仪中间的太阳一般采用发光的灯泡,以照亮地球和月球。地球倾斜地在轨道上绕日旋转,月球绕地球的轨道和地球绕太阳的轨道相交成一个角度。这样就可以演示日食和月食、月球的盈亏、地球的自转和公转、昼夜和四季的交替等现象。

四、实验器材

三球仪、手电筒、网球一个和支撑它的架子、地球仪、暗室一间。

五、实验步骤

(一) 三球仪演示日、月食

(1) 关上门,拉上窗帘,使室内光线变暗。

(2) 放平三球仪,插上电源(或者推动手柄,运动速度慢)观察三球,三个球体处于怎样的位置?(如图7-12所示)

(3) 用手连续推动托板,地球绕太阳公转,月亮绕地球旋转,可以看到月圆和月缺。

(4) 当月球运行至日、地之间并在一直线上时,便会产生"日食";其发生时间基本上在农历月初(即朔时)。

(5) 若地球运行至日、月之间并在一直线上时,便会产生"月食";其发生时间一定在农历月中(即望时)。

图 7-12 三球仪

(二) 模拟日、月食

(1) 关上门,拉上窗帘,使室内光线变暗,然后打开手电筒用来模拟太阳光线。

(2) 用支撑着的网球模拟月球,将其靠近地球仪摆放,通过移动月球的位置演示日、月食。

(3) 把月球放在光源和地球仪之间可以在地球上产生阴影,模拟日食(图7-13)。把月球放在地球仪的阴影里可以模拟月食(图 7-14)。

图 7-13　模拟日食　　　　　　图 7-14　模拟月食

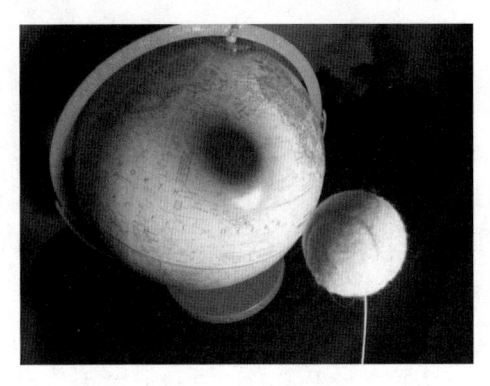

六、讨论与思考

1. 设计一个日月食现象的模拟实验,说明日地月位置的变化引起的日食和月食变化。

2. 下载 Celestia(星空遨游)软件,运用 Celestia 软件观测日月食。利用 Celestia 软件观察日月食的发生并绘制不同类型日月食发生时日地月三者的关系。

第二节　地质地貌类实验

实验七　认识常见的矿物

矿物是自然界中的化学元素在一定的物理、化学条件下形成的具有特定化学成分和内部结晶结构的均匀固体,是构成岩石的基础。矿物在地球上分布十分广泛,目前已发现的矿物在三千种以上。但构成岩石主要成分的矿物却只有几十种,叫作造岩矿物。精确鉴别矿物需要有专用设备,但在野外主要依靠肉眼鉴定识别矿物,即利用一些简易办法进行观察和测试矿物的某些理化特性。运用肉眼或一些简单的工具和试剂对矿物的物理性质进行鉴别,可达到认识、区别矿物的目的。这种方法是地质工作者在野外常用的基本方法和应掌握的技能。

一、实验目的

认识矿物的形态及重要的物理性质,学会肉眼鉴定矿物的操作方法,熟悉摩氏硬度计中的十种矿物及对应的摩氏硬度值。形成从科学视角认识客观事物的科学思维。

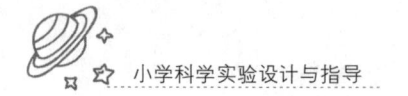

二、预习要点

常见矿物的形态和物理特性。

三、实验原理

由于矿物化学成分内部构造和形成时地质环境的不同,造成不同的矿物具有不同的物理性质和化学性质,呈现不同的特征。在野外肉眼鉴定矿物,需要根据矿物形态、颜色、条痕、光泽、硬度和解离等来鉴定。

(一)观察矿物的形态

矿物有一定的形态,并有单体形态和集合体形态之分,因此,观察时首先应区分是矿物的单体还是集合体,然后进一步确定属于什么形态。

1. 单体形态

矿物单体在一定外界条件下,总是趋向于形成特定的晶体和形态特征,称为结晶习性(简称晶习)。如石英晶体呈柱状;云母呈片状;黄铁矿呈立方体;石榴子石呈四角三八面体等。

根据矿物晶体在三维空间发育和程度,可将晶习大体分为三类:

(1) 一向延伸型:晶体沿一个方向特别发育,其余两个方向发育差,晶体细长,如针状、柱状(辉锑矿、电气石),柱状(角闪石),纤维状(蛇纹石、石棉)等;

(2) 二向伸长型:晶体沿两个方向特别发育,第三方向不发育或发育差,呈片状(云母、石墨),板状(重晶石)等;

(3) 三向等长型(等轴状):晶体沿三个方向大体相等发育,有等轴状、粒状,如石榴子石、黄铁矿、磁铁矿等。

2. 集合体形态

自然界呈完好的单晶产出的矿物较少,多数是多个单晶成群产出,即成为集合体状态产出。矿物集合体是由许多个结晶矿物单体共同生长在一起的矿物组合,也可以是隐晶质及胶体矿物(或称准矿物)的组合。依据颗粒的大小可分为显晶质集合体和隐晶质及胶体矿物集合体。

(1) 常见的显晶质集合体

柱状集合体:个体均由柱状矿物组成,集合方式不规则,如角闪石;

放射状集合体:个体为针状、长柱状,一端会聚,另一端发散,如红柱石、透闪石等;

纤维状集合体:由极细的针状或纤维状矿物组成,如石棉;

片状集合体:由片状矿物组成,如云母;

板状集合体:由板状矿物组成,如石膏;

粒状集合体:由均匀粒状矿物组成,如石榴子石、橄榄石;

晶簇:具有共同生长基壁的一组单晶集合体,常生长在空隙壁上,如水晶晶簇。

(2) 常见的隐晶质及胶体矿物集合体

这类矿物没有固定的形态,不能将其分为单体,主要根据矿物集合体的外形分类。隐晶集合体是放大镜也看不见单体界线的集合体,按其紧密程度可分为致密块状和疏松土状。前者如石髓,后者如高岭土。

(3) 常见的非晶质矿物(即胶体矿物)集合体

鲕状和豆状集合体:由许多像鱼子状或豆状的矿物集合而成,如鲕状或豆状赤铁矿;

钟乳状集合体:由同一基底向外逐层立体生长而成的呈圆锥状矿物集合体,如石灰岩溶洞中的石钟乳和石笋均为钟乳状方解石;

葡萄状或肾状集合体:外形似葡萄状者称葡萄状集合体,如硬锰矿,外形呈较大的半椭球体,则称肾状集合体,如肾状赤铁矿;

结核体:围绕某一核心生长而成球状、凸透镜状或瘤状的矿物集合体,如钙质结核等;

分泌体:岩石中形状不规则或球形的空洞被胶体等物质逐层由外向内充填而成,常呈同心层构造,大者粒径 $d>1\ cm$ 称晶腺,小者粒径 $d<1\ cm$ 称杏仁体。

(二) 观察矿物的主要物理性质

1. 矿物的光学性质

矿物对光的吸收、折射、反射所表现出来的物理性质,主要有颜色、条痕、光泽和透明度等。

(1) 颜色

矿物的颜色是矿物对不同波长的自然光吸收后所呈现的颜色。按矿物颜色产生的原因,可分为自色、他色和假色。

自色:是指矿物自身固有的颜色,它与矿物的化学成分和结晶结构有关。自色比较固定,对鉴定矿物有重要意义,如方铅矿的铅灰色。

他色:矿物因含外来带色杂质或气泡等引起的颜色叫他色,如石英,纯净石英为无色,杂质的混入可使石英染成紫色、玫瑰色、烟灰色等。

假色:为矿物表面氧化等原因产生的颜色叫假色,如方解石、云母等矿物,在解理面上所见的虹彩的晕色,斑铜矿表面的锖色(蓝紫色斑状)。

矿物颜色的描述,为了便于比较和统一,常以标准色谱:红、橙、黄、绿、青、蓝、紫及白、灰、黑等色来说明矿物的颜色。当矿物颜色与标准色谱有差异时,可加上适当的形容词,如淡绿、暗红、灰白色等。另外,也可依最常见的实物来描述矿物的颜色,如砖红色、草绿色等。具体描述矿物时,下列矿物可作比色矿物(表 7-7)。此外,有些矿物的颜色是介于两种标准色谱之间,常用二名法来描述,如黄绿色,即矿物以绿色为主稍带黄色。

表 7-7 比色矿物

颜色	红色	白色	黄色	铁黑色	褐色	铅灰色	绿色
矿物	辰砂	方解石	雌黄	磁铁矿	褐铁矿	方铅矿	孔雀石
颜色	铜黄色	蓝色	橘红色	黑色	金黄色	钢灰色	
矿物	黄铜矿	蓝铜矿	雄黄	黑电气石	自然金	镜铁矿	

(2) 条痕

矿物的条痕是指矿物粉末的颜色,一般是矿物在未上釉的瓷棒上擦划后所留下的粉末颜色。条痕是鉴定矿物的一个重要标志。条痕色可以与矿物颜色一致,也可不一致。

由于条痕色消除了假色的干扰,减弱了他色的影响,突出了自色,因而它比矿物颜色更稳定,更具有鉴定意义。例如块状赤铁矿,其颜色可以是铁黑色,也可以是红褐色,但条痕都是樱红色。

【注意事项】
① 观察条痕要在干净、白色无上釉的瓷棒上进行,试条痕时不要用力过猛,只要留下条痕即可;
② 硬度大于瓷棒的矿物一般不留下条痕,需研成细粉末观察;
③ 浅色矿物的条痕多为浅色、白色,对鉴定矿物意义不大。

(3) 光泽

矿物的光泽是指矿物反光的能力,光泽常与矿物的成分和表面性质有关。

光泽按反射光的强弱可分为四级:

① 金属光泽:矿物反射光能力强似金属光面(或犹如电镀的金属表面)那样光亮耀眼,如自然金、方铅矿、黄铁矿等。

② 半金属光泽:矿物反射光能力较弱,似未经磨光的铁器表面,如磁铁矿。

③ 金刚光泽:矿物反射光能力弱,比金属和半金属光泽弱,但强于玻璃光泽,如金刚石、锡石等。

④ 玻璃光泽:矿物反射光能力很弱,如玻璃表面的光泽,如石英(晶体表面上的光泽)、长石等。

金刚光泽和玻璃光泽称为非金属光泽(表 7-8)。

表 7-8 矿物的光泽、颜色、条痕、透明度的相互关系

光泽		颜色	条痕	透明度
金属光泽		金属色或黑色	深色或金属色	不透明
半金属光泽		深色	浅色或彩色为主,有时为深色	半透明
非金属光泽	金刚光泽	浅(彩色)	无色或白色为主,有的为浅	透明
	玻璃光泽	无色或白色	无色或白色	

由于反射光受到矿物颜色、表面平坦程度及矿物集合方式等因素的影响,常出现一些特殊光泽:

① 油脂光泽:反射光在透明、半透明矿物不平坦断面上散射成油脂状光亮,如石英断面。

② 树脂光泽:在不平坦断面上呈现如松香等树脂般的光泽,如浅色闪锌矿。

③ 丝绢光泽:纤维状集合体表面所呈现的丝绸状反光,如纤维石膏。

④ 珍珠光泽:矿物平坦断面上呈现的似贝壳内壁一样柔和多彩的光泽,如白云母。

⑤ 土状光泽:粉末状或土块状集合体的矿物表面暗淡无光像土块那样的光泽,如高岭石。

【注意事项】
① 观察光泽时不要与矿物的颜色相混;
② 转动标本,注意观察反光最强的矿物小平面(晶面或解理面),不要求整个标本同时反光都强。

(4) 透明度

透明度是指矿物透光的性能,一般透明和不透明是相对的。常以厚 0.03 mm 薄片为标准,按其透光程度进行肉眼观察,可将矿物分为透明、半透明和不透明三类。

常见的透明矿物有水晶、方解石、云母、长石、辉石和角闪石;半透明矿物有闪锌矿、辰砂;不透明矿物有磁铁矿、黄铁矿、石墨、方铅矿等。

2. 矿物的力学性质

矿物的力学性质是指在外力作用下所表现的物理性质,包括硬度、解理、断口、弹性、挠性和延展性等。

(1) 硬度

矿物的硬度是指其抵抗外来机械力作用(如刻划、压入、研磨等)的能力。一般可以把欲试矿物的硬度与某些标准矿物的硬度进行比较,即互相刻划加以确定。通常用的标准矿物,即摩氏硬度计就是用这种方法确定的:用十种矿物互相刻划,按硬度相对大小顺序把矿物硬度分为十级,排列在后边的矿物均能刻动前面的矿物(图 7-15)。

实验时首先应熟悉摩氏硬度计中的矿物,然后用它们刻划其他未知矿物,以便确定未知矿物的硬度等级。还可用指甲(硬度约为 2.5)、铜币(硬度约为 3.5)、小钢刀(硬度约为 5.5)、钢钉(硬度约为 6.5)、钻头(硬度约为 8.5~9)等来刻划各种矿物,大致确定其被刻划矿物近似的硬度级别。

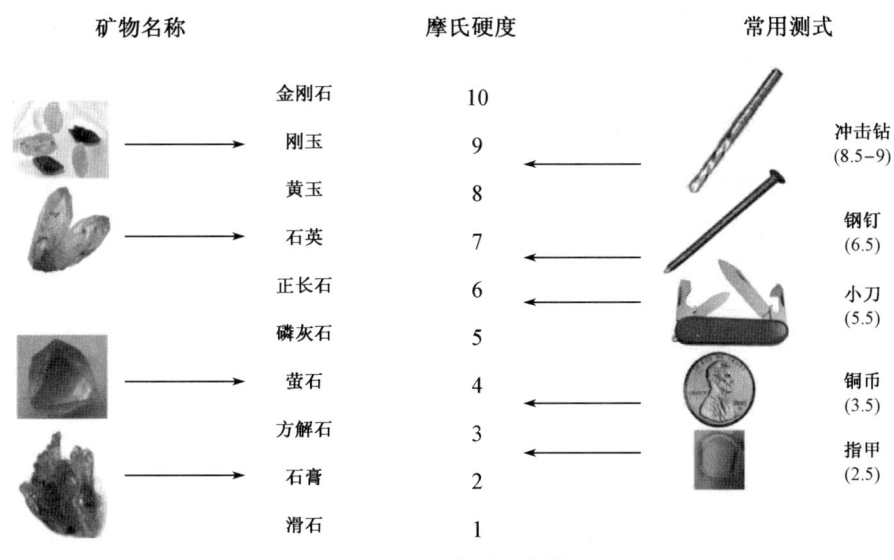

矿物名称	摩氏硬度	常用测式
金刚石	10	
刚玉	9	冲击钻 (8.5-9)
黄玉	8	
石英	7	钢钉 (6.5)
正长石	6	
磷灰石	5	小刀 (5.5)
萤石	4	铜币 (3.5)
方解石	3	
石膏	2	指甲 (2.5)
滑石	1	

图 7-15 摩氏硬度计

矿物的硬度是鉴定矿物的重要物理参数和特征之一，测试时应注意：

① 矿物的硬度是指单个晶体的硬度，而纤维状、细分散土状集合体对矿物硬度有影响，难以测定矿物的真实硬度。

② 受风化影响的矿物，其硬度往往偏低。因此，测试硬度时必须选矿物晶体的新鲜面，而且用力不宜过猛，以避免试验不准。

（2）解理与断口

矿物受力后沿其晶体内部一定的结晶方向（或结晶格架）裂开或分裂的性质，称解理。它是沿着矿物内部一定方向发生平行分离的特性，其裂开面称解理面。

矿物的解理按其解理面的完好程度和光滑程度不同，通常划分为四级：

① 极完全解理：解理面极完好，平坦且极光滑，矿物晶体可劈成薄片，如云母、辉钼矿。

② 完全解理：矿物晶体容易劈成小的规整的碎块或厚板状，解理面完好、平坦、光滑，如方解石、方铅矿等。

③ 中等解理：破裂面不甚光滑，往往不连续，解理面被断口隔开成阶梯状，如辉石、白钨矿等。

④ 不完全解理：一般难发现解理面，即使偶见到解理面，也是小而粗糙。因此，在破裂面上常见有不平坦断口，如磷灰石、锡石等。

有的把无解理者称为极不完全解理，晶体的破裂面完全为断口，如黄铁矿、石榴石等。

断口是矿物受到敲击后，沿任意方向发生的不规则破裂面。断口对鉴定矿物也具有一定的意义。断口可描述为贝壳状断口（如石英断口）、参差状断口（如黄铁矿、磁铁矿等）。

解理和断口互为消长关系，即解理发育者，断口不发育；相反，不显解理者，断口发育。观察矿物解理时首先应学会判别解理存在与否，其关键是学会识别解理面。在观测矿物碎块时，若发现许多平滑的面，则说明此种矿物具有解理，否则可能是无解理。解理面无论大小，一般都表现出反光性。解理面不一定具有固定的几何形态。寻找解理面时，要对准光线反复转动标本，仔细观察，要注意寻找是否有相同方向且相互平行的许多面存在。特别要注意解理面与晶面的区别：晶面是按一定内部构造生长成的几何多面体的表面，它只位于晶体表面并常具固定的几何形态，同一晶体上相似的晶面大小相近；解理面则可在相同方向上找到一系列的面，它们相互平行但大小不一定等同。另外，有些矿物晶面上具有晶面条纹，可与解理面相区别。

在实验过程中，观察解理组数时，应从不同方向去看标本，如在某一方向上观察到一系列相互平行的解理面，则可定为一组解理；再转动到另一方向又发现另一系列相互平行的解理面，就可定为二组解理；依次类推。确定解理组数后，还应注意不同组解理面间的交角（称解理夹角），因为同种矿物一般具有固定的解理组数和解理夹角。有无解理面、解理组数多少、解理夹角的大小等都是识别矿物的重要标志。

（3）弹性与挠性

某些片状或纤维状矿物，在外力作用下发生弯曲，当去掉外力后能恢复原状者具弹性（如云母）；不能恢复原状者具挠性（如蛭石和绿泥石）。

（4）延展性

矿物能被锤击成薄片状或拉成细丝的性质称延展性，如自然金、自然银、自然铜等具此性质。

（三）矿物的其他性质

矿物除上述物理性质外，还具有一些其他性质，主要有比重、磁性、发光性及通过人的触觉、味觉、嗅觉等感官而感觉出的某些性质。

（1）比重，指矿物与同体积水（4 ℃）的重量比值。

（2）磁性，指磁性矿物能被磁铁吸引或本身能吸引铁屑的能力。

（3）发光性，指矿物在外来能量的激发下发光的性质，如萤石在紫外线照射时均显荧光。

（4）人的感官所能感觉到的某些性质，如滑石和石膏的滑感，食盐的咸味，燃烧硫磺、黄铁矿、雌黄和雄黄的臭味等。

此外还有如碳酸盐矿物与稀盐酸反应放出 CO_2 气泡；磷酸盐遇硝酸与钼酸铵使白色粉末变成黄色等都是我们鉴定碳酸盐类和含磷矿物的好办法。

四、实验器材

实验仪器：放大镜、条痕板（无釉瓷板）、小刀、磁铁、稀盐酸等。
材料：矿物标本。

五、实验步骤

矿物的肉眼鉴定法，通常情况下，可参照下列步骤进行（表7-9）：

表7-9 认识矿物实验记录单

标本编号	矿物名称	形态		光学性质				力学性质				其他性质
		单体	集合体	颜色	条痕	光泽	透明度	解理	断口	硬度	比重	

（1）首先观察矿物的形态、颜色、条痕色和光泽，透明度结合矿物的颜色、条痕色和光泽综合判断，具体以标本观察为主。

（2）观察矿物的解理与断口特征。

（3）矿物的硬度主要是借助于小刀和指甲，判断硬度的级别。硬度＞小刀（5～5.5）为高硬度；指甲（2～2.5）＜硬度＜小刀（5～5.5）为中硬度；硬度＜指甲（2～2.5）为低硬度。

（4）通过手感来分辨矿物的比重，一般来说感觉沉、压手为重矿物，感觉很轻一般是轻矿物，但要注意手标本上该矿物的含量，若含量少时是无法分辨的。

(5) 鉴定矿物的磁性时,要用小刀刻下粉末(对准要测矿物,要刻准),再用磁铁吸。若在手标本上矿物含量较多时,可用磁铁直接吸手标本。在肉眼鉴定矿物时,我们把手标本可以被磁铁吸引的称强磁性,矿物粉末能被磁铁吸引的称为弱磁性。

(6) 利用试剂鉴定矿物的化学性质,常用的试剂有:盐酸、40%的KOH溶液、30%的过氧化氢(双氧水)等。

【注意事项】

① 当观察矿物的颜色、光泽时,要在矿物的新鲜面上进行。

② 对于颗粒细小的矿物,当刻划其硬度或条痕时,要在单矿物颗粒上进行。

③ 在观察贵重矿物标本的形态、光泽、颜色等时,严禁敲打、刻划、撕裂。

④ 观察解理、断口时,要在矿物颗粒上观察,要对着光利用反光来观察,见到有解理时还应用小刀撬一下,看是否有解理面出现。对断口的观察应注意区别是单矿物颗粒还是矿物集合体。

⑤ 矿物的比重主要通过手感来分辨,但要注意手标本上该矿物的含量,若含量少时是无法分辨的。

⑥ 鉴定矿物的磁性,要用小刀刻下粉末再用磁铁吸,但要刻准,若在手标本上矿物含量较多时,可用磁铁直接吸手标本。

⑦ 鉴定结果应以标本实际观察为准,不能查书照抄。

⑧ 标本和标本盒应同时取走,不能将标本盒和标本分离,以防标本混乱。

六、讨论与思考

1. 请在国家岩矿化石标本资源共享平台(http://www.nimrf.net.cn/)查询矿物标本信息(至少10种),进行观察并进一步了解矿物的理化特征。

2. 请根据所学内容,收集并制作矿物标本盒(包含至少10种矿物标本)。

实验八　岩石的观察与鉴定

地壳中的各种矿物并不是孤立存在的,而是按照一定规律组合起来形成各式各样的岩石。由地质作用将一种或一种以上矿物,按照一定规律组合起来的集合体称为岩石。组成地壳的岩石,根据成因不同,可分为三大类,即岩浆岩、沉积岩和变质岩。岩石本身记载了它形成的全部历史,同时岩石也是地壳演化及各种地质作用的最好记录。野外识别岩石,应首先选择新鲜面观察岩石的宏观特征,弄清它们属于岩浆岩、沉积岩还是变质岩。

一、实验目的

1. 通过对岩石标本的观察,认识常见岩石。掌握观察、实验、测量、推理、解释等基本的科学方法,形成科学探究意识。

2. 综合比较和总结三大类岩石的基本分类特点,能够通过肉眼鉴定三大类岩石。培养学生的综合思维能力。

二、预习要点

三大类岩石的矿物组成、结构、构造特点。

三、实验原理

肉眼鉴定岩石,最主要是利用岩石的颜色、结构、构造、矿物成分及其次生变化等特征进行观察鉴别,然后确定其岩石种类。三大类岩石在利用上述特征进行鉴别时,各有侧重点,因而鉴定方法稍有不同。

(一) 岩浆岩的观察与鉴定

1. 颜色

岩石的颜色是指组成岩石的矿物颜色总和,而非某一种或几种矿物的颜色。如岩石呈现灰白色,可能是由长石、石英和少量暗色矿物(黑云母、角闪石等)等形成的总体色调。观察颜色时,宜先远观其总体色调,然后用适当颜色形容。岩浆岩的颜色也可根据暗色矿物的百分含量,即"色率"来描述。按色率可将岩浆岩划分为以下三类:暗(深)色岩,色率为60～100,相当于黑色、灰黑色、绿色等;中色岩,色率为30～60,相当于褐灰色、红褐色、灰色等;浅色岩,色率为0～30,相当于白色、灰白色、肉红色等。反过来,也可根据色率大致推断暗色物们的含量,从而推知岩浆岩所属的大类(酸、中、基性)。这种方法对结晶质,尤其是隐晶质的岩石特别有用。

2. 结构和构造

岩浆岩按结晶程度分为结晶质结构和非晶质(玻璃质)结构。按颗粒绝对大小又可分为粗($>$5 mm)、中(5～1 mm)、细(1～0.1 mm)粒结构,以及微晶、隐晶等结构。其中应特别注意微晶、隐晶和玻璃质结构的区别。微晶结构用肉眼(包括放大镜)可看出矿物的颗粒,而隐晶质和玻璃质结构,用肉眼(包括放大镜)看不出任何颗粒来,但两者可用断口的特点区别。隐晶质的断口粗糙,呈瓷状断口;玻璃质的端口平整,常具贝壳状断口。按岩石组成矿物颗粒的相对大小又可分为等粒、不等粒、斑状和似斑等结构。因此,观察和描述结构时,应注意矿物的结晶程度、颗粒的绝对大小和相对大小等特点。

岩浆岩常见的构造为块状构造,其次为气孔、杏仁和流纹状构造等。

3. 矿物成分

对于显晶质结构的岩石,应注意观察描述各种矿物,特别是主要矿物的颜色、晶形、解理、光泽、断口等特征,并目估其含量(注意每种矿物应选择其最特征的性质进行描述)。尤其注意以下几方面:

(1) 观察有无长石。若有则应鉴定长石的种类,并分别目估其含量。

(2) 观察有无石英、橄榄石。若有石英,则为酸性岩;若有橄榄石,则为超基性和基性岩。

(3) 鉴定暗色矿物的成分,并目估其含量,特别注意辉石和角闪石,以及它们和黑云母的区别。

(4) 对具斑状结构或似夹状结构的岩石则应分别描述既品和基质的成分、特点和含量。基质若为隐晶质则可用色率和斑晶推断其成分;若为玻璃质则只能用斑晶来推其成分。

4. 岩浆岩的命名

岩浆岩的命名一般为颜色＋结构＋(构造)＋基本名称,如肉红色粗粒花岗岩。喷出岩有时仅用(颜色)＋构造＋基本名称命名,如气孔状玄武岩。

(二) 沉积岩的观察与鉴定

1. 颜色

沉积岩的颜色取决于岩石成分及所含杂质颜色,能反映生成环境。如石英砂岩由于成分单一,颜色多为浅色;岩屑砂岩则因成分复杂,颜色多为灰绿、灰黑色等。另外,对次生(风化)色有时也需描述。

2. 结构

(1) 碎屑结构

碎屑结构是碎屑沉积岩具有的结构,是由碎屑物质被胶结起来的一种结构。

若为砾状结构的岩石,可用尺子直接测量颗粒的大小、圆度、球度,目估各种粒径砾石的含量,以确定其分选性。对具砂状结构的岩石应尽量目估其颗粒大小,同时估计各粒级的百分含量以确定其分选性。在目估粒度时,可用已知粒级的砂粒管进行对比。用肉眼(包括放大镜)观察并确定碎屑的磨圆程度。对磨圆度的观察描述,一般对中砂和大于中砂粒级的岩石才具有意义(表 7 - 10)。

分选性:肉眼描述时,目估同一粒级颗粒含量。含量＞75％为分选好;含量为 50％～75％为分选中等;含量＜50％为分选差。

磨圆度:用肉眼或放大镜观察颗粒的磨圆程度。

表 7 - 10 碎屑岩的结构及特征

划分依据	结构类型	特 征	代表性岩石
颗粒大小	砾 状	颗粒直径大于 2.0 mm	砾岩
	砂 状	颗粒直径为 2.0～0.05 mm	砂岩
	粉砂状	颗粒直径为 0.05～0.005 mm	粉砂岩
	泥 质	颗粒直径小于 0.005 mm	泥岩、页岩
颗粒形状	棱角状	碎屑颗粒具尖锐的棱角,原始形状基本未变或变化很小	角砾岩
	次棱角状	碎屑颗粒的棱角稍有磨蚀,尖角并不十分突出	
	圆棱状	棱角已经受到显著的磨损,但碎屑的原始轮廓还可以看出	急流角砾岩
	浑圆状	颗粒的棱角均已全部磨掉,表面非常圆滑	石英砂岩
颗粒的分选性	分选性好	同一粒级颗粒集中的程度达到 75％以上	粉砂岩、细砂岩等风成、海成岩
	分选性中等	同一粒级颗粒集中的程度介于 75％～50％之间	砾岩
	分选性差	同一粒级颗粒集中的程度不到 50％	砾砂岩

(2) 泥质结构

泥质结构是由极细小的黏土质点所组成的、比较致密均一和质地较软的结构,是由颗粒小于 0.005 mm 的碎屑或黏土矿物组成的结构,该结构肉眼无法分辨,岩石呈致密状,是黏土岩常有特征。

(3) 化学结构和生物结构

由各种溶解物质或胶体物质沉淀而成的沉积岩常具有化学结构。如某种化学成分沉淀后,在一定条件下常同时结晶,形成等粒结构。如果晶粒很细,肉眼看来往往具有致密均一的特征。有时在岩石中含有大量的生物遗体(如珊瑚礁、软体动物的外壳等)或生物碎片,形成各种生物结构。

3. 构造

构造指沉积岩各组分在空间的分布、排列和充填方式。一般包括层理、层面构造和层内构造(表 7-11)。

层理构造:由岩石的成分、颜色、结构等在垂直于沉积层方向上的变化所形成的一种构造现象。

层面构造:指岩层表面呈现出的各种构造痕迹,沉积岩中常见的层面构造有波痕、冲刷痕迹、泥裂等。

结核构造:在沉积岩中常含有与围岩成分有明显区别的某些矿物质团块。形状有球状、椭球状、透镜体状、不规则状。内部构造有同心圆状、放射状等。大小不一,分布呈层状或顺层呈串珠状。

生物遗迹构造:古生代以来的沉积岩中,常常保存着大量的种类繁多的生物化石,这是沉积岩区别于其他岩类的重要特征之一。

若标本上能见到层面和层理构造则应尽量描述。若标本上见不到特殊的构造,则表明该岩石的岩层厚度较大,一般将其称为块状构造即可。

表 7-11 沉积岩的构造

含义	类型	基本特征
沉积岩的构造特征是具有层理,层理是大部分沉积岩最重要的外部特征之一	水平层理	层理为直线状,互相平行,并且平行于层面,此类层理常见
	波状层理	层面不平整,呈波状,总的方向平行于层面
	斜层理	细层倾斜,与层系界限成一定的交角

4. 成分

碎屑岩的成分主要描述碎屑颗粒和胶结物两部分的物质成分。① 碎屑成分:碎屑岩中的碎屑物质包括矿屑和岩屑两类。常见的矿屑有石英、长石和白云母。岩屑多出现在较粗的碎屑岩中,常见的岩屑为石英、砂岩、粉砂岩、燧石和中酸性岩浆岩等。在观察鉴定岩石时,要求鉴定出主要矿物和岩屑名称。② 胶结物成分:常见的胶结物成分有钙质、硅质、铁质、泥质四种(表 7-12)。

表 7－12　胶结物的简易鉴定

胶结物类型	肉眼鉴定或简易化学测定特征
泥质胶结	无色或杂色；硬度小于小刀；加酸不起泡；胶结疏松
钙质胶结	多白色或无色；硬度小于小刀；加盐酸起泡；胶结疏松
硅质胶结	无色；硬度大于小刀；加盐酸不起泡；胶结坚固
铁质胶结	多红色或褐色；硬度中等；风化后常呈铁锈；加酸不起泡

（三）变质岩的观察与鉴定

1. 变质岩的矿物

变质岩既然是由岩浆岩或沉积岩等岩石变化而来的，那么其矿物成分方面保留原岩成分，另一方面也出现了一些新的矿物，如岩浆岩中的石英。钾长石、斜长石、白云母、黑云母、角闪石及辉石等，由于本身是在高温、高压条件下形成的，所以在变质作用下依然保存；在常温常压下形成于沉积岩中的特有矿物，特别是岩盐类矿物，除碳酸盐矿物（方解石、自云石）外，一般很难保存在变质岩中。

变质岩除了保存着上述岩浆岩和沉积岩中的共有继承矿物外，还有它特有的矿物，如石榴子石、红柱石、蓝晶石、夕线石、硅灰石、石墨、金云母、透闪石、阳起石、透辉石、蛇纹石、绿泥石、绿帘石、滑石等。

2. 常见结构

变质岩的结构是指组成矿物的粒度、形态和它们之间的关系，常见类型如下：

① 变余结构：变质岩中保留了原岩结构的一种结构，如变余砾状结构、变余砂状结构、变余斑状结构等。常见于变质较浅的岩石中，可借此了解原岩性质。

② 变晶结构：在变质作用过程中由重结晶作用所形成的结构，是变质岩中最重要的一种结构类型。按矿物结晶大小可划分为：粗粒变晶结构粒径＞3 mm；中粒变晶结构粒径 1～3 mm；细粒变晶结构粒径＜1 mm。

如果按矿物的形态和颗粒的相对大小可分为以下几种：

① 粒状变晶结构：岩石主要由粒状矿物（如石英、方解石等）组成，无明显的定向排列的构造，如大理岩、石英岩等。

② 纤状变晶结构：岩石主要由针状、柱状矿物组成，有些呈放射状、束状，常具定向排列的构造，如角闪片岩、阳起石片岩。

③ 鳞片变晶结构：岩石主要由片状矿物（云母、绿泥石）组成，而且呈平行排列的构造，如云母片岩。

④ 斑状变晶结构：岩石中主要由于矿物结晶能力的差异和颗粒大小的不同而形成的结构，其中结晶能力强的矿物形成了较大的变斑晶，如蓝晶石片岩或石榴子石片岩中的蓝晶石、石榴子石。

⑤ 裂结构（压碎结构）：指岩石中的矿物在定向压力下发生破碎、裂开或移动等所形成的一种结构，为动力变质岩的典型特征。

⑥ 交代结构：新生的矿物交代原有岩石中的矿物而形成的一种结构。常见的有交代

假象结构(如盟云母核绿泥石交代,绿泥石里具有黑云母的外形),交代残留结构和交代环状结构等。这些微观结构,一般要在显微镜下才能看得清楚。

3. 常见构造

变质岩的构造指各种矿物的空间分布和排列特点。按其成因可分为变成构造、变余构造、混合岩构造三类。变成构造主要是指变质作用过程中已形成的构造,这类构造是变质岩中最重要的。常见的变成构造如下:

① 板状构造:由页岩或泥岩低级区域变质作用所形成的一种构造。原岩组分基本上没有重结晶,岩石中表现出一组平整的破裂面,破裂面光滑而具微弱的丝绢光泽。

② 千枚状构造:矿物初步具有定向排列,但重结晶不强烈,矿物颗粒肉眼不能分辨,仅在解理面上见有强烈的丝绢光泽,裂开面不平整而且有小褶皱的构造。

③ 片状构造:主要由片状、柱状矿物(云母、绿泥石、角闪石等)平行排列连续形成面理,其粒度比千枚岩的矿物较粗,肉眼可分辨,为各种片岩特有的构造。

④ 片麻状构造:由变质形成的粒状矿物(长石、石英)和定向排列的片状、柱状矿物(云母、角闪石等)断续相间排列而成。往往形成片麻理,如片麻岩就具有此构造。

上述几种构造主要是在定向压力作用下形成的。

⑤ 块状构造:岩石中的矿物成分和结构都很均匀,无定向排列的构造。如石英岩、大理岩等就具有这种构造。

⑥ 变余构造:变质岩中仍存在原来岩石的构造特征,如变余层理构造、变余气孔构造和变余流纹构造等。

⑦ 混合岩构造:在变质过程中,由于外来物质的加入,或原来岩石局部重熔形成的脉体与原来岩石变成的基体混合而形成的构造,如眼球状构造,脉体呈眼球形;条带状构造,脉体与原有岩体相间成条带;肠状构造,脉体被揉皱成肠状。

4. 分类

变质岩是由原有的某种岩石(沉积岩、岩浆岩或变质岩)经过变质作用而成的,由于原岩引起变质作用原因和变质作用的类型不同,故产生的变质岩也不同。因此,变质作用的类型是变质岩划分大类的依据(表7-13)。

表7-13 变质岩分类简表

岩类	岩石名称
动力变质岩类	碎裂岩、糜棱岩
接触变质岩类	石英岩、角岩、大理岩
区域变质岩类	千枚岩、片岩、片麻岩、大理岩、石英岩
混合岩类	条带状混合岩、肠状混合岩、眼球状混合岩
气成水热(交代)变质岩类	蛇纹岩、云英岩、夕卡岩

三类岩石在一定条件下相互依存、不断地进行着相互间的转化。岩石的原始物质是岩浆,岩浆在侵入活动过程中冷凝形成各种火成岩。火成岩在外动力作用下,经过风化、剥蚀、搬运、沉积和固结成岩等作用形成沉积岩。在大规模的构造运动的影响下,已形成

的火成岩、沉积岩下降到地壳深处,在高温高压条件下,受湿度、岩浆分异的影响而发生变质作用,形成各种变质岩。

四、实验器材

岩石标本、放大镜、小刀、条痕板(无釉瓷板)、磁铁、稀盐酸等。

五、实验步骤

肉眼对岩石进行分类和鉴定,除了在野外要充分考虑其产状特征外,在室内对手标本的观察上,最关键的是要抓住它的结构、构造、矿物组成等特征。肉眼对岩石进行分类和鉴定,具体步骤可为:

(1) 观察岩石的构造。岩石外表上的构造就可反映它的成因类型:如具气孔、杏仁、流纹构造形态时一般属于火成岩中的喷出岩类;具层理构造以及层面构造时是沉积岩类;具板状、千枚状、片状或片麻状构造时则属于变质岩类。应当指出,火成岩和变质岩构造中,都有"块状构造"。如火成岩中的石英斑岩标本,变质岩中的石英岩标本,表面上很难区分,这时,应结合岩石的结构特征和矿物成分的观察进行分析:石英斑岩具火成岩的似斑状结构,其斑晶与石基矿物间结晶联结,石英斑岩中的石英斑晶具有一定的结晶外形,呈棱柱状或粒状;经过重结晶变质作用形成的石英岩,则往往呈致密状,肉眼分辨不出石英颗粒,且石质坚硬、性脆。

(2) 观察岩石结构。通过对岩石结构的深入观察,可对岩石进行进一步的分类。如火成岩中深成侵入岩类多呈全晶质、显晶质、等粒结构;而浅成侵入岩类则常呈斑状结晶结构。沉积岩中根据组成物质颗粒的大小、成分、联结方式可区分出碎屑岩、黏土岩、生物化学岩类(如砾岩、砂岩、页岩、石灰岩等)。

(3) 分析岩石的矿物组成和化学成分。岩石的矿物组成和化学成分分析,对岩石的分类和定名也是不可缺少的,特别是与火成岩的定名关系尤为密切,如斑岩和玢岩,同属火成岩的浅成岩类,其主要区别在于矿物成分。斑岩中的斑晶矿物主要是正长石和石英,玢岩中的斑晶矿物主要是斜长石和暗色矿物(如角闪石、辉石等)。沉积岩中的次生矿物如方解石、白云石、高岭石、石膏、褐铁矿等不可能存在于新鲜的火成岩中。而绢云母、绿泥石、滑石、石棉、石榴子石等则为变质岩所特有。因此,根据某些变质矿物成分的分析,就可初步判定岩石的类别。

在岩石的定名方面,如果由多种矿物组分组成,则以含量最多的矿物与岩石的基本名称紧密相联,其他较次要的矿物,按含量多少依次向左排列,如"角闪斜长片麻岩",说明其矿物成分是以斜长石为主,并有相当数量的角闪石,其他火成岩、沉积岩的多元定名含义也是如此。

(4) 最后应注意的是在肉眼鉴定岩石标本时,常有许多矿物成分难于辨认,如具隐晶质结构或玻璃质结构的火成岩,泥质或化学结构的沉积岩,以及部分变质岩,由结晶细微或非结晶的物质成分组成,一般只能根据颜色的深浅、坚硬性、比重的大小和"盐酸反应"进行初步判断。岩浆岩中深色成分为主的,常为基性岩类;浅色成分为主的,常为酸性岩类。沉积岩中较为坚硬的多为硅质胶结或硅质成分的岩石,比重大的多为含铁、锰质量大的岩石,有"盐酸反应"的一定是碳酸盐类岩石等。

【注意事项】
① 观察的时候注意做好记录;
② 标本和标本盒应同时取走,不能将标本盒和标本分离,以防标本混乱。

六、讨论与思考

1. 请在国家岩矿化石标本资源共享平台(http://www.nimrf.net.cn/)查询三大岩类标本信息(至少10种),进行观察并进一步了解岩浆岩、沉积岩、变质岩各自的特征。

2. 请选择矿物标本中三大岩类(每类至少3种)标本,填写表7-14、7-15、7-16。

表7-14 岩浆岩鉴定特征表

标本号	岩石名称	颜色	结构	构造	可见主要矿物成分	产状

表7-15 沉积岩鉴定特征表

标本号	岩石名称	颜色	碎屑物成分	胶结物成分	结构	沉积环境	其他特征

表7-16 变质岩鉴定特征表

标本号	岩石名称	颜色	矿物成分	结构	构造	变质程度	其他

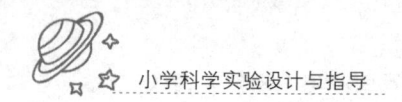

实验九 模拟板块运动

在人类生活生存以来,人们一直对地球陆地与陆地之间的关系进行不懈的探索。人们经过精密的观察以及研究,发现板块运动是一直在我们的生活中不断发生的,它会经过缓慢的运动,随着地球的不断内发力而产生相对运动。板块边界的岩石由于受到板块之间相互作用力的巨大影响不断发生着变化,也引起着地质上的不断变化。如,板块相互挤压形成了山脉,相互背离形成了裂谷,相互平移形成了断层。板块的碰撞和隆起会形成高山,改变局部气候,同时也会影响生物的分布和演化。板块在相互碰撞和分离的过程中,会积累巨大的应力,导致地震和火山爆发的发生。

一、实验目的

1. 学习板块运动原因及过程的地理知识,培养学生观察能力和地理思维能力。
2. 做一个模型来帮助理解海底扩张如何形成新的洋壳;学习设计地理实验模型的方法。
3. 学习设计地理演示实验方案,培养学生地理实验意识和实验设计思维。

二、预习要点

板块构造学说。

三、实验原理

板块构造学说认为地球的岩石圈分裂成为若干巨大的板块。岩石圈板块塑性软流圈发生大规模水平运动,板块与板块之间或相互分离、或相互汇聚、或相互平移,引起了地震、火山和构造运动。板块构造说囊括了大陆漂移、海底扩张、转换断层、大陆碰撞等概念,为解释全球地质作用提供了颇有成效的格架。

四、实验器材

1. 一个平底铝盘、两根蜡烛(每根大约 10 cm 长)、固定蜡烛用的橡皮泥若干、六块砖头、两块中等大小的海绵、十个图钉、两升水。
2. 剪刀、米尺、两张白纸、颜料。
3. 彩色毛巾、沙拉酱、华夫饼、盘子、夹心饼干、彩色塑料泡沫等。

五、实验步骤

(一) 模拟板块运动(图 7-16)

(1) 取一块海绵,在较长的一侧插入十个图钉,深度为图钉的一半;
(2) 将砖头叠成两堆,把平底铝盘放在上面;
(3) 在平底铝盘中加入 4 cm 深的水;

图 7-16 模拟板块运动

(4) 把两块海绵都浸湿,放在水面上;

(5) 慢慢地把两块海绵推到一起,让有图钉的一边夹在两块海绵中间(它们能使海绵不会粘起来);

(6) 轻轻放开海绵,如果它们各自漂开,再把它们推到一起;

(7) 把蜡烛放到平底铝盘下面,两侧各放一个,用橡皮泥调整它们的高度;

(8) 在铝盘上记下海绵的位置;

(9) 小心地点燃蜡烛,当水被加热时,观察两块海绵运动的情况;

(10) 分别在平底铝盘上记下蜡烛点燃1分钟和2分钟后海绵的位置。

(二) 制作海底扩张模型(图7-17)

(1) 在第一张白纸上画一些与纸边平行的条带,条带的宽度和间距要有变化;

(2) 把这张纸纵向折叠,在每一半的顶头写上"开始",然后小心地沿着折痕剪成两半;

(3) 将第二张白纸对折三下,分成八等分,展开,再纵向折叠;

(4) 在横向的最中间折痕和最两边折痕上各画一条长5.5 cm的线;

(5) 小心地沿着这三条线剪开,把纸展开,于是纸中出现三条缝;

(6) 把画有条带的纸片叠在一起,使"开始"两字重合,并把这一头插入第二张纸的中缝,然后分别拉向两边,各插入两边的缝隙中;

(7) 拉动纸片的两头,观察中缝的纸带有什么现象;

(8) 练习拉动纸片过程,直到能够使两张纸片流畅地上下滑动。

图7-17 海底扩张模型

(三) 模拟板块运动引起的地表变化

1. 模拟板块挤压

方案一:用几块不同颜色的毛巾折叠在一起表示不同的地层,用手从毛巾的两端向中间挤压。模拟板块的挤压会形成褶皱。用图片展示雄伟的喜马拉雅山脉,对比实验现象,体会大陆板块相互碰撞形成山脉(图7-18)。

方案二:用番茄酱模拟岩浆,华夫饼模拟板块(图7-19)。用手将华夫饼从两边向中间挤压,模拟板块的挤压;用手从两端往外拉,华夫饼断裂,模拟板块的分裂。

图 7-18　褶皱实验模拟图　　　　　图 7-19　板块运动实验模拟图

2. 模拟板块分离

方案一：用夹心饼干表示不同的地层，用手从两端往外拉，饼干断裂。模拟岩层断裂和错位（图 7-20）。

图 7-20　断层实验模拟图（一）

方案二：在一个大杯子中，放置不同颜色的泡沫塑料颗粒，不同的颜色表示地层，然后用一张硬纸板以不同的方向插入泡沫粒中（图 7-21）。模拟不同岩层的上下错动、水平错动等不同的错位方式。

六、讨论与思考

1. 在模拟板块运动实验中，观察铝盘中水的流动。为了便于观察，在水中滴一滴食用色素。当色素沉到盘底时，点燃蜡烛，放到盘下靠近色素的地方，观察色素在水中的运动。它与地幔中的对流循环有类似之处吗？

图 7-21　断层实验模拟图（二）

2. 制作海底扩张模型时，用自己的语言描述海底扩张的过程。思考：

（1）分析中缝代表洋底的什么地方？与洋底相比，这个模型还缺少什么重要内容？两边的缝隙代表什么？第二张纸下的空间代表什么？怎样区别纸片靠近中缝和边缝部分所代表的洋壳？它们的区别对大洋深度有什么影响？纸片上的条带代表什么？为什么模型中条带宽度的不同很重要？

（2）在海底扩张过程中，还有哪些现象模型没能反映出来？假设大量熔岩从洋脊中喷发出来，形成一个岛屿，怎样在你的模型上表现出来？经过漫长的时间以后，这个岛屿会怎样改变？怎样在模型上表现出来？

（3）试解释密度和温度的差别是如何成为海底扩张和洋壳消减的动力来源的。

实验十　模拟火山活动

在地壳中的某些部位，由于地壳的强烈运动而发生断裂破碎，地球深部岩浆由此向上运移，并有水蒸气、气体从中不断分离出来，致使体积膨胀和内压力增加，从而又推动岩浆加速沿断裂向上运移，直至冲出地表，产生火山喷发。火山是一个由火山喷发活动将固体碎屑、熔岩等物质喷出地表并围绕其喷出口堆积而成的隆起的丘或山。火山喷出口是一条由地球上地幔或岩石圈到地表的管道，大部分物质堆积在火山口附近，有些被大气携带到高处而扩散到几百或几千公里外的地方。

一、实验目的

1. 学习火山形成的知识，通过学习火山的形成原理，理解地表形态形成的内力作用；
2. 通过模拟实验，并且动手演示，培养学生积极思考和动手操作能力。

二、预习要点

地球内力作用相关知识。

三、实验原理

1. 岩浆的物理特性

岩浆是由熔融的岩石和气体组成的混合物，它的物理特性决定了火山喷发的形式和规模。岩浆的黏度、密度、温度和气体含量等因素都会影响火山喷发的强度和持续时间。在火山喷发实验中，我们可以通过调整实验中的岩浆成分和温度等参数来模拟不同类型的火山喷发。

2. 岩浆的运动方式

岩浆在地壳上升的过程中会受到地壳的阻力和重力的影响，它的运动方式也会影响火山喷发的形式和规模。岩浆可以通过直接喷发、爆炸喷发、溢出喷发等方式释放出来。在火山喷发实验中，我们可以通过调整实验中的岩浆流动速度和喷发方式等参数来模拟不同类型的火山喷发。

3. 火山口的结构和特性

火山口是火山喷发的出口，它的结构和特性也会影响火山喷发的形式和规模。火山口的大小、形状、深度和喷发孔的数量等因素都会影响火山喷发的强度和持续时间。在火山喷发实验中，我们可以通过调整实验中的火山口结构和特性等参数来模拟不同类型的火山喷发。

四、实验材料

1. 蜡、水杯、热水、冷水、玉米粉、管子、木板、U形试管、土豆泥、苏打粉、盒子等。
2. 塑料杯、碟子或平底锅、塑料刀、铝盘(每隔2.5 cm钻出一个孔)、碗状无味乳胶模子、红色食用色素、塑料注射器10 mL、三个柱状包装纸盒、橡胶手套、白纸。
3. 黏土(可塑性)、红色食用染料、小苏打、醋、塑料杯、纸盒、滴管、勺子、量杯等。

五、实验步骤

（一）模拟火山形成

（1）在A、B两个U形试管中装进浓度不同的土豆泥,分别从每个U形试管的一个口中放进少许苏打粉,然后加水,并用手指堵住试管口,土豆泥便从另一个口中溢出。浓度大的成为柱状堆积,而稀的直接从试管口溢出(模拟岩浆喷发的过程,由于岩浆浓度不同,可形成不同形状的火山)。

（2）把熔化了的蜡分别倒进热水和冷水杯中,热水中的蜡仍是液体,而冷水中的蜡则凝结起来(模拟火山岩浆遇冷凝固的过程)。

（3）在瓶中装满细小的玉米粉,底部插入管子,用力吹,玉米粉从瓶口喷出;在瓶口的木板上就会形成山状(模拟火山的形成过程)。

（二）制作火山模型

（1）从速冻箱中取出乳胶,快速放入装有热水的碗中,使乳胶与容器分离;

（2）将铝盘放在乳胶上,使乳胶位于铝盘中央,用手按住铝盘,小心地将乳胶和铝盘倒扣过来;

（3）将铝盘和乳胶模子放在柱状包装纸盒上;

（4）小心地移开碗,乳胶模子就成了一个火山模型;

（5）用注射器吸取红色色素(代表岩浆),将注射器倒过来,排去气泡,直到挤出少量液体为止;

（6）将注射器的针头从铝盘的小孔中插到火山模型的中心,慢慢地将"岩浆"注射到乳胶中,注射时间不要少于30秒,观察"岩浆"发生的变化;

（7）尽可能多地重复步骤(6)和(7),每次都仔细观察"岩浆"的运动方向(图7-22)。

图7-22 火山模型剖面图

（三）模拟火山喷发

（1）在卡纸板上用黏土做成一个火山的底座。

（2）在底座上安放一个塑料杯,围绕这个塑料杯建成一座火山模型,然后把它放在一边晾干。

（3）为模拟火山喷发,塑料杯中放入一些红色食用染料和小苏打,然后慢慢地倒入一些醋。苏打和醋引起的化学反应造成罐中的液体溢出,展示了一座"活火山"的喷发(图7-23)。

图 7-23 模拟火山喷发实验示意图

六、讨论与思考

1. 制作火山模型时,请思考:

(1) 当注射部位不同时,"岩浆"运动的方向是否有差别?"岩浆"是怎样穿过火山模型的?是直接穿过火山模型中心向上运动,还是分岔向上运动?记下观察结果,解释岩浆为什么以这种方式运动。

(2) 你可以运用哪些知识或经验来支持你的假设?比较岩浆的实际运动方式与你的假设,有差距吗?当注射器注射的部位改变时,岩浆运动的方向有什么不同?怎样比较你在模型中观察到的"岩浆运动"与实际火山中的岩浆运动?

(3) 运用两个薄层状乳胶模子重复这个实验。在注射"岩浆"之前,先预测一下岩层对岩浆运动有什么影响。记下你观察到的现象。你的预测准确吗?这个模型可以模拟哪一种火山地貌的形成?你能否用层状乳胶模子演示其他火山地貌的形成过程?

2. 火山活动如何塑造地表形态?

第三节 气象气候类实验

实验十一 气象要素的观测与记录

气象观测是指对表征大气状况的气象要素、天气现象及其变化过程进行个别或系统的、连续的观察和测定,并对获得的记录进行整理的过程和方法。气象观测涉及大气物理、普通气象、传感器技术、无线电技术、电子技术和空间技术等多个学科,科学技术每一次进步均促进了气象观测的发展,也给大气科学提供了发展动力。气象观测是大气科学发展的基础,其发展程度是大气科学发展水平的一个重要标尺。

一、实验目的

学会使用温度表观测气温、读取数据;了解雨量器的构造原理,掌握降水量观测的方

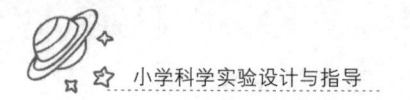

法；使用风向风速仪测定风速和观察风向。

二、预习要点

天气现象的观测及天气预报的制作等。

三、实验原理

（一）气温和湿度的观测与记录

空气温度（简称气温）是表示空气冷热程度的物理量。

空气湿度（简称湿度）是表示空气中的水汽含量和潮湿程度的物理量。

地面观测中测定的是离地面1.50米高度处的气温和湿度。

1. 需要获取的项目及其单

（1）气温

定时气温，日最高、日最低气温。配有温度计的气象站应作气温的连续记录。以摄氏度（℃）为单位，取一位小数。

（2）湿度

水汽压（e）——空气中水汽部分作用在单位面积上的压力。以百帕（hPa）为单位，取一位小数。

相对湿度（U）——空气中实际水汽压与当时气温下的饱和水汽压之比。以百分数（％）表示，取整数。

露点温度（T_d）——空气在水汽含量和气压不变的条件下，降低气温达到饱和时的温度。以摄氏度（℃）为单位，取一位小数。

配有湿度计的气象站应作相对湿度的连续记录，并挑选日最小值。

2. 测量气温和湿度的仪器

测量气温和湿度的仪器主要有干球温度表、湿球温度表、最高温度表、最低温度表、毛发湿度表、通风干湿表、温度计和湿度计、铂电阻温度传感器和湿敏电容湿度传感器。

干湿球温度表是用于测定空气的温度和湿度的仪器。它由两支型号完全一样的温度表组成，气温由干球温度表测定，湿度是根据热力学原理由干球温度表与湿球温度表的温度差值计算得出。

在小百叶箱的底板中心，安装一个温度表支架，干湿球温度表垂直悬挂在支架两侧的环内，球部向下，干球在东，湿球在西，球部中心距地面1.5m高。湿球温度表球部包扎一条纱布，纱布的下部浸到一个带盖的水杯内。杯口距湿球球部约3 cm，杯中盛蒸馏水（只允许用医用蒸馏水），供湿润湿球纱布用。

湿球包扎纱布时，要把湿球温度表从百叶箱内拿出，先把手洗干净，再用清洁的水将温度表的感应部分洗净，然后将长约10 cm的新纱布在蒸馏水中浸湿，使上端服帖无皱折地包卷在感应部分上（包卷纱布的重叠部分不要超过球部圆周的1/4）；包好后，用纱线把高出感应部分上面的纱布扎紧，再把感应部分下面的纱布紧靠着球部扎好，但不要扎得过紧，并剪掉多余的纱线。

（二）降水的观测与记录

降水量是指从天空降落到地面上的液体（或融化后的固体降水）未经蒸发、渗透、流失而在水平面上积聚的水层深度，以 mm 为单位，精确到 0.1 mm。降水强度是指单位时间内的降水量，常以毫米每小时（mm/h）和毫米每 10 分钟（mm/10 min）表示。降水量通常用雨量器和虹吸式雨量计进行测量。

雨量器由接水器、漏斗、储水瓶、外套筒组成，并配有与其口径成比例的专用雨量杯（图 7-24）。雨量器的筒口直径通常为 20 cm，筒口有一呈内直外斜的刀刃形的铜圈，筒内安装一漏斗，漏斗口为正圆形，雨水经漏斗流入储水瓶中，用雨量杯量取，雨量杯的刻度单位为 mm。雨量杯量程一般为 10 mm，每一小格代表 0.1 mm，每一大格代表 1 mm（图 7-24）。

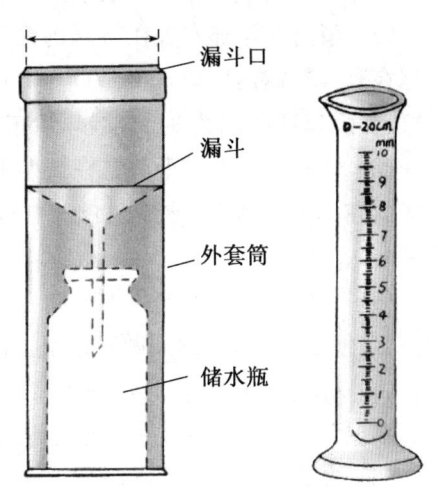

图 7-24　雨量筒和雨量杯

（三）风速和风向的观测与记录

风的观测包括风向和风速的观测。风向是指风吹来的方向，通常用符号记录，例如北（N）、东（E）、南（S）、西（W）四个方位，也可用角度表示，北、东、南、西分别用 360°（0°）、90°、180°、270° 表示。风速是指单位时间内空气移动的水平距离，以 m/s 为单位，有时也用 km/h 表示。

风的平均量是指在规定时间段的平均值，有 3 秒钟、2 分钟和 10 分钟的平均值。

人工观测时，测量平均风速和最多风向。配有自记仪器的要作风向风速的连续记录并进行整理。

自动观测时，测量平均风速、平均风向、最大风速、极大风速。

测量风的仪器主要有 EL 型电接风向风速计、EN 型系列测风数据处理仪、海岛自动测风站、轻便风向风速表、单翼风向传感器和风杯风速传感器等。

指示器：指示器放在室内桌上用来观测瞬时风向和瞬时风速。它由电源、瞬时风向指标盘、瞬时风速指示盘等组成。风速刻度有两排，一排是 0～20 m/s，另一排是 0～40 m/s，用于观测不同大小的风速。风向上的八个方位通过电缆与指示器内的八个小灯泡连接。根据风向标所处的方位，经过感应器的方位块连接，在指示器上可读出风向。

记录器：记录器也置于室内，用来记录风向风速连续变化。它由八个风向电磁铁、一个风速电磁铁、自记钟、自记笔、笔挡、电路接线板等部分组成。记录器可以记录任意 10 min 的平均风速及相应的风向，同时每隔 2.5 min 记录一次瞬时风向。感应器用一长电线和指示器相连，指示器与记录器之间用短电缆线相接。

四、实验材料

干湿球温度表、百叶箱、雨量器、手持式风向风速仪等。

五、实验步骤

(一) 气温和湿度的观测与记录

(1) 测定气温的仪器都应安置在百叶箱里。百叶箱应水平牢固地安装在一个高出地面 125 厘米的特制架子上,箱门正对北,门下放一小梯,以便观测。

(2) 箱内仪器都安置在特制的铁架上。干湿球温度表垂直固定在铁架横梁的两端,干球在东,湿球在西,球部离地面 1.5 m;湿球下方是一个带盖的水盂,固定在铁架下面的横梁上,盂口离湿球约 3 cm,湿球纱布通过杯盖上的狭缝引入盂内水中。

(3) 最高温度表水平放置在铁架下面横梁的钩上,球部中心离地面 1.52 m。最低温度表放在稍低的钩上,球部中心离地面 1.5 m,球部都朝东。毛发湿度表垂直安置在铁架的中间。

(4) 观测的次序是先读干球,后读湿球,记录后复读干湿球,再读毛发湿度表,最后读最高、最低温度表,复读并做好记录。读数要精确到 0.1 ℃。

(5) 对气温的观测,通常一天要进行 3~4 次,一般在北京时间 8 时、14 时、20 时、2 时。根据各地的情况和需要,观测的次数和时刻可以不完全一致。

(6) 根据上述一天不同时刻观测得到的数据,计算日平均气温。

(二) 降水的观测与记录

雨量器是一个可以收集雨水、一端开口的容器或试管。

用尺子量出水的高度,或直接读出容器上的刻度值就是降雨量。

为了提高测量的精度,人们通常在雨量器的顶部安装一个漏斗,它可以收集相当于单独用一根试管收集水量的 10 倍,这样更容易读出容器中水的高度。当然实际降水量必须把这个数据除以 10。

降雪量的测定可以用尺子直接量出雨量器中雪的高度,也可以测量雪融化后水的高度。一般来说,10 cm 的雪和 1 cm 的雨的水量相当。当然,轻薄呈绒毛状的雪所含的水量要远远少于厚湿的雪所含的水量。

(三) 风速和风向的观测与记录

(1) 打开指示器的风向风速开关,观测 2 分钟内风速指针摆动的平均位置,读取整数,记入观测本相应栏中。

(2) 在室外,把一些纸片扔向空中,当落地后,纸片离实验者的反方向就是风的方向,测量纸片离实验者的距离,计算风速。

【注意事项】

气象观测时间一般为 00 时、06 时、12 时和 18 时。为便于学生的观察与实践,可以在以下时间段进行。

早上的观察和记录:选取 7:00—8:00 进行,记录降雨状况、温度、云况、风向风速、空气湿度、空气质量等信息,对于特殊的现象,可以拍照记录。也可近距离观察植物细节状态(叶脉枝节是否有露水凝结等)、动物细节状态、人类活动变化(穿衣、饮食等)等现象,便于分析思考天气现象与日常生活的关系。

中午的观察和记录:选取 12:00—13:00 时间段对天气状况进行观察,具体观察方面同早上相同。

傍晚的观察和记录:选取 17:30—16:30 时间段进行,具体观察方法与前两次相同。

六、讨论与思考

1. 将观察和记录的数据进行整合,将记录到的各天气要素根据时间顺序填入表7-17。

表 7-17 气象观测记录表

日期	时间	温度	降水	湿度	空气质量	风况	其他现象

2. 分析各天气要素变化趋势及原因。

实验十二　云的观测

云是大气中的水蒸气遇冷,凝结成的小水滴或凝华成的冰晶微粒,或由两者所混合组成的飘浮在空中的可见聚合物。云底部不接触地面,并有一定厚度。云是影响气候的重要因子,它通过反射和吸收太阳短波辐射、吸收和反射地面长波辐射而影响地气系统的能量收支。同时,云中水的相态变化产生的潜热吸收与释放可以加热或冷却大气,进而作用于大气环流和短期气候。云的产生和消散以及各类云之间的演变和转化,都是在一定的水汽和大气运动条件下进行的。因此,云的外形、数量、分布、移动等都指示了当时大气所处的各种物理状况。在生活中人的肉眼看不见水汽和大气运动,但是可以通过云来观测水汽和大气的一举一动,进而判断天气状况。我国古代人民就在生产实践中根据云的形状、来向等变化总结了丰富的"看云识天气",并形成一些谚语。

一、实验目的

1. 学会云状、云量、云高的基本观测方法。通过观测云状和云量,初步养成日常生活中观察天气的习惯,提高观察能力和判断能力。

2. 了解云的分类,了解云对天气的反映,学会简单的看云识天气。对科学知识在生活中的应用有切实的感受。

二、预习要点

云状的分类相关知识。

三、实验原理

云状是指云的外形特征。包括云的尺度,在空间的分布情况、形状、结构,以及它的灰度和透光程度。按云的外形特征、结构特点和云底高度,将云分为三族、十属、二十九类(表7-18)。云量是指云遮蔽天空视野的成数。云高是指云或遮蔽现象最底层距地面的高度,是气象预报的重要依据,其变化对分析天气系统的未来演变很重要,它也是安全航空所需要知道的项目。

表 7-18 云的分类

	云属		云类		
	中文名	简写	中文名	简写	
低云	积云	Cu	淡积云	Cu hum	积云
			碎积云	Fc	
			浓积云	Cucong	
低云	积雨云	Cb	秃积雨云	Cb calv	积雨云
			鬃积雨云	Cb cap	
	层积云	Sc	透光层积云	Sctra	层积云
			蔽光层积云	Sc op	
			积云性层积云	Sccug	
			堡状层积云	Sc cast	
			荚状层积云	Sc lent	
	层云	St	层云	St	层云和碎层云
			碎层云	Fs	
	雨层云	Ns	雨层云	Ns	雨层云和碎雨云
			碎雨云	Fn	
中云	高层云	As	透光高层云	Astra	高层云
			蔽光高层云	As op	
	高积云	Ac	透光高积云	Actra	高积云
			蔽光高积云	Ac op	
			荚状高积云	Ac lent	
			积云性高积云	Accug	
			絮状高积云	Acflo	
			堡状高积云	Ac cast	

续表

	云属		云类		
	中文名	简写	中文名	简写	
高云	卷云	Ci	毛卷云	Ci fil	卷云
			密卷云	Ci dens	
			伪卷云	Ci not	
			钩卷云	Ci unc	
	卷层云	Cs	薄幕卷层云	Cs nebu	卷层云
			毛卷层云	Cs fil	
	卷积云	Cc	卷积云	Cc	卷积云

四、实验器材

照相机、黑色(或暗色)眼镜。

五、实验步骤

(一) 云状的判定与记录

云状的判定：主要根据天空中云的外形特征、结构、色泽、排列、高度以及伴见的天气现象，参照"云图"，经过认真细致的分析对比判定是哪种云。判定云状要特别注意云的连续演变过程。

云状记录按"云状分类表"中29类云的简写字母记载。多种云状出现时，云量多的云状记在前面；云量相同时，记录先后次序自定；无云时，云状栏空白。

(二) 云量的观测和记录

云量是指云遮蔽天空视野的成数。估计云量的地点应尽可能见到全部天空，当天空部分为障碍物(如山、房屋等)所遮蔽时，云量应从未被遮蔽的天空部分中估计；如果一部分天空为降水所遮蔽，这部分天空应作为被产生降水的云所遮蔽来看待。

云量观测包括总云量、低云量。总云量是指观测时天空被所有的云遮蔽的总成数，低云量是指天空被低云族的云所遮蔽的成数，均记整数。

总云量和低云量以分数的形式记入观测记录簿，总云量作分子，低云量作分母，任何情况下，低云量不得大于总云量。

全天无云，总云量记0；天空完全为云所遮蔽，记10；天空完全为云所遮蔽，但只要从云隙中可见青天，则记10；云占全天十分之一，总云量记1；云占全天十分之二，总云量记2，其余以此类推。天空有少许云，其量不到天空的十分之零点五时，总云量记0。

当天空出现很多云状时，按下列原则顺序记入观测簿。

(1) 当量不同时，按量的多少(指实际看到的云量，为下层云所遮的部分不算)依次记入，量多的记在上面。

(2) 当量相同时，则按云底高度，依次记入，云底高的记在上面，云底低的记在下面。

(3) 若云量和云底高度都相同时,按云类记录。

(4) 特殊情况下云的记录:当出现雾等水汽凝结现象掩盖天空,使云不能辨别时,把雾量作为云量记录,总、低云量也记10,云状栏记≡的符号;如从雾中观测到天顶可辨的雾,则总云量、低云量也都记10,但云状栏记≡的符号;如从雾中观测到天顶有云并能判定云状时,总、低云量都记10,云状栏记≡和云状,如≡Ac;因浮尘(s)、沙(尘)暴、浓霾(∞)等遮蔽天空而不能判断云状、云量时,云量皆不明处理,总、低云量记"━/━",云状栏记天气现象符号。

(三) 云高

云高以米(m)为单位,记录取整数。有条件的观测站云高应尽量实测;无条件实测时,只在发报观测时进行估测,并在云高数值前加记云状。云状只记10个云属和Fc、Fs、Fn(见表7-18)三个云类。实测云高在数值右上角记"S",估测云高不记任何符号。

(1) 目测云高:根据云状来估测云高,首先必须正确判定云状,同时可根据云体结构,云块大小、亮度、颜色、移动速度等情况,结合本地常见的云高范围进行估测。根据观测经验,目力估测云高有较大误差。所以有条件的气象站,应经常对比目测云高与实测结果,总结和积累经验,提高目测水平。

(2) 利用已知目标物高度估测云高:当观测站附近有山、高的建筑物、塔架等高大目标物时,可以利用这些物体的高度估测云高。首先应了解或测定目标物顶部和其他明显部位的高度,当云底接触目标物或掩蔽其一部分时,可根据已知高度估测云高。

根据观察到的云,检索资料,鉴定到云属、类,并对云状、云量、云高进行记录(表7-19)。注意云状用国际缩写符号填写。

表7-19 云的观察记录表

总云量/低云量	云状	云高

六、讨论与思考

1. 根据观测到的云思考预测未来会有什么样的天气。
2. 云的观测对我们的生活有哪些作用?

第四节　土壤类实验

实验十三　土壤样品的采集和制备

土壤是一个不均一体,影响它的因素是错综复杂的,自然因素有地形(高度、坡度)、母质等,人为因素有耕作、施肥等,因而给土壤样品的采集带来了很大困难。土壤样品的采集是土壤分析工作中一个最重要最关键的环节,它是关系到分析结果是否正确的先决条件。特别是耕作土壤,由于差异较大,若采样不当,所产生的误差(采样误差)远比土壤称样分析发生的误差大。因此,要使所取的少量土壤能代表一定土地面积土壤的实际情况,就得按一定的规定采集有代表性的土壤样品。土壤样品的处理,是土壤分析工作的一个重要环节,直接关系到分析结果的正确性、可靠性。为了解土壤资源的情况,需要对采集的土壤样品进行处理,以便进行各项理化性质的测定。

一、实验目的

掌握土壤样品采集方法、布点方法,了解土壤样品的前处理。通过土壤外部形态了解土壤内在性质,判断土壤类型;学会比较与分类思维方法,具有初步的科学思维能力。

二、预习要点

土壤的理化性质。

三、实验原理

1. 现场调查

记载土壤采样所在位置、采样面积、地形部位、植被或作物栽培情况、土地利用情况。地形草图可画地貌素描图,要注明方向;地形剖面图要按比例尺画,注明方向;轮作施肥情况可向当地村民了解。

2. 土壤颜色

土壤颜色可以反映土壤的矿物组成和有机质的含量。很多主要土类就是以土壤颜色来命名的。鉴别土壤颜色可用门塞尔色卡进行比照确定土色,该比色卡的颜色命名是根据色调、亮度、彩度三种属性的指标来表示的。色调即土壤呈现的颜色。亮度指土壤颜色的相对亮度,其中绝对黑定为0,绝对白定为10,由0到10逐渐变亮。彩度指颜色的浓淡程度。

3. 土壤湿度

通过土壤湿度的观察,能局部看出土壤墒情这个主要肥力特征,可分为干、润、湿润、潮润、湿五级。

干:土壤放在手中不感到凉意,吹之尘土飞扬。

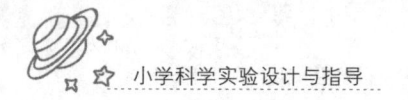

润:土壤放在手中有凉意,吹之无尘土飞扬。

湿润:土壤放在手中有明显的湿的感觉。

潮润:土壤放在手中,使手湿润,并能捏成土团,捏不出水,捏泥粘手。

湿:土壤水分过饱和,用手挤土壤时,有水分流出。

4. 土壤质地

土壤中各种粒径土粒的组合比例关系称为土壤的机械组成。土壤根据其机械组成的近似性划分为若干类别,即质地类别。土壤质地对土壤分类和土壤肥力分级有重要意义,是拟定土壤利用、管理和改良措施的重要依据。在野外鉴定土壤质地通常采用简单的指感法(见表 7-20)。

表 7-20 土壤质地指感法鉴定标准

序号	质地名称 国际制	质地名称 苏联制	土壤状态	干捻感觉	能否湿搓成球(直径 1 cm)	湿搓成条状况(2 mm 粗)
1	砂土	砂土	松散的单粒状	研之有沙沙声	不能成球	不能成条
2	砂质壤土	砂壤土	不稳固的土块轻压即碎	有砂的感觉	可成球、轻压即碎无可塑性	勉强成断续的短条,一碰即断
3	壤土	轻壤土	土块轻搓即碎	有砂质感觉,绝无沙沙声	可成球,压扁时,边缘有多而大的裂缝	可成条,提起即断
4	粉砂壤土	有较多的云母	有较多的云母片	面粉的感觉	可成球,压扁,边缘有大裂缝	可成条,变成 2 cm 直径圆环时即断
5	黏壤土	中壤土	干时结块,湿时略黏	干土块较难捻碎	湿球压扁边缘有小散裂缝	细土条弯成的圆环外缘有细裂缝
6	壤黏土	重壤土	干时结大块,湿时黏韧	土块硬,很难捻碎	湿球压扁边缘有细散裂缝	细土条弯成的圆环外缘无裂缝,压扁后有裂缝
7	黏土	黏土	干土块放在水中吸水很慢,湿时有滑腻感	土块坚硬,捻不碎,锤击亦难粉碎	湿球压扁的边缘无裂缝	压扁的细土环边缘无裂缝

5. 土壤孔隙

土壤结构体与土壤单粒之间的孔隙,可根据土体中空隙大小与多少表示:细小孔隙直径小于 1 mm;小孔隙 1~3 mm;海绵状孔隙 3~5 mm;蜂窝状孔隙 5~10 mm;网眼状孔隙则大于 10 mm。

6. 根系

植物根系可分为四级:没有根系(0 条/cm^2);少量根系(1~4 条/cm^2);中量根系(5~10 条/cm^2);大量根系(大于 10 条/cm^2)。

7. 入侵体

有无入侵体,如石块、砖块、骨骼、煤块等土壤外来物,非成土过程产物。

8. 土壤类型判断

土壤类型是对土壤资源的基本表达。按照土壤发生学分类通常将土壤划分为三大类别，即地带性土壤、隐地带性土壤和非地带性土壤，主要土壤类型有红壤、棕壤、褐土、黑土、栗钙土、漠土、潮土、灌淤土、水稻土、湿土（草甸、沼泽土）、盐碱土、岩性土和高山土等系列。

综合考虑研究区域地理位置、成土母质、气候、生物、地形和时间等主要因素，同时根据土壤质地，可以初步判定土壤类型。

四、实验器材

铁锹、手铲、比色卡、皮尺、剖面刀、铅笔、塑料袋、标签、纸盒、标准筛（1 mm、0.5 mm、0.15 mm）、木槌、镊子、广口瓶、标签、手持 GPS 等。

五、实验步骤

（一）土壤样品采集

1. 采样点的选择

由于土壤是一个不均匀的体系，为了解它的养分状况、物理性、化学性，我们不能把整块土都搬进实验室进行分析，因此，就必须选取若干有代表性的点子取样混合后成为混合样品，混合样品实际上就是一个平均样品，这个平均样品要具有代表性。

要使样品真正有代表性，首先要正确划定采样区，找出采样点。划采样区（采样单元或采样单位）要根据土壤类别、地形部位、排水情况、施肥情况等来决定。由于土壤在水平和垂直方向的分布具有一定的不均匀性，故应多点（5～30 个）采集。选择有代表性的采样点，其分布应尽量照顾到土壤的全面情况，不可太集中，并将采样点均匀混合。

2. 采样方法

蛇形采样法：适用于面积较大，土壤不够均匀、地势不平坦的地方，一般布 10～30 个分点。

棋盘式采样法：适用于中等面积，地势平坦，地形开阔，一般采样点在 10 个以上。这一方法也适用于固体废物污染的土壤，因为固体废物分布不均匀，采样点应在 20 个以上。

梅花形采样法：适用于面积较小，地势平坦、土壤组成均匀的地方，一般布 5 个分点。

对角线采样法：适用于污染农田土壤采样，在对角线各等分中央点采样，可布 5～9 个分点。

3. 采样深度

采样深度根据我们的要求而决定。采取耕作层时，一般取 0～15 cm 或 0～20 cm，其具体方法是在布置好的取样点上，先将表层 0～3 mm 左右的表土刮去，然后再用土铲斜向或垂直按要求深度切取一片片的土壤（图 7-25）。各点所取的深度、土铲斜度，上下层厚度和数量都要求一致，大致相等。

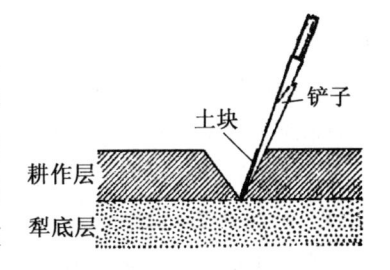

图 7-25 土壤采样图

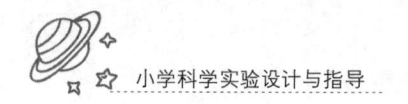

4. 采样量

由于测定所需土壤样品是多点混合而成的,取土量往往较大,而实际进行测定时并不需要太多。具体需要土壤数量,视测定项目多少而定。一般要求1千克,因此对多点采集的土壤,可反复按四分法弃取,最后留下所需的土样。

在布置采样点时,必须具有代表性。因此,就得避免在田边、地角、路旁、堆肥等没有代表性的地方设点取样。

5. 采样时间

土壤某些性质可因季节不同而有变化,因此应根据不同的目的确定适宜的采样时间。一般在秋季采样能更好地反映土壤对养分的需求程度。只需采一次样时,则应根据需要和目的确定采样时间。在进行大田长期定位试验的情况下,为了便于比较,每年的采样时间应固定,同一个季节时间内,采的土壤分析结果才能相互进行比较。

6. 采样工具

小土铲:利用小土铲来根据采样深度,采取上下一致均匀的土片,将各点相等的土片混合成一个混合样品。它的适用性较强,除淹水土外,可适合任何条件下样品的采集,特别是混合样品的采集。

管形土钻:下部为一圆柱形开口钢管,上部系柄架,将土钻钻入土中一定土层深度处,采得一个均匀的土柱。管形土钻取土迅速,混杂少,但它不适用于砾质土壤,干硬的黏重土壤或砂性较重的砂土。

普通土钻:使用方便,能取较深层的土壤,但需土壤较湿润,对较砂的土壤也不很适用。它取出的土壤易混杂,对有机质和有效养分的分析结果,往往低于用其他工具所取的土壤,其原因是表土易掉落。

剖面样品的采集:研究土壤的基本理化性能,土壤的分类,土壤的生存发育,必须按土壤的发生层次取样,它是根据地形部位、成土母质、植被类型和土类来确定取样点,挖掘剖面(一般深为1~2 m),再根据土壤剖面的颜色、土壤结构、质地、松紧度、湿度、植物根系的分布情况等划分层次,然后自下而上采集各发生层次中部位置的土壤。

(二)土壤样品的制备和保存

1. 样品的风干

取回的样品除了某些项目(如自然含水量、硝态氮、铵态氮、亚铁等)的速测需用新鲜土样测定外,一般项目都用风干样品进行分析。因潮湿的样品易发霉变质,不能长期保存。

样品的风干可挂于通风橱中或是在干净的牛皮纸上摊开,压好标签进行风干。风干时应保持通风良好,无氨气、尘埃、酸蒸气或其他化学气体的污染,应经常翻动样品以加速干燥,并用手捏碎土块土团,使其直径在1 cm以下,否则干后不易研磨。另外,捏碎土块可及时剔除其中的动植物残体,避免日后研碎混入土样中,而增加有机质等含量,并注意除去土壤中的铁锰结核、石灰结核或石子等,若石子过多,将其拣出并称重,记下质量。样品一般3~5天即可风干,潮湿季节可适当延长,切忌阳光直接曝晒或烘烤。

测微量元素的样品不能放在报纸上风干。当土壤中的水分与空气中水分达至平衡时的土壤为风干土。

2. 分选

若取回的土壤样品太多,需将土壤样品混匀后平铺于塑料薄膜上摊成厚薄均一的正方形,用"四分法"(图7-26)去掉一部分土壤样品,最后留取75g待用(四分法的目的量土样有较高的代表性)。

图 7-26 四分法取样步骤图

3. 挑拣

样品风干及分选过程中应随时将土壤样品中的侵入体、新生体和动植物残体(根、茎、叶、虫体)挑拣出去。如果挑拣的杂物太多,应将其挑拣于器皿内,分类称其重量,同时称量剩余土壤样品的重量,折算出不同类型杂质的百分比,并做好记录。细小已断的植物根系可以在土壤样品磨细前利用静电或微风吹的办法清除干净。

4. 磨细和过筛

风干后的土壤样品经磨细,使其通过一定的筛孔。不同分析项目要求不同,而且样品很少或样品分解较困难,因此,必须经过磨细等处理。① 将风干样品用擀土棒研碎,使其全部通过 1 mm 筛孔。凡经研磨未通过者,铺开后再次研压过筛,直至所有土壤样品全部只剩下石砾为止。凡经研磨后不能通过者,记为石砾并遗弃。必要时要将石砾称重,计算石砾质量分数。② 用四分法取样品的一半放在研钵中,使用玻璃棒磨细,使其全部通过 0.15 mm 孔筛(使用研钵时不应敲击,以免损坏研钵)。此样品可测定土壤代换量、全氮、全磷及氮等项目。

1 mm 土样:取风干土样,放在木板或塑料板上,用木槌研碎,放在有盖、底的孔径为 1 mm 的筛中,筛出细土,留在筛上的土块再倒在木板或塑料板上重新研磨。如此反复多次,直到全部通过为止。不得抛弃或遗漏,但石砾切勿压碎。筛子上的石砾应拣出称重以计算石砾质量分数,在计算项目分析测定结果时将石砾重量计算在总重量中。该土样可用于一般土壤化学分析项目,如速效性养分、pH 等。

0.15 mm 土样:测定土壤全磷、全氮、全钾和有机质等含量时,因称样量少或样品分解困难,需制备 0.15 mm 土样。具体做法是:将通过 1 mm 孔径筛子的细土混匀,铺平,划分成许多小方格,用牛角匙多点取出土样约 50 g,用玛瑙研钵研细,使之全部通过孔径 0.15 mm 的筛子。

5. 样品保存

保存过筛后的土壤样品经充分混匀,装入带磨口塞的广口瓶或塑料瓶内。样品装入广口瓶应贴上标签,并注明其样号、土类名称、采样地点、采样深度、采样日期、筛孔径、采集人等。

一般样品在广口瓶内可保存半年至一年。瓶内的样品应保存在样品架上,尽量避免日光、高温、潮湿或酸碱气体等的影响,否则影响分析结果的准确性。

【注意事项】

　　使用比色卡比色时光线要明亮,在野外不要在阳光直射下比色,室内最好靠近窗口比色。土壤颜色不一致,则几种颜色都描述。

　　在进行室内土壤理化性质的分析测定之前,必须对野外采集的土壤样品进行制备。土壤样品制备过程中的规范操作是保证分析结果如实反映客观实际的前提条件。因为分析数据能否代表样品总体,关键在于最终所用的少量称样的代表性。如果样品制备不规范,那么任何精密的仪器和成熟的分析技术都将毫无意义。

　　在某些土壤性状(如土壤 pH、交换性能及速效养分等)测定中,如果土壤样品研磨太细,则容易破坏土壤矿物晶粒,使分析结果偏高。因而在研磨过程中只能用木碾滚压,使得土壤黏土矿物或腐殖质胶结起来的土壤团粒或结粒破碎,而不能用金属锤锤打以致破坏单个的矿物晶粒,暴露出新的表面,增加有效养分的浸出。某些土壤性状(如土壤硅、铁、铝、有机质及全氮等)则不受磨细的影响,而且为了使样品容易分解或熔化,需要将样品磨得更细。

六、讨论与思考

1. 根据实地采样,填写土壤采样记录表(表7-21)。

表7-21　土壤采样记录表

土壤采样记录表			
样品登记号		样品名称	
采样地点		采样点数	
采样时间		土壤所属单位	
采样现场简述			
土壤性状描述			
采样保存方式			
采集人			

2. 结合实地采样,简析土壤样品的信息(表7-22)。

表7-22　土壤调查表

土样编号	颜色	湿度	质地	孔隙	根系	入侵体

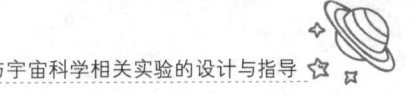

实验十四　测定土壤水分

土壤水分是土壤的重要组成部分和肥力因素。不同气候生物条件下，其水分状况、类型与动态都有很大差异。因此，研究土壤水分状况、类型与动态，对摸清土壤的形成、分类、分布、肥力状况及进行田间土壤水分调节等方面，都有十分重要的理论和实践意义。目前，我国常用的水分测定方法是烘干法。测定土壤水分是为了了解土壤水分状况，以作为土壤水分管理，如确定灌溉定额的依据。在分析工作中，由于分析结果一般是以烘干土为基础表示的，也需要测定湿土或风干土的水分含量，以便进行分析结果的换算。

一、实验目的

了解土壤水分的测定方法，掌握风干土样水分含量测定及其测定误差分析。

二、预习要点

土壤理化性质。

三、实验原理

在土壤的各项理化性质分析中，都是以烘干土作为最后结果的衡量标准。而在实际的实验中，都是以风干土样进行分析的。知道了土壤的吸湿系数，就可由风干土样换算出实验分析土壤的实际烘干土重。

测定土壤含水量的方法有多种，常见的有烘干法、酒精燃烧法、红外线法及中子测定法。本实验采用烘干法，其误差主要取决于所用天平的精确度。烘干法是目前测土壤水分的标准方法，其测定结果比较准确，适用于大批量样品的测定，但这种方法需时较长。酒精燃烧法测定土壤水分快但精确度较低，只适合田间速测。

1. 烘干法

水分在 105 ℃±2 ℃ 的温度下从土壤中全部蒸发，而结构水不会被破坏，土壤有机质也不被分解。因此，将土壤样品置于 105 ℃±2 ℃ 下烘至恒重，根据其烘干前后质量之差，就可以计算出土壤水分含量的百分数。

2. 酒精燃烧法

利用酒精在土壤样品中燃烧释放出的热量，使土壤水分蒸发干燥，通过燃烧前后的质量之差，计算出土壤含水量的百分数。酒精燃烧在火焰熄灭前几秒钟，即火焰下降时，土温才迅速上升到 180～200 ℃。然后温度很快降至 85～90 ℃，再缓慢冷却。由于高温阶段时间短，样品中有机质及盐类损失很少，故此法测定土壤水分含量有一定的参考价值。

四、实验器材

分析天平(感量 0.01 g 和 0.001 g)、烘箱、干燥器、称样皿、铝盒、量筒(10 mL)、无水酒精、角匙、滴管、玻璃棒等。

五、实验步骤

（一）烘干法

（1）取有盖的铝盒（或称样皿），洗净，放入干燥器中冷却至室温，然后在分析天平上称重（W_1），并注意标好号；

（2）用角匙取过1 mm筛孔的风干土样4~5 g（精确至0.001 g），铺在铝盒中（或称样皿中）进行称重（W_2）；

（3）将铝盒盖打开，放入恒温箱中，在105 ℃±2 ℃的温度下烘6 h左右；

（4）盖上铝盒盖子，将铝盒放入干燥器中20~30 min，使其冷却至室温，取出称重；

（5）打开铝盒盖子，放入恒温箱中，在105 ℃±2 ℃的温度下再烘2 h，冷却，称重至恒重（W_3）；

（6）计算结果，计算方式如下。

以烘干土为基数计算土壤水分的百分含量（$W\%$）：

$$W\% = [(W_2 - W_3)/W_3] \times 100\%$$

$$水分系数(x) = 烘干土重/风干土重$$

风干土重换算成烘干土重为

$$烘干土重 = 风干土重 \times 水分系数$$

【注意事项】
① 测定风干土样中吸湿水含量时，一般用感量0.001 g的分析天平称重，前后两次称重相差不大于0.003 g为恒重。
② 一般土壤样品的烘干温度不超过105 ℃±2 ℃，温度过高，土壤有机质易炭化损失。

（二）酒精燃烧法

（1）称取土样5 g左右（精确度0.01 g），放入已知质量的铝盒中；

（2）向铝盒中滴加酒精，直到浸没全部土面为止，并在桌面上将铝盒敲击几次，使土样均匀分布于铝盒中；

（3）将铝盒放在石棉铁丝网或木板上，点燃酒精，在即将燃烧完时用小刀或玻璃棒轻轻翻动土样，以助其燃烧；

（4）待火焰熄灭，样品冷却后，再滴加2 mL酒精，进行第二次燃烧，再冷却，称重。一般情况下，要经过3~4次燃烧后，土样才可以恒重。

（5）结果计算同烘干法。

【注意事项】
本法不适用于含有机质高的土壤样品的测定，操作过程中注意防止土样损失，以免出现误差。

六、讨论与思考

1. 某风干土样含水量为 6%，欲称取相当于 5.00 g 干土重的土样，问需称取多少克风干土样？
2. 分析土壤含水量多少受哪些因素影响？

实验十五　土壤 pH 的测定

土壤 pH 是土壤酸碱度的强度指标，是土壤的基本性质和肥力的重要影响因素之一。它直接影响土壤养分的存在状态、转化和有效性，从而影响植物的生长发育。土壤 pH 易于测定，是常用土壤分类、利用、管理和改良的重要参考。

一、实验目的

理解土壤 pH 对土壤肥力、土壤形成及土壤属性的重要影响，掌握土壤 pH 的测定方法。

二、预习要点

土壤的理化性质。

三、实验原理

土壤 pH 的测定方法包括比色法和电位法。由于科学的发展，可适用于各种情况测定的形式多样的 pH 玻璃电极和相应精密的现代化测量仪器，使电位法具备准确、快速、方便等特点，测量误差约为 0.02 单位，是室内测定的常规方法。比色法有简便、不需要贵重仪器、受测量条件限制少、便于野外调查使用等优点，但准确度低，测量误差在 0.5 个单位左右。目前也有多种适合于田间或野外工作的微型 pH 计，准确度可达 0.01 个单位。

本实验所用的方法为电位测定法，是根据溶液酸度对指示电极的反应来测定的。其测定原理是将一个指示电极和一个参比电极插入土壤悬液中，构成一个电池反应，再用 pH 计测定两个电极间的电位差。然后根据电位差计算出氢离子浓度或 pH（电位差的大小取决于悬液中氢离子的浓度，氢离子浓度在 pH 计上已用它的负对数值 pH 表示，因此可直接读出 pH）。

四、实验器材

1. 实验仪器：分析天平、50 mL 烧杯、25 mL 量筒、pH 计。
2. 试剂配制：

（1）1 mol/L KCl 溶液

称取 74.6 g KCl 溶于 400 mL 蒸馏水中，用 10% KOH 或 HCl 溶液调节 pH 至

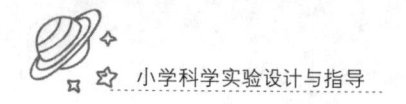

5.5~6.0,而后稀释至1 L。

(2) 标准缓冲溶液

pH4.00 缓冲溶液:称取邻苯二甲酸氢钾($C_8H_5KO_4$)10.12 g,溶解于蒸馏水中定容至1 L。

pH6.86 缓冲溶液:称取在 45 ℃烘干 2~3 小时的磷酸二氢钾(KH_2PO_4)3.39 g 和无水磷酸氢二钠(Na_2HPO_4)3.53 g,溶解于蒸馏水中定容至1 L。

pH9.18 缓冲溶液:称 3.80 g 硼砂($Na_2B_4O_7 \cdot 10H_2O$)溶于蒸馏水中,定容至1 L。由于吸收空气中的 CO_2,此缓冲溶液 pH 比较容易变化,应注意保存。

五、实验步骤

(一) 制备待测液

称取已过 2 mm 筛的风干土样 10.00 g(精确至 0.01 g)于 50 mL 高型烧杯中,加入 25 mL 蒸馏水,用玻棒搅动 2 分钟,静置 30 分钟。

(二) 仪器校准

(1) 定位校准:将 pH 计电极浸入 pH6.86 缓冲溶液中,待测量值稳定后,按住校准键至屏幕显示 CAL 时放开,数秒后显示 End,表示完成校准,然后移出电极,用水冲洗,用滤纸吸干。

(2) 斜率校准:将电极浸入 pH4.00 缓冲溶液,待测量值稳定后,按住校准键至屏幕显示 CAL 时放开,数秒后显示 End,表示完成校准,然后移出电极,用水冲洗,用滤纸吸干备用。

(三) 测定 pH

将电极浸入制备好的待测液中,轻轻晃动下,待屏幕显示数值稳定后,记录 pH。

【注意事项】

① 测定土壤悬液 pH 时,须先用已知 pH 的标准缓冲溶液调整酸度计。酸碱度不同的土壤,选用 pH 不同的标准缓冲溶液。酸性土壤用 pH4.00 缓冲溶液进行调整,中性土壤用 pH6.86 缓冲溶液和 pH9.18 缓冲溶液进行调整。

② 蒸馏水中的 CO_2 会使测得的土壤 pH 偏低,故应尽量除去,以避免其干扰。

③ 水土比例,对于中性和酸性土壤,一般情况是悬液越稀即水土比例越大,pH 越高。大部分土壤从脱黏点到水土比 10∶1 时,pH 增加 0.3~0.7。所以,为了使测定结果能够互相比较,在测定 pH 时,水土比应该固定。国际土壤学会规定水土比为 2.5∶1,在我国的例行分析中以 1∶1、2.5∶1、5∶1 较多。为了使测定的 pH 更接近田间的实际情况,以水土比 1∶1 或 2.5∶1,甚至为水分饱和的土浆较好。

④ 待测土样不宜磨得过细,宜用通过 1 mm 筛孔的土样测定。

⑤ 如果仪器读数不断变化,不能稳定下来,说明复合玻璃电极已坏或老化,须更换新的。

六、讨论与思考

查找资料,分析我国土壤酸碱性的分布以及产生的原因。

实验十六　模拟流水对土壤的影响

土壤具有肥力,能使植物生长。土壤被侵蚀会降低土壤肥力,从而影响农业生产。流水对地表岩石和土壤进行侵蚀,对地表松散物质和它侵蚀的物质以及水溶解的物质进行搬运,最后由于流水动能的减弱又使其搬运物质沉积下来,这些作用统称为流水作用。

一、实验目的

了解外力作用中流水对地貌的影响,探究地表植被覆盖情况、降水强度、土壤状况、地形坡度等对土壤侵蚀程度的影响,培养观察、思考、分析的能力,增强学生对土壤侵蚀、保持水土的正确认识。

二、预习要点

流水作用对土壤的影响。

三、实验原理

影响水土流失的自然因素主要有:

(1) 气候:如降水量、降水年内分布、降雨强度、风速、气温日照、相对湿度等。

(2) 地形:如坡度、坡长、坡面形状、海拔、相对高差、沟壑密度等。

(3) 地质:主要指岩性和新构造运动,岩石的风化性、坚硬性、透水性对于沟蚀的发生和发展以及崩塌、滑坡、山洪、泥石流等侵蚀作用有密切的关系。

(4) 土壤:土壤是侵蚀作用的主要对象,土壤的透水性、抗蚀性、抗冲性对水土流失的影响很大。

(5) 植被因素:植被防止水土流失的主要功能有截留降水、涵养水源、固持土体、改良小气候条件,并且在一定程度上可以防止浅层滑坡等重力侵蚀作用,植被被破坏后,水土流失就会加剧。

(6) 人类活动:引起水土流失发生、发展或者使水土流失得以控制的主导因素。加剧水土流失的人类活动主要有:滥伐森林、不合理利用土地、陡坡开荒、顺坡耕地、过度放牧、铲挖草皮、乱弃矿查、废土等。使地表植被遭到破坏,地表失去绿色植被的保户,沙化严重,突降暴雨,易造成水土流失。

四、实验器材

1. 长方形浅盒两个、小桶两个(或带漏斗的小玻璃瓶两个)、筛网两个、洒水壶或在底

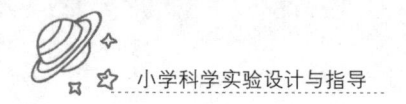

部均匀钻出小孔的铁筒两个、腻子若干、草皮若干。

2. 两个平底盘、两块砖头、土壤、草皮、两把洒水壶(壶口漏网细且均匀为壶1,壶口漏网粗且均匀为壶2)、水。

五、实验步骤

(一) 方案一

(1) 按图 7-27 制作两个盒子,在缝隙中填入腻子以防漏水。

(2) 把带漏斗的小玻璃瓶或小桶放在盒子下面用来盛流出的水。

(3) 用松散土壤填入一个浅盒中,另外一个浅盒用紧实的土壤填好。让两个浅盒倾斜同样的角度,并用洒水壶或铁筒对两个盒子注入等量的水。观察水在哪一种土壤中流得较快,以及流水有什么特点。

(4) 重新把相同量的土填入两个浅盒中,将草皮盖在其中一盒土上,仍旧按原来那样注水,观察水流有什么不同。

(5) 再将相同量的土填入两个浅盒内,把一个浅盒放得稍平一些,一个倾斜角度大些,注水,观察水流有什么不同。

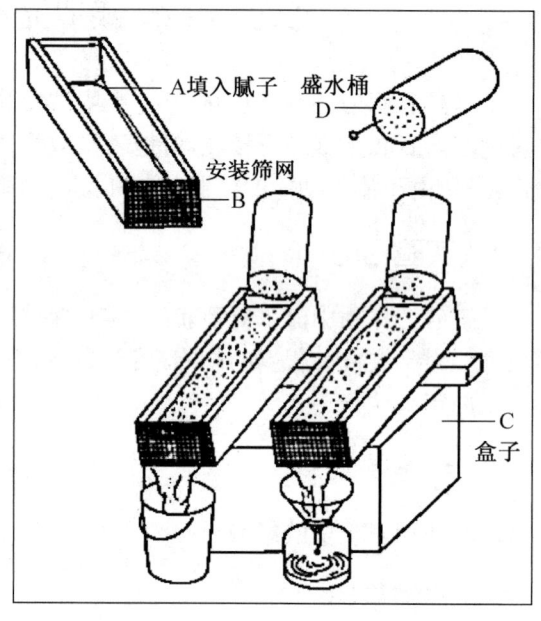

图 7-27 模拟流水对土壤的影响

(二) 方案二

(1) 将两个平底盘的一端分别搁在两块砖头上,使两个平底盘保持同一倾斜程度。

(2) 将土壤平均分成两份,分别放入平底盘架起的一端,并堆成面积和厚度大体相同的两个土堆,在其中一个土堆上覆盖一层草皮。

(3) 用壶1分别将1L水在距土堆顶部20 cm的高度上均匀洒下,观察相同强度和相同水量的流水对两种类型地表的影响。

(4) 用壶2重复步骤(3)。

(5) 比较水量相同而强度不同的流水对同种类型地表的影响。

六、讨论与思考

1. 比较水量相同而强度不同的流水对同种类型地表的影响。
2. 查阅资料,分析归纳黄土高原水土流失较严重的成因。

第八章
技术与工程相关实验的设计与指导

扫码查看
本章资源

本章导读

与技术与工程相关的实验项目将带领小学生认识发明、创造、设计、制作的乐趣。本章节首先介绍了多种测量工具的使用方法与技巧，辅助形成应用仪器进行观察记录的习惯，加强工程素养的培育。依据杆秤、平衡教具、指南针、小船、再生纸与日晷等物化作品的制作过程，尝试制作把科学原理转化为技术的简易模型，形成设计、制作、反复测试、不断完善、追求创新的工程意识。

第一节　技术与工程与社会有关的实验

实验一　基本测量仪器操作练习

测量是伴随科学研究的重要技能，也是人类生活中不可或缺的生存能力。因此，在科学课程中高度重视对小学生测量素养与能力的培养，将逐渐培养学生尊重事实、用数据说话的科学态度，引导小学生充分认识到精准测量的重要性与必要性。

本实验将带领大家充分认识小学《科学》教学中涉及的重量、温度、体积、长度、力等基本物理量的测量工具，熟悉每类测量工具的基本结构及使用方法，依据具体的测量过程切实锻炼并提升学生的测量技能。

一、实验目的

1. 掌握托盘天平、温度计、量筒、游标卡尺、弹簧测力计等基本测量工具的使用方法。
2. 能利用天平、温度计、量筒、游标卡尺、弹簧测力计等基本测量仪器对生活中常见的物体进行质量、温度、体积、长度、力的测量。
3. 养成严谨认真的科学操作习惯，全面提升测量素养。

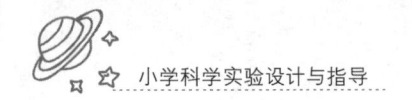

二、实验原理

(一) 托盘天平的基本结构及使用方法

1. 托盘天平的基本结构

托盘天平是利用等臂杠杆原理制作的用来称量物质(固体)质量的工具。如图 8-1 所示,其基本结构包含底座、托盘架、托盘、标尺、平衡螺母、指针、分度盘、游码、砝码等。

2. 托盘天平的使用方法

(1) 把托盘天平放在水平台面上。使用前要调整好零点,方法是:先将游码移到"0"刻度处,然后调整托盘下边的平衡螺母,使天平平衡。

(2) 称量时,被测物要放在左盘,砝码要放在右盘。右盘中砝码的总质量加上游码的质量就等于被测物的质量。

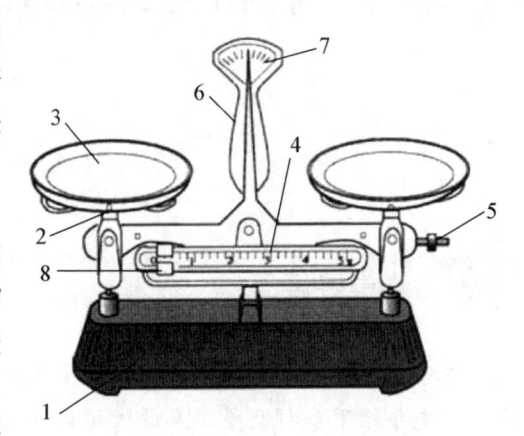

图 8-1 托盘天平的基本结构

1—底座 2—托盘架 3—托盘 4—标尺
5—平衡螺母 6—指针 7—分度盘 8—游码

(3) 取用砝码要用镊子,不能直接用手拿砝码。先加质量大的砝码,再加质量小的砝码,最后移动游码,直到天平平衡为止。

(4) 药品称量时不能直接放在托盘上,而应在两边托盘上各放一张干净的大小相同的纸片。易吸水潮解及腐蚀性的药品要放在玻璃器皿中称量。

(5) 称量完后,砝码要放回盒内,游码移回零刻度处。

(二) 温度计的基本结构及使用方法

温度计是用来准确地判断和测量温度的工具,根据使用目的的区别,市面上已设计并制造出多种温度计:气体温度计、电阻温度计、温差电偶温度计、指针式温度计、压力式温度计、玻璃管温度计等。其中,玻璃管温度计是利用液体的热胀冷缩性质制造而成的。由于不同液体的膨胀系数、沸点、凝固点不同,常见的玻璃管温度计有煤油温度计、水银温度计、红墨水温度计、酒精温度计等。玻璃管温度计结构简单、使用方便,测量精度相对较高,因此本部分我们将重点介绍玻璃管温度计的结构及使用方法。

1. 玻璃管温度计的基本结构

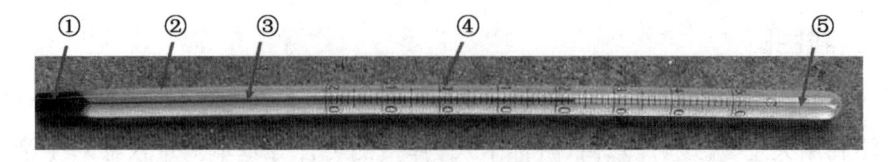

图 8-2 玻璃管温度计的基本结构

依照图 8-2 可以清晰看到,玻璃管温度计的基本结构包含:① 玻璃泡、② 玻璃管、③ 测温液体、④ 刻度、⑤ 细管等。玻璃管温度计的单位多为摄氏度,用符号℃表示。

2. 玻璃管温度计的使用方法

（1）在测量之前要先估计被测液体的温度。

（2）根据估计的温度选用量程合适的温度计。

（3）温度计的玻璃泡要全部浸没在待测液体中，但不要碰到容器底和容器壁。

（4）玻璃泡全部浸没在待测液体中要稍候一会儿，等它的示数稳定后再读数。

（5）读数时，玻璃泡要继续留在被测量液体中。

（6）视线要与温度计中液柱上表面相平，正确记录测量结果要有数字和单位。

（三）量筒的基本结构及使用方法

1. 量筒的基本结构

量筒是用来量取液体体积的一种玻璃仪器，管径上下一致，底座较大，方便将量筒安稳放置在平台上。量筒的一般规格以所能度量的最大容量（mL）表示，常用的有 10 mL，20 mL，25 mL，50 mL，100 mL，250 mL，500 mL，1 000 mL 等多种规格。

2. 量筒的使用方法

（1）选量程合适的量筒

量筒外壁刻度都是以 mL 为单位。10 mL 量筒每小格表示 0.1 mL，而 50 mL 量筒有每小格表示 1 mL 或 0.5 mL 的两种规格。可见，绝大多数的量筒每小格是量筒容量的 1/100，少数为 1/50。量筒越大，管径越粗，其精确度越小，由视线的偏差所造成的读数误差也就越大。所以，实验中应根据所取溶液的体积，尽量选用能一次量取的最小规格的量筒。分次量取会引起较大误差。如量取 70 mL 液体，应选用 100 mL 量筒一次量取，而不能用 10 mL 量筒量取 7 次。同时，量筒都没有 0 刻度，不同规格的量筒起始刻度不同。所以，我们使用量筒都不能量取体积小于其最小刻度的液体。

（2）液体的注入方法

向量筒里注入液体时，应用左手拿住量筒，使量筒略倾斜，右手拿试剂瓶，标签对准手心。使瓶口紧挨着量筒口，让液体缓缓流入，待注入的量比所需要的量稍少（约差 1 mL）时，应把量筒水平正放在桌面上，并改用胶头滴管逐滴加入到所需要的量。

（3）读取液体的体积方法

注入液体后，要等一会儿，使附着在内壁上的液体流下来，再读取刻度值。否则，读出的数值将偏小。读数时，应把量筒放在平整的桌面上，观察刻度时，视线、刻度线与量筒内液体的凹液面最低处三者保持水平，再读出所取液体的体积数（如图 8-3 所示）。在看量筒的容积时是看液面的中心点，仰视时视线斜向上、视线与筒壁的交点在液面下所以读到的数据偏低，实际值偏高；俯视时视线斜向下、视线与筒壁的交点在液面上所以读到的数据偏高，实际值偏低。

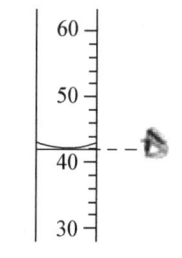

图 8-3　正确读取量筒示数的方法

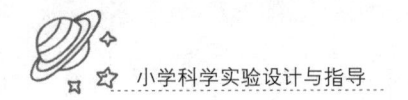

【注意事项】

量筒面上的刻度是指室内温度在 20 ℃时的体积数。温度升高,量筒发生热膨胀,容积会增大。由此可知,量筒是不能加热的,也不能用于量取过热的液体,更不能在量筒中进行化学反应或配制溶液。

(四) 游标卡尺的基本结构及使用方法

1. 游标卡尺的基本结构

游标卡尺是精密的长度测量仪器,一般具有测量外径、内径、深度三种功能。常见的机械游标卡尺如图 8-4 所示,基本机构包括:① 内测量爪、② 紧固螺丝、③ 主尺、④ 深度尺、⑤ 游标尺、⑥ 外测量爪。其中,主尺用于读取游标尺刻度线对应的整毫米数;游标尺用于读取对准主尺上某一条刻度线的游标尺上的刻度数;内测量爪用于测量内径;外测量爪用于测量外径;深度尺用于测量深度;紧固螺母用于固定游标尺。

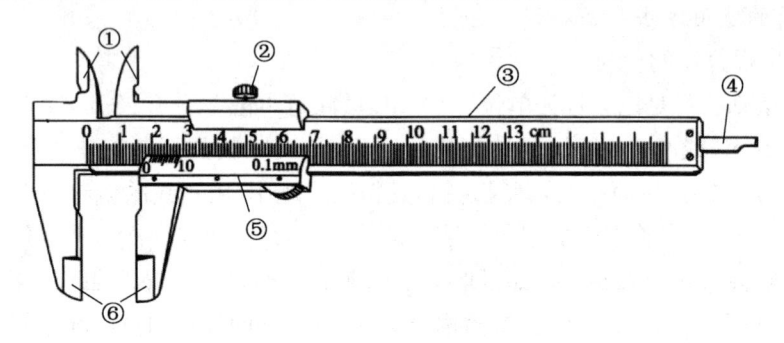

图 8-4 游标卡尺的结构

游标卡尺的精确度有 0.1 mm、0.05 mm、0.02 mm 之别。其设计原理巧妙地运用了游标尺与主尺最小刻度之差,如果将主尺上的 9 mm 等分 10 份作为游标尺的刻度,那么游标尺上的每一刻度与主尺上的每一刻度所表示的长度之差就是 0.1 mm;同理,如果将主尺上的 19 mm、49 mm 分别等分 20 份、50 份作为游标尺上的 20 刻度、50 刻度,那么游标尺上的每一刻度与主尺上的每一刻度所示的长度之差就分别为 0.05 mm、0.02 mm。

2. 游标卡尺的使用方法

(1) 掌握读数方法

以 10 分格游标卡尺为例,由于它的精度为 0.1 mm,当测量小于 1 mm 的长度时,游标尺上第几条刻度线与主尺上的某刻度线对齐,那么主尺上零刻度线与游标尺上的零刻度间距就为零点几毫米,被测长度就为零点几毫米。当测量长度大于 1 mm 时,首先读出游标尺上的零刻度线对应主尺上的整毫米刻度数,然后再按上述方法读出游标尺上与主尺对齐的刻度数,此数乘以 0.1 后,将两数相加,即得被测长度。

(2) 使用方法(外径)

步骤一:将被测物擦干净,使用时轻拿轻放;

步骤二:松开游标卡尺的紧固螺丝,校准零位,向后移动外测量爪,使两个外测量爪之间距离略大于被测物体;

步骤三：一只手拿住游标卡尺的尺架,将待测物置于两个外测量爪之间,另一手向前推动活动外测量尺,至活动外测量尺与被测物接触为止。

步骤四：读数。

【注意事项】
① 游标卡尺是比较精密的测量工具,要轻拿轻放,不得碰撞或跌落地下。使用时不要用来测量粗糙的物体,以免损坏量爪,不用时应置于干燥的地方防止锈蚀。

② 测量时,应先拧松紧固螺丝,移动游标不能用力过猛。两量爪与待测物的接触不宜过紧。不能使被夹紧的物体在量爪内挪动。

③ 读数时,视线应与尺面垂直。如需固定读数,可用紧固螺丝将游标固定在尺身上,防止滑动。

④ 实际测量时,对同一长度应多测几次,取其平均值来消除偶然误差。

(五) 弹簧测力计的基本结构及使用方法

1. 弹簧测力计的基本结构

弹簧测力计是利用在弹性限度内,弹簧的伸长量与所受的拉力成正比的原理制作而成的测量力大小的工具。主要由弹簧、挂钩、吊环、刻度板和指针构成。(如图8-5所示)

2. 弹簧测力计的使用方法

使用前：

(1) 反复拉动弹簧(用力过度可能会损坏弹簧),防止其卡住,摩擦,碰撞。

(2) 了解量程,知道测量力的最大范围(量程)是多少。

(3) 明确分度值,了解弹簧测力计的刻度。知道每一大格,最小一格表示多少牛(N)。

(4) 校零,检查指针是否对齐零刻度线,若没有对齐,需要调节至对齐。

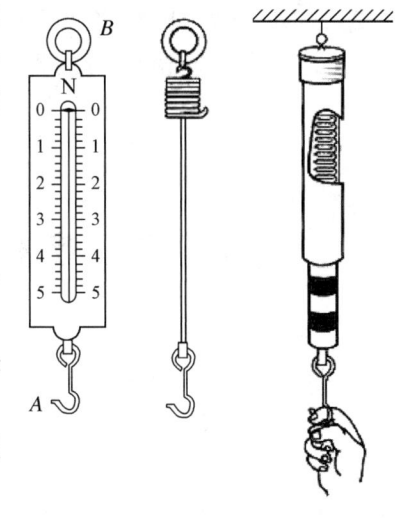

图 8-5 弹簧测力计的结构

使用中：

(1) 不能超量程使用。

(2) 测力时,要让弹簧测力计内的弹簧轴线方向跟所测力的方向在一条直线上,且弹簧不能靠在刻度盘上。

(3) 视线要与刻度板垂直。

使用后：

调节弹簧测力计,让指针对齐零刻度线。

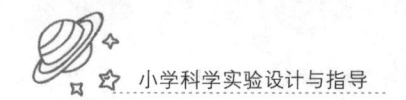

三、实验器材

托盘天平、温度计、量筒、游标卡尺、弹簧测力计、线圈、圆柱体、待测液体、待测物体。

四、实验步骤

（1）用托盘天平称量待测物体的质量。
（2）用温度计测量待测液体的温度。
（3）用量筒量取 80 mL 液体。
（4）用游标卡尺测量线圈的内径、外径和深度。
（5）用弹簧测力计测量待测物体的重力。

请自行设计表格，记录上述实验操作过程中测得的数据，注意每个物理量的单位。

五、讨论与思考

1. 测量之前应检查游标卡尺的初读数，看主副尺的零刻度线是否对齐，若没有对齐，须记下初读数作为测量的零点误差，请思考如何消除游标卡尺的零点误差？
2. 玻璃管温度计的 0 ℃ 和 100 ℃ 的标定标准是什么？
3. 如何增大弹簧测力计的测量量程？

第二节　技术与工程与物化有关的实验

实验二　制作分度值为 1 g 的杆秤

杆秤是中国最古老也是现今人们仍然在使用的衡量工具，由木制的带有秤星的秤杆、金属秤锤、提纽等组成。根据民间传说，木杆秤是鲁班发明的，根据北斗七星和南斗六星在杆秤上刻制 13 颗星花，定 13 两为一斤；秦始皇统一六国后，添加"福禄寿"三星，正好十六星，改一斤为 16 两，并颁布统一度量衡的诏书；直到 20 世纪 50 年代，国家才实行度量衡单位改革，把秤制统一改为 10 两一斤。杆秤除了具有历史悠久这一特征外，还具备携带方便的特性。在市场经济体制下，小生意人带上一杆杆秤，或别在腰间或放于笼篓之间、货物之上，待买卖来时随手一握秤杆，挂好秤砣，拴好秤盘，架势搭上之后生意也就做成了。杆秤作为促进人类商品交易的重要工具，本身还具备"公平正义"的形象。杆秤制作是中国历史悠久的传统手工技艺。在制作杆秤的实验中，不仅可以带领学生体会中国古代劳动人民的聪明才智，还将培养学生细致严谨、公平公正的科学精神。

一、实验目的

1. 掌握杆秤的基本结构及制作原理。

2. 能够找到杆秤的动力、动力臂、阻力与阻力臂等基本信息。能利用杠杆的平衡条件完成标校过程，发展对科学问题的思考、改进能力。

3. 通过动手制作杆秤，掌握打孔、固定、称重的基本技能。

二、实验原理

杆秤是利用杠杆原理来称质量的简易衡量器。称重时根据被称物的轻重，使砣与砣绳在秤杆上移动以保持平衡。根据平衡时砣绳所对应的秤杆上的星点（即力臂的长度），即可读出被称物的质量示值。

为了方便读数，一般会选取秤杆水平的状态为平衡状态。读数原理需要用到杠杆的平衡条件，即

$$动力 \times 动力臂 = 阻力 \times 阻力臂$$

制作杆秤，就是将组成杆秤的秤杆、秤砣、提纽、秤盘等选用合适的材料制作出来，并且利用杆秤的平衡条件完成对秤杆标记刻度的相关工作。

三、实验器材

秤杆、秤盘、弹簧测力计、直尺、秤砣一个，钩码若干、棉线、羊角钉、细沙、马克笔、保鲜袋等。

四、实验步骤

（一）做秤盘和秤砣

做秤盘：选择一个较为坚硬的塑料托盘，用热熔的方法将其对称穿孔，再用等长的棉线固定其于秤钩处。

做秤砣：可直接选择体积规则的重物作为秤砣，也可用保鲜袋包裹一定质量的粉沙制作成秤砣。

秤砣一旦做好，就不能轻易改变其质量。这是因为秤砣的重力在称量时起到抗衡商品重力的功效，当某一刻度准确的杆秤的秤砣被挖去一小块后，称物体时读数会比物体的实际质量大。

（二）给秤杆标记刻度

1. 定零点

定零点即定称量的起始位置。

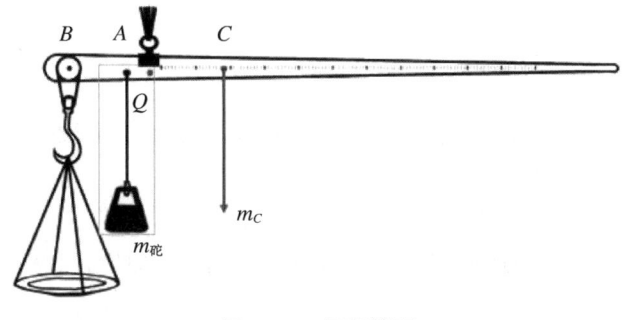

图 8-6 杆秤简图

以做一根长 40 厘米(质量为 $m_{杆}$)的杆秤为例,依据图 8-6 所示,靠近粗的一端 1 厘米处和 6 厘米处分别钻两个小孔(B 和 Q),在孔中固定羊角钉。用粗铁丝弯一个钩作为秤钩挂在第一个穿钉上(B 处),下端可连接秤盘;用一根较粗的线拴在第二个穿钉上做提纽(Q 处)。

这里,秤杆的 $m_{杆}$ 和秤盘 $m_{盘}$ 统一用 m_C 来代替。B 点为秤钩位置处,下方可接秤盘及商品,充当杆秤的动力;Q 点为提线位置处,即杆秤的支点位置;挂上秤砣,充当杆秤的阻力。

由于秤杆、秤盘自身都具有一定质量,在称重时需刨除杆秤本身的质量,即定测量零点。提起提纽,将秤砣挂在秤杆上,移动所挂的位置,直到杆秤处于平衡。此时在秤杆内侧刻出秤砣所挂的位置,这个位置 A 就是定盘星,是刻度的零点,记作"0 g"。此时,可得到杠杆的平衡条件为

$$m_C \times QC = m_{砣} \times AQ。$$

2. 标刻度

标刻度即挂物体在秤杆上,标记称量刻度。

做之前,先引导学生思考以下问题:

第一,标记的称量刻度是否均匀?

第二,用什么方法来标记刻度?

(1) 标定的刻度是均匀的

当挂上一个质量为 $m_{物}$ 的重物后,调整秤砣在秤杆上的位置,使秤杆再次平衡,假设是在 D 点时达到平衡(见图 8-7),则有

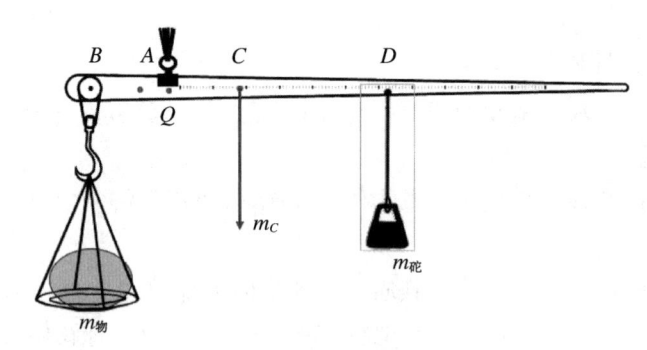

图 8-7 杆秤称重简图

$$m_{物} \times QB = m_C \times QC + m_{砣} \times QD,$$

联系

$$m_C \times QC = m_{砣} \times AQ,$$

可得

$$m_{物} \times QB = m_{砣} \times QA + m_{砣} \times QD = m_{砣} \times AD。$$

对于同一杆秤,秤砣的重量 $m_{砣}$ 和 QB 均固定不变,所以可以设 $\dfrac{m_{砣}}{QB} = K$,则上面的公式可变成

$$m_{物} = K \times AD,$$

即被称物体的质量 $m_{物}$ 与 AD 长度成正比。既然 AD 的长度与被称物体的质量是线性关系,意味着杆秤的刻度是均匀的。

(2) 标定的刻度的具体步骤

在秤盘上放上一个 5 克的砝码,手提住提纽,移动秤锤,使秤杆保持平衡,用铅笔在吊

线与秤杆贴合的位置上画一根刻度线,记作"5 g"。接着在秤盘上换上一个 10 克的砝码,手提住提纽,移动秤锤,使秤杆保持平衡,用铅笔在吊线与秤杆贴合的位置上画一根刻度线,记作"10 g"。以此方法类推可确定出其他多个刻度值。还可将 10 g 所对应的间距进行"10 份"平分,即可确定出 1 g 所代表的宽度。(记录数据于表 8-1)

(三) 校准杆秤

用电子天平称量不同质量的细沙,示数记作 $m_天$,再将细沙放于秤盘中,观察此时秤杆对应的读数,记作 $m_杆$。根据电子天平和杆秤分别对应的示数,算出校准过程中杆秤的修正值 $\delta_m=|m_天-m_杆|$。也可用已知质量的钩码放置于杆秤上,进行校准工作。(记录数据于表 8-2)

【注意事项】
① 杆秤最好选取一端粗一端细的硬杆来做。
② 确定好秤砣样式和形态后,不能轻易改变其质量。
③ 杆秤的定标过程中,请选择统一的衡量标准:即保持杆秤呈现的水平状态尽可能一致。
④ 杆秤的定标过程是个反复调试的过程,需要大家耐心细致。

五、实验结果

1. 杆秤参数表格

表 8-1 杆秤参数表

杆秤长度(cm)	秤砣重量(g)	称重量程(g)	称重分度值(g)

2. 校准杆秤表格

表 8-2 校准杆秤表

实验次序	电子天平称量示数(g)	杆秤称量示数(g)	修正值 $\delta_m=|m_天-m_杆|$(g)
1			
2			
3			
4			
5			

六、讨论与思考

1. 为什么制作杆秤时,一般选择一端粗一端细的杆子作为秤杆?
2. 天平是变更砝码的质量来称物体的,被称物体的质量较小,要求比较精准。如杆

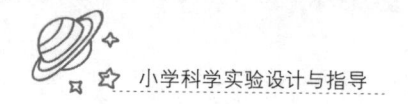

秤上的提纽选在重心位置上,你想会怎么样?

3. 试比较杆秤、天平、磅秤、测力计有何差异。
4. 杆秤产生误差的原因是什么?怎样减少误差?

实验三　制作稳定平衡教具

物体的平衡对人们的日常生活十分重要,如何操作可以使物体处于稳定的平衡状态,如何调整可以增加物体的稳定程度,都是值得研究的趣味课题。本实验将带领大家认识稳定平衡、不稳定平衡、随遇平衡的基本内涵,引导学生利用这些概念展开对物体平衡有关的问题的讨论,不断加深学生对物体平衡的理解,让学生学会用所学知识解决在现实生活中遇到的平衡问题。

一、实验目的

1. 了解与平衡玩具相关的知识和科学概念,观察平衡玩具,体验平衡玩具的制作过程。
2. 能利用稳定平衡原理,用指定的材料制作简单的平衡玩具,提高动手实践能力,培养创新实践精神。
3. 在发现、解决问题的过程中,培养合作意识,提升认知素养和科学探究能力。

二、实验原理

在力学系统里,平衡是指惯性参照系内,当物体受到几个力共同作用时,仍保持静止状态,或匀速直线运动状态,或绕轴匀速转动的状态,叫作物体处于平衡状态。

按照物体重心高度的变化情况,可将平衡分为稳定平衡、不稳定平衡和随遇平衡等。以图 8-8 所示的三种情况为例,小球分别放在凹面底部、凸面顶部和平面上,它们所受的重力和支持力大小相等方向相反,都处于平衡状态。在它们的平衡状态遭到破坏时,放在凹面底部的小球稍微偏离平衡位置,小球的重心升高,重力和支持力不再保持平衡,这时重力和支持力的合力指向平衡位置,小球在外力的作用下回到平衡位置,这样的平衡叫作稳定平衡。像放在凸面顶部的小球稍微偏离平衡位置后,小球的重心降低,这时重力和支持力的合力指向远离平衡位置的方向,小球不能回到原来位置,这种平衡叫作不稳定平衡。而放在平面上的小球偏离原来的位置后,重心高度不变,重力和支持力依然保持平衡,这种在任意位置都能平衡的状态叫作随遇平衡。

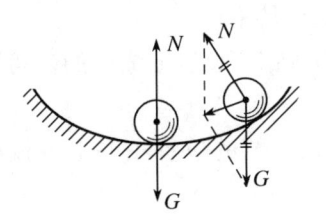

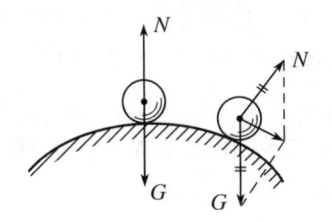

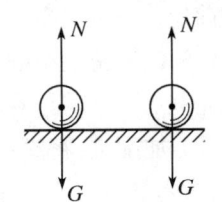

图 8-8　各种平衡状态简图

由上可知,稳定平衡的物体重心低,偏离平衡位置后,在合外力(矩)的作用下,又回到原来的平衡位置。利用这个原理,可制作出各种"不倒"的玩具。而制作环节一般分为制作玩具形体和降低形体重心两部分。其中,绘图设计出玩具的各种造型,并把它制作出来,这个过程叫作制作形体。在形体底部加橡胶泥、硬币、螺帽等较重物来降低重心的过程,称之为加配重。

三、实验器材

卡纸、乒乓球、废包装纸、铁丝、橡皮泥、彩笔、剪刀、铅笔等。

四、实验步骤

(一) 制作"不倒翁"

1. 制作材料

乒乓球或玩具球(也可以是蛋壳或废灯泡)、白色硬纸、橡皮泥、彩笔、胶水、剪刀等。

2. 制作方法

(1) 把乒乓球(或玩具球)用剪刀去掉一半,将橡皮泥捏成团填在半个乒乓球(或玩具球)内抹平。

(2) 把白色硬纸剪成一扇形,扇形的弧长应稍大于乒乓球(或玩具球)的圆周长,并将扇形两边对接做成一圆锥形。再将纸圆锥与乒乓球(或玩具球)粘接起来,用彩笔在乒乓球(或玩具球)上画出头像,白色的锥形帽子也可用孩子熟悉的图案或花纹进行装饰,可参考图 8-9 示例。还可充分发挥同学们的想象力与创造力,把圆锥形纸板换成泥塑的各种卡通形象并涂上颜料。

(二) 制作"蝴蝶飞"

1. 制作材料

硬纸板或吹塑纸,可作配重的重物(如硬币、铁片、橡皮泥等)。彩笔、剪刀、胶水。

图 8-9　不倒翁形体参考图

2. 制作方法

(1) 制作形体。在白纸上勾勒蝴蝶轮廓,涂上颜色,剪下贴在硬纸板或吹塑纸上,再将整个蝴蝶剪下来,就制成了一只美丽的蝴蝶。注意,后翅

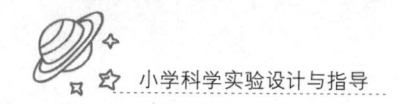

要比前翅大一些，宽一些。后翅要比身体低一些，蝴蝶才能保持平衡。

（2）在翅膀上粘贴上彩纸做成小斑点，或者直接用彩笔画上圆点，把蝴蝶的翅膀装饰得漂亮些。

（3）加配重：将蝴蝶翻转过来，在每个大一点的翅膀上最宽的位置粘贴上一枚小硬币，可参考图8-10所示基本过程。

图8-10 蝴蝶飞制作步骤参考图

3. 操作方法

在一支铅笔或者桌子的一角上使这只蝴蝶平衡。如果它站立不住，可以稍微移动一下硬币的位置。这样就会看到蝴蝶上下翻飞，栩栩如生，欲飞而不愿离别的情景。

【注意事项】
① 制作时谨防剪刀、铁丝等尖锐器材伤手。
② 加配重的时候一次无须加入过多、过重物体，要慢慢调节。
③ 寻找重心、平衡点很难一次成功，请付出耐心，反复试验。

五、讨论与思考

1. 不对称的物体能制作平衡玩具吗？
2. 演员表演走钢丝时，为什么手中会抓握一根细长杆，这样操作的科学道理是什么？

实验四　制作一个"S极"位置明确的指南针

指南针，古代叫作司南，是中国古代四大发明之一，主要组成部分是装在轴上的磁针，磁针在地磁场的影响下可以指向南北。指南针常用于航海、旅行、军事等方面，它的发明对人类科技和文明的发展起到了无可估量的促进作用。那么在我们的科学课堂中，如何制作一个可以使用的指南针呢？小学《科学》教材中就会带领学生进行探索。在制作指南针的过程中，需要明确摩擦磁化的基本科学概念，也需要熟练掌握制作类实验的科学研究方法，理解制作类实验的科学性、创造性、适应性原则。

一、实验目的

1. 在实验的基础上,进一步理解磁极同性相斥、异性相吸的原理;掌握磁化、安培的分子环流假说等科学知识与原理。
2. 通过对实验过程的多样设计,利用不同方式完成制作类实验。
3. 依托"制作一个指南针",体会制作类实验科学性、创造性、适应性的原则。

二、实验原理

1. 指南针指示南北的原理

我们生活的地球有南极和北极之分,地球同时又是一个大磁体,有两个磁极,一个叫地磁北极,也称作 N 极,另一个叫地磁南极,也称作 S 极,地磁北极在地球的南极附近,地磁南极在地球的北极附近。指南针的指针相当于一块磁铁,也有南极和北极之分。指针的尖端是南极,指针的另一端是北极。地球的南极附近是地磁的北极,因为"同性相斥,异性相吸"的道理,指南针就会始终指向南方了。(如图 8-11 所示)

图 8-11 地磁场

2. 制作小磁针的原理

制作指南针时,需要将本身不具备磁性的材料带上磁性,这个过程叫作磁化。一般情况下,任何物质都是可以被磁化的,只是磁化的程度有多有少,这取决于物质的特性和磁场的强度。磁化率可用来描述一种物质的能够被磁化的能力,磁化率越大则被磁化的能力越大。物质可以分为顺磁质、抗磁质和铁磁质。顺磁质和抗磁质的磁化率都只是略大于或小于1,铁磁质为远远大于 1。因此,一般会选取钢这种铁磁质物质作为制作小磁针的首选材料。

在制作小磁针时,最简单的做法是用磁铁单向摩擦小钢针。其中涉及的科学原理是安培的分子环流假说,安培认为在原子、分子等物质微粒的内部,存在着一种环形电流,即分子电流,使每个微粒成为微小的磁体。当用磁铁摩擦小钢针时,钢针内部的分子在磁场作用下很容易形成较一致的排列方式,也就是说 N 极都在同一个方向,S 极在另一个方向,在钢针的两端就会出现 N 极和 S 极。

三、实验器材

磁体、钢针、大头针、笔芯、回形针、一字夹、小钢丝、条形磁铁、细线、水槽、水等。

四、实验步骤

(一) 了解构造

了解指南针的基本构造:方位盘、支架、磁针、外壳(如图 8-12 所示)。其中,方位盘包含东、西、南、北等方位信息,起指示方面的作用;支架用来固定磁针,又能保证磁针在外磁场影响时自由旋转;磁针是具有磁性的中间宽、两端较尖的物体;外壳起保护内部结构

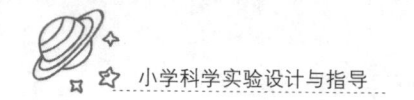

的功效，多为透光性较好的材料制成。

图8-12 指南针的基本构造

（二）制作磁针

用磁铁的磁极在钢针上沿一个方向摩擦，重复多次（如图8-13所示）。此处，假如想让绣花针的尖端为磁针的"S极"，请学生们思考：如何摩擦，才能达成以上实验目的？

图8-13 摩擦绣花针

【思考】以下两种做法是否能达成令绣花针尖端为"S极"的目的呢？

第一，拿条形磁铁的S极从绣花针的尖端向圆孔端单向摩擦；

第二，拿条形磁铁的N极从绣花针的圆孔端向尖端单向摩擦。

（三）检验磁性及磁极

1. 检验磁性

将钢针靠近大头针，若能吸引大头针，则钢针有磁性，否则钢针无磁性。（如图8-14所示）

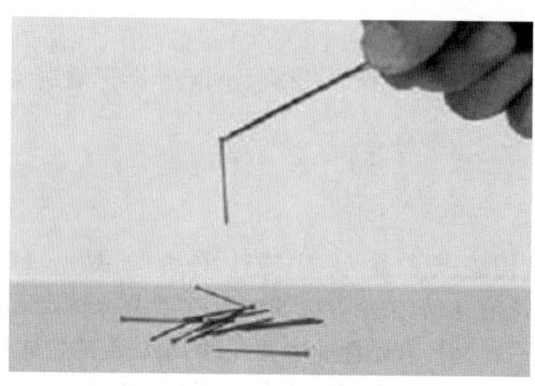

图8-14 检验磁性

【思考】请判断下列操作是否科学:将小钢针分别靠近小磁针的南北极,如果两次都吸引,说明钢针无磁性;如果一次吸引,一次排斥,说明小钢针有磁性。

2. 检验磁极

将磁化好的钢针的尖端靠近小磁针,在"同性相斥,异性相吸"科学原理的指导下完成磁极的验证环节。

(四)安装磁针

安装磁针的方法较多,可用细线系住钢针中间,悬挂起来,使其可以在空气中自由转动,当它静止时指向南北方向;也可将其放置在摩擦力较小的碗沿或凸起物上;也可如图 8-15 所示,将小磁针悬浮在水中进行磁针的固定,多样的固定方法可直接体现制作类实验的创造性原则。

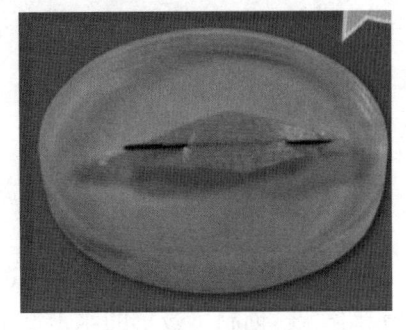

图 8-15 安装磁针

【注意事项】
　　安装磁针时,一定要隔绝磁铁等外加磁场对磁针的影响,突出小磁针和地磁场之间的相互作用。

(五)进一步探究

分别使用大头针、笔芯、回形针、一字夹、小钢丝等器材,制作小磁针,探究其是否能够用来制作指南针的小磁针。重复上述实验过程,并记录结果。

五、实验结果

学生实验结果记录:

表 8-3 制作指南针的实验记录

物体	能否做成小磁针
大头针	
笔芯	
回形针	
一字夹	
小钢丝	

实验结论:

六、讨论与思考

1. 制作小磁针的首选材料是什么?小磁针能被磁化的科学原理是什么?

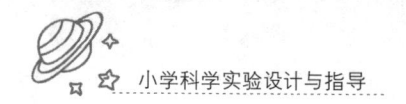

2. 如何做，才能使钢针的尖端代表 S（南）极？
3. 固定小磁针的注意事项有哪些？

实验五　制作一艘小船

早在几千年前，人们就遭遇了过河难的问题，古人见窾（同款字音）木浮而知为舟，经过长期实践，创制了最早的水上交通工具——筏子。后来，古人开始在整段木头上采用烧、挖的方式，制作了古代船舶的直系祖先——独木舟。"舟"字也是一个象形文字，就是独木做成的船。后来人类逐渐改进造船技术，进而又出现了木板船，船仅由三块板构成，底板两端经火烘烤向上翘起，两侧舷板合入底板，然后用铁钉连接，板缝用刨出的竹纤维堵塞，最后涂以油漆。发展到近现代，人们在船上安装了风帆系统，为船体的运行提供动力；随着蒸汽机的发明和科技的进步，帆动力逐渐被蒸汽机代替。后来又发展出来了螺旋桨推进装置，以及涡轮机、柴油机、汽油机和核动力装置。造船的材料也从木材发展成为钢铁、塑料等。

小学《科学》带领学生探索船的发展、结构以及船的动力系统，在实验过程中，应当选择什么样的材料制作小船？如何驱动小船？本实验部分内容节选自教科版五年级下册《科学》教材内容，在小学阶段实验内容的基础上进行拔高和拓展。

一、实验目的

1. 通过制作船，熟悉船的基本结构、制作方法及动力来源等。
2. 从船的发展演变历史中，梳理设计造船的方案，加深对科技推动社会发展的认识。
3. 通过设计并制作小船，发展动手操作、实验设计与方案规划能力。

二、实验原理

根据阿基米德的浮力原理，制造船时只要使其排水量大于船的重量，船就能浮在水上。造船时，一般会选择密度较小的材料，但船本身结构的密度可以比水重，只要船的结构中有足够大的空心部分也可浮起来。

为了保证船体运行稳定，要精心设计船体结构。对船体结构进行设计时，首先要明确船体的组成部件：一般而言，船的主要构件有龙骨、底板、侧边板、动力系统等。船的设计还要做到以人为本，将尺寸大小、所需材料等控制在合理范围内，既要保证船能正常、安全行驶，又要保证船体美观大方。针对船体稳定性的设计，要尽量做到船身具备左右对称结构。此外，还要设计好船体的安装、稳定方法，确保船体不发生前后、左右方向的扭动。船的动力可以来自电力、风力、拉力、弹力等。为了减少水流对船身阻力的影响，要设计船首与船尾的形态。船首常见的形状有前倾型、球鼻型、破冰型和军舰型；船尾常见的形式有巡洋舰型尾、方尾、球形尾、隧道尾和双尾等，详情可参考图 8-16。

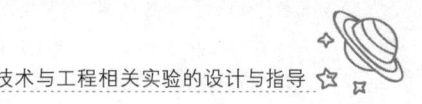

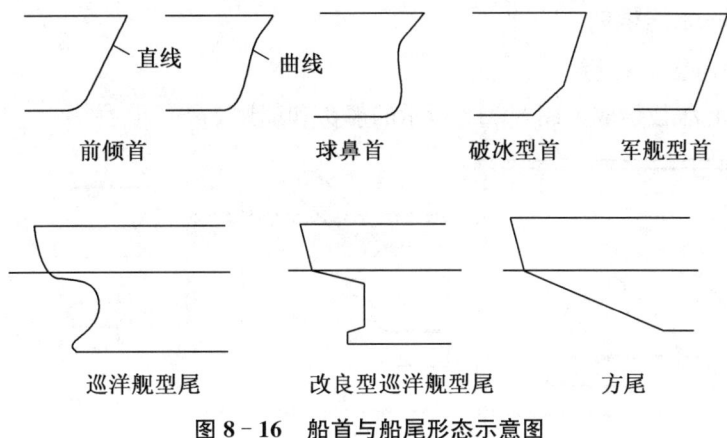

图 8-16　船首与船尾形态示意图

三、实验器材

热熔枪、冰糕棍、橡皮筋、铁钉、锤子、锯、木板、记号笔、无纺布等（如图 8-17 所示）。

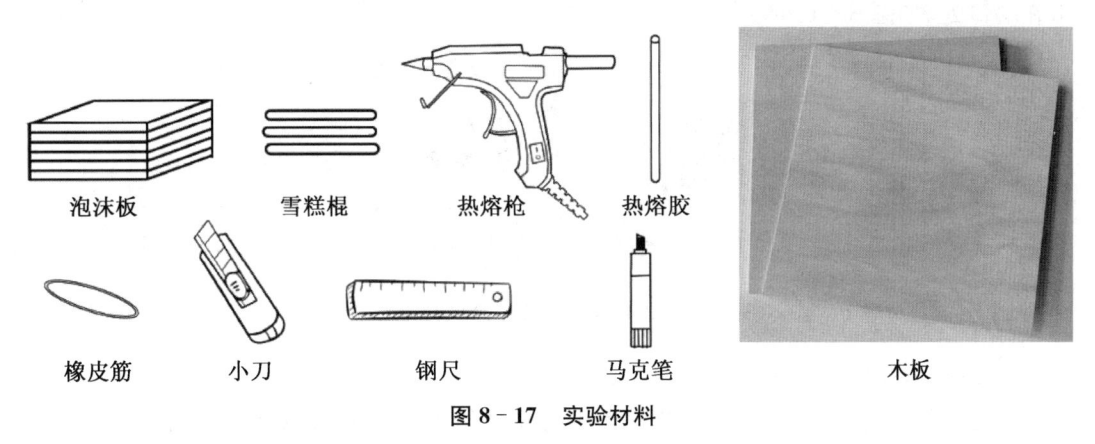

图 8-17　实验材料

四、实验步骤

（一）造船方案的设计

在了解船的相关制作原理后，请结合以下问题的思考过程，明确自己小组的造船方案：

（1）船的尺寸大小为多少比较合适？

（2）船的形状如何可以减少阻力，使行驶方向更稳定？

（3）船体用什么材料？

（4）如何提高船的载重量？

（5）如何提高船的稳固性？

（6）选择什么动力？如何安装动力系统？

请绘制出拟定造船的形状，给出船体不同部位的尺寸大小信息，给出动力系统的样式及制作步骤。

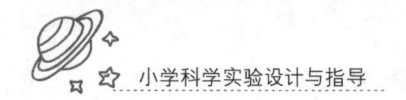

(二) 泡沫-冰糕棍船

1. 制作船的主体结构

用小刀将泡沫板切成如图 8-18 所示的船头和船尾。

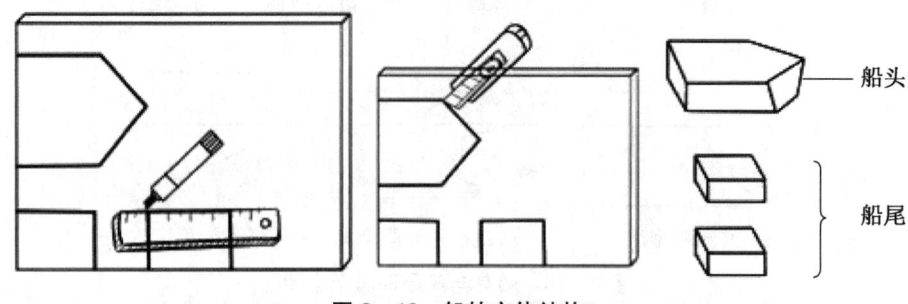

图 8-18　船的主体结构

2. 制作船桨

选择两个雪糕棍,用小刀在其中间位置分别裁出缺口,使两个雪糕棍呈十字形放置,卡在缺口处,如图 8-19 所示。

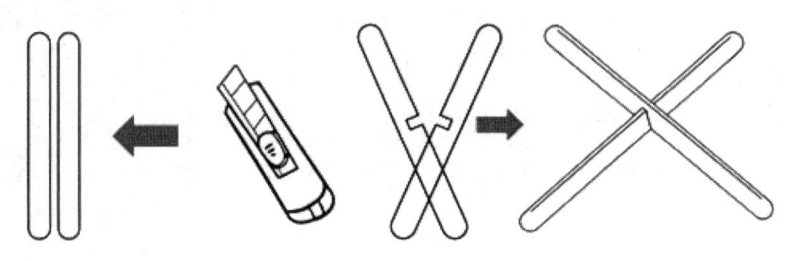

图 8-19　船桨的制作

3. 用热熔枪固定船体

打开热熔枪开关进行预热,利用热熔枪将船桨和船体固定,如图 8-20 所示。

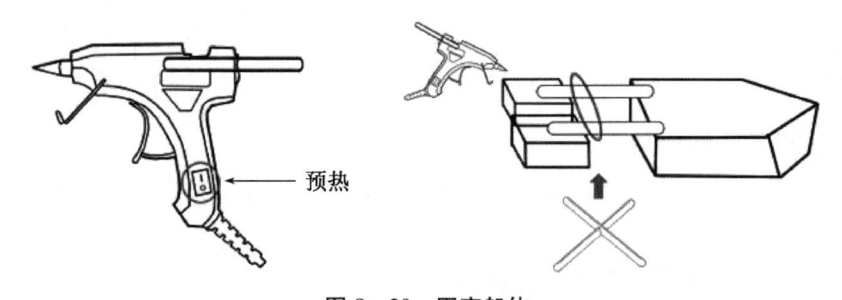

图 8-20　固定船体

(三) 木板船

1. 制作船的主体结构

用锯子裁出 2 块大小相同的木板(1 号～2 号),作为船的长轴,如图 8-21 所示。再裁出 4 块相同的木板(3 号～6 号)作为短轴,如图 8-22 所示,但图中所示尺寸仅供参考,可根据自定方案合理规划船身大小。

图 8-21　船的长轴

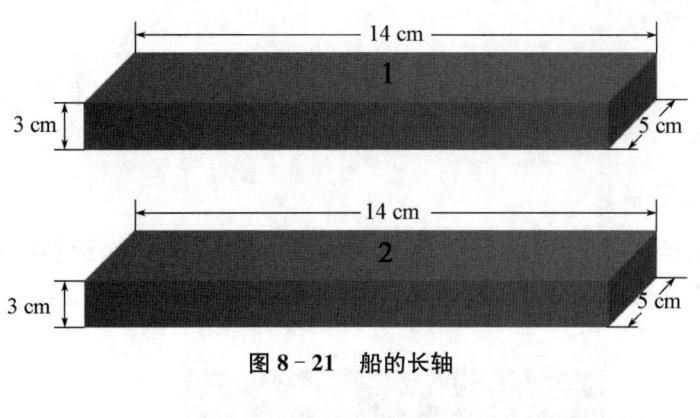

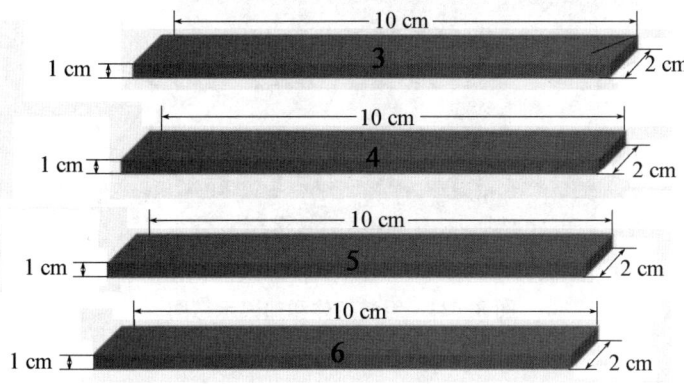

图 8-22　船的短轴

【注意事项】

在本部分实验过程中，一定要保证船的长轴与短轴比例合适。

2. 制作船桨

在两个小木块中间分别裁出缺口，旋转其中一块木板，使两个木块呈十字形，用热熔枪固定，如图 8-23 所示。

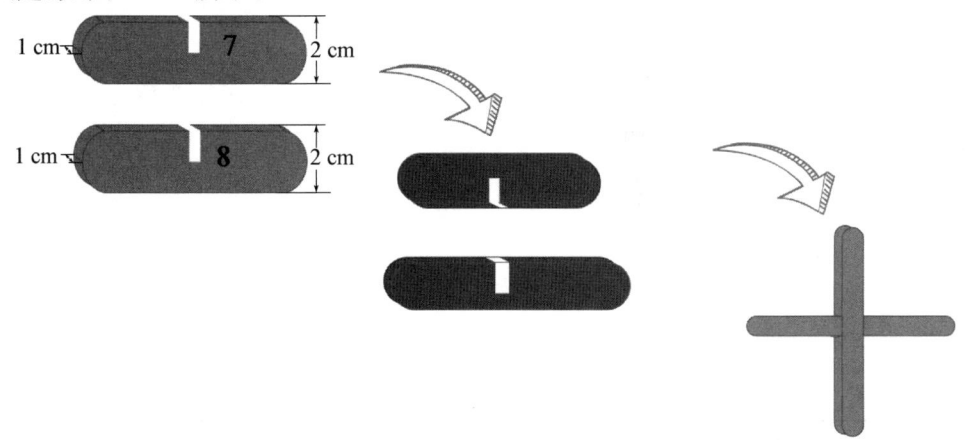

图 8-23　船桨的制作过程

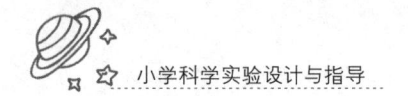

【注意事项】
　　一定要结合船身长轴与短轴的具体尺寸,以及拟安装的位置信息,制作尺寸合适的船桨。

3. 组装船体与船桨

　　用锤子和钉子,将裁剪好的1~8号木块按照图8-24所示,组装固定船体和船桨。可通过缠绕橡皮筋来储存弹性势能,在释放弹性势能的过程中,为船身提供行进动力。

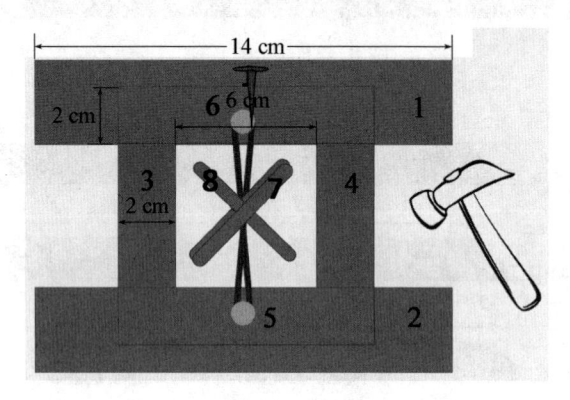

图8-24　组装船体和船桨示意图

五、实验结果

表8-4　"制作船"实验记录单

制作一艘小船	
材料	
设计图	
测试结果	

六、讨论与思考

1. 如果选择蒸汽作为船的动力来源，应该选择什么材料，如何安装船的动力装置？
2. 如果选择电力作为船的动力来源，应该选择什么材料，如何安装船的动力装置？
3. 如果选用重力势能作为船的动力来源，应该选择什么材料，如何安装船的动力装置？
4. 除了泡沫板和木板，还可以选择哪些材料用来造船？

实验六　制作再生纸

纸，多由含植物纤维的原材料经过制浆、调制、抄造（纸）、烘干等工艺流程制成，能够任意折叠，可用于包装、书写、日常使用等，如瓦楞纸、打印纸、复写纸、卫生纸等。纸的制作原料主要为木质纸浆原木以及再生纸制品。据统计，一吨废纸可以再造好纸850千克，相当于少砍17棵大树，节水100吨，节煤1~2吨，节电600千瓦·时，还可以减少35%的水污染……但制造一吨纸需砍伐约20棵树龄在20~40年的树木。如果把今天世界上所用办公纸张的一半加以回收利用，就能满足新纸需求量的75%，相当于800万公顷森林可以免遭砍伐。在全世界日益提倡环保思想的今天，使用再生纸是一个深得人心的举措。在实验课堂上安排学生学习制作再生纸，可充分培养学生节约资源、保护环境的意识。

同时，造纸术作为中国古代四大发明之一，是促进人类文化传播的伟大发明。引导学生利用自己制造的再生纸进行文化、情感的表达，体会纸张与社会发展、人类文明、日常生活的各种关联，可以充分锻炼学生的STEAM素养。

一、实验目的

1. 了解造纸的基本过程，认识到纤维在造纸中的重要作用，掌握造纸过程中所需的基本工艺。
2. 动手制作再生纸，锻炼动手操作能力，培养环保意识，体会制作过程的成功喜悦与不易。
3. 通过进行再生纸的设计过程，提升思考、总结能力，实验指导能力以及创新能力。

二、实验原理

再生纸是废纸的再次利用，其本质是废弃纸张经过分选、洗涤、搅拌、抄纸等多种工序制成的废纸再生材料。纸张内含丰富的纤维素，因此具有一定的韧性。废纸经过分类选择、温水浸泡使其纤维化，再通过搅拌让纤维重新结合，可以最终成型，再次投入使用。再生纸的原料来源大多是工业废纸，拥有低能耗、低污染的优点，有"绿色环保型用纸"的美誉。（见图8－25）

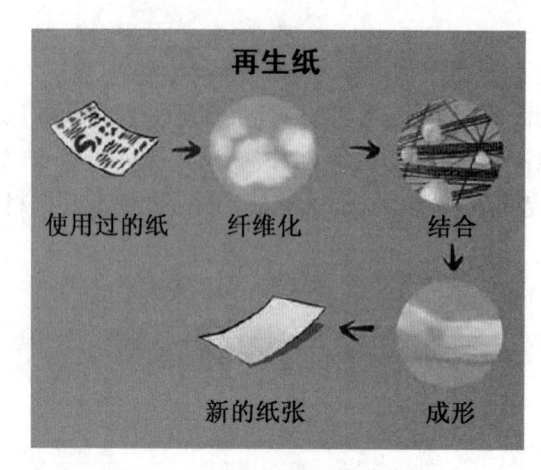

图 8-25 再生纸制作全过程缩影

虽然再生纸的制作原料的 80% 来源于回收的废纸，但它并不影响办公、学习的正常使用。自己制作的再生纸由于不添加任何增白剂、荧光剂等化学品，可更显现出纸张本色之美。微微发黄的纸张，由于不反光，其实更有利于保护视力健康。再生纸可塑性强、具有独特美感，可作为工业设计、室内装饰的常用材料。

三、实验器材

矿泉水瓶、废报纸（也可选择其他废纸）、木板、水槽、水、过滤网、糯米粉、明矾、无纺布等。

四、实验步骤

（一）制浆

（1）将废报纸尽可能撕碎，成图 8-26 所示小块状态。

图 8-26 撕碎废纸　　　　图 8-27 用温水浸泡纸屑

（2）在水槽中装入一定量的温水，把撕碎后的废报纸浸入到水槽中，直至被水完全浸湿，如图 8-27 所示。当纸张充分浸泡在水中，纤维潮湿后会膨胀，紧密度会相对减弱，废纸中的纤维就可以被分离出来。因此，要预留充足的浸泡时间，让纸张可以充分软化。还可用棒状硬物击打、研磨废纸，加快其形成糊状的进度。还可再将浸湿的纸絮倒入矿泉水瓶中，用力摇晃，直至纸絮变成纸浆。其间，需将漂浮在水面的杂物用过滤网捞出，倒出上层混浊的液体，反复静置、冲洗纸浆，尽可能剔除墨水、尘埃颗粒等杂质。

（二）调制

在打磨好的纸浆中加入一定质量的明矾或糯米粉等添加剂，以达到增加纸张的延展性、耐磨度、光泽度等效果。

请不同小组就添加剂的类别、计量进行配比方案的设计，并将方案科学合理地探索实践。在实践中对比研究不同调制方案对纸张性能的影响。

（三）抄造（纸）

将调制好纸浆缓慢倒于无纺布上，无纺布本身质地细腻，又兼具漏水特性，可作为较好的抄造工具。在抄纸过程中，为了增加纸张的平整度，可用手或刷子将纸浆慢慢铺平（如图8-28所示），再用平整的木板把过滤后的纸浆压平、压紧。

（四）烘干

将铺平后的纸张放置在通风处或太阳下晒干，也可用吹风机将做好的"纸"烘干，待完全变干后从无纺布上揭下即可。（如图8-29所示）

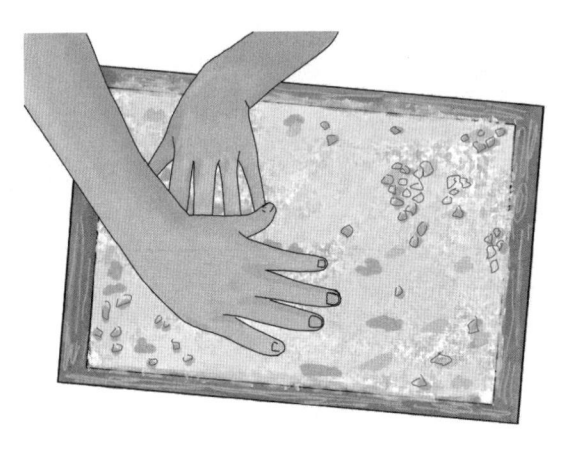

图8-28 抄造过程

图8-29 烘干过程

（五）美化

各个小组自定美化主题，可参考图8-30出示的样例，对自己制作的再生纸进行美化处理，充分发挥小组制作的纸张对人类文明的传承功效，提升自我美学素养。

图 8-30　再生纸优秀作品案例

五、实验结果

1. 实验记录

表 8-5　制作好的再生纸的优缺点及创新点

优点	缺点	创新点（注明添加剂种类及含量）

实验结论：

2. 展示再生纸作品展

六、讨论与思考

1. 造纸原料是不是只能选植物纤维原料？
2. 在纸浆中增加明矾、糯米粉的功效各是什么？
3. 分析上述造纸的各个环节，思考哪些造纸环节会对环境造成污染。

实验七　制作赤道式日晷

一年四季寒暑变化,古代劳动人民日出而作日落而息。对于时间的观念较为匮乏,最早的时候只能根据太阳的位置来判断大致的时间,对于较为准确的时间概念十分地渴求,日晷的出现可以说是应时而生,对于人们的生活来说是必不可少的。日晷由两个字组成,日代表的就是太阳,而晷就代表着影子。日晷是古代的一种计时工具,类似于我们现在的时钟,通过太阳投下的影子的方向来判断现在所处的时间。一般来说太阳下物体的影子在一天中长短和方向都有所改变,但是显然方向的改变更加适合我们作为时间判别的变量。

一、实验目的

1. 了解赤道式日晷的基本结构,学会制作赤道式日晷。
2. 了解赤道式日晷的演变过程,感受古人对自然现象的研究能力,培养学生善于观察生活中常见科学现象的能力与意识。

二、预习要点

地球的运动。

三、实验原理

1. 基本结构

赤道式日晷的基本结构包括:晷面、晷针、底座、晷盘、刻度、方位提示信息等(如图8-31所示)。

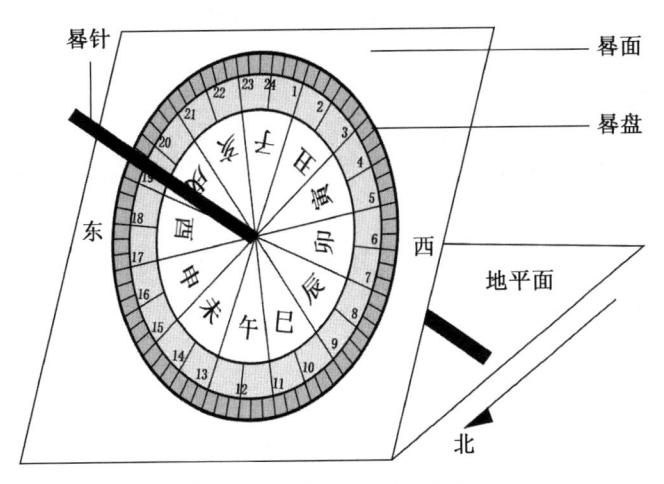

图8-31　赤道式日晷结构图

2. 日晷的工作原理

赤道式日晷是日晷世界中最简单、最常见的。其晷面平行于赤道面,晷盘上刻度等分,晷针垂直于晷面且指向北极,晷针的仰角是当地的地理纬度。春分到秋分期间,太阳总是在赤道的北侧运行,晷针的影子投向晷面上方。秋分至春分期间,太阳总是在赤道南侧运行,晷针的影子投向晷面的下方。

3. 确定晷面倾角

如图 8-32 所示,晷面倾角为 β,当地纬度值为 α,由于赤道式日晷晷面平行于赤道面,晷针指向北极,与地轴平行。从图示可得,纬度值和晷面倾角的大小互余,即 $\alpha+\beta=90°$。

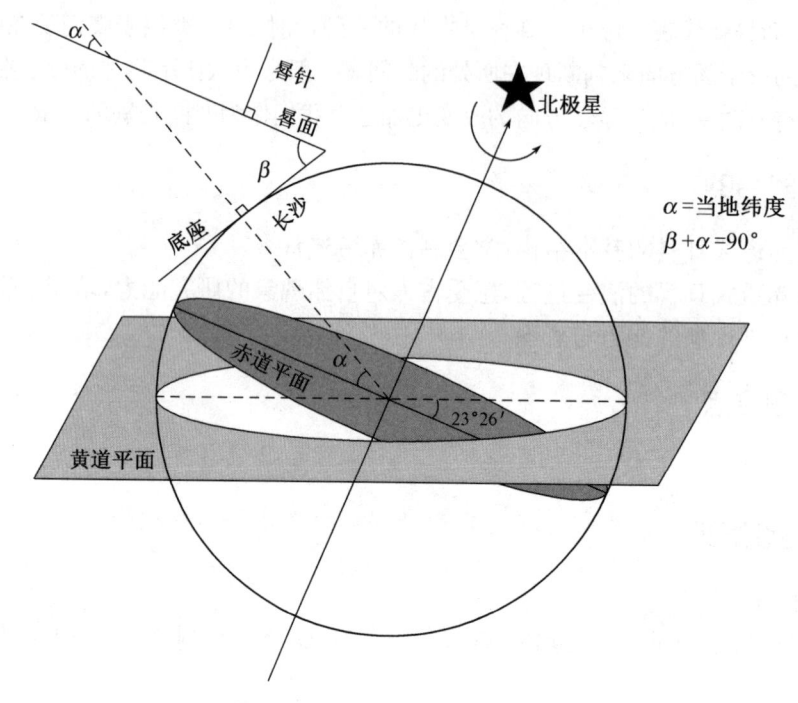

图 8-32 晷面倾角的确定示意图

四、实验器材

厚纸板(卡纸)、铁丝(或竹纤)、量角器、圆规、笔、剪刀、胶水、直尺等。

【指导技巧】

在本部分内容的教学过程中,可以引导学生选择不同材料的物体制作晷面和晷针。

五、实验步骤

(一) 了解构造

引导学生了解赤道式日晷的整体结构,选择合适的材料。

(二) 制作晷面

(1) 画圆:在硬卡纸的 1/3 处,取中心点,在正反两面均画三个尺寸不同的同心圆,从内向外分别标记为圆1、圆2和圆3,同时要确保正反两面圆心相同。

(2) 标记刻度:先将三个同心圆分成12大格,再将圆2和圆1之间的每大格均分为两格;再将圆2与圆3之间的每大格均分为6格。请注意:晷面正面的刻度盘标记数字的顺序是按照顺时针方向,反面则为逆时针方向。

(三)制作底座

制作一个底座(图8-33),以稳定日晷仪。在盒体前侧画一条直线 AB 作为预备切割线,为了保证晷面平行于赤道面,需要在盒体侧面画一条虚线 BD,虚线 BD 与晷面的预安装方向 BC 之间的夹角就是纬度值 α。

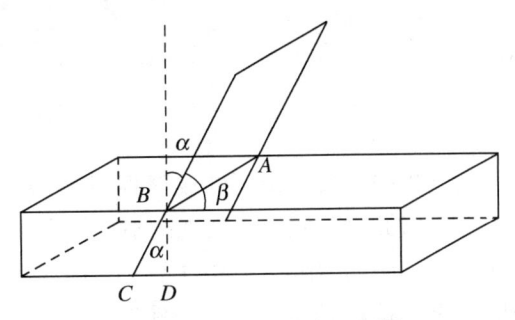

图8-33 制作底座示意图

例如,如果你在纬度值为28.2°的长沙,即从竖直方向偏28.2°切割一个安装口出来,再将晷面插入安装口即可。

(四)制作晷针,完成赤道式日晷的制作

将铁丝或竹签垂直插入同心圆的中心,上下两部分要留相同长度,用量角器确保晷针与晷面垂直,固定好晷针方向,即可完成赤道式日晷的制作。

(五)测试自制日晷

等到天气晴朗的合适时机,引导学生将制作的日晷放在空旷处进行测试,观察晷针投影与北京时间之间的对应关系,发现并分析测试过程中存在的各种问题。

六、讨论与思考

1. 现代计时的"24小时制"和古代采用的"十二时辰制"之间是什么关系呢?
2. 利用日晷测量时间时,放置方位有没有什么特殊要求呢?

实验八 制作简易天气观测教具

天气现象是指大气中所产生的各种物理现象,包括降水、雾、风沙、烟尘、雷电、风暴、雪、光和地面凝结现象等。天气现象的观测和定时的气象要素观测有所不同。天气现象观测必须对任何时间内出现的现象进行观测和记录,即非定时观测。观测天气现象时还应注意和其他气象要素变化结合起来分析,才能正确地确定某一现象。天气现象的观察对我们的生活具有重要意义。

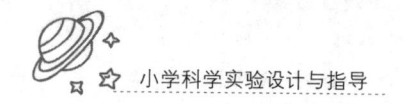

一、实验目的

了解雨量器的构造原理,掌握降水量的观测方法;学习冰雹的形成知识,观察冰雹的形成过程。学习云的形成知识,培养观察能力。学习气压知识,培养动手意识与能力。

二、预习要点

天气现象相关知识。

三、实验原理

天气瓶是一种可能的天气预报工具。密闭的玻璃容器中,装入数种化学物质组成的透明溶液。根据外界温度、天气的改变,瓶内会展现出不同形态的结晶,预报天气的变化。主要原理是溶液内的樟脑在乙醇中的溶解度会随着温度变化;而钾盐、氯化铵和水控制着在晶体高速生长过程中的连续成核。温度改变时,樟脑的结晶析出,温度的变化速度则会影响结晶的成长大小与结构。这些因素加起来,造成瓶内晶体形态万千的美丽变化。

利用天气瓶看天气:

(1) 液体澄清,说明天气将会晴好;

(2) 液体朦胧,有时有沉淀,天气会多云;

(3) 溶液有悬浮沉淀,预示天气潮湿或下霜;

(4) 液体既朦胧又有悬浮沉淀,预示将会是暴风雨天气;

(5) 在晴朗的冬日里液体有悬浮沉淀,预示将会下雪;

(6) 在暖和的日子里或者下雪的冬天,液体有大块沉淀,说明将会阴天;

(7) 在杯底有晶体析出,说明要下霜;

(8) 在顶部有螺旋纹,说明要起风。

四、实验器材

1. 瓶子一个、漏斗一个;

2. 烧杯、搅拌棒、盐、碎冰、试管;

3. 大玻璃瓶一个、带橡皮塞的10厘米长的玻璃管一个、橡皮管一根、气筒一个、粉笔末若干;

4. 墨水瓶一个(或用别的瓶代替)、长约200毫米的细玻璃管一根、学生尺一把、软木塞一个(大小应配合瓶口)、食用油一滴、细线两根、穿孔器、小钻子、酒精灯(或炉子);

5. 硝酸钾 2.5 g、氯化铵 2.5 g、蒸馏水 34 mL、无水乙醇 40 mL、天然樟脑(粉状) 10 g。

五、实验步骤

（一）制作简易雨量器

用漏斗和瓶子制作一个简易雨量器的方法很简单。量筒可用来量测瓶子里收集到的雨量（图 8-34）。漏斗的边沿最好是水平的，因为这样的漏斗可以防止雨滴溅出去。整个装置应该埋在土中，但要使漏斗高出地表几厘米。

（二）制作冰雹

（1）在烧杯里加入 15 g 盐，再加入 50 mL 水。搅拌液体，直到大部分盐溶解。

（2）在试管中装入 15 mL 冷水。

（3）把试管放到烧杯中。

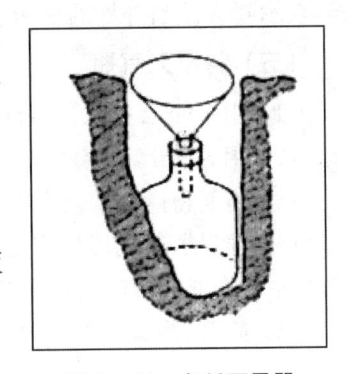

图 8-34　自制雨量器

（4）在烧杯中装满碎冰，每分钟搅拌一次烧杯中的冰水混合物，一共搅拌 6 次。

（5）拿出试管，并加入一块小碎冰，有什么现象发生？

（三）瓶内成云

（1）在玻璃瓶中装进约 3 厘米深的温水，往瓶中的空气里撒一点粉笔末。

（2）用一橡皮管把玻璃管连接到自行车气筒上（图 8-35）。

（3）把塞子塞进瓶口并让学生往里打气。当空气被压进瓶中后，让塞子自己从瓶口冲出（注意安全），观察出现的现象。如果没有得到理想的结果，再用燃烧后又吹灭的带烟的火柴或纸片往瓶里送些烟。

空气膨胀冷却，使瓶内温度降到露点以下，水汽凝结就形成了云。

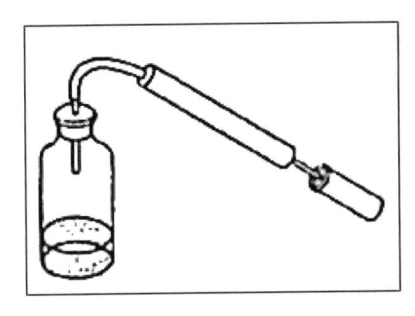

图 8-35　瓶内成云

（四）制作简易气压计

（1）将细玻璃管的两端分别放在酒精灯上加热至微红时取出，冷却后能使玻璃管的断口处光滑。

（2）在玻璃管的一端注入不易干的食用油一滴。

（3）用穿孔器将软木塞开孔，孔眼要比玻璃管的直径略小，使玻璃管插入软木塞时刚好紧密。再将软木塞紧紧地塞在墨水瓶口。

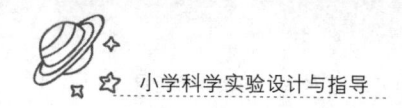

（4）在学生尺的上下部分用小钻子分别钻两个小孔,然后用细线将玻璃管缚在学生尺上。

　　这样就做成了一架简易气压计,可用来测量大气压。当外界的气压升高时,油滴下移,表示晴天。当外界的气压降低时,瓶内的气压大于外界气压,油滴上移,表示阴雨。

（五）制作天气瓶

　　（1）用 40 mL 无水乙醇溶解 10 g 天然樟脑(粉状);
　　（2）用 34 mL 水溶解氯化铵固体和硝酸钾固体各 2.5 g;
　　（3）将所得两种溶液混合(瓶口封好,避免酒精挥发);
　　（4）摇晃器皿或搅拌溶液,再次溶解它的析出物,当下面有少量没有溶解时,加热到 40 ℃左右全部溶解后,转移到装饰容器中;
　　（5）静置,待溶液冷却,观察析出晶体。

【注意事项】
　　① 为了自身安全最好全程戴手套;
　　② 实验时最好用天然樟脑;
　　③ 选择玻璃瓶盖,不选择铁、铜等盖子;
　　④ 天气瓶不放在空调出风口或阳光直射处。

六、讨论与思考

　　1. 在观察的基础上推断,形成冰雹的必要条件有哪些?
　　2. 请自制一个观测或模拟天气现象的教具。

参考文献

[1] 中共中央马克思恩格斯列宁斯大林著作编译局.马克思恩格斯选集(第1卷)[M].北京:人民出版社,1995.

[2] 冯契.哲学大辞典(修订本)[M].上海:上海辞书出版社,2001.

[3] 中国大百科全书总编辑委员会.中国大百科全书·哲学[M].北京:中国大百科全书出版社,2002.

[4] 中华人民共和国教育部.义务教育小学科学课程标准(2017年版)[S].北京:北京师范大学出版社,2017.

[5] 中华人民共和国教育部.义务教育科学课程标准(2022年版)[S].北京:北京师范大学出版社,2022.

[6] 甘雪梅.小学科学实验的分类与教学策略[J].科学课,2008(12):34-37.

[7] 赵骥民.小学科学实验设计与实施[M].北京:高等教育出版社,2019.

[8] 王强.小学科学实验教学论[M].北京:人民教育出版社,2015.

[9] 桑建辉.虚拟实验——实验教学的新途径[J].中国教育信息化,2012(6):46-48.

[10] [美]爱德华·桑代克.教育心理学简编[M].张奇,译.北京:中国人民大学出版社,2015.

[11] [瑞士]皮亚杰.发生认识论原理[M].王宪钿,译.北京:商务印书馆,1981.

[12] [美]布鲁纳.教育过程[M].邵瑞珍,译.北京:文化教育出版社,1982.

[13] 刘克健.小学科学教学中课程资源的开发与利用[J].南京晓庄学院学报,2005(6):45-48.

[14] 吴秋爱.浅谈自制教具在小学科学实验教学中的作用[A].第五届中国教育技术装备论坛获奖论文集,2014(6).

[15] 陈容斌.小学科学低成本实验的开发[J].教学与管理,2005(23):56-58.

[16] [美]阿来萨.课堂评估:理论与实践[M].徐士强,等译.上海:华东师范大学出版社,2007.

[17] 王道俊,郭文安.教育学[M].北京:人民教育出版社,2009.

[18] 徐继存,徐文彬.课程与教学论[M].北京:高等教育出版社,2009.

[19] [美]艾瑞逊.课堂评估:一种简明的方法[M].夏玉芳,译.长沙:湖南教育出版社,2008.

[20] 李霞,张荻,胡卫平.核心素养价值取向的小学科学教学模式研究[J].课程·教材·

教法,2018,38(5):99-104.

[21] 范玉英.二氧化碳的性质探究实验新设计[J].化学教学,2023(3):80-84.

[22] 陈淑玲,黄永丞,冯卓宏.梨汁电池电动势的测量与分析[J].实验室科学,2020,3(1):12-15.

[23] 夏年利,夏思敏,吴桂英.奇妙的化学溶洞[J].化学教育,2012,33(10):69.

[24] 王伟,刘莹,张盼盼,魏扬,孙二军.有机玻璃实验室制备方法的优化研究[J].长春师范大学学报,2017,36(2):176-180.

[25] 袁源.皂化反应制备肥皂的影响因素研究[J].化纤与纺织技术,2022,51(7):74-76.

[26] 费红刚.浅谈有色晶体制作激发学生化学学习兴趣和提升学生化学实验能力[J].课程教育研究,2018(40):168.

[27] 赵秋燕,高翔,林宏宇.自制教具突破测量降雨量教学难点[J].教育与装备研究,2018,34(12):66-68.

[28] 杨士弘.自然地理学实验与实习[M].北京:科学出版社,2002.

[29] 余明.简明天文学教程[M].北京:科学出版社,2001.

[30] 洪运芳.天文爱好者手册[M].四川:四川辞书出版社,2006.

[31] 张海,王海燕.地理实验设计——观测实验[J].地理教学,2018(12):33-38.

[32] 徐宝芳,张卫青.中学地理实验教学研究[M].陕西:陕西师范大学出版社,2010.

[33] 王铮.太阳系的小行星主要分布在哪些地方?[J].太空探索,2019(1):69-69.

[34] 杨艳,苏江明.美国高中地理教材的特点及启示——以《科学发现者地球科学》为例[J].地理教学,2019(24):36-38.

[35] 刘阳.自制日地月模型探究日食现象[J].中国现代教育装备,2021(14):39-41.

[36] 刘春红,魏兴萍.地理科学专业实验教程[M].北京:科学出版社,2019.

[37] [美]帕迪利亚.科学探索者·科学探究[M].华曦,译.杭州:浙江教育出版社,2006.

[38] 徐晓东.岩石标本观察与描述实验方法改进及意义[J].中国地质教育,2018,27(03):81-85.

[39] 王建凯,陈汝龙,侯威等.中国地面气象观测业务的发展历程与展望[J].气象科技进展,2022,12(05):10-18.

[40] 佘万明,叶成志,杨晓武等.地面"云能天"自动化观测进展[J].气象科技进展,2022,12(05):19-26.

[41] 吕贻忠,李保国.土壤学[M].第二版.北京:中国农业出版社,2020.

[42] 刘巧梅.基于设计思维的地理实践活动设计——以日晷的制作为例[J].中学地理教学参考,2021(09):57-59.